Histoire
de France

sous la direction de
JEAN CARPENTIER ET FRANÇOIS LEBRUN

AUX MÊMES ÉDITIONS

Histoire de l'Europe
(en collaboration avec Jean-Pierre Arrignon,
Jean-Jacques Becker, Dominique Borne,
Élisabeth Carpentier, Jean-Pierre Pautreau
et Alain Tranoy)
Préface de René Rémond
1990

sous la direction de
J. Carpentier et F. Lebrun
en collaboration avec
É. Carpentier, J.-M. Mayeur
et *A. Tranoy*

Histoire
de France

PRÉFACE
DE JACQUES LE GOFF

Édition mise à jour en 1992

Éditions du Seuil

Ont rédigé cet ouvrage :

Alain Tranoy, professeur d'histoire ancienne à l'université de Poitiers,

Élisabeth Carpentier, professeur d'histoire du Moyen Age à l'université de Poitiers,

François Lebrun, professeur d'histoire moderne à l'université de Haute-Bretagne—Rennes II,

Jean Carpentier, inspecteur général de l'Éducation nationale,

Jean-Marie Mayeur, professeur d'histoire contemporaine à l'université de Paris IV.

Alain Tranoy a rédigé les chapitres 1 à 6, *Élisabeth Carpentier* les chapitres 7 à 12, *François Lebrun* les chapitres 13 à 19, *Jean Carpentier* les chapitres 20 et 21, et *Jean-Marie Mayeur* les chapitres 22 à 32.

EN COUVERTURE : Bonaparte, août 1794,
lithographie, Versailles.
Archives Dagli Orti.

ISBN 2-02-010879-8
(ISBN 2-02-009773-7, 1ʳᵉ publication)

© ÉDITIONS DU SEUIL, OCTOBRE 1987

Préface

Comme l'expliquent Jean Carpentier et François Lebrun, le livre que j'ai l'honneur de présenter est né d'une constatation. Dans l'intérêt actuel du public pour l'histoire, celle de la France semble avoir une place de choix. Cela est compréhensible. Si cet intérêt provient en grande partie de l'inquiétude née de l'accélération de l'histoire, du désir anxieux de ne pas être coupés de nos racines, du besoin d'ancrer dans la longue durée notre quête d'identité individuelle et collective, de ne pas devenir des orphelins du passé, alors l'histoire de notre pays est le premier objet de l'appétit actuel des Français. Je m'empresse de dire que les auteurs de ce livre – et je m'en réjouis – n'ont pas fermé l'histoire de la France sur elle-même, que ce n'est pas celle de la France seule. Au contraire, elle a toujours été replacée dans les cadres internationaux par rapport auxquels elle prend sa signification. La France – ou ce qui deviendrait la France – s'éclaire à l'intérieur du monde celte, de l'Empire romain, de la Chrétienté, de l'Europe de la Renaissance et de l'humanisme où elle est confrontée aux nouveaux mondes qu'elle vient de découvrir. Puis la France s'est elle-même répandue par ses hommes ou par ses idées en Europe et dans le monde, par la part qu'elle a prise aux grandes découvertes, par le rayonnement de sa langue et de sa littérature à l'époque classique, de ses idées au siècle des Lumières, par le retentissement de la Révolution française et des principes de liberté, d'égalité et de fraternité, par l'étendue d'une colonisation faite d'ombres et de clartés, par l'influence de ses savants, de ses écrivains, de ses artistes. A ces mêmes époques, elle accueillait elle-même des apports étrangers de plus en plus largement internationaux. Il ne peut y avoir d'histoire nationale

vraie qui ne soit ouverte sur l'étranger, sur les autres. Cette vérité
se vérifie particulièrement pour l'histoire de la France, et le livre
qu'on va lire en porte témoignage. Cette quête actuelle d'identité, modelée par le passé, répond d'autant mieux aux aspirations
des Français qu'ils viennent de vivre une expérience difficile,
celle de la décolonisation. La France hexagonale doit, pour
reprendre un mot de Chateaubriand, « recomposer ses annales »
pour penser la continuité et la rupture qu'elle vient de connaître,
mais aussi, en continuant à citer l'auteur des *Études historiques*
de 1831, « pour les mettre en rapport avec les progrès de
l'intelligence ». La science historique a connu, depuis la Seconde
Guerre mondiale, un renouvellement et un enrichissement considérables. On a parfois essayé maladroitement de transporter sans
les adaptations nécessaires le fruit de ces nouvelles orientations et
de ces recherches dans l'enseignement et la vulgarisation. Les
auteurs de ce livre, qui n'appartiennent à aucune chapelle, ont su
se glisser dans la peau neuve de l'histoire sans sacrifier aux modes
mystifiantes.

Mais la constatation était là. On a publié ces dernières années
plusieurs Histoires de France honorables et quelques-unes bonnes ou très bonnes. Mais on ne possédait pas, sauf erreur de ma
part, d'ouvrage documenté et clair qui présentât en un volume
une histoire de France de bon niveau scientifique. J'avais
spécialement ressenti ce besoin pendant les deux années (1983-
1985) où j'ai eu l'honneur de présider la Commission pour la
rénovation de l'enseignement de l'histoire et de la géographie.
C'est là que j'ai rencontré Jean Carpentier, et je crois que nul
n'était mieux qualifié que lui pour inspirer cet ouvrage. Cela dit,
si cette *Histoire de France* a pu profiter des travaux et des
discussions de notre commission, elle est l'œuvre tout à fait
indépendante d'une remarquable équipe d'historiens réunie
autour de Jean Carpentier et de François Lebrun.

Je me réjouis aussi beaucoup de l'équilibre chronologique de
cet ouvrage. Toute une série de pressions, les unes tout à fait
légitimes, d'autres moins pertinentes, ont amené depuis quelque
temps les programmes scolaires à développer considérablement
la période contemporaine aux dépens des précédentes. Et,
certes, il faut comprendre son temps. Il me paraît important

d'arriver jusqu'à aujourd'hui pour essayer de voir précisément comment le présent devient passé et comment on peut en faire de l'histoire. Mais le vrai raisonnement historique, c'est celui qui permet de voir comment le présent sort du passé, en est nourri, éclairé. C'est en connaissant ce passé que nous comprenons mieux le présent et que nous sommes mieux capables de dominer l'histoire au lieu d'être inconsciemment entraînés et manipulés par elle, que nous en changeons le fardeau en viatique, que nous faisons un tremplin vers l'avenir de ce qui pourrait être un carcan nous immobilisant dans le passé. Déjà, une heureuse réaction s'amorce vers un renouveau du 19e siècle, berceau de notre modernité et de nos problèmes depuis la Révolution française.

Mais si, deux siècles après celle-ci, il est juste d'évaluer la rupture libératrice qu'elle a constituée malgré ses excès, ses dérapages et ses échecs, il faut franchir ce mur chronologique et idéologique pour retrouver tous nos héritages. Celui d'une préhistoire qui a marqué les premières traces profondes de culture matérielle et de civilisation sur notre sol transformé par la révolution néolithique. Celui d'une Antiquité où la mixité celto-romaine a produit les premiers fruits des acculturations fécondes. Celui d'un Moyen Age qui n'a pas seulement été le temps de tous les malheurs, mais aussi celui de toutes les naissances et renaissances et de l'imprégnation des valeurs chrétiennes qui, quelles que soient nos options philosophiques, constituent encore aujourd'hui l'humus de nos mentalités et de nos sensibilités. Celui de Temps modernes où, parfois avec excès, s'installent quelques grands personnages de notre histoire, la découverte et la colonisation, le capitalisme, l'État, la science et la raison, où dans l'affrontement et la douleur, de la Réforme à l'école de la République en passant par les Lumières, prennent place, encore trop fragiles, la tolérance et le pluralisme dans notre pays. Et, toujours comme un fil rouge dans cette histoire de longue durée, l'aspiration vers la justice, la paix, la liberté, l'égalité.

J'aime aussi la façon dont les auteurs de ce livre ont réussi la nécessaire réconciliation entre les structures et l'événement. Les sociétés bougent et leurs mouvements forment l'histoire issue des lentes mutations des profondeurs et des retentissements des brusques événements qui en sont, sous la fécondation du hasard, le produit et l'aiguillon.

Un même bonheur est résulté du souci de faire leur place, au sein d'une construction cohérente et fonctionnelle, aux divers domaines que l'on distingue aujourd'hui : histoire économique, un peu trop négligée de nos jours par réaction exaspérée contre un passé récent ; histoire sociale, toujours centrale (l'histoire, « science des hommes en société », selon le mot de Marc Bloch, modèle du bon ogre historien, toujours à la recherche de chair humaine) ; histoire politique, en train de se renouveler ; histoire religieuse ; histoire culturelle ; histoire des mentalités… enfin ces domaines trop laissés à eux-mêmes ou délaissés dans un isolement ou une indifférence préjudiciables aussi bien à l'histoire, qui n'est rien si elle n'est pas tout, qu'à ces secteurs eux-mêmes de l'activité humaine : les techniques et les sciences, les arts, la culture du corps. Tout ce grand champ de l'histoire apparaît ici plus ou moins discrètement, en fonction de la documentation, de l'état des méthodes et de la préoccupation majeure d'éviter l'encyclopédisme. N'apprendre que pour comprendre, ne mémoriser que pour utiliser.

D'où l'importance, que je salue enfin, des annexes. Annexes destinées à fournir les instruments et les voies d'accès à la compréhension de l'histoire. Annexes faites pour permettre à la réflexion de s'appuyer sur elles pour aller plus loin, et amorcer une information qu'on ira chercher plus avant si on le souhaite. Annexes élaborées de façon à esquisser les nouveaux intérêts de l'histoire. Je dis esquisser car ce n'est pas facile et ce n'est qu'un début. Annexes généalogiques, parce que nous savons que les structures de parenté et les réseaux familiaux sont un des nœuds essentiels de l'histoire. Annexes chronologiques, où l'on cherche à dépasser la simplicité des traditionnelles références à des dates ponctuelles étroitement politiques ou militaires pour mettre en évidence la complexité des temps, des durées multiples de l'histoire, événements et périodes, et à faire apparaître ces événements qui se laissent difficilement dater, les nouveautés technologiques, économiques, sociales, culturelles. Cartes, où l'on doit retrouver toute la fécondité de la tradition française d'union de l'histoire et de la géographie, où l'on montre comment l'histoire se fait dans un dialogue et une interaction entre l'homme et la nature, où l'on marie l'espace et le temps comme ils le sont dans la réalité. Glossaire, fournissant l'indispensable catalogue des mots, des concepts qui permettent, par la langue, d'atteindre l'outillage verbal et mental des hommes et femmes du passé d'une part, de ces hommes de métier que sont les historiens d'autre part. Et puis, comme un livre d'histoire doit s'ouvrir sur les potentialités de curiosité supplémentaire des lecteurs, une bibliographie essentielle qui permet d'aller plus loin.

Cet ouvrage a, me semble-t-il, toutes les qualités pour devenir un livre de référence, un compagnon de tous ceux qui voudront comprendre pourquoi la France en est arrivée là où elle est aujourd'hui, d'où viennent les Français, pourquoi ils sont ce qu'ils sont, et pourquoi on peut, on doit encore beaucoup attendre d'eux pour contribuer à faire la France qu'ils souhaitent à partir de ses héritages.

Jacques LE GOFF

Avant-propos

Notre première pensée, en concevant ce livre, fut pour les enseignants, ceux de l'élémentaire et ceux du secondaire, ceux qui ont une spécialité et ceux, polyvalents, qui enseignent toutes autres matières en plus de l'histoire et de la géographie. Puis notre projet s'est élargi, et nous avons pensé à tous ceux qui, exerçant ou non une activité professionnelle, sont curieux de connaître notre histoire nationale, à ceux aussi qui animent ou qui suivent des stages de formation générale. Bref, à tous les « honnêtes gens », hommes et femmes, soucieux de culture générale.

A tous, nous avons voulu offrir un livre simple et clair, et en même temps sûr et au fait de l'actuelle recherche historique. Plus que l'anecdote, plus que les images, que d'autres livres et les manuels scolaires offrent en quantité, ce sont le cadre d'ensemble, la trame continue, mais aussi les lignes de force d'une histoire telle qu'on l'entend aujourd'hui qu'on a voulu présenter. Cette *Histoire de France* voudrait donner les bases sur lesquelles peuvent se construire un enseignement ou une formation personnelle.

Pour tenter de répondre à ces besoins, deux partis ont été pris, celui d'une présentation, en chapitres courts et nettement subdivisés, d'un récit de l'histoire de France, avec en fin de chapitre un ou deux documents brièvement commentés, et celui d'annexes importantes où se trouvent les définitions du glossaire et les précisions de la chronologie, de la cartographie et de la statistique.

Mais il faut aller plus loin et s'interroger plus au fond. Cette histoire a-t-elle un sens ? Longtemps les historiens l'ont cru. Pour les uns, l'histoire de France, c'était celle des *gesta Dei per Francos*, des œuvres de Dieu par les Francs, du baptême de Clovis à l'épopée missionnaire du 19ᵉ siècle, en passant par Saint Louis et Jeanne d'Arc, la France n'étant vraiment elle-même que lorsqu'elle répondait à sa vocation de soldat de Dieu. Pour d'autres, l'histoire de la France c'était celle de la formation de l'unité du pays dans les limites de l'hexagone, de la lente émergence de la nation française et du triomphe de l'idéal de liberté, d'égalité et de fraternité. Mais ce sont là visions déterministes, incomplètes et inopérantes : bien des pages de cette histoire plus de deux fois millénaire s'écartent de la vision providentialiste de la France fille aînée de l'Église ; quant à l'unité française, elle est bien devenue une réalité à la fin du 19ᵉ siècle dans le cadre de la IIIᵉ République, mais ce n'était pas une fatalité écrite dès l'origine.

Le passé doit être étudié et compris pour lui-même, sans préjugés, parti pris ou références anachroniques au présent. Certes, il est normal qu'un Français porte un intérêt particulier, voire passionné, à l'histoire de son propre pays ; il est loisible de se faire « une certaine idée de la France » et de voir dans sa situation géographique à l'extrémité tempérée du continent eurasiatique une condition favorable au développement d'une grande nation ; il est possible de déceler une réelle continuité dans les efforts entrepris depuis les grands Capétiens du 13ᵉ siècle pour renforcer l'unité française au profit de l'État centralisé. Mais il serait illusoire de voir dans cette évolution quelque chose de fatal et d'irréversible, et de flétrir plus ou moins ouvertement ceux qui, à un moment ou à un autre, s'y sont opposés : les adversaires de Richelieu se référaient à des valeurs qui n'étaient pas méprisables, les Vendéens défendaient leurs libertés et leur foi.

Ce n'est pas seulement la France qui est diversité, c'est son histoire même. Nous avons donc voulu l'appréhender comme telle, sans nous arroger le droit de choisir dans le passé uniquement ce qui prépare, explique ou justifie le présent ou plutôt l'idée que chacun s'en fait.

Jean CARPENTIER   François LEBRUN

A l'équipe des auteurs, nous voulons associer les noms de Giovanni ABBATE et de Michel SUTEAU, dont les relectures attentives et sincères nous ont souvent remis sur la voie d'une plus grande simplicité et d'une plus grande clarté.

1. De la pierre au fer :
les premières communautés
(du VIᵉ millénaire aux années 500 av. J.-C.)

Moins de cinq mille années furent nécessaires pour voir se former sur notre territoire des communautés villageoises qui, après l'usage de la pierre, découvrent progressivement celui des métaux. L'arrivée des Grecs et les premiers documents écrits marquent pour la France les débuts de l'histoire.

1 800 000 ans, les premières traces de vie humaine sur notre territoire... Une telle estimation met en valeur la notion de durée et d'évolution pour l'histoire de notre pays. Confronté pendant la *préhistoire à des périodes climatiques difficiles et variables, où alternent des phases glaciaires et des périodes plus favorables, l'homme apprend lentement à utiliser au mieux le milieu naturel : cueillette, chasse, pêche, outils en pierre taillée, abris sous roche forment son cadre de vie. Vers – 600000, il connaît l'usage du feu. Entre – 35000 et – 10000, l'évolution se précise, au cours de la période du *paléolithique supérieur, marquée par les premières grandes réalisations artistiques dont témoignent les décors rupestres des grottes de Lascaux ou les premières statuettes comme la Vénus de Brassempouy.

Vers – 10000, les conditions climatiques connaissent une profonde modification ; la période glaciaire cède la place à un climat plus tempéré. Le mammouth disparaît ; le renne remonte vers le nord. En revanche, d'autres animaux sont domestiqués : le chien

---

* Les mots précédés d'un astérisque figurent au glossaire, p. 450 à 471.

vers – 8000, surtout le mouton et la chèvre vers – 6000 dans le midi de la France, suivis du bœuf vers – 5000. Comprise entre – 10000 et – 5000, cette période correspond à l'*épipaléolithique ou *mésolithique et aboutit à la « révolution néolithique » et aux premiers villages : l'homme devient cultivateur. C'est cette lente évolution qui est illustrée, dans un raccourci chronologique saisissant, par le roman de J.-H. Rosny, *la Guerre du feu*.

La « révolution néolithique » (de – 6000 à – 1800 environ)

A partir du VIᵉ millénaire, on assiste à une mutation progressive des genres de vie des populations occidentales. L'importance de ces transformations a amené les préhistoriens à qualifier cette période de « révolution », bien qu'elle s'étale sur plusieurs millénaires. Dès cette époque, la France est soumise à une double influence qui resta une des données constantes de son histoire : le courant méditerranéen, favorisé par les premiers développements de la navigation maritime, et le courant d'Europe centrale danubienne. C'est de ces deux directions que pénètrent en France les apports extérieurs, en particulier orientaux. Quels que soient les rythmes régionaux, les résultats convergent vers un même type d'évolution : les premières communautés paysannes s'organisent en villages, mettent en place un système de production où se mêlent élevage, culture et artisanat avec la fabrication de céramique, ce qui aboutit à une sédentarisation progressive d'une population jusqu'alors essentiellement nomade. Établies sur un territoire précis, liées à un terroir qu'elles structurent, ces communautés villageoises connaissent alors une évolution intérieure profonde, avec une hiérarchisation sociale selon les aptitudes, les métiers, les fonctions de chacun. Trois grands ensembles régionaux se dessinent avec leurs caractères propres.

Les ensembles régionaux. La première région touchée par le phénomène néolithique est la France du Midi à partir du VIᵉ millénaire et surtout au cours du Vᵉ millénaire. Mêlée aux conditions locales, l'influence de l'axe méditerranéen fut certainement essentielle. La présence de poteries décorées à l'aide d'un coquillage, le *cardium*, a donné son nom à la culture dite « cardiale ». Elle s'étend sur l'ensemble des régions côtières méditerranéennes, n'atteignant pas plus de 100 kilomètres à l'intérieur des terres. Les Cardiaux sont encore attachés aux structures du passé : cueillette, abris sous roche, mais en même temps ils pratiquent l'élevage du mouton et de la chèvre ; ils cultivent le blé et l'orge. Des habitats en plein air, amorces de village, existent, comme sur le site de Courthézon dans le Vaucluse avec ses huttes circulaires. Vers le IVᵉ millénaire, l'influence du groupe cardial gagne des régions plus au nord (site de Roucadour dans le Lot), mais cette diffusion reste très limitée.

En fait, c'est dans les régions orientales de la France que se constituent les premières civilisations agricoles, avec la culture « rubanée », du nom là aussi des décors des poteries réalisés avec des incisions en spirale, volute ou méandre. Cette culture est introduite par des groupes venant de la vallée du Danube et de l'Europe centrale. Bien équipés, ces groupes défrichent les bonnes terres de lœss et y installent des villages avec de grandes maisons rectangulaires, pouvant atteindre 8 mètres sur 40 (*document 1, p. 26*) ; on a retrouvé les traces des trous de poteaux de ces maisons sur plusieurs sites : Cuiry-lès-Chaudardes (Aisne) ou Charmoy (Yonne). Sur des terroirs organisés et protégés par des haies, ces communautés paysannes cultivent des céréales et pratiquent l'élevage des bovins et des porcs. Pendant ce temps, on assiste dans les régions atlantiques à l'éclosion d'un autre phénomène culturel, le mégalithisme.

S'il est un domaine où les interprétations les plus fantaisistes ont eu cours, c'est bien celui des mégalithes, longtemps attribués aux Celtes (idée reçue que reflète encore le personnage d'Obélix !). En fait, les premiers *dolmens remontent au Vᵉ millénaire. Primitivement enterré sous un *tumulus ou un *cairn, le dolmen, table de pierre, est essentiellement une chambre funéraire. Les menhirs ou « pierres longues » sont chronologiquement moins assurés et ont pu être faits à des époques plus tardives. Leur rôle reste énigmatique, y compris pour des alignements comme Carnac. La construction de ces grands

monuments, comme ceux de Barnenez près de Morlaix ou les
tumulus de Bougon (Deux-Sèvres), suppose une société organisée et hiérarchisée ; l'apparition de ces formes originales d'architecture dut correspondre à des modifications économiques
liées à une sédentarisation et à un développement des activités
agricoles.

Ces trois aires ainsi définies évoluèrent aux IVe et IIIe
millénaires sous l'influence d'une nouvelle culture, le chasséen.

La culture du chasséen. Elle tire son nom du site de Chassey en
Saône-et-Loire, mais est originaire de la France du Midi. Là
encore, les éléments méditerranéens jouèrent un rôle essentiel.
Très vite, cette culture occupe la majeure partie du pays, à
l'exception des régions de l'Est. Elle se caractérise par un net
développement démographique et par la progression de l'agriculture ; les sites habités se multiplient ainsi que la formation de
grands villages : Saint-Michel-du-Touch et Villeneuve-Tolosane
dans la vallée de la Garonne, respectivement étendus sur 20 et
15 hectares. Un peu partout, on constate cette extension des
pratiques agricoles avec des particularités régionales comme les
camps retranchés du Centre-Ouest : culture des Matignons
(Charente) et de Peu-Richard (Charente-Maritime), distinctes
du chasséen. Dans les zones lacustres se développent aussi des
villages : Charavines, au bord du lac de Paladru (Isère).

Le néolithique final et la naissance de la métallurgie. La période
allant de – 2500 à – 2000 est marquée par un épanouissement des
civilisations néolithiques avec une intensification de l'occupation
des sols. La civilisation de Fontbuisse, dans l'arrière-pays de
Montpellier, en offre un bon exemple avec ses nombreux villages
(20 à 25 pour 100 km²), répartis sur des terroirs organisés
regroupant plaines et plateaux, élevage et cultures : villages de
Fontbuisse et de Cambous (Hérault), avec des cabanes circulaires et des grands bâtiments de forme ovale en pierre sèche,
peut-être des bergeries. Le même développement s'observe dans
le Bassin parisien avec le groupe SOM (Seine-Oise-Marne). Mais
le fait essentiel est l'apparition de l'usage du métal (or et cuivre),
dont la technique s'est installée en Orient depuis – 6000 et a

gagné l'Occident. Les premières régions qui exploitent le cuivre sont les Cévennes et le sud-est du Massif central, où l'on retrouve la civilisation de Fontbouisse. Mais c'est un peuple dont l'origine est controversée qui en assure la diffusion sur toute l'Europe : les Campaniformes, du nom de la forme en cloche d'un gobelet qui est lié à l'expansion de ce groupe. Cette période du néolithique où se mêlent l'usage traditionnel d'objets en pierre et l'apparition du métal est aussi appelée le *chalcolithique.

Les temps protohistoriques.
De l'âge du bronze (de – 1800 à – 700)...

Au IIe millénaire, sous l'impulsion d'échanges avec l'Europe centrale et la Méditerranée, les techniques du métal s'améliorent et surtout on découvre les possibilités et la résistance du bronze, alliage de cuivre et d'étain. Sa fabrication ouvre une ère nouvelle, la protohistoire, où le fil directeur n'est plus la taille de la pierre, mais la forme et l'utilisation d'objets métalliques.

Évolution générale. Le rapide développement de la métallurgie provoque un éclatement des anciennes communautés du néolithique, avec une diversification et une spécialisation plus grandes des individus. Le forgeron, le commerçant et plus généralement la classe des artisans prennent une place croissante dans la vie économique et sociale. Les écarts de richesse sont plus nets et, avec eux, conflits et tensions se multiplient, donnant aux guerriers et aux chefs un rôle prépondérant, reflété par les grands tumulus funéraires individuels. On y retrouve les signes du pouvoir et de la richesse : objets en or (*lunules, bijoux ou encore l'énigmatique cône d'or d'Avanton dans la Vienne), colliers d'*ambre ou de pâte de verre, de fabrication locale ou importés. Ainsi, avant même la civilisation de Mycènes en Grèce, notre pays connaît un épanouissement original. Les protohistoriens distinguent trois phases principales : le bronze ancien (– 1800 à – 1500), le bronze moyen (– 1500 à – 1200) et le bronze final (– 1200 à – 700). Les deux premières périodes ont un climat plus sec, subboréal, mais, au bronze final, le climat redevient plus humide, subatlantique, permettant un nouvel essor de la vie agricole.

Des exemples régionaux au IIe millénaire. Le IIe millénaire est caractérisé par une accentuation des diversités régionales avec des rythmes d'évolution variant d'un secteur géographique à un autre. Quelques exemples :

Dès le début du bronze ancien, l'Armorique connaît une forme nouvelle de civilisation avec l'arrivée d'éléments de population venant sans doute du nord de l'Europe par voie maritime. Avec' eux naît la civilisation des tumulus armoricains, concentrée surtout dans les régions occidentales de la Bretagne (tumulus de Kernonen à Plouvorn, Finistère). Ce groupe est connu par ses grandes sépultures circulaires de type aristocratique, réservées à un individu, à l'un de ces « petits princes d'Armorique » qui exploitent l'étain breton et se procurent du cuivre en provenance des îles Britanniques, des Alpes ou de la péninsule Ibérique. Ces échanges commerciaux et culturels sont nombreux, et l'on retrouve un type proche en Angleterre avec la civilisation du Wessex. Mais, à partir de − 1500, cette civilisation décline ; les tumulus, plus nombreux, sont aussi plus pauvres en métal.

La coutume d'inhumer les morts sous des tertres avec des sépultures individuelles s'observe aussi vers − 1500 en Europe centrale, avec une expansion vers la France de l'Est : tertres de la forêt de Haguenau en basse Alsace ainsi que dans le Bassin parisien. L'arrivée de ces groupes aboutit à une occupation des terres vides et à un mouvement de colonisation rurale. La fabrication des objets se diversifie et les premières faucilles en bronze apparaissent.

Ces progrès de l'outillage peuvent aussi être observés sur le site exceptionnel du mont Bego (Alpes-Maritimes). Dans la montagne, entre 2 100 et 2 700 mètres, des peuples de l'âge du bronze ont dessiné sur les schistes plus de 100 000 gravures (armes, personnages, mais aussi bovidés attelés à des araires), ou encore dessins réticulés que certains protohistoriens interprètent comme les premières formes d'un relevé cadastral.

En Corse enfin, l'époque du bronze correspond à un double phénomène : la construction de camps fortifiés, les *castelli*, établis sur des hauteurs et dominés par des tours circulaires, les *torre*, principalement dans la Corse du Sud, près de Porto-Vecchio. L'autre originalité de l'île réside dans la présence de nombreuses statues-menhirs, dont certaines sont des statues de guerriers armés (site de Filitosa).

L'apogée du bronze : le bronze final (de – 1200 à – 700). A partir de – 1200, les conditions de vie se modifient sensiblement avec le retour d'un climat plus humide, favorable à une intensification de la mise en valeur du sol avec des défrichements importants. Le travail est facilité par la domestication du cheval, qui devient vers – 1200 un animal de trait.

Mais l'événement le plus important est la formation d'une nouvelle culture « Reims-Suisse-France orientale », caractérisée par ses rites funéraires. Ce groupe pratique en effet l'incinération et dépose les restes calcinés des défunts dans des urnes placées dans des fosses. En même temps la production des objets en bronze s'accroît. Les dépôts sont plus nombreux ; ce sont souvent des cachettes de fondeur où sont retrouvés des objets neufs destinés à la vente ou des objets brisés conservés pour être refondus: dépôt de Villethierry (Yonne) ou de Vénat (Charente).

En même temps, un peu à l'écart de ces nouveaux courants, les régions atlantiques gardent leur originalité. Le bronze final voit l'apogée du bronze armoricain, qui produit de nombreux objets diffusés sur tout le littoral atlantique : épées dites « à langue de carpe » à cause du rétrécissement brusque de la pointe, ou *haches à douille qui purent servir de monnaie d'échange.

L'âge du bronze correspond donc à de profondes mutations économiques et sociales. L'invention de la métallurgie et le développement des activités agricoles accentuent la hiérarchisation de la société, que révèle la richesse de certaines tombes : tombe de La Colombine (Yonne) où une femme fut enterrée avec tous ses bijoux. Les échanges commerciaux renforcent les contacts avec l'extérieur. C'est peut-être aussi à cette époque qu'apparaissent les premières formes d'écriture *pictographique dans les décors symboliques de certains vases : vase de la grotte du Quéroy (Chazelles, Charente). Mais des bouleversements plus importants allaient intervenir avec l'introduction du fer et l'arrivée des Celtes.

... au premier âge du fer (de – 700 à – 450 environ)

La découverte du fer. A partir du 8ᵉ siècle av. J.-C. et sans que disparaisse pour autant le bronze, l'usage du fer s'introduit progressivement en Occident. Son origine est à chercher en Orient méditerranéen, dans le royaume des Hittites, vers – 1500 : c'est en effet ce peuple du plateau anatolien de Turquie qui mit au point les techniques de fusion et de préparation du fer. Après la ruine de ce royaume vers – 1200, la diffusion de la métallurgie du fer se fit par les régions balkaniques et aussi sans doute par l'intermédiaire des peuples navigateurs comme les Phéniciens. Certaines régions restent encore de fortes productrices de bronze, comme l'Armorique ou le Languedoc ; la très importante cargaison de plusieurs quintaux de bronze de l'épave de Roche-longue (Agde) en témoigne. Cependant, la plus grande résis-tance du fer allait faciliter sa diffusion.

La civilisation de Hallstatt. A la même époque, vers – 700, l'Europe connaît une nouvelle détérioration climatique avec une baisse sensible des températures et une augmentation de la pluviosité qui provoque un relèvement des niveaux marins et lacustres. Les phénomènes se répercutent sur les populations du nord de l'Europe, qui émigrent vers le sud. C'est dans ce contexte que s'ouvre l'âge du fer pour la France, divisé en deux grandes périodes selon le nom de deux sites archéologiques : Hallstatt (Autriche) de – 700 à – 450 environ ou premier âge du fer, et La Tène (Suisse) de – 450 à notre ère ou second âge du fer.

L'origine de ces peuples hallstattiens est complexe. Ce qui est certain, c'est qu'ils arrivent en France à partir de l'Europe centrale et qu'ils sont dominés par une aristocratie de cavaliers : le cheval devient désormais la monture noble par excellence. Parmi ces peuples figurent des éléments celtiques qui annoncent les grands mouvements de population du second âge du fer.

Succédant aux « champs d'urnes », les peuples du premier âge du fer reprennent la coutume des tumulus funéraires liés le plus souvent à des rites d'inhumation. Mais un aspect original y est introduit : la tombe à char où le défunt est enterré avec son char de guerre ou d'apparat. Cette pratique culmine à la fin de la période avec les grands tertres découverts en Bourgogne, comme celui de Vix (Côte-d'Or) qui contenait la tombe à char d'une femme inhumée avec ses bijoux, son diadème en or et de nombreux vases, dont le plus célèbre est un vase grec en bronze pesant 208 kilogrammes. Le vase de Vix est le témoignage de la richesse de ces familles princières et de leurs relations avec le monde méditerranéen.

Le fait colonial et la fondation de Marseille. En effet, tandis que se mettent en place les différents peuples du premier âge du fer, la France du Sud est convoitée par les pays qui cherchent à contrôler le commerce méditerranéen. Elle constitue un secteur privilégié, point d'aboutissement de grands courants commerciaux convergeant vers la Méditerranée et y apportant de l'ambre, de l'étain, des fourrures, de l'or, etc. Elle est aussi une base d'expansion vers l'intérieur du pays pour les Phéniciens qui viennent de fonder Carthage en Afrique du Nord, pour les Étrusques d'Italie centrale et pour les Grecs. Les Étrusques commencent à exporter du vin et de la céramique. Les Grecs de l'île de Rhodes leur font concurrence. Mais le premier établissement est dû à une ville grecque d'Asie Mineure, Phocée, qui, en 600 av. J.-C., crée *Massalia* avec son port du Lacydon, au fond de la rade de l'actuel Vieux-Port de Marseille : avec cette fondation, connue par des sources écrites (*document 2, p. 26*), notre pays entre dans l'histoire.

DOCUMENT 1

Type de maison de la culture « rubanée »

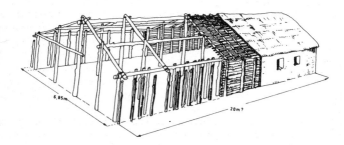

Maison de Reichstett (Bas-Rhin), d'après J. Sainty,
in J. Guilaine, *La France d'avant la France*,
Paris, Hachette, 1980, p. 53.

Cette reconstitution, résultant d'une fouille archéologique et des traces de trous de poteaux, permet de comprendre l'organisation de ces grandes maisons du néolithique appartenant au groupe rubané. Elles étaient construites à partir de poteaux nombreux et resserrés avec une charpente faite uniquement de poutres longitudinales. Aussi, pour une meilleure solidité, plusieurs rangées de poteaux étaient aménagées, formant quatre nefs. La couverture végétale en roseau reposait sur un clayonnage de bois. Les murs, eux aussi en clayonnage, étaient recouverts d'argile crue. Ces maisons de 20 à 40 mètres de longueur pouvaient accueillir plusieurs familles et servir aussi de grenier à blé.

DOCUMENT 2

La fondation de Marseille

« Une bande de jeunes Phocéens fondèrent Marseille au milieu des Ligures et des sauvages peuplades gauloises [...] Ils arrivèrent dans le golfe Galatique aux bouches du Rhône. Séduits par le charme du lieu, de retour chez eux, ils racontèrent ce qu'ils avaient vu et engagèrent un plus grand nombre de compagnons. Les chefs de la flotte furent Simos et Protis. Ils vinrent donc trouver, pour lui demander son amitié, le roi des Ségobriges, appelé Nannos, sur le territoire duquel ils désiraient fonder une ville. Il se trouva que ce jour-là le roi était occupé aux préparatifs du mariage de sa fille Gyptis : il allait la donner en mariage, selon la coutume de la nation, à un gendre choisi pendant le festin. Tous les invités à la cérémonie étant arrivés, on prie aussi les hôtes de prendre part au festin. La jeune fille est ensuite introduite et son père lui ordonne d'offrir de l'eau à celui qu'elle choisissait pour époux. Alors, sans faire attention à aucun des autres, elle se tourne vers les Grecs, et tend la coupe à Protis. Celui-ci, devenu ainsi, de simple hôte qu'il était, gendre du roi, reçut de son beau-père un territoire pour y fonder une ville. »

Justin, XLIII, 3 (trad. M. Clavel, *Marseille grecque*,
Marseille, J. Laffitte, 1977, p. 10-11).

Légendaire ou historique, ce récit d'un auteur latin du 2ᵉ siècle ap. J.-C. s'inspirant d'un historien gaulois du 1ᵉʳ siècle av. J.-C., Trogue-Pompée, nous permet de saisir les conditions de la colonisation grecque et de l'installation des Grecs dans leurs comptoirs. Pour Marseille, cette fondation se fait en accord avec le milieu indigène composé déjà d'éléments gaulois. Cet accord et la fusion entre Grecs et indigènes sont symbolisés par le mariage entre le chef grec et la fille du roi gaulois. Le contenu idéologique de la prépondérance du Grec sur le Barbare est bien marqué par le choix de Gyptis.

2. La formation de la Gaule
(5e-2e siècle av. J.-C.)

A partir du 5e siècle av. J.-C., la Gaule reçoit la double influence celtique au nord et gréco-romaine au sud. Elle connaît, dans le premier domaine, plus rural, et le second, plus ouvert aux échanges, une certaine prospérité.

L'arrivée des Celtes dans la France de l'Est et le développement des colonies grecques dans la France du Sud : telles sont les données fondamentales des années 500 av. J.-C., où se retrouvent les deux grands courants d'influences déjà notés, l'Europe centrale danubienne et la Méditerranée. Avec la présence celtique sur notre territoire apparaît la notion de Gaule, utilisée dans les sources anciennes pour désigner les régions occupées par les peuples celtiques entre le Rhin, l'Atlantique et la Méditerranée. Mais ce terme ne recouvre pas les mêmes réalités ; selon les rythmes des conquêtes, une distinction s'établit entre la Gaule celtique proprement dite, désignée aussi par le terme de « *Gaule chevelue* », *Gallia comata*, indépendante jusqu'à la conquête de César, et la Gaule du Sud, sous l'influence de Marseille et de Rome, appelée encore la Gaule transalpine par opposition à la plaine du Pô occupée aussi par des Celtes et qui forme la Gaule cisalpine.

Le peuplement celtique (carte 1, p. 391)

Origine. Les Celtes peuvent être définis comme un groupe de peuples de langue indo-européenne, installés en Europe centrale, plus particulièrement dans les régions méridionales de l'Allemagne. Ce n'est donc pas une race, mais une communauté linguistique qui se rattache à l'ensemble des peuples indo-européens des régions méditerranéennes, dont font partie les Latins. Le développement du monde celtique suit les progrès de la métallurgie et est en rapport étroit avec l'usage du fer. Dès le premier âge du fer ou Hallstatt, des éléments celtes commencent à émigrer vers l'ouest de l'Europe et s'installent en France dans la vallée du Rhône ou dans le Midi, comme le peuple des Ségobriges, que les Grecs rencontrent en fondant Marseille. Mais la grande expansion celtique a surtout lieu à partir du 5e siècle av. J.-C., au second âge du fer ou La Tène. Les causes de ces bouleversements sont encore assez mal connues. Deux faits purent favoriser ces migrations : une forte démographie des peuples celtiques et la pression des groupes germaniques qui fuient le climat de plus en plus rigoureux des régions baltiques et qui cherchent à s'installer en Europe centrale. Les mouvements celtiques gagnent aussi bien l'Orient jusqu'à la région d'Ankara en Turquie, ancienne Galatie, que l'ouest et le sud de l'Europe : prise de Rome par des Celtes vers 386 av. J.-C. La Gaule est progressivement occupée par les Celtes entre le 5e et le 3e siècle av. J.-C., mais l'importance de cette occupation varie selon les régions.

Répartition. C'est Jules César qui, le premier, donne une présentation géopolitique de la Gaule, en distinguant, outre la Gaule du Sud, alors conquise par Rome, la Belgique, la Celtique et l'Aquitaine (*document 1, p. 37*). En se fondant sur ce texte, complété par d'autres sources, on peut répartir le territoire gaulois selon trois grands ensembles : un noyau celtique, des franges où la celtisation est confrontée à de fortes traditions locales et enfin les dernières régions occupées.

Le noyau celtique comprend essentiellement la zone géogra-

phique située entre la Seine et la Garonne. Là sont installés des
peuples importants qui jouèrent un rôle fondamental dans les
rapports avec Rome : les Arvernes du Massif central, les Éduens
de Bourgogne, les Séquanes du Jura, les Helvètes de la Suisse ou
encore les Bituriges Cubes du Berry, etc. Vers le sud-ouest, ce
noyau se prolonge avec les peuples des Santons en Charente, les
Lémovices du Limousin, les Pétrocores de la Dordogne, les
Pictons du Poitou, les Bituriges Vivisques du Bordelais, etc. Au
nord, ce noyau est bordé par les peuples des Carnutes de la
Beauce, des Parisiens, etc.

Ce bloc celtique est entouré de peuples où l'élément celte est
loin d'être exclusif. En Armorique, la celtisation recouvre à peine
les peuples indigènes, et on peut parler de peuples celto-
armoricains avec les Coriosolites, les Osismes, les Redons, les
Vénètes, etc., dont les relations avec la Bretagne insulaire (les
îles Britanniques) restent régulières. Au sud de la Garonne, en
Aquitaine proprement dite, l'élément local est aussi très fort, et
le fond aquitain se retrouve chez les Élusates, les Lectorates,
les Tarbelles, les Ausques, etc. Enfin, dans la Gaule du Midi,
Allobroges de Savoie, Volques Tectosages et Arécomiques de la
région de Toulouse et de Nîmes, Salyens et Cavares de la région
du Rhône, etc., sont mêlés aux populations ibères du Languedoc-
Roussillon ou ligures de la Côte d'Azur qui occupaient ces
régions avant leur arrivée. Aussi, pour le Sud, le terme de
« Celto-Ligures » ou de « Celtibères » est-il plus approprié.

Au nord de la Seine vivent des peuples que César inclut dans la
Belgique. Arrivés les derniers au cours des 3e et 2e siècles av.
J.-C., ces peuples sont composés de Celtes, mais aussi représentent une avant-garde des peuples *germaniques, dont César
souligne le caractère belliqueux, en particulier les Nerviens et les
Éburons sur le sol de la Belgique actuelle. Au nord de Paris, les
régions sont occupées par les Véliocasses de Rouen, les Bellovaques du Beauvaisis, les Ambiens de Picardie, les Rèmes de la
Champagne, etc.

On ne peut qu'être frappé par la multitude de ces peuples sur
le territoire de la Gaule. Quelle pouvait être leur organisation ?

L'organisation de la Gaule celtique

L'organisation politique et sociale de la Gaule celtique est connue presque exclusivement par des sources gréco-latines, en particulier par le récit de la conquête de la Gaule, composé par Caius Iulius Caesar (César), dans le *De bello Gallico* (*la Guerre des Gaules*). Aussi ne doit-on pas être surpris de voir utiliser la plupart du temps des noms latins pour désigner les institutions gauloises.

Le *territoire* de la *cité* ou *civitas*. La notion de cité définit fondamentalement le territoire contrôlé par un peuple. Ce territoire est souvent délimité par des frontières naturelles. Ainsi, le domaine des *Parisii*, dont le centre était Lutèce, établi sur l'île de la Cité, est entouré par des forêts, des rivières et des marais : à l'ouest, l'Oise, les forêts de Saint-Germain et de Marly ; au sud, la Bièvre et la forêt de Rambouillet ; à l'est, la forêt d'Armainvilliers ; enfin, au nord, la forêt de Chantilly. Certains termes évoquent aussi ces anciennes frontières, comme le mot celte *equoranda*, frontière, qui a donné dans la toponymie moderne les noms d'Ingrandes, Aigurande, etc. L'espace interne du territoire de la cité est lui-même subdivisé en districts ou *pagus*. On y trouve de grandes exploitations à cours multiples, *aedificium*, que l'archéologie aérienne a pu déceler, en particulier dans la Somme.

L'*organisation politique*. A l'intérieur de ce cadre, le pouvoir fut d'abord exercé par un chef-roi : le peuple arverne nous en fournit des exemples avec le roi Luern au 2e siècle av. J.-C., célèbre pour ses distributions d'or à son peuple à une époque où les Arvernes prétendaient à l'hégémonie sur les autres peuples de la Gaule. Son fils, le roi Bituit, ne put maintenir cette prétention et fut battu par Rome en 121 av. J.-C. Sa défaite consacra la fin de la monarchie arverne. Dans les années 80-70 av. J.-C., l'Arverne Celtill tente de restaurer la royauté, mais il est mis à mort ; il laisse un fils, Vercingétorix.

Le pouvoir politique est récupéré par les grandes familles celtes, que César désigne sous le nom d'*equites*, *chevaliers. Ils constituent une aristocratie qui siège au conseil ou *sénat, assemblée des dirigeants de la cité. Des magistrats, *vergobret*, sont désignés par le conseil pour assurer la permanence du pouvoir. Cette noblesse militaire gauloise fonde sa puissance sur les hommes qu'elle contrôle et qui sont à son service : les *ambacts* ou hommes d'armes, et la *clientèle, formée d'hommes libres sans fortune qui constituent l'essentiel du peuple. César cite le cas de l'Helvète Orgétorix qui disposait d'environ 10 000 hommes.

Après la disparition de la monarchie, le pouvoir religieux des rois passe à la classe des druides, recrutés aussi parmi la noblesse. Le druidisme est en effet un phénomène tardif dans le monde celtique et serait apparu dans l'île de Bretagne. L'enseignement druidique était uniquement oral ; aussi connaissons-nous peu de détails sur son contenu. En Gaule, les druides se réunissent une fois par an dans la forêt des Carnutes. S'ils y cueillent le gui, vision traditionnelle de leur rôle, ils y désignent aussi leur chef suprême et règlent les différends qui opposent des particuliers. Dispensés d'impôts et de service militaire, responsables de l'éducation de la noblesse gauloise, les druides ont une influence très forte sur la société gauloise, comme le druide des Éduens, Diviciacos, qui était aussi le *vergobret* de sa cité vers 60 av. J.-C.

Cette évolution politique et religieuse correspond aussi à une transformation profonde de l'habitat avec l'aménagement des places fortes, des *oppida* (*oppidum* au singulier).

Les oppida et l'exploitation du territoire. A partir du 2ᵉ siècle av. J.-C., on observe en Gaule celtique une évolution des sites fortifiés avec le développement de vastes places fortes dont le rôle n'est pas uniquement militaire, mais aussi et même souvent économique. Ces *oppida* peuvent correspondre au centre principal de la cité : Bibracte, sur le mont Beuvray, chez les Éduens, Gergovie chez les Arvernes ou encore *Limonum* (Poitiers) chez les Pictons. Mais on peut aussi trouver dans une cité plusieurs *oppida* qui se partagent le territoire : c'est le cas chez les Bituriges Cubes avec *Avaricum* (Bourges), *Argentomagus* (Saint-Marcel), Levroux et Châteaumeillant.

De superficie variable, entre 90 et 160 hectares pour les plus grands, les *oppida* sont protégés par une enceinte. Les remparts sont d'un type particulier avec une armature en bois et des remblais avec des parements de pierre : c'est le **murus gallicus*, le mur gaulois, de 4 mètres de hauteur et d'épaisseur en moyenne ; ce mur est précédé d'un fossé. L'organisation de l'espace intérieur de l'*oppidum* met en valeur ses diverses fonctions. L'exemple de Bibracte est significatif (*document 2, p. 38*). L'enceinte délimite une zone interne de 135 hectares. La partie méridionale du site est la plus élevée : là se situe le sanctuaire, un espace quadrangulaire ; près de ce sanctuaire, le marché central et les résidences des nobles éduens ; plus bas, en descendant vers la porte principale au nord-est, un quartier d'artisans, spécialisés dans le travail du métal. Fonctions religieuse, politique et artisanale sont ainsi représentées dans cet *oppidum* éduen et illustrent la centralisation progressive des activités au détriment des zones rurales ainsi que la proto-urbanisation de la Gaule celtique avant la conquête romaine.

Cette évolution rejoint les transformations de la société gauloise. L'*oppidum* devient le siège du pouvoir et le lieu de résidence de la noblesse qui renforce son emprise sur les terres qu'elle contrôle. L'ouverture de la Gaule aux produits méditer-ranéens, en particulier le vin et la céramique que les marchands italiens procurent aux Gaulois, nécessite une production plus importante permettant de dégager des surplus pour les échanges commerciaux. C'est aussi dans ce contexte que se développe la frappe monétaire.

La monnaie fut introduite au 3e siècle av. J.-C. en Gaule par l'intermédiaire de Marseille, mais aussi du mercenariat, de nombreux Gaulois allant servir dans les armées du monde méditerranéen. En Gaule, la frappe locale s'inspira d'abord de monnaies grecques comme la **statère de Philippe II de Macé-doine*, mais très vite chaque cité interprète le modèle et conçoit sa propre monnaie avec une symbolique personnelle, signe de la souveraineté du peuple. La multiplication des types monétaires illustre le morcellement de la Gaule, mais est aussi un témoi-gnage remarquable de l'art gaulois.

Un pays attirant. Il faut en effet rejeter l'image trop souvent reprise d'une Gaule impénétrable, faite d'épaisses forêts, de marécages et de chemins impraticables, d'un pays habité par des Gaulois sauvages au « corps grand, la peau humide et blanche, les cheveux blonds », portant une grande moustache, ces guerriers dont le caractère est marqué par « l'irréflexion [...], la barbarie et la sauvagerie ». Les auteurs anciens, Diodore de Sicile et Strabon, ne font que nous retransmettre une vision stéréotypée de la Gaule, souvent reprise et aggravée par des historiens du 19e siècle. La réalité est plus complexe et plus nuancée. La Gaule celtique, à la veille de la conquête romaine, est un pays prospère, ouvert aux influences extérieures, mais possédant aussi sa propre originalité.

En l'absence de sources celtiques écrites, c'est surtout par l'archéologie et les témoignages artistiques que l'on perçoit ce dynamisme de la Gaule indépendante. On aimerait connaître mieux l'environnement religieux du Gaulois avant la conquête, mais la plupart des documents sont postérieurs et, bien qu'ils fassent référence à une tradition plus ancienne, il nous a semblé préférable de les étudier dans leur contexte gallo-romain. En revanche, plusieurs sanctuaires ont été découverts, dont la chronologie remonte à l'époque préromaine, comme l'enclos quadrangulaire de Gournay-sur-Aronde (Oise) avec un fossé contenant de nombreux ossements d'animaux mêlés à des armes rituellement brisées ou tordues. Les découvertes d'objets d'époque gauloise préromaine sont autant de témoignages de l'originalité de la production artistique des Celtes, surtout dans le travail du métal : bijoux en or, colliers ou *torques, bracelets, armes décorées, où se manifestent un art de la transformation, un goût de l'imaginaire et du fantastique avec l'utilisation des courbes, des cercles, des *esses, dont le *triscèle est devenu le symbole. On comprend mieux l'intérêt que César put trouver à se lancer dans la conquête de ce pays dont la réputation de richesse est bien établie, surtout depuis que Rome contrôle la Gaule du Sud.

La Gaule du Midi

La France du Sud connaît une évolution particulière, due à la présence des colonies grecques sur le littoral et au développement précoce des sociétés indigènes, en contact avec les influences méditerranéennes.

Marseille et la colonisation. Ville importante de près de 50 hectares, Marseille est la place commerciale essentielle de la Gaule du Sud. Son activité économique est fondée sur la production locale de vin et de céramique, mais surtout sur la fonction de transit : le port de Marseille constitue un relais pour les produits d'Italie, de Grèce et de l'Orient méditerranéen (céramique, huile, vin). En échange, Marseille exporte de l'étain, du cuivre, de l'or, des salaisons que lui fournissent l'arrière-pays et la Gaule celtique. Après une phase de ralentissement au 5ᵉ siècle av. J.-C., le commerce marseillais reprend son expansion au 4ᵉ siècle. La monnaie grecque de Marseille, la *drachme, gagne la vallée du Rhône et les régions celtiques, où elle est imitée. Le dynamisme de Marseille est illustré aussi par les grandes expéditions maritimes : à la fin du 4ᵉ siècle, le Marseillais Pythéas atteint les îles Britanniques et la Scandinavie. Ce voyage est à mettre en relation avec les « îles Cassitérides », nom qui sert à désigner les régions atlantiques productrices d'étain, que ce soit l'Armorique ou la côte sud des îles Britanniques, dont Marseille est le principal débouché.

Mais le fait important pour la Gaule du Sud est la fondation par Marseille de comptoirs coloniaux qui lui permettent de diversifier ses secteurs d'activité. Ainsi sont créés à l'est du Rhône les comptoirs d'*Olbia* sur la presqu'île d'Hyères, d'*Antipolis* (Antibes), de *Nikaia* (Nice), de *Tauroeis* (Le Brusc) ; dans la vallée du Rhône, Arles et *Rhodanousia* (?) ; enfin, sur la côte du Languedoc, *Agathè* (Agde). En même temps, Marseille étend son territoire vers l'étang de Berre et la vallée du Rhône, ainsi que vers les chaînes de Vitrolles et de l'Étoile au nord et à l'est. Elle dut ainsi contrôler Avignon, Cavaillon et être en relation avec l'*oppidum* voisin de Saint-Blaise et le site indigène de *Glanum*

(Saint-Rémy-de-Provence). Cette présence grecque ne pouvait pas être sans répercussion sur le milieu indigène, mais l'appréciation réelle des influences reste difficile.

Le développement des sociétés indigènes. Depuis le néolithique, la population du sud de la France, Ligures et Ibères, a suivi une évolution originale, due à ses relations privilégiées avec le monde méditerranéen. Dès le 7e siècle et surtout à partir du 5e siècle av. J.-C., les sites fortifiés implantés sur des hauteurs se multiplient. Ces *oppida*, à la différence de la Gaule celtique, sont de taille réduite ; Taradeau dans le Var fait 1 hectare, et Entremont (Aix-en-Provence) 3,5 hectares. Ils sont entourés de remparts, éléments de protection mais aussi symbole de domination et d'affirmation de la place de l'*oppidum* au cœur de son terroir : enceinte d'*Ambrussum* et de Nages dans le Gard. On constate une évolution dans les constructions : tours carrées à Entremont, plan aux rues rectilignes à Nages et à Entremont. Enfin, ces *oppida* ont produit une remarquable statuaire de pierre : statues de têtes coupées et de guerriers d'Entremont, bustes de guerriers de Sainte-Anastasie et de Grézan dans le Gard, ou encore les deux têtes accolées dites « Hermès de Roquepertuse » provenant de ce sanctuaire de la région de Marseille qui comprenait aussi un portique de pierre avec des alvéoles contenant des crânes.

Il est évident que l'on retrouve dans ces aspects le poids des éléments celtiques présents dans la Gaule du Sud, ne serait-ce que dans la tradition des têtes coupées des ennemis évoquée par les sources gréco-latines... Mais le rôle de Marseille est aussi très important sans qu'il soit nécessaire de tout rapporter systématiquement à cette ville. En fait, Marseille est le stimulant qui favorise le passage d'une économie à circuit fermé, fondée sur la subsistance, à une économie de marché et d'échanges, où la production de surplus devient indispensable. En outre, Marseille fait fructifier de nouvelles cultures comme l'olivier et la vigne, qui deviennent un élément essentiel du paysage agricole du Midi. Ainsi, la colonie phocéenne accélère l'évolution des sociétés indigènes, favorise un phénomène de proto-urbanisation et en même temps accentue les différences sociales au sein des groupes indigènes. Cette intégration plus poussée aux structures politico-économiques du monde gréco-latin ne pouvait que faciliter les transformations dues à la présence romaine.

DOCUMENT 1

La Gaule vue par César

« L'ensemble que forme la Gaule se décompose en trois parties : la première est habitée par les Belges, la seconde par les Aquitains, la troisième par ceux qui portent le nom de Celtes dans leur propre langue, de Gaulois dans la nôtre. Tous diffèrent entre eux par la langue, les usages, les lois. Les Gaulois sont séparés des Aquitains par la Garonne, des Belges par la Marne et la Seine.

« Les plus braves de tous sont les Belges, parce qu'ils sont les plus éloignés de la civilisation et de la culture de la Province, parce que ce sont eux que les marchands fréquentent le moins et à qui ils apportent le moins tout ce qui est propre à efféminer les cœurs, et parce qu'enfin ils sont le plus proches des Germains, qui habitent au-delà du Rhin, avec lesquels ils sont continuellement en guerre ; c'est la raison aussi pour laquelle les Helvètes surpassent en bravoure le reste des Gaulois : ils livrent combat aux Germains presque quotidiennement, soit qu'ils leur interdisent leur territoire, soit qu'ils portent la guerre chez eux.

« La région que nous avons définie comme le domaine des Gaulois commence au Rhône et est enfermée par la Garonne, l'océan, la frontière belge, et atteint même le Rhin du côté des Séquanes et des Helvètes ; elle est tournée vers le nord. Les Belges commencent à la limite de la Gaule, s'étendent jusqu'à la partie inférieure du Rhin, sont orientés au nord et à l'est. L'Aquitaine s'étend de la Garonne aux monts des Pyrénées et à la partie de l'océan qui est voisin de l'Espagne ; elle est tournée vers l'ouest et le nord. »

César, *La Guerre des Gaules*, I, 1
(trad. L. Lerat, *La Gaule romaine*,
Paris, A. Colin, 1977, p. 158).

Né vers 101 av. J.-C., Caius Iulius Caesar fut assassiné le 15 mars 44 av. J.-C. Son œuvre essentielle est le récit qu'il fit de sa conquête de la Gaule entre 58 et 52 av. J.-C. ; le but de l'auteur était surtout de consolider sa position politique dans l'opinion publique romaine. Malgré cet aspect de propagande personnelle, la Guerre des Gaules reste un document fondamental pour l'histoire de notre pays : c'est le premier témoignage historique important que nous possédons sur la Gaule.

Dans cet extrait qui correspond aux premiers paragraphes de l'ouvrage,

*César présente les grands secteurs de la Gaule indépendante, le Sud étant
à cette époque une province romaine. On remarque le rôle prépondérant
donné aux fleuves comme limites entre les régions, ainsi que la représentation erronée que les Anciens se faisaient de l'orientation de la Gaule, les
Pyrénées s'étendant pour eux selon un axe nord-sud.*

*D'autre part, les remarques concernant les Belges rappellent la pénétra-
tion économique du monde gaulois par les commerçants italiens et la
pression du monde germanique sur les Celtes. Sur ce point, César met en
opposition les notions de civilisation, liée pour lui au monde méditerranéen, et de bravoure sauvage, caractéristique du monde barbare du
Nord.*

DOCUMENT 2

L'oppidum de Bibracte sur le mont Beuvray

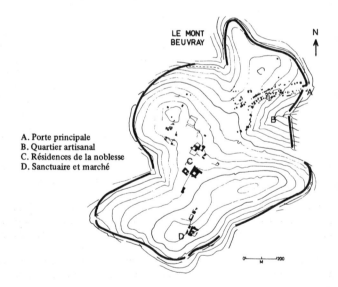

A. Porte principale
B. Quartier artisanal
C. Résidences de la noblesse
D. Sanctuaire et marché

Histoire de la France urbaine, t. 1, *La Ville antique*,
Paris, Éd. du Seuil, 1980, p. 206.

Le site de Bibracte, au-dessus de la ville d'Autun, est implanté sur le mont Beuvray (750 à 820 m), qui fait partie des montagnes du haut Morvan. Les premières fouilles eurent lieu à partir de 1865 et le site constitue encore de nos jours un important chantier archéologique. Bibracte était l'oppidum le plus riche du peuple éduen. Son principal accès se fait par le nord-est à la porte de Rebout. Le rempart qui entoure l'oppidum mesure 5 kilomètres de long pour une épaisseur moyenne de 3 à 4 mètres ; il est précédé d'un fossé de 6 mètres de profondeur et de 11 mètres de largeur. Le quartier du nord-est, dénommé la Come-Chaudron, était occupé par des forgerons, des bronziers, des émailleurs et des orfèvres, tous artisans liés au travail du métal. La rue principale mène ensuite au centre de l'oppidum, où subsistent des maisons de conception romaine, certaines remontant aux temps de l'indépendance ; elles témoignent ainsi de l'influence et des relations de Rome avec les Éduens. Plus au sud, une place publique précède une enceinte carrée qui correspond au sanctuaire celtique de Bibracte. La fondation d'Augustodunum (Autun) marqua le déclin progressif de Bibracte, dont la population émigra pour s'installer dans la nouvelle ville.

3. La conquête de la Gaule
(2ᵉ siècle av. J.-C. – 1ᵉʳ siècle ap. J.-C.)

D'abord installés dans la Gaule du Sud, à partir de la fin du 2ᵉ siècle av. J.-C., les Romains entreprennent avec Jules César la conquête de la Gaule chevelue. Malgré des sursauts de résistance (Vercingétorix), la Gaule fait désormais partie de l'Empire romain.

En moins d'un siècle, entre 125 et 50 av. J.-C., la Gaule est annexée par Rome et devient un élément essentiel de l'Empire romain en Occident. En effet, tandis que les Celtes occupent progressivement la Gaule, Rome prend le contrôle de l'Italie péninsulaire. Au 3ᵉ siècle av. J.-C., l'expansion romaine se heurte à la puissance maritime de Carthage, cité d'Afrique du Nord (près de Tunis) : c'est le début des guerres *puniques. Battue une première fois en 241, Carthage réorganise son empire à partir de la péninsule Ibérique. La nouvelle offensive lancée en 218 contre Rome par Hannibal à travers la Gaule du Sud met en relief l'importance de ces régions pour Rome : au 2ᵉ siècle av. J.-C., la Gaule du Sud devient l'un des centres d'intérêt de la politique romaine.

Rome et la Gaule du Sud. La Gaule transalpine

Les premiers jalons. Malgré les incertitudes de la documentation, il semble établi que les relations entre Marseille et Rome ont commencé très tôt, peut-être à l'occasion de l'invasion gauloise de Rome au 4ᵉ siècle av. J.-C. En outre, les activités commerciales de Marseille ne pouvaient que renforcer les liens avec les milieux d'affaires italiens. Cette fidélité de l'alliance est confortée dans les épreuves de la deuxième guerre punique à partir de 218 av. J.-C. Cette année, en effet, Hannibal lance une grande expédition depuis l'Espagne vers l'Italie du Nord en passant par la Gaule du Sud. Rencontrant assez peu d'opposition chez les peuples indigènes, Hannibal franchit le Rhône avec ses trente-sept éléphants transportés sur des radeaux ; puis il traverse les Alpes au cours de l'automne 218. Son itinéraire reste problématique ; on admet qu'il dut passer par la vallée de l'Isère, le col du Clapier ou celui du Mont-Genèvre. Malgré les pertes importantes subies par l'armée punique en hommes et en éléphants, ce passage fut considéré dès l'Antiquité comme un exploit, réédité plusieurs siècles plus tard par Bonaparte. Si Marseille ne put rien faire pour entraver la marche d'Hannibal, par la suite elle soutint Rome dans sa lutte en lui fournissant des navires.

La victoire romaine à Zama, en Tunisie, en 202 av. J.-C., est suivie de l'installation de Rome dans la péninsule Ibérique, où deux provinces sont créées. La Gaule du Sud constitue alors une région essentielle pour les relations entre l'Italie et l'Espagne. En même temps, le marché gaulois s'ouvre de plus en plus aux commerçants italiens, dont la présence est sensible sur les sites indigènes du Languedoc comme Ensérune, important *oppidum* de la région de Béziers, situé à proximité de la route dite « *héracléenne » de l'Italie à la côte espagnole. Les régions à l'ouest du Rhône subissent progressivement les influences romaines depuis les provinces ibériques, qui durent pendant un certain temps contrôler le Languedoc-Roussillon. Mais les liaisons avec l'Italie sont gênées par les actions de piraterie et les offensives des peuples indigènes qui menacent aussi les colonies grecques.

L'intervention romaine. La première intervention de Rome a lieu en 154 av. J.-C. : à l'appel de Marseille, dont les colonies d'Antibes et de Nice sont assiégées par des Ligures, une armée romaine livre combat sur le territoire de la Gaule. Cependant, la présence militaire romaine ne se précise qu'à partir de 125 av. J.-C. pour dégager Marseille, directement menacée par des

Celtes et des Ligures. La situation est rétablie ; les Celtes Salyens sont battus, et leur capitale, Entremont, détruite. A ses pieds, le vainqueur, Caius Sextius Calvinus, établit une garnison et lui donne un nom qui associe les qualités thermales du site et son nom, *Aquae Sextiae* (« les Eaux sextiennes », Aix-en-Provence), première fondation romaine en Gaule, en 122 av. J.-C. C'est peut-être à cette époque que les Éduens de la région de Bourgogne concluent une alliance avec Rome. En 121 av. J.-C., les Allobroges du Dauphiné et les Arvernes du roi Bituit sont battus à leur tour. L'un des vainqueurs, Cnaeus Domitius Ahenobarbus, passe en Languedoc et installe une garnison chez les Volques Tectosages, à Toulouse, vers 118 av. J.-C. La même année est fondée Narbonne.

Organisation provinciale et évolution. En 118 av. J.-C., Rome décide d'installer des colons italiens et choisit le site de *Narbo,* au bord de l'Aude. Cette *colonie est placée sous la protection de Mars et devient *Narbo Martius.* Le territoire est cadastré et des lots sont distribués aux colons. Un des axes de ce *cadastre est formé par la nouvelle route créée par Cnaeus Domitius pour relier l'Italie à la péninsule Ibérique, la *via Domitia,* qui remplace désormais l'ancienne route héracléenne. Au débouché des routes venant de l'Aquitaine et de l'« isthme gaulois », Narbonne est désormais un carrefour commercial fondamental pour l'économie romaine. Cette ville est bien « un observatoire et un rempart du peuple romain », comme l'écrit Cicéron.

La Gaule du Sud passe donc sous le contrôle de Rome et devient la province de Gaule transalpine, vers 122-118 ou vers 74 av. J.-C. De nouvelles villes sont créées, comme *Lugdunum Convenarum* (Saint-Bertrand-de-Comminges) en 72 av. J.-C. par Pompée. La présence de Rome modifie les conditions économiques et sociales. Le poids de la conquête se fait d'abord sentir par les impôts, les réquisitions, etc., qui provoquent un endettement des populations locales. Mais aussi les Italiens accaparent les terres, développent de nouvelles cultures et intensifient les activités commerciales et financières. Seules peuvent en bénéficier les aristocraties indigènes, dont l'intégration se fait lentement : adoption de plans de maison avec *atrium à Ensérune

(Hérault) ou à *Glanum* (Saint-Rémy-de-Provence). L'aggravation des différences sociales fut une des causes des troubles qui éclatèrent dans la province.

Ce sont des éléments extérieurs qui déclenchent les premières difficultés sérieuses en Transalpine : les Cimbres et les Teutons, avant-garde des peuples germaniques dont les migrations allaient menacer Rome jusqu'à la fin de l'Empire. A partir de 109 av. J.-C., les Cimbres et les Teutons ravagent la Gaule et battent plusieurs armées romaines. L'envoi du consul Caius Marius met un terme à leurs destructions : après avoir creusé un canal pour faciliter le ravitaillement de ses troupes depuis la mer, les *Fossae Marianae* (Fos-sur-Mer), Marius écrase les Teutons à Aix-en-Provence en 102 av. J.-C. Profitant des troubles, les Volques Tectosages de Toulouse se soulèvent en 108 av. J.-C., mais ils sont battus par Quintus Servilius Caepio, qui en profite pour piller leurs temples et leurs trésors. D'autres troubles éclatent aussi chez les Salyens et les Allobroges, mais Rome rétablit la situation. L'arrivée de Caius Iulius Caesar allait donner une nouvelle dimension à la conquête.

César et la Gaule chevelue

La création de la Gaule transalpine a renforcé les influences économiques de Rome en Gaule celtique. Marchands et produits italiens (céramique, vin, huile) pénètrent en territoire celtique. Ce courant économique profite aussi aux artisans et aux commerçants gaulois. Mais la situation politique est moins brillante. Divisée en cités rivales, la Gaule est confrontée à un double péril : la menace germanique au nord et les ambitions romaines au sud, concrétisées en 58 av. J.-C. par la nomination de César comme gouverneur de la Gaule transalpine, désormais plus souvent appelée « la Province » (en opposition avec la Gaule indépendante), ce qui donnera le terme de « Provence ».

Entre 62 et 60 av. J.-C., les Germains conduits par Arioviste s'installent en haute Alsace. En 58 av. J.-C., les Helvètes de Suisse, directement menacés, décident d'émigrer vers l'ouest, chez les Santons. Ils optent pour une route qui traverse le territoire des Allobroges, dans la Province. César s'y oppose et les oblige à passer par les cités des Séquanes et des Éduens. Devant leurs ravages, les Éduens font appel à leurs alliés, les Romains : César peut commencer la conquête ! Racontée en détail par César lui-même dans le *De bello Gallico,* la guerre des Gaules comprend trois phases principales.

L'offensive de 58 av. J.-C. Cette offensive est marquée par la défaite des Helvètes près de Bibracte et le retour de ce peuple dans son pays. C'est alors que des délégués des cités gauloises viennent demander à César de les aider contre Arioviste. César accepte, car il y voit l'occasion de s'engager encore plus en Gaule. Il s'installe à Besançon, chez les Séquanes. Après l'échec des négociations avec Arioviste, César affronte les Germains et les bat dans la région de Mulhouse ; ils doivent repasser le Rhin. César peut alors organiser ses quartiers d'hiver chez les Séquanes et envisager d'étendre son action sur la Gaule, alors qu'il aurait dû se retirer une fois Arioviste vaincu.

La Gaule encerclée. De 57 à 53 av. J.-C., César et les *légions romaines se portent sur les régions périphériques : la Gaule celtique est encerclée. L'année 57 est consacrée à la soumission d'une partie des peuples de la Belgique. Les Rèmes (Reims) se déclarent pour Rome ; les autres peuples coalisés sont battus sur les rives de l'Aisne. César obtient ensuite la reddition des Suessions (Soissons), des Bellovaques (Beauvais) et des Ambiens (Amiens). Plus au nord, il se heurte à la résistance plus farouche des Nerviens du Cambrésis, des Viromanduens (Saint-Quentin), des Atrébates (Arras) et des Atuatuques de la Meuse. Mis en difficulté, il réussit à s'imposer. A la fin de l'été 57, il envoie son lieutenant Crassus en Armorique, où il ne rencontre pas de résistance. Mais, en 56, les Vénètes (Vannes) se révoltent. La qualité de leurs lourds bateaux en chêne très épais, avec des voiles en peau, surprend les Romains ; il faut une panne de vent pour qu'ils puissent venir à bout de la flotte vénète. La même année, Crassus soumet les peuples aquitains et César entreprend une campagne vers le nord, chez les Ménapes et les Morins. 55 est l'année d'une expédition au-delà du Rhin contre les Germains et d'un débarquement dans l'île de Bretagne, renouvelé sans succès en 54. La fin de l'année 54 est difficile et les mouvements de résistance se multiplient chez les Carnutes et dans la Gaule du Nord. Le chef éburon Ambiorix prend la tête du soulèvement et massacre douze *cohortes romaines. Il assiège ensuite le camp de Quintus Cicéron, le frère de l'orateur, tandis que, de leur côté, les Trévires se révoltent. César réussit à dégager Cicéron et, avec l'aide de son légat Labiénus, à mater la révolte. L'année 53 est consacrée à la réorganisation de l'armée et à une reprise en main du pays avec des opérations de répression chez les Nerviens et les Éburons. A la fin de 53, César établit ses quartiers d'hiver chez les Sénons, les Lingons et les Trévires. Tous ces événements préparaient la grande révolte de 52.

Vercingétorix. Devenu au 19e siècle le symbole de l'unité du pays face à la menace étrangère et le prototype du héros national, Vercingétorix a une personnalité difficile à dégager de cette image légendaire qui l'entoure. La réalité est à la fois plus complexe et moins grandiose... La révolte commence dans l'hiver 53-52 av. J.-C. par le massacre des commerçants italiens à *Cenabum* (Orléans). A cette nouvelle, Vercingétorix, le fils du noble arverne Celtill, parvient à s'imposer à son peuple et à prendre la tête de la révolte. Que représente-t-il dans la Gaule de cette époque ? Membre d'une famille aristocratique, il regroupe autour de lui les éléments traditionnels et conservateurs qui voient le pouvoir leur échapper autant par la conquête romaine que par les mutations de la société gauloise. Parmi eux, les druides, dont la puissance est menacée par Rome, durent jouer un rôle important.

Avec l'aide des peuples du centre et de l'ouest de la Gaule, Vercingétorix lance l'offensive. César, parti en Italie, doit revenir pour mettre en état de défense la Province et rejoindre ses troupes en Gaule. Il réussit à prendre *Avaricum* (Bourges) et envoie Labiénus battre une autre armée gauloise à Lutèce. Mais il échoue devant Gergovie, au cœur du pays arverne. Cet échec entraîne l'adhésion des Éduens à la révolte et, à Bibracte, Vercingétorix est confirmé comme chef des Gaulois. César préfère se retirer vers le sud pour défendre la Province. C'est alors que Vercingétorix décide de lancer la cavalerie contre l'armée romaine en marche. Cette erreur d'appréciation lui est fatale : l'assaut est repoussé et les Gaulois se retirent à *Alesia*, *oppidum* du peuple des Mandubiens.

Remarquablement situé, l'*oppidum* d'*Alesia* (Alise-Sainte-Reine), sur le mont Auxois, est une place forte idéale. Mais c'est compter sans l'art du siège de César, qui entoure le site d'une *contrevallation avec remparts, tours, fossés, zone de branchages aiguisés et enfin trous équipés de pointes pour empêcher toute sortie. Une *circonvallation tournée vers l'extérieur protège les Romains de la contre-offensive de l'armée de secours (*document 1, p. 48*). Cette armée est repoussée et Vercingétorix doit se rendre : emmené à Rome, il figure dans le cortège triomphal de César en 46 av. J.-C. avant d'être exécuté (*document 2, p. 50*). Il fallut encore un an pour ramener le calme en Gaule.

L'achèvement de la conquête et les dernières révoltes

Pendant huit ans, la Gaule avait subi les méfaits de la guerre, avec les pillages, les massacres, les captures de Gaulois vendus en esclavage ; après sa défaite, elle dut verser à Rome 40 millions de *sesterces. César put s'y constituer une fortune et surtout se forger une armée, qu'il utilisa pour prendre le pouvoir à Rome. De 49 à 31 av. J.-C., Rome entre dans un cycle de guerres civiles, d'abord entre César et Pompée, puis entre Octave et Antoine. La première victime en Gaule en est Marseille, qui a le tort de choisir le camp de Pompée : elle y perd l'essentiel de son territoire et de ses privilèges. La Gaule n'est encore qu'imparfaitement conquise : c'est à Octave Auguste et aux empereurs du 1er siècle que revient la tâche de compléter son intégration à l'Empire.

Les trophées d'Auguste. Au cours de son règne (31 av. J.-C. à 14 ap. J.-C.), l'empereur Auguste intervient à plusieurs reprises en Gaule directement ou par l'intermédiaire de ses généraux comme Agrippa pour y réprimer des soulèvements. C'est après la révolte de l'Aquitaine en 28 av. J.-C. qu'il fait édifier un

*trophée de victoire à Saint-Bertrand-de-Comminges pour com-
mémorer ses succès en Espagne et en Gaule. Il reste cependant à
assurer les relations entre la Gaule et l'Italie en contrôlant les
régions alpestres, habitées par une multitude de peuples indépendants. En 57 av. J.-C., une tentative d'un légat de César, Galba,
avait échoué. Après avoir soumis les Salasses de la vallée
d'Aoste, victoire célébrée par l'arc d'Aoste, Auguste entreprend
la conquête de l'ensemble des Alpes de 16 à 14 av. J.-C. Le succès
de ses campagnes est concrétisé par la construction du trophée de
La Turbie, au-dessus de Monaco, en 7-6 av. J.-C. Ce trophée
marque en même temps les limites officielles entre l'Italie et la
Gaule. C'est bien la force des armes de Rome qui est exaltée par
ces deux monuments des Pyrénées et des Alpes.

L'obstacle germanique. En revanche, le trophée édifié en 9 av.
J.-C. sur l'Elbe est bien illusoire : la présence des Germains sur le
Rhin mais aussi dans les régions danubiennes est le problème
majeur de l'Occident. Auguste projette de conquérir la Germanie. Encouragé par les campagnes de Drusus de 12 à 9 av. J.-C., il
conçoit d'étendre l'Empire jusqu'à l'Elbe : le Germain Arminius
anéantit les trois légions du légat Varus en 9 ap. J.-C. et met
un terme définitif à ce projet. Désormais, les régions rhénanes
constituent à la fois les limites de la Gaule et de l'Empire.

Les sursauts de la noblesse gauloise. La guerre menée par Rome
sur le Rhin coûte cher. Tibère, successeur d'Auguste, renforce la
pression fiscale sur les peuples gaulois : des cités exemptées
d'impôts comme celles des Éduens et des Trévires perdent leurs
privilèges. L'exploitation économique de la Gaule avec les
confiscations de terres, les recensements, conjuguée avec l'augmentation des impôts, aggrave l'endettement des Gaulois. L'attitude hostile de Tibère envers les druides favorise le développement d'une opposition au pouvoir romain. C'est ainsi qu'éclate
une série de révoltes en 21 ap. J.-C. Commencé dans les pays de
la Loire, chez les Andécaves (Angers) et les Turons (Tours), le
mouvement s'étend aux Éduens et aux Trévires. Les chefs en
sont des aristocrates gaulois romanisés, Julius Florus chez les
Trévires et Julius Sacrovir chez les Éduens. La révolte des pays

de Loire et de Florus est matée facilement. Mais Sacrovir réussit à occuper Autun et à y prendre en otage les jeunes nobles gaulois qui y faisaient leurs études. Il forme une armée, mais elle est écrasée par les Romains. Sacrovir se suicide dans sa villa.

L'échec d'un empire des Gaules. Les derniers troubles associent le problème germanique, la succession impériale et les révoltes intérieures. En effet, la fin du règne de Néron et sa mort en 68 ap. J.-C. ouvrent une période de crise et de confusion dans l'Empire. Les conflits entre les candidats au trône impérial favorisent des révoltes en Gaule. La première est d'origine rurale, autour de Maric, sur le territoire éduen. Il se proclame libérateur des Gaules et entraîne avec lui les gens des campagnes. La noblesse éduenne et l'armée romaine collaborent pour écraser ce soulèvement populaire, premier exemple des révoltes paysannes en France.

Entre-temps, la Gaule est passée sous le contrôle d'un *légat de légion, Vitellius, proclamé empereur par ses troupes. Un officier d'origine germanique, le Batave Civilis, se révolte et, avec d'autres Germains, tente de se constituer un domaine vers le Rhin. La mort de Vitellius laisse le champ libre. Des Gaulois, Tutor et Classicus, de la cité des Trévires, et Julius Sabinus, un Lingon, en profitent pour proclamer en 70 ap. J.-C. sur le Rhin l'empire des Gaules. Mais les délégués des cités gauloises, réunis à Reims, refusent cet empire et affirment leur fidélité à Rome et au nouvel empereur Vespasien : la noblesse gauloise choisit la paix romaine.

La révolte brisée, la Gaule s'engage, à partir de Vespasien, dans une intégration profonde au monde romain, qui lui assure pour un siècle une période de paix et de prospérité.

DOCUMENT 1

Les fortifications de César devant Alésia

« [...] César entreprit les travaux que voici [...] Il creusa deux fossés larges de quinze pieds [4,5 m] et chacun de profondeur égale ; il remplit le fossé intérieur, dans les parties qui étaient en plaine et basses, d'eau

qu'il dériva de la rivière. Derrière ces fossés, il construisit un terrasse-
ment surmonté d'une palissade, dont la hauteur était de douze pieds
[3,5 m] ; il compléta celle-ci par un parapet et des créneaux, et disposa à
la jonction de la terrasse et de la paroi de protection de grandes pièces
de bois fourchues qui, pointées vers l'ennemi, devaient lui rendre
l'escalade plus malaisée ; il éleva sur toute la périphérie de l'ouvrage des
tours distantes les unes des autres de quatre-vingts pieds [24 m].

« [...] César pensa qu'il devait encore ajouter à ces ouvrages, afin de
pouvoir défendre la fortification avec de moindres effectifs. On coupa
donc des troncs d'arbres ayant des branches très fortes et l'extrémité de
celles-ci fut dépouillée de son écorce et taillée en pointe ; puis on
creusait des fossés continus profonds de cinq pieds [1,5 m]. On y
enfonçait ces pieux, on les reliait entre eux par le bas, pour empêcher
qu'on pût les arracher, et on ne laissait dépasser que le branchage. Il y
en avait cinq rangées, reliées ensemble et entrelacées : ceux qui
s'engageaient dans cette zone s'empalaient à la pointe acérée des pieux.
On les avait surnommés les " cippes ". Devant eux, on creusait, en
rangées obliques et formant quinconce, des trous profonds de trois pieds
[0,9 m], qui allaient en se rétrécissant peu à peu vers le bas. On y
enfonçait des pieux lisses de la grosseur de la cuisse, dont l'extrémité
supérieure avait été taillée en pointe et durcie au feu ; on ne les laissait
dépasser du sol que de quatre doigts ; en outre, pour en assurer la
solidité et la fixité, on comblait le fond des trous, sur une hauteur d'un
pied [0,28 m], de terre qu'on foulait ; le reste était recouvert de
branchages et de broussailles afin de cacher le piège. On en fit
huit rangs, distants les uns des autres de trois pieds [0,9 m]. On les
appelait " lis ", à cause de leur ressemblance avec cette fleur. En avant
de ces trous, des pieux longs d'un pied, dans lesquels s'enfonçait un
crochet de fer, étaient entièrement enfouis dans le sol ; on en semait
partout et à intervalles rapprochés : on leur donnait le nom d'" aiguillons ".

« Ces travaux achevés, César [...] fit, sur quatorze milles de tour
[20,70 km], une fortification pareille à celle-là, mais inversement
orientée, contre les attaques du dehors. »

César, La Guerre des Gaules, VII, 72-75
(trad. L.A. Constans, Paris, Belles Lettres, 1964, p. 263-265).

*Le texte de César décrit en détail les travaux de la contrevallation face à
Alésia ; les trois dernières lignes font allusion à la circonvallation tournée
vers l'extérieur. Le site d'Alésia a donné lieu à de nombreuses polémi-
ques. Plusieurs localités en ont revendiqué l'attribution, en particulier
Alaise à 25 kilomètres de Besançon et Alise-Sainte-Reine en Bourgogne.
Commencées à l'initiative de Napoléon III, les fouilles archéologiques ont*

permis d'établir l'identification d'Alise-Sainte-Reine avec Alésia ; elles ont sur de nombreux points confirmé les descriptions de César. Aussi est-il possible de reconstituer le système défensif selon le croquis ci-dessous :

CONTREVALLATION

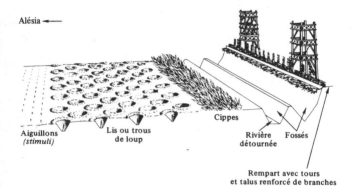

Alésia ◄——

Aiguillons (stimuli)   Lis ou trous de loup   Cippes   Rivière détournée   Fossés

Rempart avec tours et talus renforcé de branches

DOCUMENT 2

La reddition de Vercingétorix

1. Selon César :

« Il ordonne qu'on lui remette les armes, qu'on lui amène les chefs des cités. Il installe son siège au retranchement, devant son camp : c'est là qu'on lui amène les chefs ; on lui livre Vercingétorix, on jette les armes à ses pieds. Il met à part les prisonniers éduens et arvernes, pensant se servir d'eux pour regagner ces peuples, et il distribue les autres à l'armée entière, à titre de butin, à raison d'un par tête. »

César, *La Guerre des Gaules,* VII, 89
(trad. L.A. Constans, Paris, Belles Lettres, 1964, p. 277-278).

2. Selon Plutarque :

« Le chef suprême de la guerre, Vercingétorix, prit ses plus belles armes, para son cheval et franchit ainsi les portes de la ville. Il vint caracoler en cercle autour de César qui était assis, puis, sautant à bas de sa monture, il jeta toutes ses armes et s'assit lui-même aux pieds de

César, où il ne bougea plus, jusqu'au moment où César le remit à ses gardes en vue de son triomphe. »

Plutarque, *César*, 27, 9-10 (trad. R. Flacelière
et E. Chambry, Paris, Belles Lettres, 1975, p. 176).

L'historiographie fit très tôt de Vercingétorix un personnage à part. Dès l'Antiquité, vers 100 ap. J.-C., le récit de l'historien grec Plutarque est déjà différent de la version donnée par César. Il est peu vraisemblable que le chef gaulois ait pu ainsi caracoler autour de César : c'est pourtant cette version que la tradition a le plus souvent retenue dans les manuels d'histoire. La glorification de Vercingétorix atteint son apogée lors de la mise en place, en 1865, à Alise-Sainte-Reine, d'une statue du chef gaulois, mesurant 7 mètres de hauteur. Cette statue surmonte toujours l'actuelle bourgade d'Alise.

4. Les nouveaux pouvoirs
(1er siècle av. J.-C. – 1er siècle ap. J.-C.)

Organisée en provinces et en cités qui font l'apprentissage du droit romain, la Gaule se transforme sous la protection de l'armée qui défend les frontières et dans le cadre unificateur d'un même système administratif et d'un même culte impérial.

Dans les années qui suivent la conquête de la Gaule par César, l'emprise de Rome sur le territoire gaulois se renforce. Mais les aléas de la guerre civile ne permettent pas de lui donner un statut définitif. Il faudra plus de trente ans pour en préciser le découpage provincial. Entre-temps, Rome met en place des structures nouvelles et fonde des cités. A partir du règne d'Auguste, les provinces sont délimitées. Face à la multitude des peuples, Rome cherche à resserrer la cohésion du pays et à consolider sa domination en utilisant au sein des cités les anciens notables gaulois.

Le système provincial (carte 2, p. 393)

Les conditions générales. L'une des premières conditions indispensables pour une intégration plus étroite de la Gaule au monde romain est le développement d'un réseau de cités. Plusieurs créations de *colonies romaines complètent les premières fondations dans la Gaule du Sud. Narbonne reçoit en 45 av. J.-C. un nouveau lot de colons, formé de vétérans de l'armée de César. Ce sont encore des vétérans de César ou d'Auguste qui sont à l'origine des fondations de Béziers, Fréjus, Arles et Orange. Vienne et Valence reçoivent aussi le titre de colonie romaine. Étape vers la citoyenneté romaine, le *droit latin est concédé aux cités indigènes de la Gaule transalpine, avec, pour certaines comme Nîmes, le titre de colonie. En 43 av. J.-C., Lucius Munatius Plancus fonde, aux confins de la Transalpine et des nouveaux territoires, la colonie romaine de *Lugdunum* (Lyon), appelée à jouer un rôle essentiel dans le système provincial. Dans la Gaule chevelue, l'époque de César et d'Auguste voit se former un nombre important de cités qui témoignent dans leur nom en *Augustus, Iulius* ou *Caesar* de l'intervention officielle du pouvoir : *Augustodunum* (Autun, au pied du mont Beuvray, l'ancien Bibracte), *Iuliomagus* (Angers) ou *Caesarodunum* (Tours). Pour ménager les vaincus, Rome laisse certains privilèges à quelques peuples considérés comme fédérés, alliés de Rome par un traité comme les Éduens, ou libres, sans traité, comme les Arvernes. Dans les deux cas, ils bénéficient d'avantages fiscaux qui disparaissent sous Tibère. Il était aussi nécessaire à Rome de connaître la situation précise des régions conquises. A partir de 27 av. J.-C. sont organisés des recensements qui permettent d'apprécier la population et la fortune, donc d'établir la répartition des taxes et des divers impôts. En même temps, Auguste confie à son gendre, Agrippa, le soin de tracer les grandes lignes du réseau routier adapté aux nouveaux besoins du conquérant. C'est ainsi que Lyon devient le point de départ d'un ensemble de routes rayonnant sur toute la Gaule, et que l'axe Rhône-océan est réalisé par la liaison Lyon-Saintes, cité créée à la même époque que la route, vers 20 av. J.-C.

La province de Narbonnaise. Parallèlement à ces créations, le gouvernement impérial établit la nouvelle répartition provinciale, qui se fait en plusieurs étapes. En 27 av. J.-C., la gestion des provinces est partagée entre le *Sénat de Rome et l'empereur. A cette date, toute la Gaule est contrôlée par l'empereur, mais, en 22 av. J.-C., Auguste décide de donner la Gaule transalpine au Sénat. Désormais, cette province prend le nom de *Gallia Narbonensis*, Gaule narbonnaise. Elle est administrée par le Sénat, qui y envoie un gouverneur choisi pour un an parmi les anciens *préteurs. Il porte le titre officiel de *proconsul et réside à Narbonne.

Les Trois Gaules. C'est sous ce nom, *Tres Galliae*, que les sources désignent l'ensemble de la Gaule chevelue qu'Auguste, entre 16 et 13 av. J.-C., divise en trois provinces. Ces provinces sont chacune dirigées par un gouverneur désigné par l'empereur pour une période d'environ trois ans et choisi aussi parmi les sénateurs anciens préteurs. Il porte le titre de *legatus Augusti propraetore*, *légat d'Auguste propréteur. La division d'Auguste ne correspond pas tout à fait aux trois grandes régions définies par César.

L'Aquitaine, *Aquitania*, englobe désormais les pays compris entre les Pyrénées et la Loire. Si cette grande Aquitaine reprend l'ancien découpage des cités gauloises, comme les Arvernes, elle comporte aussi des modifications : ainsi, les trente peuples aquitains du sud de la Garonne sont regroupés en neuf peuples, et les régions du Couserans et du Comminges sont intégrées à l'Aquitaine. Le gouverneur réside au 1er siècle ap. J.-C. à *Mediolanum* (Saintes), puis le siège de la capitale est transféré sans doute à Poitiers au 2e siècle, ensuite à Bordeaux pour les 3e et 4e siècles.

Les régions entre la Loire et la Seine dépendent de la province de Lyonnaise, *Gallia Lugdunensis*. On y retrouve les peuples de l'Armorique (Osismes, Redons, etc.), les Carnutes, les Éduens, les Parisiens, mais aussi des peuples du nord de la Seine appartenant à l'origine aux groupes des Belges comme les Véliocasses (Rouen). En revanche, la partie nord-est de la Celtique, avec les Lingons (Langres) et les Séquanes (Besançon), est attribuée à la Belgique. La capitale est Lyon, dont le rôle, comme nous le verrons, dépasse le cadre de la province et en fait une capitale des Trois Gaules.

La troisième province est la Belgique, *Belgica* ; elle s'étendait initialement jusqu'au Rhin, avec deux districts militaires dans le secteur rhénan. La capitale est *Durocortorum* (Reims). Mais la présence d'un fort contingent militaire amena à modifier cette répartition.

Les Germanies. Pour faire face aux difficultés militaires, en 90 ap. J.-C., l'empereur Domitien décide la création des deux provinces de Germanie, les Germanies inférieure et supérieure, avec des légats, sénateurs anciens consuls. La *Germania inferior* a comme capitale Cologne et correspond à la vallée inférieure du Rhin avec la Hollande et la Belgique actuelles. Mayence est la capitale de la *Germania superior*, dont le territoire est plus vaste, de la rive gauche du Rhin aux cités des Séquanes et des Lingons, retirées à la Belgique. En outre, à l'est du Rhin, entre ce fleuve et le Danube, est constituée une zone de colonisation ouverte aux Gaulois, les *champs Décumates.

Les provinces alpestres. Bien qu'elles soient marginales par rapport aux *Tres Galliae*, il faut ajouter à cette liste les provinces alpestres, dont le territoire comprend une partie du sol français. Ce sont les Alpes maritimes avec *Cemenelum* (Cimiez), les Alpes cottiennes avec Suse en Italie mais qui englobent la vallée de l'Arc et la haute Durance et enfin les Alpes grées avec *Axima* (Aime) dans la vallée de l'Isère. Leur moindre importance en a fait confier le gouvernement à un chevalier avec le titre de *procurateur. La France actuelle correspond donc à neuf provinces antiques, la Corse étant rattachée à l'ensemble provincial Sardaigne-Corse. Mais, si la province forme le cadre institutionnel, la réalité se vit dans la cité.

La réalité politique : la cité

Pour le Gaulois, la province reste une notion lointaine et souvent abstraite. Son horizon politique est fondamentalement la cité dont il dépend, c'est-à-dire un territoire délimité, au sein duquel un centre urbain regroupe les activités politiques : en dehors de Rome, c'est là sa véritable patrie.

Trois catégories de statut. Cette patrie s'inscrit dans un ensemble de valeurs définies par Rome en fonction du statut juridique des cités, réparties en trois catégories. La première, la cité *pérégrine, concerne des peuples qui sont maintenus à l'écart du droit romain ou latin. Soumis à la fiscalité impériale et à la loi provinciale, ils ne possèdent que la citoyenneté locale : ils ne peuvent épouser que des personnes de même statut et faire du commerce que par l'intermédiaire d'un citoyen romain ou latin. A l'origine, ce fut le statut de la plupart des cités gauloises, mais, dès le 1er siècle ap. J.-C., un grand nombre ont accès au droit latin. Dans les cités de droit latin, les citoyens ont les mêmes droits civils que les citoyens romains mais n'ont pas les mêmes droits politiques ; en particulier, ils ne peuvent pas accéder aux magistratures romaines ni, par conséquent, au Sénat de Rome. Ils sont aussi astreints aux impôts impériaux. En revanche, les magistrats de ces cités reçoivent, à leur sortie de charge, pour eux et pour leur famille, la citoyenneté romaine. L'empereur Hadrien étendit ce droit à l'ensemble du conseil de la cité. Enfin, les citoyens des cités de *droit romain ont les mêmes droits que les citoyens de Rome. Installées en terre conquise, ces cités sont cependant assujetties aux impôts directs, sauf si elles ont obtenu le *ius Italicum*, le *droit italique, qui assimile leur sol au sol italien et les dispense d'impôts directs : cas de Lyon et de Vienne. Des cités de Gaule reçoivent aussi le titre envié de *colonie romaine : par exemple Autun, *colonia Flavia Augustodunum,* ou Die, *colonia Dea Augusta.*

Les structures de la cité. La cité est dirigée à partir de son chef-lieu par des magistrats et par un conseil municipal sur le modèle de Rome. Le conseil ou curie forme l'*ordo decurionum*, l'ordre des *décurions, dont le nombre n'est pas connu pour la Gaule (entre 30 et 100 décurions selon les cités). Les citoyens entrent dans la *curie en fonction de leur fortune et de leur carrière de magistrat. Ils sont désignés tous les cinq ans par deux ou quatre magistrats, les duumvirs ou les quattuorvirs quinquennaux, qui établissent la liste des citoyens. L'*ordo* gère la cité, et ses membres sont responsables sur leurs biens de la bonne rentrée des impôts impériaux. Le pouvoir exécutif est confié par l'*ordo* à des magistrats selon une hiérarchie de carrière, un *cursus*. La base en est constituée par les deux questeurs et les deux édiles, dont la charge est surtout financière : levée des impôts, surveillance des marchés, travaux publics, police locale, etc. Au-dessus d'eux, l'administration de la cité est assurée par les deux duumvirs. Toutes ces charges sont annuelles et collégiales. Dans un premier temps, certaines institutions gauloises anciennes se maintiennent : un **vergobret* est ainsi attesté à Saintes au début de l'Empire. Ce sont souvent en effet les anciennes grandes familles gauloises que l'on retrouve à la tête des cités.

L'intégration des notables. Pour exercer le pouvoir, la fortune est bien sûr la condition indispensable. Mais le système proposé par Rome offre aussi aux élites locales des perspectives plus fortes de réussite et d'ascension sociales. Cette volonté de progression dans la hiérarchie pour les notables gaulois est exprimée dans un document exceptionnel, la Table claudienne, texte gravé découvert à Lyon et contenant un discours de l'empereur Claude, prononcé en 47/48 ap. J.-C. devant le Sénat de Rome et connu aussi par un passage des *Annales* de l'historien Tacite. Suite à une démarche de notables gaulois, Claude fait part au Sénat de son désir de concéder l'accès aux magistratures romaines, le *ius honorum*, à tous les citoyens romains de la Gaule, y compris ceux qui appartiennent à une cité latine. Le Sénat accepte avec réticence pour les Éduens (*document 1, p. 61*), mais cette concession dut ensuite être étendue à d'autres cités. Ainsi, au cours du 1er siècle, la noblesse gauloise s'intègre de plus en plus au pouvoir romain. Des nobles obtiennent au début de l'Empire le droit de cité et leurs noms en conservent le témoignage, car ils reprennent celui de César et d'Auguste : *Caius Iulius*. Cette génération des « Jules » est illustrée par le Santon *Caius Iulius Rufus*, qui fait graver sa généalogie sur l'arc qu'il offre à Saintes, en remontant à son arrière-grand-père, Epotsorovidus, qui a dû vivre à l'époque de la Gaule indépendante et qui porte un nom gaulois. Le texte précise aussi qu'il a été *flamen*, prêtre du culte impérial, à Saintes (*document 2, p. 62*). On le retrouve à Lyon, prêtre des Trois Gaules. A travers le culte impérial se pose alors le problème des relations et des éléments de cohésion entre la province, création purement romaine, et la cité, survivance de l'ancienne *civitas* celte de la Gaule indépendante.

Les forces de cohésion

La cohésion du système provincial repose sur trois catégories de personnages.

Le soldat. Le soldat a d'abord été l'instrument de la conquête, avec tout ce que ce mot comporte comme bouleversements pour la Gaule. Mais il participe aussi étroitement au réaménagement du pays après cette conquête : construction de ponts, routes, etc. Surtout, de conquérant, il devient le garant de la paix. L'essentiel de l'armée des Gaules est stationné dans les régions rhénanes, à la disposition des gouverneurs des Germanies. Au cours du 1er siècle ap. J.-C., une frontière fortifiée est établie face au monde germanique : le *limes avec fortins, fossés, palissades. En arrière, des légions sont installées dans des camps permanents, origine de la formation de villes comme *Argentorate* (Strasbourg) pour la 8e *légion. Dans les autres provinces, l'armée est discrète, voire inexistante en Narbonnaise, province sénatoriale. Une cohorte de 1 000 hommes, la 13e cohorte urbaine, est présente à Lyon avec une double misson de police et de surveillance de l'atelier monétaire de Lyon. Cette force de cohésion peut aussi être un élément de dissolution en cas d'usurpation, surtout à partir du 3e siècle ap. J.-C.

L'administrateur. L'administration de la Gaule est partagée entre deux personnages, le gouverneur et le procurateur. Le gouverneur a la haute main sur la protection de la province, le maintien de la paix et le respect des lois. Aidé de son service ou *officium*, il tient des assises judiciaires dans les principales villes de la province. Il affirme ainsi la présence de Rome au cœur du pays. A Narbonne, le proconsul, aidé de son questeur, a aussi des fonctions financières. Dans les autres provinces, les finances sont réservées aux procurateurs-chevaliers, directement au service de l'empereur, qui les rétribue selon leur rang dans la carrière. Pour les postes très importants, le cadre provincial est dépassé. Deux procurateurs supervisent l'ensemble des services : à Trèves pour la Belgique et les Germanies ; à Lyon pour l'Aquitaine et la

Lyonnaise. Leur tâche est l'organisation de la fiscalité directe, le *tributum* (tribut), impôt sur le sol et les richesses, prélevé en fonction du recensement. Ils surveillent aussi les revenus des domaines impériaux. Les impôts indirects sont confiés à d'autres procurateurs, comme les droits de douane ou la *quadragesima Galliarum*, taxe de 2,5 % sur les marchandises, gérée depuis Lyon pour toute la Gaule, ou encore la taxe de 5 % sur les héritages, la *vicesima hereditatium*, confiée à deux procurateurs, le premier pour la Lyonnaise, la Belgique et les Germanies, le second pour l'Aquitaine et la Narbonnaise, etc. La gestion de la province se fait en lien étroit avec les cités où les notables sont responsables de la bonne rentrée des impôts.

Le prêtre. La diffusion du culte impérial répond à un besoin de cohésion religieuse et morale. Elle suit une double démarche. La première a pour cadre la cité, où les élites locales offrent spontanément des dédicaces et des autels : à Narbonne, vers 26-25 av. J.-C., un particulier invoque la *pax Augusta*, la paix augustéenne, et en 11 ap. J.-C. la ville célèbre le *numen* impérial, en organisant des cérémonies destinées à honorer le contenu religieux de la fonction impériale. On construit des temples voués à Rome et à la famille impériale : la Maison carrée à Nîmes ou le temple d'Auguste et de sa femme Livie à Vienne. Un notable, le flamine, assure le service de ces cultes, aidé par des collèges religieux, les *sévirs augustaux, composés de six personnes prises parmi des hommes libres et aussi des *affranchis, pourvu qu'ils possèdent une fortune respectable. La seconde démarche concerne l'ensemble de la province. En 12 av. J.-C., à Lyon, dans le quartier de Condate, à la confluence du Rhône et de la Saône, est fondé l'autel de Rome et d'Auguste, *ara Romae et Augusti*. Tous les ans, le 1er août, jour anniversaire de la victoire d'Auguste sur Antoine et Cléopâtre, les délégués des cités des Trois Gaules viennent y témoigner leur fidélité à l'Empire sous la présidence du *sacerdos*, prêtre à l'autel du Confluent. Ce *sacerdos* est chargé de l'organisation des jeux dans l'*amphithéâtre construit près de l'autel. Les délégués forment le Conseil des Gaules et disposent d'une caisse spéciale, l'*arca Galliarum* ; ils élisent le *sacerdos*. Il faut noter que les peuples du sud de la Garonne disposent d'un sanctuaire particulier à *Lugdunum Convenarum* (Saint-Bertrand-de-Comminges). C'est reconnaître la spécificité des peuples aquitains. Pour les Germanies, Auguste fonde l'autel des Ubiens où Claude établit plus tard, en 50 ap. J.-C., la ville de Cologne. L'empereur Vespasien complète l'organisation du culte impérial en fixant le règlement du culte provincial de Narbonne. L'accès à la prêtrise provinciale est une importante promotion sociale recherchée par la noblesse locale ; dans certains cas, elle peut servir de tremplin pour une carrière plus élevée dans l'administration impériale. En outre, la localisation à Lyon de la réunion des délégués des trois provinces de la Gaule donne une place privilégiée à cette cité qui, par ailleurs, concentre une partie importante de l'administration du territoire.

L'administration de la Gaule repose donc sur un nombre limité de fonctionnaires romains et de gouverneurs. Surtout, Rome organise la gestion du pays en y associant les notables gaulois, qui conservent leur rang dans leur cité. Malgré les critiques que l'on peut apporter à ce système fondé sur la fortune et qui laisse de côté la majeure partie de la population, il représente cependant, dans l'histoire du monde méditerranéen, un des rares exemples d'un peuple vainqueur qui laisse le vaincu non seulement participer à la vie politique du pays conquis, mais aussi obtenir les mêmes droits, évolution consacrée par l'édit de l'empereur Caracalla, en 212 ap. J.-C., qui transforme tous les hommes libres du monde romain en citoyens romains. Pour la Gaule, cette attitude, qui put se maintenir pendant quatre siècles, permit l'épanouissement d'une civilisation originale.

L'empereur Claude propose
l'entrée de Gaulois au Sénat de Rome

1. Extrait d'une inscription gravée sur une plaque de bronze et trouvée à Lyon :

« Assurément c'est par une innovation que le divin Auguste, mon grand-oncle, et mon oncle Tibère César ont voulu que toute la fleur des colonies et des municipes – j'entends des hommes distingués et fortunés – se trouvât dans cette curie. [...]

« C'est avec timidité, sénateurs, que j'ai franchi les bornes des provinces qui vous sont habituelles et familières, mais il me faut maintenant plaider ouvertement la cause de la Gaule chevelue. Si quelqu'un considère qu'ils ont mis à l'épreuve le divin César par une guerre de dix années, que le même homme mette en regard cent ans d'une fidélité sans faille et une obéissance immuable au milieu de bien de nos troubles, dont mon très illustre père Drusus a fait plus que l'épreuve lorsqu'il soumettait la Germanie . ils lui garantirent alors, sur ses arrières, une paix profonde et assurée par leur propre tranquillité. »

Corpus des inscriptions latines, XIII, 1668
(d'après L. Lerat, *La Gaule romaine*,
Paris, A. Colin, 1977, p. 189-190).

2. Extrait des Annales *de Tacite :*

« " [...] Pourtant, si l'on passe en revue toutes les guerres, il n'en est aucune qui ait été liquidée en moins de temps que celle que nous avons faite aux Gaulois. Depuis lors, la paix a été continue et confiante. Désormais mêlés aux nôtres par les mœurs, les métiers, les alliances, qu'ils nous infusent leur or et leurs richesses au lieu de les posséder séparément ! Sénateurs, tout usage qui est aujourd'hui considéré comme remontant à la plus haute antiquité a été nouveau un jour : les plébéiens sont devenus magistrats après les patriciens, les Latins après les plébéiens, les autres peuples d'Italie après les Latins. Notre mesure d'aujourd'hui vieillira elle aussi, et ce que nous défendons à présent par des exemples servira d'exemple à son tour. "

« En vertu du sénatus-consulte qui suivit le discours du prince, les Éduens reçurent les premiers le droit de siéger au Sénat de Rome. Ce don leur fut fait en raison de l'ancienneté de leur alliance et du titre de frères du peuple romain qu'ils sont les seuls à posséder en Gaule. »

Tacite, *Annales*, XI, 2425
(d'après L. Lerat, *ibid.*, p. 187-188).

En 48 ap. J.-C., l'empereur Claude prononça un discours au Sénat de Rome à la suite d'une requête des notables gaulois qui souhaitaient avoir accès aux magistratures romaines et ainsi au Sénat. Exceptionnellement, ce discours nous est connu par deux documents : la transcription qu'en fit Tacite, historien romain (55-120 ap. J.-C.), et une inscription gravée sur une plaque de bronze, découverte à Lyon en 1528. Après avoir flatté l'élément italien du Sénat, Claude montre tous les avantages que Rome pourrait tirer de l'entrée des notables gaulois au Sénat. Le Sénat accepta d'abord pour les Éduens, dont les relations avec Rome étaient très anciennes, et dut finir par donner son accord pour les autres peuples, ce qui explique l'affichage du document à Lyon. Ces deux extraits offrent un précieux témoignage de la politique menée par Rome dans les provinces et de l'intégration de la noblesse gauloise après un siècle d'occupation romaine.

DOCUMENT 2

Un notable gaulois au début de l'Empire
(vers 19-20 ap. J.-C.)

1. Inscription de l'arc de Saintes :

« Caius Iulius Rufus, fils de Caius Iulius Otuaneunus, petit-fils de Caius Iulius Gedemon, arrière-petit-fils d'Epotsorovidus, prêtre de Rome et d'Auguste à l'autel qui se dresse au Confluent, prêtre des ouvriers, fait don de cet arc. »

Corpus des inscriptions latines, XIII, 1036 (trad. L. Maurin,
La Charente-Maritime. L'Aunis et la Saintonge des origines à nos jours,
Saint-Jean-d'Angély, Éd. Bordessoules, 1981, p. 56).

2. Inscription de l'amphithéâtre de Lyon :

« Pour le salut de Tibère César, cet amphithéâtre avec l'arène et le podium, Caius Iulius Rufus, fils de Caius, prêtre de Rome et d'Auguste, préfet des ouvriers, et Caius Iulius Rufus, fils et petit-fils de Caius, originaires de la cité des Santons, l'ont édifié à leurs frais. »

L'Année épigraphique 1961, n° 62
(trad. L. Maurin, *ibid.*, p. 55).

Originaires de Saintes, Caius Iulius Rufus et son fils sont l'illustration de ces descendants de chefs gaulois qui, en quatre générations, se sont parfaitement intégrés au monde romain. Ces notables ont adopté un nom romain formé sur celui de Caius Iulius Caesar, leur conquérant, mais n'hésitent pas à rappeler dans leur cité leurs racines indigènes. Ils occupent des postes dans l'administration comme chefs de cabinet (préfet des ouvriers) et jouent un rôle essentiel pour le culte impérial. Leur fortune est assez considérable pour faire construire un arc à Saintes et un amphithéâtre à Lyon, dans la première moitié du 1ᵉʳ siècle ap. J.-C.

Généalogie de cette famille :

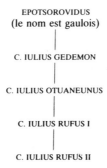

EPOTSOROVIDUS
(le nom est gaulois)

C. IULIUS GEDEMON

C. IULIUS OTUANEUNUS

C. IULIUS RUFUS I

C. IULIUS RUFUS II

5. La civilisation gallo-romaine
(1er-2e siècle ap. J.-C.)

Avec son ample décor monumental et ses activités multiples, la ville est le centre du nouveau monde gallo-romain. Mais elle n'existe que grâce à une intense vie rurale où fusionnent les anciennes traditions gauloises et l'organisation romaine. La vie religieuse, où se côtoient les divinités gauloises, romaines et orientales et où apparaissent les premières formes du christianisme, illustre le dynamisme de cette civilisation gallo-romaine.

Malgré la prépondérance de la vie rurale sur toutes les autres formes d'activité, la notion de civilisation gallo-romaine est d'abord liée à la ville, paradoxe de la Gaule mais aussi des autres provinces de l'Empire romain. Dans le monde gréco-romain, c'est bien dans les villes que s'affirment le plus nettement les formes dominantes du pouvoir et de la vie sociale et économique. Cependant, la confrontation ou la rencontre entre les deux cultures gauloise et romaine trouvent leur terrain de prédilection dans les mutations du paysage rural et dans l'évolution des mentalités religieuses.

Une civilisation urbaine

Héritière d'une occupation ancienne comme *Lutecia* (Paris) et *Alesia* (Alise-Sainte-Reine) ou création romaine récente comme *Augustodunum* (Autun) et *Mediolanum* (Saintes), la ville se définit d'abord comme un espace habité répondant à une certaine cohérence.

Population et espace urbain. Il est la plupart du temps très difficile d'apprécier l'importance des villes gallo-romaines : destructions et occupations successives en ont effacé les contours et ne permettent qu'une vision approximative de l'espace urbain. Les estimations donnent une moyenne ne dépassant pas 50 à 70 hectares. Bordeaux eut peut-être une superficie de 125 hectares, Saintes environ 100 hectares. Les villes dont on connaît le tracé grâce à des remparts ont des surfaces variant de 40 hectares (Arles) à plus de 200 (Nîmes, Vienne), mais la partie *intra-muros* est loin d'être totalement habitée. La majorité des villes ont donc une population d'environ 5 000 habitants et en dessous : Lutèce, Toulouse, Poitiers par exemple. Quelques villes moyennes ont pu atteindre entre 5 000 et 20 000 habitants : Bordeaux, Arles, Autun. Rares sont les villes qui ont plus de 20 000 habitants : Lyon, Narbonne, Nîmes, Vienne, ainsi que Trèves en Allemagne.

Plusieurs critères définissent l'espace urbain et son organisation. Le premier résulte de la séparation entre le monde des vivants et la ville des morts, la nécropole : on peut ainsi avoir en quelque sorte une vision en négatif de la périphérie de la ville si on repère ses nécropoles (cas de Reims). Dans quelques sites privilégiés, dix-huit villes, un rempart construit avant la crise du 3e siècle ap. J.-C. ceinture la ville : ainsi à Nîmes et à Autun, les portes de l'époque d'Auguste sont encore bien conservées. L'entrée de la ville peut aussi être signalée par un arc (Saintes). Le plan d'ensemble est déterminé par le réseau des axes de circulation. Il faut rejeter l'idée d'un plan stéréotypé, conçu en fonction d'un quadrillage parfait, que l'on aurait de la peine à retrouver à Vienne ou à Nîmes. En réalité, le plan s'adapte aux conditions locales et, quand elles le permettent, répond à une conception orthogonale. Dans ce schéma, les rues d'une largeur de 7 à 15 mètres ont un rôle essentiel, reliant entre eux les éléments disparates et les ensembles monumentaux isolés de la ville, qui trouve ainsi sa cohésion.

Le décor urbain. Les monuments publics sont les mieux conservés. Dans leur conception, peu variée selon les villes, ils reproduisent le modèle romain, mais ils sont aussi le reflet de la puissance et de la richesse des notables gaulois. Pour être respecté dans sa cité, le notable doit investir une partie de sa fortune dans les constructions publiques ; cette démarche s'appelle l' *évergétisme. C'est ainsi que les revenus tirés des domaines ruraux servent à embellir les villes : à Saintes, Caius Iulius Rufus fait construire l'arc, mais il est aussi à l'origine de l'amphithéâtre de Lyon ; à Vaison-la-Romaine, un particulier lègue à la cité 4 millions de *sesterces, etc. Les maisons privées sont plus rares. Cependant, la maison au Dauphin de Vaison-la-Romaine, avec ses 2 700 mètres carrés de superficie au sol, permet d'apprécier le niveau de vie des notables.

Les principaux monuments se répartissent en trois catégories selon leur fonction. Le centre de la vie politique de la cité est le *forum* avec les bâtiments publics : *basilique, *curie, temples officiels. C'est une place souvent fermée, encombrée de statues d'empereurs et de notables, bordée de portiques qui peuvent être surélevés, soutenus en dessous par des galeries souterraines, des *cryptoportiques comme à Arles et à Reims. A Paris, le *forum* était situé sur le flanc ouest de la montagne Sainte-Geneviève, entre la rue Saint-Jacques et le boulevard Saint-Michel, dans l'axe de la rue Soufflot. Les monuments religieux les plus importants étaient édifiés sur le *forum* : la Maison carrée de Nîmes ou le Capitole de Narbonne. D'autres sanctuaires existaient en dehors du *forum,* mêlant parfois les traditions indigènes et romaines : la tour Vésone de Périgueux est un temple circulaire d'origine celte. Enfin, tout un ensemble de constructions est destiné à l'agrément de la population. Ce sont d'abord les monuments de spectacle : *théâtres (Arles, Autun, Lyon, Paris, etc.) ; *cirques pour les courses de chars (Arles, Vienne, Lyon, etc.) ; *amphithéâtres pour les combats d'animaux et de gladiateurs, mais aussi pour les exécutions, dont le martyre de sainte Blandine à Lyon en 177 est une illustration (Lyon, Poitiers, Arles, Nîmes, etc.) ; *odéons pour les concerts et la poésie (Lyon). Tous ces édifices sont de taille importante. L'amphithéâtre de Poitiers (155,8 m sur 130,5 m), encore en partie conservé au 19ᵉ siècle mais détruit par la suite, avait des dimensions proches du Colisée de Rome (188 m sur 155 m). Il y a aussi les monuments des eaux, aqueducs et *thermes, dont le rôle est essentiel pour la sociabilité urbaine. Nîmes était alimentée par l'aqueduc du pont du Gard et recevait près de 20 000 mètres cubes d'eau par jour. Paris avait au moins trois édifices thermaux : près du Collège de France, rue Gay-Lussac et enfin les thermes de Cluny, les seuls conservés.

Cette multitude de monuments et leur parenté jouent en fait un rôle d'unification et de cohésion de la société gallo-romaine, malgré les inégalités sociales.

Activités économiques et société urbaine. Si la fortune foncière est la base de la réussite sociale, de nombreuses autres activités animent la vie des villes. Le Gallo-Romain aime bien se faire représenter sur son monument funéraire dans l'exercice de son métier : aussi disposons-nous d'une riche documentation iconographique. On y retrouve les métiers urbains traditionnels : boulangers, potiers, marchands de vin, bouchers, etc. Les plus importants sont organisés en corporations ou en collèges à but funéraire et d'entraide, avec un conseil, *ordo, des magistrats, des lieux de réunion. Ces corporations regroupent hommes libres, *affranchis, esclaves attachés au métier, ce qui favorise les rapports sociaux. On connaît ainsi la corporation des nautes à Paris pour la navigation sur la Seine ou à Lyon pour la Saône et le Rhône, les corporations de marchands de vin et d'huile à Lyon, de fabricants de textiles, etc. Parmi les artisans, le potier gaulois est très réputé. Répartis en de nombreux petits ateliers (la Graufesenque, à Millau ; Lezoux dans le Puy-de-Dôme ; en Gaule de l'Est, etc.), ces potiers fabriquent de la céramique *sigillée diffusée dans tout l'Occident. Toute cette population, du notable à l'artisan, se retrouve à l'occasion des nombreuses fêtes qui rythment l'année. Ils participent à la même vie culturelle et, à des degrés inégaux, aux mêmes avantages de la vie urbaine. Mais cette situation n'est possible que grâce aux revenus tirés essentiellement de la campagne.

Les transformations du monde rural

La réputation de richesse agricole de la Gaule chez les auteurs anciens est en grande partie justifiée. Les Romains héritent d'un pays qui a déjà une longue tradition de mise en valeur du sol depuis le néolithique, mais ils y apportent de nouveaux types d'organisation du sol et de la propriété.

La force des traditions. La campagne reste par excellence le secteur où se sont préservées les traditions indigènes. Le paysan gaulois continue de parler sa langue, comme l'atteste le calendrier gaulois de Coligny (Ain) ; il s'habille comme ses ancêtres, avec des pantalons, les *bracae,* braies, par-dessus lesquelles il porte une tunique et une cape, le *sagum,* sayon, ou un manteau sans manches, le *caracalla,* adopté par le fils de l'empereur Sévère, qui en tira son surnom ! L'habitat est sommaire : une hutte en bois ou une case en pierre sèche. En revanche, les moyens de transport sont bien développés et adaptés : le chariot dérive du *carrus* gaulois ; il y avait aussi la *benna,* benne, et une carriole à deux roues et ossature en bois, le *carpentum,* qui a donné le mot « charpente ». Mais ce sont les techniques agricoles qui étaient les plus réputées : pratique du chaulage chez les Éduens et les Pictons, du marnage dans le Nord, qualité de l'outillage comme la grande faux ou la moissonneuse des Trévires et des Rèmes, le *vallus,* équipé de dents métalliques à l'avant pour couper les épis sous la poussée d'un animal.

La marque de Rome : cadastre et villa. Les campagnes gauloises subissent en effet un profond remodelage après la conquête. Le premier agent en est la centuriation du sol et la régularisation des terroirs, qui sont quadrillés pour une meilleure occupation et un meilleur rendement. Avec des nuances locales, ces découpages répondent à des normes précises fixées par Rome, des lots ou centuries de 710 mètres de côté, soit une surface de 50 hectares. Ils sont tracés à partir d'axes fondamentaux, le *decumanus,* d'est en ouest, et le *cardo,* du nord au sud. Ce cadastrage a laissé des traces profondes dans le paysage agricole et, malgré les remembrements, il est encore repérable dans les régions de Narbonne, Béziers, Arles, mais aussi à Mirebeau en Côte-d'Or, en Bretagne, etc. Les progrès de la recherche, en particulier la photographie aérienne, permettent d'avoir une meilleure connaissance de ce phénomène, mais le document le plus original est le relevé cadastral d'Orange. Bien qu'il soit cassé en quatre cent quinze fragments, ce cadastre donne l'organisation des terres de la colonie d'Orange au début du 2e siècle ap. J.-C.

En rapport avec le cadastre ou indépendamment de lui, la seconde modification apportée par Rome est l'introduction d'un système d'exploitation lié à un nouveau type d'habitat dispersé, la villa. Attestées sur l'ensemble du territoire gaulois, les villas se composent de plusieurs bâtiments construits au cœur du domaine, le *fundus.* Elles présentent de nombreux points communs, surtout pour les grandes plaines du nord de la France. Une première partie, autour d'une cour rectangulaire, comprend l'habitation du propriétaire, la *pars urbana,* souvent organisée autour d'une grande pièce centrale, précédée d'une galerie de façade et encadrée de deux ailes latérales ; un mur sépare cette partie du secteur proprement agricole, la *pars rustica,* organisée le long d'une grande cour avec la maison du régisseur, le *villicus.* La villa de Lahoussoye (Somme) repérée par la photographie aérienne est un bon exemple de ce type. Mais les plans sont aussi tributaires de nombreuses variétés locales, surtout dans le Sud. Dans certains cas, une estimation de la surface exploitée a pu être faite. La villa de Saint-Ulrich (Moselle) a cent dix-sept pièces et contrôle un vallon de 200 hectares. En revanche, la villa de Chiragan (Martres-Tolosane) dans la vallée de la Garonne pouvait abriter 400 personnes pour un domaine de 7 000 à 8 000 hectares. Les activités agricoles sur ces terres sont assurées par des paysans vivant sur les domaines ou dans des hameaux voisins ; la main-d'œuvre servile ne semble pas avoir été prépondérante. La mosaïque de Saint-Romain-en-Gal (musée de Saint-Germain-en-Laye) illustre remarquablement en une vingtaine de tableaux le calendrier de ces activités. De son côté, le grand propriétaire se consacre surtout à la chasse. En réalité, l'aménagement intérieur de ces villas, avec des mosaïques, des peintures, des thermes, etc., est la transplantation en zone rurale des modes de vie urbains. Ce processus se retrouve en partie dans le *vicus.*

Le vicus. Le *vicus,* bourgade rurale, a un rôle particulier dans le système provincial. Ce type d'habitat groupé peut être en rapport avec un grand domaine, un carrefour routier, une activité artisanale, un sanctuaire. Dans la structure interne du *vicus,* on retrouve des éléments de la ville : *forum,* théâtre, *thermes, temples, par exemple dans le *vicus* de Ribemont-sur-Ancre (Somme). On y introduit cependant des formes plus adaptées aux besoins locaux ; les théâtres sont souvent aménagés pour pouvoir aussi être utilisés en amphithéâtres. Le plus original est la présence fréquente de sanctuaires de tradition celtique qui ont pu garder leur plan primitif, comme le temple de Sanxay (Vienne), en forme de croix au centre de laquelle s'élevait une tour octogonale (*document, p. 74*). L'abondance de ces sites en Gaule est à la fois un indice de la densité de l'occupation des campagnes et de l'effort d'assimilation des populations rurales ; sur ce point, les facteurs religieux jouent aussi un rôle essentiel.

Le monde des dieux

Il n'y a pas d'opposition fondamentale entre les conceptions romaines et gauloises de la divinité et, dès le début de la conquête, César fait de Mercure le dieu le plus important des Gaulois. En réalité, en dehors de la suppression du clergé druidique, la religion gauloise put subsister. L'assimilation des dieux, l'*interpretatio,* se fit dans les deux sens, et les contacts entre cultes gaulois et cultes romains eurent pour résultat un enrichissement mutuel.

Les permanences indigènes. Les cultes indigènes ont laissé des témoignages abondants, dont nous ne prendrons que quelques exemples. L'un des premiers documents où les dieux gaulois sont représentés avec des dieux romains est le « pilier des nautes », offert par la corporation des nautes parisiens sous le règne de

Tibère (14-31 ap. J.-C.). Quatre dieux celtes y figurent : *Esus*, en bûcheron ; *Tarvos Trigaranus*, taureau accompagné de trois oiseaux ; *Smertrios*, sorte d'Hercule celtique ; et enfin *Cernunnos*, avec des bois de cerf, symbole de la fécondité. On saisit déjà toutes les difficultés pour connaître le contenu réel de ces cultes. D'autres divinités sont en relation avec des animaux : *Epona*, à cheval, est la patronne des cavaliers ; *Arduina*, sur un sanglier, est la déesse des Ardennes. Les divinités féminines sont aussi honorées comme déesses-mères, souvent par groupe de trois avec des symboles de fécondité et de prospérité (cornes d'abondance, corbeilles de fruits) ou tenant un enfant. Beaucoup de cultes sont liés à un lieu précis, à une source : *Sequana,* pour la Seine ; *Borvo* pour les eaux thermales des diverses localités en Bourbon (Bourbon-Lancy, Bourbonne-les-Bains, etc.). Enfin, de multiples divinités assurent la protection des défunts : *Sucellus*, le dieu au maillet, parfois accompagné de *Nantosuelta*. Dans d'autres cas, les dieux indigènes sont associés à des dieux romains soit dans les noms, soit dans les attributs.

Le panthéon gallo-romain. A l'origine, les dieux romains sont avant tout les dieux officiels des conquérants. A ce titre, la triade composée des trois divinités du temple du Capitole de Rome : Jupiter, Junon, Minerve, a son temple dans la colonie de Narbonne. Mais d'autres formes du culte de Jupiter sont spécifiques à la Gaule. Le dieu romain peut être assimilé à *Taranis*, dieu gaulois du tonnerre et de la roue. Dans les régions du Nord-Est, il est surtout honoré par des colonnes surmontées du dieu en cavalier terrassant un monstre. On le trouve encore trônant au sommet de piliers du type du « pilier des nautes » de Paris ou du monument d'Yzeures (Indre-et-Loire). Cette réinterprétation du dieu romain est aussi sensible pour Mercure, dont la Gaule a fourni plus de six cents représentations, la plus célèbre ayant disparu : une statue colossale de plus de 30 mètres au sommet du Puy-de-Dôme. En dehors des nombreuses statues classiques de ce dieu, d'autres documents présentent des caractères plus indigènes : on le trouve orné de *torques gaulois (Isère), en tenue de chasseur (Vosges), en homme barbu vêtu du lourd manteau gaulois (Lezoux), avec plusieurs visages (Bordeaux), etc. Il devait recouvrir un grand dieu celte, peut-être *Smertrios*. En outre, Mercure reçoit des surnoms celtes : Mercure *Visucios*, le savant, à Bordeaux ; Mercure *Atesmerios* à Poitiers, etc. La dimension du culte de Mercure dépasse donc largement le contenu romain et en fait un dieu populaire dont la toponymie actuelle conserve encore la trace (Saint-Michel-Mont-Mercure en Vendée). La même évolution se constate pour Apollon, assimilé, à Grand (Vosges), à un dieu gaulois, *Grannus,* ou encore, à Alésia, à *Moritasgus* dans le sanctuaire d'*Apollo Moritasgus,* tandis qu'à Malain (Côte-d'Or) il est associé à la déesse *Sirona.* Il est inutile de multiplier les exemples pour démontrer la richesse de cette fusion entre les deux religions. Mais il faut aussi tenir compte des influences orientales.

Les cultes orientaux et les débuts du christianisme. L'ouverture de la Gaule au monde méditerranéen accélère les échanges entre ce pays et l'Orient. Par l'intermédiaire des marchands qui fréquentent les grandes places de commerce comme Lyon ou des soldats qui ont servi en Orient et qui viennent en Gaule, les cultes orientaux pénètrent en terre occidentale en suivant les axes rhodanien et rhénan. Mais ce phénomène est loin d'être spécifique à la Gaule : il est le reflet de l'évolution générale du monde romain où les religions classiques ne sont plus satisfaisantes face aux problèmes du salut et de l'au-delà. Déjà bien romanisé, le culte de Cybèle et de son compagnon Attis est présent à Vienne et à Lyon. On y pratique des sacrifices de taureaux ou tauroboles, commémorés par des autels à Lyon, Lectoure, etc. Le culte de Mithra est surtout répandu dans les régions militaires, ce dieu iranien ayant un grand succès auprès des soldats : temple ou *Mithraeum* dans la région de Strasbourg et à Sarrebourg en Lorraine. Mais Mithra est aussi attesté dans la vallée de la Saône sur le site des Bolards (Nuits-Saint-Georges).

C'est dans ce contexte oriental que naît la première communauté chrétienne connue en Gaule, formée surtout d'Orientaux. Sous la pression populaire en 177, le gouverneur de la province de Lyonnaise fait exécuter des chrétiens à l'occasion des fêtes impériales, dans l'amphithéâtre : parmi ces martyrs se trouvent l'évêque Pothin et l'esclave Blandine. Cependant, la communauté chrétienne se maintient et le successeur de Pothin est le premier théologien de la Gaule, Irénée.

Dès la seconde moitié du 2ᵉ siècle, des signes avant-coureurs d'une crise grave s'annoncent. Une épidémie de peste ravage l'Empire sous le règne de Marc Aurèle (161-180), qui voit aussi reprendre les menaces germaniques dans les régions rhénanes. Des troubles intérieurs remettent en cause la *pax Romana* avec la révolte de Maternus, qui se livre à des pillages en Gaule dans les années 180. Après la mort de l'empereur Commode en 192, la Gaule est le théâtre des compétitions pour le pouvoir. Albinus, installé à Lyon, est battu par Septime Sévère en 197 et Lyon est ravagée. Cependant, les plus graves problèmes apparaissent au cours du 3ᵉ siècle.

Vicus et sanctuaire gaulois : Sanxay

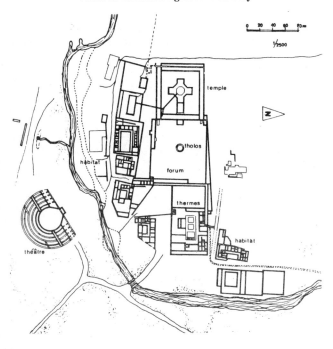

d'après J. Formigé, « Le sanctuaire de Sanxay »,
Gallia, t. III, 1944, p. 44, fig. 1.

Le vicus *de Sanxay est situé à 30 kilomètres au sud-ouest de Poitiers
(Vienne), dans la vallée de la Vonne. Sur la rive gauche, le temple domine
le site ; il est au centre d'une cour carrée entourée d'une galerie. Des
marches conduisent au sanctuaire construit en forme de croix au centre de
laquelle se trouve la demeure du dieu ou de la déesse, la* cella, *dans une
tour octogonale. Cette conception centrée est une caractéristique des
sanctuaires celtiques qui purent se maintenir sous l'Empire romain. A
l'est, une vaste place correspond au* forum, *où l'on remarque un bâtiment*

circulaire ou tholos, *dont le rôle reste mal défini. Au-delà du* forum, *un ensemble thermal avec plusieurs pièces côtoie des habitats.*

*Sur la rive droite, un théâtre a été aménagé sur les pentes du vallon. Son plan est très caractéristique de l'originalité des théâtres gaulois, dont l'*orchestra *pouvait être de forme circulaire, permettant ainsi des représentations importantes et des jeux. Cet ensemble représente un bon exemple des contacts culturels entre les traditions celtiques et la civilisation romaine.*

6. De l'Empire romain aux royaumes barbares :
crises et transformations (3e-4e siècle)

Les invasions barbares et les dissensions du pouvoir romain provoquent une crise grave au 3e siècle. Cependant, la Gaule connaît un brillant renouveau au 4e siècle. Mais la reprise des invasions accentue les transformations du monde gaulois, où les royaumes barbares se mettent en place au cours du 5e siècle.

Après l'amorce de crise sous les règnes de Marc Aurèle et de Commode, la Gaule retrouve sa prospérité avec la dynastie des Sévères (193-235). Mais ce fragile équilibre est remis en question par la reprise brutale des invasions germaniques. La Gaule en sort meurtrie, mais aussi transformée. Ce sont encore les Barbares qui mettent un terme à ce renouveau gaulois du 4e siècle.

La crise du 3e siècle

Le 3e siècle correspond à une époque de crise pour l'ensemble du monde romain. Les causes et les aspects en sont très complexes et souvent encore mal connus, mais pour la Gaule l'un des faits déterminants est l'invasion massive des groupes germaniques.

Les invasions. Installés depuis le début de l'Empire sur les frontières du Rhin, les Germains sont une menace permanente, difficilement contenue par les fortifications du *limes. L'arrivée de nouveaux éléments accentue cette pression. A l'est, ce sont les Gots et les Vandales qui ravagent l'Orient romain ; à l'ouest, les Francs et les Alamans franchissent le Rhin à partir de 253. Les invasions se présentent comme des raids de pillage et leurs chemins sont jalonnés par les trésors monétaires enfouis dans le sol par les Gaulois. Trois grandes vagues vont ainsi bousculer les populations de la Gaule. En 253-254 et en 256, les Francs et les Alamans effectuent des raids dans les régions du nord de la Gaule. La situation s'aggrave entre 259 et 262, où les Germains parcourent les vallées de la Saône et du Rhône et atteignent le Midi. Mais la plus terrible des invasions est celle de 275-277 : l'ensemble de la Gaule est concerné par les pillages des Francs et des Alamans. Plus de soixante villes auraient été dévastées ; les campagnes sont ravagées et les villas incendiées. En même temps, des pirates ruinent les côtes de l'Armorique. Même si les sources ont tendance à noircir le tableau, rarement la Gaule a connu une situation aussi catastrophique. Que pouvait-on faire contre cette menace ?

L'empire des Gaules (260-274). Les empereurs tentent à plusieurs reprises de briser l'assaut germanique. En 256, l'empereur Gallien vient en personne à Cologne pour organiser la défense, qu'il confie à son fils Salonin. Devant l'incapacité de ce dernier, l'armée du Rhin proclame empereur, en 260, l'un de ses chefs d'origine gauloise, Postume : ainsi naît l'empire des Gaules. En réalité, cet empire gaulois ne se constitue pas contre Rome, mais veut se substituer à un pouvoir central inefficace. Postume crée un Sénat et organise son empire. Il frappe des monnaies, dont certaines portent le titre qu'il s'attribue, *restitutor Galliarum*, le restaurateur des Gaules. Il réussit en effet à protéger la Gaule jusqu'en 268, où il est assassiné. Ses successeurs ont alors à affronter Rome, qui veut récupérer les provinces gauloises où plusieurs villes sont restées fidèles au pouvoir central. Pour cette raison, Victorin, le successeur de Postume, saccage Autun. Finalement, l'empereur Aurélien bat le dernier empereur gaulois, Tétricus, en 274, et réintègre la Gaule dans l'Empire. C'est à l'empereur Probus que revient la tâche d'arrêter en 277 la dernière grande invasion germanique de cette époque.

La Gaule à la fin du 3ᵉ siècle. La première impression qui ressort
de cette période est bien la ruine du pays. Ainsi, dans la région
d'Autun (*document 1, p. 84*), les vignobles sont en friche, les
canaux de drainage des terroirs de la Saône inutilisables ; la ville
elle-même n'est plus qu'un amas de bâtiments détruits. Dans
plusieurs régions comme la Somme, les fouilles attestent la
disparition des villas. D'autre part, des Barbares vaincus ou
d'anciens captifs gallo-romains récupérés parmi les Germains
sont installés sous le nom de « lètes » sur des terres provinciales
comme colons, implantation qui pouvait être lourde de conséquences, puisqu'elle facilitait la présence d'une population d'origine germanique à l'intérieur de l'Empire.

Mais il faut être prudent sur l'état réel des dévastations et la
tendance est d'en relativiser les effets. Toutes les régions n'ont
pas été également touchées par les invasions : en dehors d'Autun, on n'a pas retrouvé le nom des soixante villes détruites et, si
Lyon connaît un déclin net, Trèves et Bordeaux se développent.
En revanche, on constate un phénomène général pour la Gaule :
la construction d'enceintes autour des villes. Ce fait est mis en
relation avec les invasions, mais certains remparts (Saintes) ont
pu être construits plus tard, au 4ᵉ siècle. Ils ont un trait commun,
le remploi de matériaux provenant de monuments détruits ; en
cela, ils constituent pour l'historien un véritable musée où l'on
retrouve à la fois des inscriptions, des sculptures, des blocs
monumentaux : Bourges, Périgueux, Saintes, Paris, etc. Couvrant un espace plus restreint que la zone habitée, les remparts
laissent à l'extérieur les faubourgs urbains. A ce nouvel aspect
des villes s'ajoute une seconde mutation observée au cours du
3ᵉ siècle : le changement de nom. L'ancien nom de lieu est
remplacé par le nom du peuple et le processus se généralise :
Condate des Redons devient « Rennes » ; *Limonum* des Pictons,
« Poitiers » ; *Samarobriva* des Ambiens, « Amiens », etc. Enfin,
on remarque aussi des déplacements de chefs-lieux et des
partages de cités : Cambrai prend la place de Bavay chez les
Nerviens ; la cité des Carnutes se dédouble entre Chartres et
Orléans, et celle des Allobroges est répartie entre Vienne,
Genève et Grenoble.

Après la victoire de Probus, la paix semble revenir, mais elle est très relative. Les Barbares restent très remuants et de fréquentes interventions sont nécessaires. Surtout, le pays est parcouru par les bagaudes, bandes errantes de paysans ruinés, de déserteurs, d'esclaves en fuite. En 285-286, les bagaudes sont écrasés, mais cette forme de résistance au pouvoir reste endémique jusqu'au 5ᵉ siècle. Enfin, les risques d'usurpation subsistent : Carausius, chargé de la protection des côtes de la mer du Nord et de la Manche, prend le pouvoir en 286 et contrôle les côtes de la Gaule du Nord jusqu'à sa défaite à Boulogne en 293. Ce n'est que dans les dernières années du 3ᵉ siècle que la Gaule peut être entièrement réorganisée.

Le renouveau du 4ᵉ siècle

L'avènement de Dioclétien en 284 ouvre une époque de restructuration de l'Empire, fondée sur le système tétrarchique, association de deux empereurs aidés par deux césars : Dioclétien en Orient avec Galère et Maximien en Occident avec Constance. Après l'effondrement de la tétrarchie, Constantin, seul empereur de 324 à 337, complète les réformes de Dioclétien. Il en découle une nouvelle géopolitique de la Gaule.

La réorganisation de la Gaule *(carte 3, p. 394)*. Après la crise du 3ᵉ siècle, Dioclétien renforce le pouvoir central et réorganise l'armée. Dans ce but, il décide de procéder à un nouveau découpage provincial, qui permet le contrôle plus étroit de l'administration, la perception plus rentable des nouveaux impôts mis en place à cette époque et connus sous le nom de *capitatio-jugatio*, et enfin une meilleure efficacité de l'armée. En tenant compte des remaniements postérieurs, on peut alors dresser une nouvelle carte de la Gaule.

Les provinces gauloises sont divisées et réparties en deux ensembles régionaux, les *diocèses*. Trèves est la capitale du diocèse des Gaules, au nord, avec les deux Belgiques (Trèves et Reims), les deux Germanies (Cologne et Mayence), la Séquanie (Besançon), les deux ou trois Lyonnaises (Lyon, Rouen, Tours), la Sénonie (Sens) ; à ces provinces sont adjointes les Alpes grées et pennines (Moûtiers). Le diocèse du Sud, ou Viennoise, comprend les deux Aquitaines (Bordeaux et Bourges), ramenées à une seule vers 350 (Bordeaux), les deux Narbonnaises (Narbonne et Aix), la Viennoise (Vienne), les Alpes maritimes (Embrun) et la Novempopulanie (Eauze), peut-être déjà créée avant Dioclétien pour les peuples du sud de la Garonne. Une partie de la Savoie dans les Alpes cottiennes, avec Briançon, reste rattachée à Milan. Sous Constantin et ses fils, entre 330 et 360, ces diocèses sont insérés dans une structure plus vaste, la *préfecture du prétoire. Ainsi toute la Gaule, avec la péninsule Ibérique, est sous l'autorité du préfet du prétoire des Gaules résidant à Trèves, puis vers 408 à Arles, qui devient alors la capitale de la Gaule.

Le fait majeur de cette réforme est la division de la Gaule entre le Nord et le Midi, ce dernier souvent désigné sous le vocable d'« Aquitaine » : c'est déjà le schéma du partage de notre territoire en langue d'oïl pour le Nord et d'oc pour le Sud, qui garde le plus la marque de la présence romaine.

L'aristocratie gauloise et la vie culturelle. La crise n'a pas détruit l'ancien ordre social. La noblesse gauloise reste constituée de grands propriétaires fonciers et de notables urbains, les *honestiores*, mais certains aspects s'accentuent. Les plus riches se construisent d'imposantes villas à la campagne, véritables palais entourés de grands domaines et fortement défendus. L'Aquitaine en offre plusieurs exemples, dont le plus connu est la villa de Montmaurin (Haute-Garonne), de deux cent vingt pièces sur 4 hectares, avec *thermes, chauffage, vastes cours intérieures, etc. Ce type de villa possède aussi ses tuileries, ses forges, ses ateliers de tissage et est un véritable centre économique autonome. Cependant, il ne faut pas s'imaginer que l'aristocratie gauloise vit en permanence sur ses terres. La ville reste le centre privilégié de la vie sociale, là où s'exprime aussi la culture. En effet, la Gaule de la fin du 3e siècle et du 4e siècle connaît un remarquable épanouissement intellectuel avec les villes de Trèves, Autun et Bordeaux. Là se forment la plupart des grands orateurs qui prononcent les panégyriques, discours officiels de louange des empereurs : Mamertin de Trèves, Eumène d'Autun, Nazarius de Bordeaux. C'est dans

cette université de Bordeaux qu'enseigne Ausone, riche propriétaire, mais aussi poète, professeur de rhétorique et précepteur du
jeune Gratien, de 367 à 374, avant que Gratien ne devienne
empereur et le nomme préfet du prétoire des Gaules (376-379).
Cette activité intellectuelle s'accompagne aussi de changements
profonds dans la vie religieuse.

Les mutations religieuses. Elles sont liées au développement du
christianisme, qui, depuis 177, a progressé régulièrement en
Gaule, malgré les persécutions de Dèce en 250, de Valérien en
257-258 et surtout de Dioclétien à partir de 303. La tradition
attribue à toutes ces persécutions des martyrs plus ou moins
certains comme saint Denis (Paris), saint Victor (Marseille),
saint Saturnin (Toulouse). L'événement majeur est bien sûr la
conversion de Constantin en 312. La Gaule joue un rôle dans la
progression de la démarche religieuse de Constantin vers l'idée
d'une seule divinité (monothéisme). En 310, Constantin visite le
temple d'Apollon à Grand (Vosges) et il y aurait eu une vision lui
annonçant trente années de règne. La vision chrétienne à la
bataille du pont Milvius près de Rome en 312 s'inscrit dans cette
évolution. Désormais favorable aux chrétiens, il convoque un
*concile à Arles en 314 : c'est à la fois le premier concile tenu en
Gaule et la première liste sûre des communautés chrétiennes.
Seize y sont représentées, la majorité d'entre elles étant situées
dans l'axe rhodanien (Arles, Vienne, Lyon, Marseille, etc.) ;
Bordeaux, Eauze, Rouen, Reims, Trèves et Cologne complètent
le noyau rhodanien.

A partir de Constantin, le christianisme gagne les villes de la
Gaule. Son organisation se calque sur le cadre politique existant.
L'*évêque est élu par la communauté chrétienne du chef-lieu de
la cité et dans bien des cas les limites des anciennes cités serviront
de cadre aux futurs diocèses ecclésiastiques. Par son rayonnement, l'évêque de Poitiers, saint Hilaire, domine la vie religieuse
de son époque. Il faut lui associer l'autre grande figure du
christianisme gaulois, saint Martin (*document 2, p. 86*), ancien
soldat qui rejoint Hilaire et fonde vers 360 le premier monastère
d'Occident, à Ligugé, dans la campagne près de Poitiers. En
effet, la christianisation des campagnes est loin d'être réalisée et

si le mot latin *paganus* désigne à la fois le « païen » et le « paysan », ce n'est pas sans raison. A partir de 371, saint Martin est évêque de Tours : il y organise les premières paroisses rurales et fonde le monastère de Marmoutier près de Tours. Cependant, cette évolution religieuse peut aussi être à l'origine de troubles.

Un équilibre fragile

Depuis quelques décennies, les travaux des historiens ont mis en valeur le redressement général qui eut lieu dans l'Empire romain au 4e siècle. La notion même de Bas-Empire et de décadence romaine, à connotation péjorative, a été remplacée par celle d'Antiquité tardive. Mais, pour la Gaule, cette situation reste précaire et soumise aux aléas des invasions.

Activités économiques et contraintes sociales. La reprise en main des provinces gauloises a été bénéfique pour la vie économique, mais avec une production de plus en plus contrôlée par l'État pour répondre aux besoins de l'armée et de l'administration impériales. Cette clientèle nécessite l'organisation de manufactures d'État pour les armes (Autun, Mâcon, Reims, Saint-Marcel), et le textile connaît un regain d'activité dans les régions de Trèves, Amiens, Arles, Bourges, etc. Les régions orientales de la Gaule se spécialisent dans la fabrication d'une verrerie de grande qualité et la céramique est maintenant produite dans les ateliers de l'Argonne. A côté de cet artisanat, dut subsister une activité plus individuelle dans les villes, mais les sources manquent pour en apprécier l'importance. Le commerce reste actif, mais les villes ont changé : Lyon n'est plus le centre commercial de la Gaule ; le relais est pris par des villes comme Arles ou Bordeaux. L'administration impériale exerce une surveillance sur toute cette vie économique et la législation tend à fixer les personnes dans leur condition, obligeant les enfants à adopter le métier de leurs parents.

Les milieux ruraux supportent des contraintes encore plus fortes. Malgré quelques progrès dont témoigne le grand moulin à eau de Barbegal au service des greniers impériaux d'Arles, les

conditions techniques n'ont guère changé. Les travailleurs agricoles forment la grande masse des *humiliores*, par opposition aux
notables, les *honestiores*. Leur situation s'est modifiée en partie
à cause du système fiscal. Les colons qui travaillent sur des
domaines de l'État ou de particuliers restent des hommes libres,
mais depuis une loi de 332 ils sont attachés à la terre qu'ils
cultivent et leur statut est héréditaire. Les paysans libres continuent d'exister, mais, devant l'insécurité des temps, ils préfèrent
se mettre sous la protection d'un grand propriétaire. Ce système
de patronage laisse à la disposition des *honestiores* propriétaires
un nombre important de clients dépendants, avec le risque de
voir se former des pouvoirs locaux au détriment du pouvoir
central. Sans les liens particuliers de la vassalité, ce phénomène
de patronat préfigure le monde médiéval. Enfin, avec le retour
des invasions barbares, les bagaudes réapparaissent à la fin du
4e siècle pour atteindre toute leur ampleur en Armorique et en
Aquitaine dans les premières années du 5e siècle.

Les difficultés religieuses. L'Église naissante des Gaules est
confrontée au 4e siècle à une hérésie qui perturbe l'ensemble du
monde romain, l'*arianisme. Son origine remonte à un prêtre
d'Alexandrie, Arius, qui rejette le principe de la Trinité et
affirme l'infériorité du Christ par rapport à Dieu le Père. Le
concile de Nicée (Turquie) en 325 condamne sa doctrine et
définit le *Credo*. Un seul évêque gaulois, Nicaise de Die, assiste
à ce concile. Dans les années suivantes, les partisans d'Arius
relancent le débat, auquel le pouvoir impérial se mêle étroitement. Au début, les évêques gaulois restent à l'écart, mais, sous
la pression des événements, ils sont amenés à participer à
différents conciles qui menacent l'unité même des communautés
chrétiennes de la Gaule. L'intervention de l'évêque de Poitiers,
Hilaire, en 356, lors du concile de Béziers, est déterminante.
Hilaire est exilé par l'empereur arien Constance II, mais le clergé
gaulois refait son unité derrière l'évêque de Poitiers. En 360, le
retour d'Hilaire et le concile de Paris consacrent le succès de
l'action contre les ariens. Cependant, de tels conflits affaiblissent
l'Empire à un moment où les invasions germaniques reprennent
avec vigueur.

L'effondrement de la Gaule. Après une série d'incursions entre 306 et 324 que Constantin réussit à contenir, le calme semble revenir aux frontières gauloises, réorganisées à partir de la nouvelle capitale de Trèves. Mais l'année 352 voit la reprise des invasions germaniques en Gaule, en partie suscitée par le pouvoir impérial lui-même. En effet, la Gaule est sous le contrôle d'un usurpateur, Magnence, depuis 350. Pour en venir à bout, l'empereur Constance II fait appel à des Alamans, qui en profitent pour envahir la Gaule. Constance confie à son neveu Julien la défense du pays. Une remarquable campagne (victoire de Strasbourg en 357) aboutit à l'expulsion des Barbares et Julien est proclamé empereur par ses troupes à Lutèce en 360. Mais le répit est de courte durée : dès 366, les invasions recommencent, et l'histoire de la Gaule dans la seconde moitié du 4e siècle n'est qu'une suite de campagnes pour tenter de préserver la cohésion des provinces et l'unité de l'Empire.

L'équilibre aurait pu être maintenu sans l'arrivée de peuples nouveaux, dont la progression, ignorée de Rome, allait jouer un rôle déterminant pour la Gaule. En effet, venant des steppes d'Asie, les Huns envahissent la région de l'Ukraine et repoussent devant eux les autres peuples, comme les Alains de Russie du Sud et les Germains orientaux. Le reflux vers l'ouest de tous ces peuples est fatal pour la Gaule. Le 31 décembre 406, Vandales, Suèves, Alains, Burgondes franchissent le Rhin et se lancent à la conquête des terres gauloises. Les provinces gallo-romaines s'effondrent pour donner naissance aux royaumes barbares.

DOCUMENT 1

Le territoire éduen au début du 4e siècle

« Nous avons bien, comme je l'ai dit, le nombre d'hommes et l'étendue de terrain qui ont été déclarés, mais le tout est dénué de valeur à cause de l'inertie des hommes et de l'infidélité de la terre. Où trouver chez nous un champ ou un cultivateur comparables à ceux des Rèmes, des Nerviens ou même de nos proches voisins, les Tricasses ? Chez eux, les revenus rivalisent avec la peine qu'ils se donnent. Cependant, il est juste de pardonner aux cultivateurs qui répugnent à travailler sans profit. Un champ qui ne vous dédommage jamais de vos dépenses est nécessairement abandonné quand il s'y ajoute encore l'indigence des paysans qui, fléchissant sous le poids des dettes, n'ont pu ni drainer ni essarter leurs terres. Aussi tout ce qui avait autrefois constitué un sol passable a été enseveli sous les marais ou envahi par les broussailles. Il y a plus : le fameux canton Arebrignus lui-même est bien vainement jalousé et porté aux nues, car on n'y voit plus cultiver la vigne que sur un seul point ; au-delà, tout le reste n'est que forêts et roches inaccessibles, sûrs repaires des bêtes sauvages [...]. Enfin, ces vignes mêmes, qu'admirent ceux qui ne les connaissent pas, sont si épuisées par la vieillesse qu'elles ne profitent presque plus de la culture [...].

« [...] Que dirai-je des autres régions de cette cité qui, de ton propre aveu, t'ont tiré des larmes ? [...] Tu as eu sous les yeux une terre partout dévastée, abandonnée, couverte de broussailles, muette et ténébreuse ; les voies militaires elles-mêmes sont si raboteuses, elles franchissent les montagnes successives avec de telles côtes et de telles descentes qu'elles laissent difficilement passer les chariots à demi pleins, parfois même les chariots vides. Il en résulte souvent que nos redevances parviennent en retard, puisque nous avons plus de peine à faire sortir de chez nous de maigres denrées que les autres n'en ont pour des quantités considérables. Aussi, empereur, te savons-nous plus de gré encore de ta pitié et d'avoir daigné, malgré les abords et l'aspect de nos pays que tu savais si repoussants et si âpres, faire un détour par là néanmoins et illuminer de ta présence une ville qui vivait de la seule espérance de ton aide. Il est d'un bon prince d'aimer à voir ses sujets heureux, il y a plus de bonté encore à leur rendre visite aussi dans leur détresse. »

Panégyriques latins, VIII, 6-7,
(trad. E. Galletier, Paris, Belles Lettres, 1952, p. 94-95).

Ce discours officiel de louanges fut prononcé à Trèves en 312 devant l'empereur Constantin. L'auteur anonyme remercie l'empereur d'avoir procédé à des dégrèvements d'impôts pour le territoire d'Autun, ravagé par les troubles du 3e siècle. Il fait une description de la situation catastrophique de cette région qui n'est plus en état de faire face aux impôts prévus en fonction des recensements faits sous Dioclétien pour la capitatio-jugatio. *On y constate l'abandon des champs, le mauvais état du vignoble d'*Arebrignus, *l'actuelle zone de Beaune et de Nuits, déjà célèbre à cette époque, et enfin la détérioration du réseau routier. La fin du texte fait allusion à une visite que fit Constantin à Autun en 311.*

DOCUMENT 2

La charité de saint Martin

« C'est ainsi qu'un jour où il n'avait sur lui que ses armes et un simple manteau de soldat, au milieu d'un hiver qui sévissait plus rigoureusement que de coutume, à tel point que bien des gens succombaient à la violence du gel, il rencontre à la porte de la cité d'Amiens un pauvre nu : ce misérable avait beau supplier les passants d'avoir pitié de sa misère, ils passaient tous leur chemin. L'homme rempli de Dieu comprit donc que ce pauvre lui était réservé, puisque les autres ne lui accordaient aucune pitié. Mais que faire ? Il n'avait rien, que la chlamyde dont il était habillé : il avait en effet déjà sacrifié tout le reste pour une bonne œuvre semblable. Aussi, saisissant l'arme qu'il portait à la ceinture, il partage sa chlamyde en deux, en donne un morceau au pauvre et se rhabille avec le reste. Sur ces entrefaites, quelques-uns des assistants se mirent à rire, car on lui trouvait piètre allure avec son habit mutilé. Mais beaucoup, qui raisonnaient plus sainement, regrettèrent très profondément de n'avoir rien fait de tel, alors que justement, plus riches que lui, ils auraient pu habiller le pauvre sans se réduire eux-mêmes à la nudité. »

Sulpice Sévère, *Vie de saint Martin*, 3, 1-2
(trad. J. Fontaine, Paris, Le Cerf, 1967, p. 257-259).

Sulpice Sévère est un écrivain gaulois chrétien, né vers 360 et mort vers 425. Il rencontra saint Martin à plusieurs reprises à Tours. Il se retira en 399 dans son domaine de Primuliacum, près de la région de Narbonne. C'est là qu'il composa la Vie de saint Martin. Son œuvre reflète à la fois la tradition antique des biographies et annonce l'hagiographie (vie des saints) de l'époque médiévale. Le texte présenté est une des scènes les plus célèbres de la vie de Martin et fut un grand thème de l'art occidental. Ce partage du manteau est suivi dans le récit de l'apparition en songe à Martin du Christ revêtu de la moitié de la chlamyde donnée au pauvre. Deux ans après, Martin se faisait baptiser, puis quittait l'armée romaine en 356 pour se consacrer à sa mission d'évangélisation.

7. Le temps des Barbares
(fin 4ᵉ – fin 7ᵉ siècle)

Pendant trois cents ans, le territoire de la Gaule connaît une immense mutation. L'effondrement de l'Empire romain, avec les invasions barbares, fait émerger des pouvoirs nouveaux, d'où se dégagent la puissance franque et, avec elle, la dynastie mérovingienne. C'est sous son incertaine autorité qu'en même temps s'élaborent la fusion progressive des éléments barbares et romains, le développement d'une société nouvelle, plus rurale, plus violente, et que se poursuit la diffusion du christianisme.

En quatre-vingts ans, de 395 à 476, l'Empire romain, qui a perdu son unité à la mort de l'empereur Théodose, se trouve d'abord dirigé par deux empereurs qui résident l'un en Orient et l'autre en Occident, puis amputé de sa partie occidentale par la mise en place de nouveaux royaumes barbares. Le phénomène est irréversible, puisque même l'effort de reconquête entrepris au 6ᵉ siècle par l'empereur Justinien est voué à l'échec. Or l'un de ces royaumes barbares, celui des Francs en Gaule, va donner son nom à notre pays.

Les invasions barbares (5ᵉ siècle)

Au début du 5ᵉ siècle, la façade romaine de la Gaule – *préfecture du prétoire, *diocèses, provinces, cités, aristocratie sénatoriale – cache des transformations très profondes. Sous la menace des invasions, l'Empire, nous l'avons vu, s'est militarisé :

les villes se sont enfermées à l'abri d'enceintes ; des armées, qui comprennent déjà une forte proportion de Barbares, campent aussi bien sur la frontière du Rhin que dans l'arrière-pays, et leurs chefs tendent à accaparer l'essentiel du pouvoir, au détriment des civils. D'autre part, l'Empire s'est christianisé, en commençant par les villes. Les évêques deviennent des personnages de premier plan, la vie monastique a fait son apparition en Gaule et, sous l'impulsion de saint Martin, l'évangélisation des campagnes a commencé. Mais le fragile équilibre entre Romains et Barbares est définitivement rompu au début du 5ᵉ siècle.

Les grandes invasions. La Gaule a alors connu trois grandes poussées successives, et très différentes, des peuples barbares. Au début du siècle, un groupe de peuples – Vandales, Alains, Suèves – franchit le Rhin (406-407) et ravage toute la Gaule pour se diriger ensuite vers l'Espagne et l'Afrique du Nord ; peu après, entre 410 et 420, deux autres peuples entrent en Gaule et s'y installent avec le statut de *fédérés : les Burgondes au nord des Alpes et les Visigots dans la région de Bordeaux-Toulouse. Au milieu du siècle (451) se produit l'invasion éclair des Huns d'Attila qui provoque la mise en défense des villes – ainsi s'illustra sainte Geneviève à Paris – et une sorte d'union sacrée entre Gallo-Romains et Barbares : vaincu aux champs Catalauniques, près de Châlons-sur-Marne, Attila ne reparut jamais en Gaule. Enfin, pendant tout le siècle, Visigots et Burgondes étendent lentement leur domination au-delà du territoire qui leur avait été d'abord imparti, tandis que de nouveaux peuples progressent à l'ouest du Rhin ; il s'agit des Alamans dans la vallée moyenne du fleuve et des Francs, en deux groupes : Francs Rhénans ou Ripuaires autour de Cologne, Francs Saliens autour de Tournai, dans l'actuelle Belgique. En même temps, la péninsule de l'Armorique voit arriver les premiers Bretons chassés de leur île (l'Angleterre actuelle) par d'autres peuples germaniques, les Angles et les Saxons.

Les royaumes barbares. La géographie politique de la Gaule vers 476-480, au moment de la disparition de l'Empire en Occident et à la veille du règne de Clovis, est très confuse, mais importante pour l'avenir. Des blocs qui se formèrent alors, triomphèrent ou succombèrent, allait sortir toute notre histoire nationale et régionale. Mettons à part l'Armorique, qui, définitivement submergée par les Bretons au 6e siècle et devenue « Bretagne », allait vivre longtemps en marge de la Gaule. Au sud dominent les Burgondes, de Bâle et Constance jusqu'à Vienne sur le Rhône, et surtout les Visigots, dont le « royaume de Toulouse », qui s'étend des Pyrénées à la Loire et à la Provence, est la grande puissance du moment. Les uns et les autres se présentent en alliés ou en héritiers de Rome ; ils occupent les régions les plus riches, les plus urbanisées, les plus romanisées. Vis-à-vis des populations locales soumises au régime de l'*hospitalité, leur grand handicap est d'ordre religieux ; ils sont chrétiens, certes, mais sous une forme hérétique, l'*arianisme : ils ont ainsi rencontré l'hostilité déclarée de l'Église et de l'aristocratie gallo-romaine, pépinière d'évêques. A cet ensemble méridional, on peut opposer la Gaule du Nord, où subsistent des généraux romains, dont le dernier, Syagrius, se fixe à Soissons. Moins riche, moins urbanisée, moins romanisée, cette région subit la pression des Francs et des Alamans, beaucoup moins sensibles que les Visigots et les Burgondes à l'influence romaine : ils ont fait définitivement reculer la frontière linguistique de 50 à 100 kilomètres à l'ouest du Rhin. Ils sont, de surcroît, païens. Or, en une génération, le royaume des Francs Saliens allait se substituer à celui des Visigots comme principale puissance en Gaule et transporter dans la moitié nord du territoire les centres du pouvoir, qui étaient restés jusque-là proches de la Méditerranée. C'est un des grands tournants de notre histoire.

Les Mérovingiens (6e-7e siècle)

Clovis. L'auteur de ce retournement est le premier roi de notre histoire nationale : Clovis (481-511). La rareté des sources, leur caractère tardif et souvent hagiographique – la principale source étant l'*Histoire des Francs* écrite par l'évêque Grégoire de Tours plus de soixante ans après la mort du roi – rendent très difficile la compréhension des buts politiques réellement poursuivis par Clovis. Il faut s'en tenir aux faits, qui se déroulent en deux grandes phases : d'abord la victoire sur Syagrius à Soissons en 486 et, vers 496, celle sur les Alamans à Tolbiac ; ensuite, la victoire sur les Visigots à Vouillé, près de Poitiers, en 507, suivie de l'effondrement du royaume de Toulouse, qui, bas Languedoc et Provence exceptés, passe sous le contrôle de Clovis. Entre-temps s'était produit l'événement décisif qui explique le triomphe sur les Visigots ariens : la conversion de Clovis et son baptême à Reims, sans doute en 496. Traditionnellement attribuée à l'influence de la reine Clotilde et de l'évêque de Reims saint Remi, la conversion du roi et de son peuple a eu des conséquences immenses, faisant des Francs Saliens, face aux autres Barbares, païens ou hérétiques, les champions du christianisme romain, donc les alliés des Gallo-Romains déjà convertis *(document, p. 95)*. La victoire sur les Visigots, qui se replient alors en Espagne, est suivie de la reconnaissance de l'autorité de Clovis en Gaule par une ambassade venue de Constantinople. Dans ses dernières années, Clovis réalise l'unité de tous les Francs en succédant au dernier roi des Francs Rhénans, à leur tour convertis, et fixe à Paris, hors de la zone primitive du peuplement franc, sa résidence principale et le lieu de sa sépulture. La conquête devait être achevée par ses fils, qui triomphent du royaume burgonde en 532-534 et s'emparent de la Provence en 536. L'unité de la Gaule était reconstituée au profit des Francs.

Le royaume franc. Mais dès cette époque avaient commencé les partages entre les successeurs de Clovis. Ils posent le problème de la nature du *regnum Francorum* et du pouvoir de ses chefs, étrangers aux institutions romaines. Le roi, qui appartient à une famille d'exception – les Mérovingiens, du nom du grand-père de Clovis, Mérovée –, descend des dieux germaniques et se distingue par sa longue chevelure. Il est aussi le chef des guerriers, qui l'élèvent sur le *pavois et lui jurent fidélité. Il vit au milieu d'un ensemble de services à la fois domestiques et publics – le palais –, qui se déplace avec lui. Mais il est aussi l'héritier des impôts et des domaines de l'État romain : le *fisc. Il est la source du droit, de la loi, de la justice ; il nomme les *comtes et les évêques. Ce pouvoir apparemment sans limites a rencontré trois obstacles. Le

premier est surtout sensible au 6ᵉ siècle. C'est la pratique
successorale, qui tend au partage du pouvoir entre les fils du roi
défunt et engendre rivalités, assassinats et guerres civiles. Après
la mort de Clovis, l'unité du royaume n'est reconstituée que sous
le règne de son dernier fils, Clotaire Iᵉʳ (555-561). On entre
ensuite dans une grande crise où, aux rivalités des rois, se mêlent
celles des reines, telles Frédégonde ou Brunehaut. L'unité n'est
rétablie qu'en 613 par Clotaire II et surtout par son fils Dagobert,
dont le règne, qui n'a duré que dix ans (629-639), marque l'âge
d'or de l'époque mérovingienne.

Les forces centrifuges. Alors apparaissent en pleine lumière les
deux autres sources de faiblesse de la royauté mérovingienne.
L'une est l'existence d'entités régionales de plus en plus distinctes.
Au 7ᵉ siècle, Provence et Aquitaine ont retrouvé une autonomie
propice à la conservation des traditions romaines, et l'autorité
des Mérovingiens ne s'exerce plus que sur trois royaumes – les
tria regna – tantôt unis et tantôt séparés : à l'ouest, la Neustrie, de
la Somme à la Loire, où les Francs Saliens, à partir de leurs
capitales situées dans la vallée de la Seine et de l'Oise, composent
aisément avec les populations gallo-romaines ; à l'est, l'Austrasie
des Francs Rhénans, centrée sur les vallées de la Meuse, de la
Moselle et du Rhin, où les aspects germaniques sont renforcés
au fur et à mesure que la conquête franque s'étend au-delà du
Rhin, vers la Bavière, la Thuringe et la Frise ; la Bourgogne
enfin, qui se situe dans la lignée du royaume burgonde. C'est
dans ce triple cadre que se développe le dernier obstacle, la
menace décisive pour la royauté mérovingienne : la montée du
pouvoir d'aristocraties régionales auxquelles les rois ont dû
distribuer les terres du fisc en *bénéfice pour s'assurer leur
fidélité et dont les chefs naturels sont ceux des services
royaux : les *maires du palais. En 687, l'aristocratie d'Austrasie,
conduite par Pépin d'Herstal, écrase les troupes du roi de
Neustrie à Tertry, près de Saint-Quentin. La dynastie mérovingienne, sous surveillance des maires du palais, fut maintenue.
Elle n'était qu'en sursis.

Mais les péripéties de l'histoire politique ne doivent pas cacher
une réalité beaucoup plus profonde. Dans la Gaule franque,

comme à la même époque dans l'Espagne visigotique ou dans l'Italie lombarde, émergent une société et une civilisation nouvelles dont les contours se dessinent nettement au 7ᵉ siècle.

Les éléments de fusion

Romains et Barbares. La fusion qui lentement s'est opérée pendant ces trois siècles à partir du fond gallo-romain, des apports germaniques et du christianisme est très complexe. Elle s'est heurtée aux coutumes et aux traditions des peuples en présence, et en particulier à un obstacle juridique considérable, le principe de la personnalité des lois. Alors qu'à l'époque impériale le droit romain écrit régissait tous ceux qui habitaient sur le territoire de l'Empire – c'est le principe de la territorialité des lois, qui est le nôtre –, seuls les Gallo-Romains et les ecclésiastiques continuent à être régis et jugés selon ce droit après les invasions. Les nouveaux venus obéissent à leurs propres lois, qu'ils s'empressent de mettre par écrit, en latin : lois des Francs Saliens (loi salique) rédigée vers 500, des Ripuaires, des Burgondes, des Alamans... Or ces lois, qui reposent sur la vengeance privée (*faide), la composition pécuniaire (*wergeld) et l'*ordalie judiciaire, sont à la fois différentes entre elles dans la pratique et totalement opposées au droit romain dans l'esprit. Mais cet obstacle juridique a été dépassé par les réalités de la vie quotidienne. Quelques éléments saillants de la civilisation mérovingienne peuvent être dégagés : parce qu'ils marquent un changement par rapport à la civilisation gallo-romaine ; parce qu'ils annoncent les traits caractéristiques de la civilisation médiévale.

La société mérovingienne. Il s'agit d'abord d'une société en voie de ruralisation. La population de ces siècles souffre d'un affaiblissement constant que n'ont en aucune façon compensé les apports germaniques et qu'aggrave un cycle d'épidémies de peste apparu dans la deuxième moitié du 6ᵉ siècle. Le déclin des villes paraît irrémédiable. Certes, le cadre romain de la cité reste le cadre administratif dans lequel s'exercent l'autorité religieuse de l'évêque et l'autorité politique du comte. Mais le modèle urbain a perdu tout caractère attractif. La vie se reconstitue à la campagne, une campagne où l'espace sauvage l'emporte sur l'espace cultivé. On y note à la fois la tendance au regroupement de petits propriétaires libres et la progression de la grande propriété au profit du roi, de l'aristocratie laïque et de l'Église. Une partie de ces immenses domaines est cultivée directement pour le maître par des esclaves que dirige un intendant, et une autre est confiée, moyennant travaux et redevances, à des colons ou à des esclaves *chasés. C'est dans ces campagnes cultivées, étendues au 7e siècle grâce à un premier mouvement de défrichement, que s'est amorcée, dans la vie quotidienne, chez les esclaves, les colons, les hommes libres et les grands propriétaires, la véritable fusion des Germains et des Gallo-Romains. Dans ce contexte, les échanges se raréfient et avec eux les signes monétaires ; la monnaie d'or héritée de Rome disparaît au profit de monnaies d'argent.

Il s'agit ensuite d'une société guerrière. L'homme libre se définit avant tout comme un soldat qui, à la place de la toge romaine, a adopté le costume court et les armes franques : la hache de guerre et la francisque, nombreuses dans les premières tombes mérovingiennes. Les rois et les grands, sans cesse rivaux, sont toujours entourés de troupes de guerriers qui leur ont juré fidélité. D'où une insécurité permanente qui pousse les plus faibles à rechercher des appuis : c'est le principe de la *recommandation, par laquelle un faible, aliénant tout ou partie de sa liberté et de ses biens, se place sous la protection d'un plus fort. Ainsi se tissent, en marge de tout droit public, des liens privés du haut en bas de l'échelle sociale. De plus en plus, la force prime le droit.

Christianisation. Il s'agit enfin – ceci compense-t-il cela ? – d'une société en voie de christianisation. La ville est une ville chrétienne qui, sous la conduite de l'évêque, vit au rythme de grandes cérémonies liturgiques célébrées soit dans l'église cathédrale, à l'intérieur de l'enceinte, soit à l'extérieur, dans les basiliques élevées près des cimetières ou sur les tombeaux des saints qui attirent les pèlerins : saint Martin à Tours ; saint Denis près de Paris, dont le culte est encouragé par Dagobert ; saint Hilaire à Poitiers... Amorcée au temps de saint Martin, l'évangélisation des campagnes progresse à la faveur des fondations de paroisses rurales par les évêques et plus encore d'églises privées construites par les grands sur leurs domaines. A ce christianisme encore rudimentaire et souvent proche du paganisme, les âmes d'élite préfèrent la perfection de la vie monastique, qui est aussi un refuge contre la dureté des temps. La multiplication des monastères est un des aspects marquants de l'époque mérovingienne : rares au début du 5e siècle, ils sont environ deux cents vers l'an 600. Ce chiffre triple au cours du 7e siècle, qui fut un grand siècle monastique, avec des fondations telles que Luxeuil, Jumièges, Corbie... On y observe des règles composites où se mêlent des influences venues d'Irlande (règle de saint Colomban) et d'Italie (règle de saint Benoît). Le rôle du christianisme dans la fusion des groupes ethniques est primordial, de même que son rôle dans la conservation de la culture antique. Celle-ci, avec le recul du latin et de l'écrit, la fermeture des écoles, l'abandon des grands travaux et de la sculpture monumentale, semblait vouée à la disparition. De leur côté, les Barbares, maîtres dans l'art des métaux, avaient apporté des pratiques nouvelles, tant pour la fabrication des armes que pour celle des bijoux. Leurs grandes spécialités sont l'art du filigrane et l'orfèvrerie cloisonnée, qui consiste à sertir des pierres de couleur ou des métaux dans de minces cloisons d'or sur fond d'or ; le seul artiste de ce temps dont nous connaissions le nom était orfèvre : saint Éloi, ministre de Dagobert et évêque de Noyon. L'Église a su continuer à bâtir dans la tradition paléochrétienne, conserver la langue latine et de nombreux textes antiques et adopter les pratiques barbares pour l'élaboration d'un art sacré. A la fin du 7e siècle, les moines de la Gaule du Nord, imitant leurs frères des îles Britanniques, commencent à copier les manuscrits latins en les ornant de peintures dont les motifs et les couleurs sont empruntés à l'art barbare ; un art typiquement médiéval était né : celui de l'*enluminure.

C'est à ce moment que s'opère un nouveau déplacement des centres du pouvoir, de la Neustrie vers l'Austrasie.

DOCUMENT

Le baptême de Clovis

Après la victoire de Tolbiac sur les Alamans en 496 :

« Il [Clovis] raconta à la reine comment en invoquant le nom du Christ il avait mérité d'obtenir la victoire. Ceci s'accomplit la quinzième année de son règne.

« La reine fait alors venir en secret saint Remi, évêque de la ville de Reims, en le priant d'insinuer chez le roi la parole du salut. L'évêque, l'ayant fait venir en secret, commença à lui insinuer qu'il devait croire au vrai Dieu, créateur du ciel et de la terre, et abandonner les idoles qui ne peuvent lui être utiles, ni à lui, ni aux autres. Mais ce dernier lui répliquait : « Je t'ai écouté volontiers, très saint père, toutefois il reste une chose ; c'est que le peuple qui est sous mes ordres ne veut pas délaisser ses dieux ; mais je vais l'entretenir conformément à ta parole. » Il se rendit donc au milieu des siens et, avant même qu'il eût pris la parole, la puissance de Dieu l'ayant devancé, tout le peuple s'écria en même temps : " Les dieux mortels, nous les rejetons, pieux roi, et c'est le Dieu immortel que prêche Remi que nous sommes prêts à suivre. " Cette nouvelle est portée au prélat qui, rempli d'une grande joie, fit préparer la piscine [...] Ce fut le roi qui le premier demanda à être baptisé par le pontife. Il s'avance, nouveau Constantin, vers la piscine pour se guérir de la maladie d'une vieille lèpre et pour effacer avec une eau fraîche de sales taches faites anciennement. Lorsqu'il y fut entré pour le baptême, le saint de Dieu l'interpella d'une voix éloquente en ces termes : " Courbe doucement la tête, ô Sicambre ; adore ce que tu as brûlé, brûle ce que tu as adoré... "

« Ainsi donc le roi, ayant confessé le Dieu tout-puissant dans sa Trinité, fut baptisé au nom du Père et du Fils et du Saint-Esprit et oint du saint chrême avec le signe de la croix du Christ. Plus de trois mille hommes de son armée furent également baptisés. »

> Grégoire de Tours, *Histoire des Francs,*
> livre II, chap. xxx-xxxi (trad. R. Latouche,
> Paris, Belles Lettres, 1963, p. 119-121).

*Ce texte célèbre provient de l'*Histoire des Francs, *écrite en latin par Grégoire de Tours lorsqu'il était évêque de cette ville (573-594). Très utilisée au Moyen Age, l'*Histoire des Francs, *qui comporte dix livres, est conservée dans une trentaine de manuscrits, dont les plus anciens datent de la fin du 7ᵉ siècle : en particulier, un manuscrit contenant les six* *premiers livres qui a appartenu à l'abbaye de Corbie (Somme) et qui est maintenant conservé à la Bibliothèque nationale (ms. latin 17 655).*

Rédigé plus de soixante-dix ans après les événements, ce récit tardif et imagé révèle, plus que les détails de la conversion et de la cérémonie, l'importance que les évêques du royaume franc ont accordée au baptême de Clovis. On peut retenir de ce texte quelques aspects majeurs : d'abord que Clovis, malgré les pressions de son entourage – la reine Clotilde elle-même – et du clergé de son royaume, reste longtemps fidèle au paganisme ; ensuite – et ceci explique cela – que la conversion du roi franc à la nouvelle religion s'accompagne naturellement de celle de tout son peuple, à commencer par ses guerriers ; enfin que tout de suite l'Église souligne l'importance de la conversion de ce premier roi barbare au catholicisme, en le comparant à Constantin, le premier empereur romain chrétien.

8. L'Empire de Charlemagne
(8ᵉ-9ᵉ siècle)

Vers 800, alors que rayonnent les deux civilisations musulmane et byzantine, l'Occident fait son unité sous la dynastie des Carolingiens. Par son sacre en 800, Charlemagne crée un Empire « romain », en fait franc et chrétien, où se mettent en place des institutions nouvelles, où se développe une assez belle « Renaissance carolingienne », mais où, surtout, se crée dans la société un autre réseau de relations entre les hommes. C'est dans ce cadre qu'apparaît la Francie occidentale.

A la fin du 7ᵉ siècle, dans un ancien Occident romain déjà partagé en divers royaumes barbares, le royaume franc en Gaule est lui-même morcelé en trois éléments : Austrasie, Neustrie et Bourgogne. A cette situation héritée de Rome et des invasions, deux bouleversements vont mettre fin dans le siècle suivant. D'une part, la conquête musulmane, partie d'Arabie après la mort de Mahomet en 632, atteint l'Espagne en 711 et vient mourir à Poitiers en 732. D'autre part, l'Occident – à l'exception de l'Espagne devenue musulmane et des îles Britanniques restées à l'écart – tente avec les Francs d'Austrasie une unification que symbolise en 800 le couronnement impérial de Charlemagne. Ainsi sont fixées au 9ᵉ siècle les trois composantes du monde médiéval : l'Empire byzantin, l'Islam et la Chrétienté latine. Mais, face aux deux premières qui brillent d'un grand éclat, la troisième fait figure de monde sous-développé. Cela explique sans doute les difficultés du grand Empire franc qui, moins de

trente ans après la mort de son fondateur (814), est partagé entre
ses petits-fils au traité de Verdun en 843.

La formation

Les *maires du palais. Vers 700, la partie la plus vivante du
regnum Francorum est l'Austrasie. Là se produit, autour de l'axe
de la Meuse, un premier éveil économique lié à l'essor du
commerce des marins frisons en mer du Nord et au maintien de
liens avec la Méditerranée par la Saône et le Rhône. Là se situe le
point de départ des guerriers, des négociateurs et des missionnaires envoyés au-delà du Rhin. Là enfin s'étendent d'immenses
domaines appartenant à quelques grandes familles, dont deux,
celle des Arnulfiens autour de Metz et celle des Pippinides plus
au nord, sont les ancêtres de ce Pépin d'Herstal qui a vaincu les
Neustriens à Tertry et qui, tout en conservant un roi mérovingien, a réalisé l'union des mairies du palais d'Austrasie, de
Neustrie et de Bourgogne. Il meurt en 714.

Charles Martel et Pépin le Bref. L'œuvre de son fils Charles Martel
(† 741) et de son petit-fils Pépin le Bref (741-768) est considérable et ne doit pas être éclipsée par celle de Charlemagne. Appelé
par le duc d'Aquitaine Eudes, Charles Martel a vaincu en 732
entre Poitiers et Tours une expédition lancée depuis Pampelune
par le gouverneur musulman d'Espagne : il est à ce titre considéré
comme le sauveur de la Chrétienté et de l'Europe. Après avoir
déposé le dernier roi mérovingien, Pépin le Bref a fondé la
dynastie carolingienne en se faisant sacrer roi des Francs en 751.
Mais, à côté de ces deux événements marquants, l'œuvre réalisée
pendant ce demi-siècle se situe sur plusieurs plans. Tout d'abord
Charles Martel a donné aux Carolingiens les moyens de leur
politique en généralisant la *vassalité et en distribuant à ses
vassaux en *bénéfices des terres prises, en principe à titre
temporaire, à l'Église : expédient de génie, qui, les Mérovingiens
ayant dilapidé toutes les terres du *fisc, redonne aux maires du
palais la possibilité de s'assurer la fidélité des grands. Cette
autorité retrouvée, les deux Carolingiens vont l'exercer sur

l'ensemble de la Gaule, y compris la Provence et l'Aquitaine :
longtemps indépendante, celle-ci a subi la poussée des Basques,
puis des musulmans. Charles Martel profite de la victoire de
Poitiers pour occuper tout le pays jusqu'à la Garonne ; Pépin,
après plusieurs dures campagnes, triomphe du dernier « prince »
d'Aquitaine, Waïfre, en 768. Le pouvoir des Carolingiens s'étend
aussi en Germanie : à sa mort, Pépin règne directement sur la
Hesse, la Thuringe et la Frise, indirectement sur l'Alémanie et la
Bavière, qui conservent des ducs nationaux. Enfin, inspirés par le
grand missionnaire anglo-saxon qui a évangélisé la Germanie,
saint Boniface, Pépin et son frère Carloman ont procédé à une
grande réforme des mœurs, de la hiérarchie et de la liturgie des
Églises de Gaule et de Germanie, qui les uniformise sous le
contrôle romain. Les Carolingiens apparaissent alors comme la
première puissance dans l'Europe chrétienne, et une alliance se
noue entre le souverain franc et le pape. Charles Martel n'avait
pas répondu à un premier appel du pape réclamant sa protection
contre l'extension du royaume lombard en Italie. Mais Pépin,
sacré roi une seconde fois avec ses fils à Saint-Denis par le pape
Étienne II en 754, franchit les Alpes en 755 et 756. Deux fois
vainqueur des Lombards, il promet au pape de lui restituer les
anciennes possessions byzantines en Italie et jette ainsi les bases
de l'État pontifical. Tous les cadres de l'action de Charlemagne
sont en place.

Les conquêtes de Charlemagne. Charlemagne (768-814) est
d'abord un conquérant qui, chaque année, rassemble ses guerriers pour de fructueuses expéditions. Une véritable révolution
militaire a transformé, au cours du 8ᵉ siècle, l'armée de fantassins
des premiers rois francs en une armée de cavaliers lourdement
équipés que Charlemagne lance dans toutes les directions : vers
l'Italie, où, s'étant emparé en 774 de la capitale des Lombards,
Pavie, il prend le titre de « roi des Francs et des Lombards » ; vers
l'Espagne, où il échoue à l'ouest des Pyrénées – à Roncevaux, en
778, l'arrière-garde de son armée, commandée par le comte
Roland, est massacrée par les Basques –, mais où il réussit, à
l'est, à arracher la *marche d'Espagne, future Catalogne, à
l'Islam ; vers la Germanie surtout, où il établit son contrôle

direct sur l'Alémanie et la Bavière et où, au terme d'atroces campagnes, il parvient à soumettre les Saxons et à atteindre l'Elbe. Les Francs sont maintenant en contact avec de nouveaux peuples païens, les Slaves et les Scandinaves. A la fin du 8e siècle, Charlemagne est à la tête d'un territoire qui couvre plus d'un million de kilomètres carrés : un royaume si vaste qu'il a dû en détacher des sous-royaumes ou des duchés plus ou moins autonomes : Italie, Bavière, Aquitaine... En fait, un empire...

L'Empire et ses institutions

Le sacre impérial. Le jour de Noël 800, Charlemagne reçoit à Rome la couronne impériale des mains du pape Léon III. A son titre de « roi des Francs et des Lombards », il ajoute désormais « auguste et empereur ». Les historiens ont discuté et discuteront longtemps encore sur le sens de ce que Charlemagne a lui-même appelé la « rénovation de l'Empire romain », sur sa conception des liens entre le pape et l'empereur, sur l'importance respective de l'aspect romain et de l'aspect chrétien, sur les relations très difficiles entre ce nouvel Empire – usurpé – et l'autre – légitime –, celui de Byzance. Le sens de l'événement, pourtant, est clair : la puissance du roi des Francs est telle qu'il peut prétendre relever le titre impérial abandonné depuis 476 en Occident. Mais il s'agit d'un Empire « rénové », chrétien, dont les forces vives se situent en Europe du Nord, autour de l'Austrasie, où, depuis 794, Charlemagne a fondé une nouvelle capitale, Aix-la-Chapelle. C'est là, dans les dernières années de sa vie, entre 800 et 814, et pendant le règne de son fils Louis le Pieux (814-840), que l'étude des institutions carolingiennes peut nous révéler si l'Empire fut conçu comme une réalité politique ou s'il resta au stade d'un agglomérat de peuples voué à l'éclatement.

Les institutions. A Aix-la-Chapelle, auprès du roi, de sa famille, de ses amis et de ses *clercs, se développent des services centraux autour de quelques personnages clés : le comte du palais, qui préside le tribunal en l'absence du roi ; le chambrier ou camérier, qui s'occupe de la « chambre » du roi (*camera*), c'est-à-dire de son Trésor, de ses recettes et de ses dépenses ; le *chancelier qui rédige et expédie des actes écrits de plus en plus nombreux. A leurs ordres, on trouve des « fonctionnaires », des laïques et surtout des clercs, formés sur place. L'ensemble constitue le palais. Dans tout l'Empire, l'empereur est représenté par les *comtes – au moins trois cents –, qui, nommés par lui, sont chargés, en liaison avec les évêques, d'assurer l'ordre public, de réunir les hommes libres, de rendre la justice, d'encaisser les revenus locaux. Pour les surveiller, partent du palais les « envoyés du maître », les *missi dominici*. Le désir d'unification apparaît dans bien d'autres domaines : ainsi, sur le plan économique, l'uniformisation des poids et mesures et une grande réforme monétaire qui institue un système de compte par livres, sous et deniers promis à un long avenir et qui met en place la frappe d'une monnaie d'argent ; ou encore le souci d'une administration exemplaire des domaines royaux, qui doivent servir de modèles à ceux des grands laïques et ecclésiastiques ; nous connaissons ces grands domaines de l'époque carolingienne par des documents très précis qu'on appelle les *polyptyques : ils offrent partout la même organisation, selon laquelle les *manses des tenanciers, libres ou non, sont complémentaires de la *réserve ou de la « cour » du maître.

Mais l'essentiel n'est peut-être pas là. Il est dans la recherche, à tous les niveaux, de liens personnels entre l'empereur et tous les habitants de l'Empire, liens qui seuls à ses yeux peuvent assurer la cohésion de l'ensemble. Autour de l'empereur gravite une aristocratie d'Empire, peut-être une trentaine de familles, d'origine franque, unies à la famille impériale et entre elles, et qui fournissent les titulaires des plus hautes charges dans tout l'Empire. Beaucoup plus large est le cercle des vassaux de l'empereur : ils lui prêtent un serment de vassalité qui les engage à son service, surtout sous la forme militaire, et en reçoivent un bénéfice pour la durée de leur engagement. Mais ce n'est pas tout : chaque année autour de lui se réunit une assemblée de grands, de vassaux et d'hommes libres où sont prises en commun les décisions promulguées ensuite sous forme de *capitulaires : il semble que, malgré le maintien du principe de la personnalité des lois, les capitulaires s'appliquent partout. Enfin et surtout, Charlemagne s'est fait prêter un serment de fidélité par *tous* les

hommes libres de *tout* l'Empire. Conception purement personnelle du pouvoir ? C'était peut-être celle de Charlemagne, qui
avait d'ailleurs projeté le partage de ses territoires entre ses fils.
Ce n'est plus celle de Louis le Pieux, qui, seul héritier par suite de
la mort de ses frères, proclame en 817 l'indivisibilité de l'Empire.
Il était poussé dans cette voie par ses conseillers ecclésiastiques.
Église et État sont alors intimement liés, le peuple de l'Empire
et le peuple de Dieu n'étant qu'un, dont l'empereur est responsable.

L'Église et la Renaissance carolingienne

L'Église carolingienne. L'Église de la fin du 8e et du début du 9e
siècle doit tout aux souverains carolingiens. Ils ont sauvé la
Chrétienté face à l'Islam, la papauté face aux Lombards et
soutenu l'évangélisation de la Germanie. Ils ont assuré la réforme
de l'Église séculière – les clercs qui vivent dans le siècle et
fournissent l'encadrement religieux des fidèles – en restaurant les
*métropoles ecclésiastiques dirigées par des archevêques et un
réseau serré de *diocèses, dont les évêques sont aidés par des
collèges de *chanoines, les *chapitres cathédraux. Ils ont aussi
réformé l'Église régulière – les moines qui observent une règle –
en imposant à tous les monastères de l'Empire la règle de saint
Benoît, adaptée aux besoins de l'époque par un autre Benoît,
originaire du Languedoc et très influent auprès de Louis le Pieux,
Benoît d'Aniane. Ils ont apporté leur appui constant à la
définition du dogme, à l'adoption de la liturgie romaine, à la
diffusion des pratiques religieuses et de la morale chrétienne.
Ils ont assuré à l'Église des revenus réguliers en généralisant
l'institution de la *dîme, et l'indépendance de ses domaines
par le privilège de l'*immunité. Mais en échange le souverain
carolingien attend beaucoup de cette Église, qu'il considère
comme son Église. Il en attend d'abord – et ce n'est pas une
formule de style – des prières efficaces pour son salut et celui de
son Empire. Il nomme les évêques et les abbés, en fait ses
vassaux, en exige des contributions militaires et financières. Il
puise sans hésitation dans les richesses de l'Église : Charlemagne,
par exemple, nomme des abbés laïques qui touchent les revenus

des monastères sans en assurer la charge spirituelle. Mais, ce que le souverain attend surtout de ses évêques et de ses abbés, c'est leur aide politique, morale et intellectuelle, c'est le partage de leur temps entre fonctions spirituelles et temporelles, c'est la mise au service du prince de compétences qui sont les plus éclairées du temps.

La Renaissance carolingienne. Ainsi s'explique la Renaissance carolingienne, qui est avant tout une réforme de l'enseignement destinée à élever le niveau moral et intellectuel du clergé, et ensuite des laïques. Pour la réaliser, vu l'état de délabrement de la culture dans le monde franc, il fallut faire appel à ceux qui avaient le mieux maintenu ou assimilé la tradition antique : les Italiens comme Pierre de Pise ou Paul Diacre, les Espagnols comme Théodulf qui devint évêque d'Orléans, les Anglo-Saxons comme le moine Alcuin qui fut en ce domaine le grand inspirateur de Charlemagne. En 789, Charlemagne promulgue la célèbre Exhortation générale (*Admonitio generalis*), par laquelle il ordonne l'ouverture d'une école dans chaque évêché et chaque monastère ; on doit y apprendre les psaumes, les notes, le chant, le calcul et la grammaire ; plus tard, Charlemagne encourage les évêques à ouvrir des écoles rurales. Cette renaissance de l'enseignement s'appuie évidemment sur une renaissance de l'écrit et du latin. On a dit que, pour Charlemagne, « l'écrit est un moyen de gouvernement ». Son biographe Eginhard a immortalisé l'image touchante du grand empereur qui « avait l'habitude de placer sous les coussins de son lit des tablettes et des feuillets de parchemin, afin de profiter de ses instants de loisir pour s'exercer à tracer des lettres ; mais il s'y prit trop tard et le résultat fut médiocre ». L'écrit est indispensable pour la conservation des textes sacrés et aussi des actes impériaux. Or la dégénérescence de l'écriture avait rendu les textes mérovingiens presque illisibles. A partir de 780, dans les *scriptoria*, grands ateliers monastiques de la France du Nord où l'on se consacrait à la copie des manuscrits, est mise au point une magnifique écriture, claire et lisible, qui est l'ancêtre de nos caractères d'imprimerie : la minuscule caroline ; ainsi ont été sauvés tous les textes antiques, sacrés et profanes, qui pouvaient l'être encore. En même temps, on travaille à la renaissance du latin, dont la décadence, dangereuse pour l'unité chrétienne comme pour l'unité politique, est enrayée par la remise à l'honneur des lois de la grammaire et de la syntaxe et par l'étude des classiques.

Au cœur de cette Renaissance, au temps de Charlemagne, se trouvent la cour et le palais d'Aix-la-Chapelle. Plus que d'une école, il s'agit d'un foyer de culture de haut niveau au sein duquel se forment les meilleurs esprits et s'organise la production littéraire et artistique, d'abord très centralisée autour de la personne de Charlemagne et de l'œuvre majeure que constitue la chapelle palatine d'Aix. Aux générations suivantes, le mouvement essaime dans plusieurs directions. Dans le domaine littéraire, il n'a pas produit de grandes œuvres : citons cependant les lettres écrites par Loup, abbé de Ferrières-en-Gâtinais, aux principaux personnages de son époque. Dans le domaine artistique, ses vestiges architecturaux sont très peu nombreux : l'église de Germigny-des-Prés construite par Théodulf près d'Orléans à l'imitation de la chapelle d'Aix, ou celle de Saint-Philbert-de-Grand-Lieu dans la région de Nantes. Les plus purs chefs-d'œuvre sont à chercher du côté des manuscrits enluminés dans les ateliers de Reims, Metz, Tours, Corbie ou Saint-Denis et de précieux objets qui relèvent de l'art de l'ivoire et de l'orfèvrerie : autels portatifs, reliquaires, reliures, qui entraient dans le trésor des rois et des grands. Mais déjà cet art des monastères de la France du Nord n'est plus le même que celui des monastères de Germanie.

Le partage

Difficultés de l'Empire au temps de Louis le Pieux. La façade unitaire de l'Empire de la fin du règne de Charlemagne et du début de celui de Louis le Pieux dissimule mal des facteurs importants de faiblesse et de division. Le premier élément est évidemment l'immensité de l'Empire, la diversité de ses peuples, de leurs langues nationales, de leurs coutumes. L'empereur carolingien lui-même reste un chef franc qui, malgré l'existence de sa capitale, continue à se déplacer de domaine en domaine, qui vit surtout de ses revenus fonciers et de ses butins de guerre –

butin qui se raréfie avec la dilatation de l'Empire et le prolongement des périodes de paix, au grand mécontentement de l'aristocratie guerrière –, et partage ses royaumes entre ses fils. Mais
surtout – et c'est le deuxième élément –, après Charlemagne, le
souverain réussit de moins en moins à maîtriser l'ambition des
grands, qui vont utiliser à son détriment les principales institutions carolingiennes. Les vassaux titulaires de bénéfices cherchent à les rendre héréditaires. De même, les comtes veulent
conserver leur vie durant et transmettre à leurs héritiers ce qu'on
appelle l'« honneur » comtal : la charge elle-même et l'ensemble
des biens affectés à cette charge pour l'entretien du comte. De
leur côté, devant l'affaiblissement du pouvoir central, les évêques
et les abbés, pratiquement indépendants sur leurs terres qui ont
reçu l'immunité, s'érigent en censeurs moraux et politiques de la
royauté. C'est dans ce contexte, aggravé par la reprise d'agres-
sions venues de l'extérieur, celles des Vikings et des Sarrasins,
que se sont effectués les partages carolingiens.

Louis le Pieux avait d'abord cherché à maintenir l'unité en
attribuant le titre impérial à son fils aîné, Lothaire, et en ne
laissant aux deux autres que des royaumes inférieurs : l'Aquitaine
à Pépin, la Bavière à Louis. Le mécontentement de ces deux
derniers, qui veulent agrandir leur part, et la naissance d'un
quatrième fils, Charles – le futur Charles le Chauve –, remettent
tout en question. Les fils se soulèvent contre leur père, dont la
position s'affaiblit dangereusement. En 838, à la mort de Pépin
d'Aquitaine, son fils, Pépin II, est écarté au profit de Charles.
Enfin, après la mort de Louis le Pieux (840), éclate la guerre
entre les trois frères survivants. Contre l'aîné, l'empereur
Lothaire, s'allient Charles, maître de la Neustrie et de l'Aquitaine, et Louis, maître de la Germanie : alliance jurée solennellement à Strasbourg, où chacun prononce son serment dans la
langue de l'autre pour être compris des troupes de celui-ci.
Charles s'exprime en langue « tudesque » et Louis en langue
« romane ». Ce serment de Strasbourg (842) est le premier texte
conservé de notre langue (*document, p. 106*). Louis et Charles
s'emparent ensuite d'Aix-la-Chapelle et imposent à Lothaire
les négociations qui aboutissent l'année suivante au traité de
Verdun.

Le traité de Verdun. Le traité de Verdun (843) est à la fois le premier traité européen et un premier acte de naissance de la France. Il reconnaît l'existence de trois royaumes complètement indépendants. Attribuée à Charles, la Francie occidentale s'étend à l'ouest d'une ligne qui suit très imparfaitement le cours de l'Escaut, de la Meuse, de la Saône et du Rhône : soit les « quatre rivières » qui constitueront jusqu'à la fin du Moyen Age la frontière orientale du royaume de France. La Francie orientale, attribuée à Louis, s'étend à l'est du Rhin et au nord des Alpes : elle va constituer le royaume de Germanie. Le reste, la Francie médiane et l'Italie, soit une longue bande qui s'étire de la mer du Nord au sud de Rome, va à Lothaire, qui conserve le titre impérial. Cette part de Lothaire est très vite vouée à la division – Lothaire lui-même en fait trois royaumes pour ses fils – et aux ambitions de ses voisins des deux Francies. Quant au titre impérial, il ne reste pas longtemps fixé dans la descendance de Lothaire. S'en empare le prince carolingien qui jouit du plus grand prestige auprès des grands et surtout auprès de l'Église et de la papauté, restées garantes de l'unité chrétienne. C'est le cas de Charles le Chauve, qui a réussi à unifier son royaume malgré la résistance des Aquitains, à organiser une première défense contre les Vikings et à s'emparer de la partie septentrionale de l'héritage de Lothaire, en Francie médiane. Il porte la couronne impériale de 875 à 877. Elle passe ensuite à un fils de Louis de Germanie, Charles le Gros (881-888). Désormais, l'histoire de la France et l'histoire de l'Empire seront disjointes.

DOCUMENT

Les serments de Strasbourg (842)

« Louis, étant l'aîné, jura le premier [...] :
Pro Deo amur et pro christian poblo et nostro commun salvament, d'ist di in avant, in quant Deus savir et podir me dunat, si salvarai eo cist meon fradre Karlo et in aiudha et in cadhuna cosa, si cum om per dreit son fradra salvar dift, in o quid il mi altresi fazet et ab Ludher nul plaid nunquam prindrai, qui, meon vol, cist meon fradre Karle in damno sit.

(Pour l'amour de Dieu et pour le peuple chrétien et notre salut commun, à partir d'aujourd'hui, en tant que Dieu me donnera savoir et pouvoir, je secourrai ce mien frère Charles par mon aide et en toute chose, comme on doit secourir son frère, selon l'équité, à condition qu'il fasse de même pour moi, et je ne tiendrai jamais avec Lothaire aucun plaid qui, de ma volonté, puisse être dommageable à mon frère Charles.)

« Lorsque Louis eut terminé, Charles répéta le même serment en langue tudesque :

In Godes minna ind in thes christianes folches ind unser bedhero gehaltnissi, fon thesemo dage frammordes, so fram so mir Got geuuizci indi mahd furgibit, so haldih thesan minan bruodher, soso man mit rehtu sinan bruher scal, in thiu thaz er mig so sama duo, indi mit Ludheren in nohheiniu thing ne gegango, the, minan uuillon, imo ce scadhen uuerdhen.

(Pour l'amour de Dieu et pour le salut du peuple chrétien et notre salut à tous deux, à partir de ce jour dorénavant, autant que Dieu m'en donnera savoir et pouvoir, je secourrai ce mien frère, comme on doit selon l'équité secourir son frère, à condition qu'il en fasse autant pour moi, et je n'entrerai avec Lothaire en aucun arrangement qui, de ma volonté, puisse lui être dommageable.)

« Et le serment que prononça chaque nation dans sa propre langue est ainsi conçu en langue romane :

Si Lodhuuigs sagrament que son fradre Karlo jurat conservat et Karlus, meos sendra, de suo part non l'ostanit, si io returnar non l'int pois, ne io ne neuls cui eo returnar int pois, in nulla aiudha contra Lodhuuuig nun li iu er.

(Si Louis observe le serment qu'il jure à son frère Charles et que Charles, mon seigneur, de son côté, ne le maintient pas, si je ne puis l'en détourner, ni moi ni aucun de ceux que j'en pourrai détourner, nous ne lui serons d'aucune aide contre Louis.)

« Et en langue tudesque :

Oba Karl then eid then er sinemo bruodher Ludhuuuige gesuor geleistit, indi Ludhuuuig, min herro, then er imo gesuor forbrihchit, ob ih inan es iruuenden ne mag, noh ih noh thero nohhein, then ih es iruuenden mag, uuidhar Karle imo ce follusti ne uuirdhit.

(Si Charles observe le serment qu'il a juré à son frère Louis et que Louis, mon seigneur, rompt celui qu'il lui a juré, si je ne puis l'en détourner, ni moi ni aucun de ceux que j'en pourrai détourner, nous ne lui prêterons aucune aide contre Charles.) »

Nithard, *Histoire des fils de Louis le Pieux*
(éd. et trad. P. Lauer, Paris, Belles Lettres, 1964, p. 105-109).

*Ce texte provient de l'*Histoire des fils de Louis le Pieux *rédigée par Nithard, qui était le petit-fils de Charlemagne, fils de sa fille Berthe et d'un des grands personnages de la cour et de la Renaissance carolingienne, le poète Angilbert. Nithard, un laïque, était donc le cousin germain de l'empereur Lothaire et des rois Louis et Charles. Partisan de Charles le Chauve, il est à la fois témoin oculaire et acteur des événements qui ont abouti au partage de l'Empire lors du traité de Verdun en 843. Il meurt en 844 dans un combat près d'Angoulême. Son récit, composé de 841 à 844, est conservé dans un manuscrit de la fin du siècle (ms. latin 9768 de la Bibliothèque nationale).*

L'intérêt de ce document exceptionnel, contemporain des événements, se situe à trois niveaux. Il nous renseigne sur les modalités de l'alliance de Louis et de Charles contre leur frère aîné Lothaire, scellée par serment à Strasbourg en 842 en présence de leurs deux armées. Il nous renseigne ensuite sur les rapports qui s'établissaient dans chaque camp entre le chef et son armée, qui reposent eux aussi sur un serment mutuel. Enfin et surtout, ces textes nous offrent, au milieu du 9ᵉ siècle, les premiers témoignages connus de la langue romane – ancêtre du français – et de la langue tudesque – ancêtre de l'allemand. Louis, à la tête de troupes germaniques, prête serment en langue romane pour être compris des soldats de son frère ; pour la même raison, Charles, à la tête de troupes franques, prête serment en langue tudesque. Ensuite, les guerriers de chaque armée prêtent serment dans leur propre langue. Nithard, lui, écrit en latin.

9. Naissance de la France
(10e-12e siècle)

« L'an mil », une idée fausse sûrement, mais aussi le temps d'un grand changement. Après les dernières invasions, arabes, hongroises, normandes, un extraordinaire essor économique, démographique et culturel transforme la France et l'Occident. De ce mouvement bénéficie la famille royale des Capétiens, qui, à la tête du royaume de France à partir de 987, accède au premier plan dans le courant du 12e siècle.

On ne peut pas dater la naissance de la France... On peut seulement, dans la longue évolution qui a conduit de la Gaule franque au royaume de France, poser quelques jalons. Le traité de Verdun, en 843, qui a donné au royaume pour plusieurs siècles ses contours géographiques, en était un. Tout aussi importante, au terme de ce 10e siècle qui est un des plus tourmentés du Moyen Age, apparaît la date de 987, avec l'installation de la dynastie qui va incarner l'histoire de France jusqu'à la Révolution : les Capétiens. Leurs débuts, avant le règne de Philippe Auguste (1180), sont lents et modestes : ils se situent dans un contexte féodal peu propice à un pouvoir royal fort. Mais, en même temps, le royaume bénéficie de l'extraordinaire essor économique, démographique et culturel qui, à partir de l'an mil, emporte l'Occident tout entier et transforme le monde sous-développé du haut Moyen Age en un monde conquérant face à l'Islam et à Byzance : nouveau rapport de forces exprimé, à partir de la fin du 11e siècle, par le mouvement des croisades.

L'anarchie du 10ᵉ siècle

Les dernières invasions. Point d'aboutissement, depuis les âges préhistoriques, des grandes migrations eurasiatiques, l'extrémité occidentale de l'Europe connaît aux 9ᵉ et 10ᵉ siècles trois dernières vagues d'invasions. L'une, venue du sud, est le prolongement de la poussée musulmane : implantés en Afrique du Nord, en Espagne et dans les îles de la Méditerranée, les Sarrasins lancent des expéditions navales sur les côtes du Languedoc, de la Provence et de l'Italie, voire s'installent en quelques points fortifiés d'où ils terrorisent les populations : par exemple *Fraxinetum* (La Garde-Freinet ?), en Provence, qu'ils occupent jusqu'à la fin du 10ᵉ siècle. Venus des pays scandinaves, les Vikings – en France, on les appelle les « hommes du Nord » : les Normands – ne procèdent pas autrement. Avec leurs longs bateaux, les drakkars, ils remontent le cours des fleuves, à commencer par la Seine et la Loire ; descendus à terre, ils volent des chevaux et s'en vont piller cités et monastères. D'abord sporadique dans la première moitié du 9ᵉ siècle, leur action devient massive à partir de 840. Ce n'est qu'après des dizaines d'années de pillages subis et de tributs versés, de batailles gagnées et perdues, qu'une résistance efficace s'organise. L'échec des Normands devant Paris, qu'ils assiègent vainement en 885-886, a valeur de symbole : ils vont passer désormais du stade du pillage à celui de la sédentarisation. C'est alors que surgit, de l'est, la dernière vague d'invasions, terrestre cette fois : celle des Hongrois – devenus peut-être les « ogres » de notre folklore –, dont les raids, catastrophiques surtout en Germanie et en Italie, atteignent à plusieurs reprises la Bourgogne et l'Aquitaine. Le danger n'est conjuré qu'au milieu du 10ᵉ siècle quand le roi de Germanie, Otton Iᵉʳ, les arrête à la bataille de Lechfeld (955). Nouveau sauveur de la Chrétienté, Otton va fonder en 962 un nouvel empire, le Saint Empire, centré sur la Germanie et l'Italie, et dont la France ne fera jamais partie.

Les grandes principautés. C'est une époque de désolation pour les paysans, les habitants des villes et les moines, dont les lamentations sont parvenues jusqu'à nous. C'est en même temps une époque de redistribution du pouvoir politique. Les effets conjugués des attaques extérieures, des rivalités entre les rois et du processus de dissolution interne que nous avons déjà noté – tendance à l'hérédité des charges comtales et des *bénéfices vassaliques – mènent à un véritable transfert de la puissance publique de l'échelon royal vers des échelons inférieurs, qui permettent de mieux assurer la protection et l'encadrement des populations. Déjà la Francie médiane s'est démembrée en ensembles territoriaux beaucoup moins vastes : royaume de Provence, royaume de Bourgogne et, au nord, la Lotharingie proprement dite, qui va devenir la Lorraine et que se disputent âprement Francs de l'Est et Francs de l'Ouest : finalement, toute cette Francie médiane va passer au Saint Empire. En Francie occidentale, dès le début du 10ᵉ siècle, s'opèrent des regroupements de *comtés au profit de princes territoriaux qui prennent souvent le titre de *marquis (en principe, celui qui défend une *marche aux frontières) ou de duc. Au sud, les comtes de Toulouse deviennent marquis de Gothie, et les comtes de Poitiers, ducs d'Aquitaine. A l'est se forme un duché de Bourgogne, que la Saône sépare du royaume du même nom. Mais c'est au nord de la Loire que se joue l'avenir de la Francie occidentale, dans les vicissitudes de la lutte contre les Bretons – dont le chef, Alain, prend en 912 le titre éphémère mais significatif de « roi des Bretons » – et surtout contre les Normands. Deux grandes principautés s'affirment alors : au nord, celle des comtes de Flandre ; à l'ouest, celle des Robertiens, descendants de Robert le Fort, qui avait vaincu les Normands à Brissarthe, près d'Angers, en 866. Entre les deux se crée en 911 une principauté originale : par le traité de Saint-Clair-sur-Epte, le roi carolingien Charles le Simple abandonne aux Normands installés sur la basse Seine et à leur chef Rollon, en échange de la promesse de devenir chrétiens et de défendre le pays contre tout nouvel envahisseur, le comté de Rouen, qu'ils vont progressivement élargir en duché de Normandie.

L'usurpation de 987. Dans ces conditions, le pouvoir du roi carolingien, circonscrit dans la région de Laon et de Reims – on s'explique ainsi son intérêt pour la Lorraine –, s'efface de plus en plus. Dès la fin du 9e siècle, les grands du royaume, c'est-à-dire les princes territoriaux et les évêques, se sentent assez forts pour choisir eux-mêmes le roi, faisant jouer le principe de l'élection au détriment de l'hérédité dans la famille carolingienne. Pendant un siècle, de 888 à 987, alternent ainsi rois carolingiens (Charles le Simple de 893 à 923, Louis IV, Lothaire et Louis V de 936 à 987) et non carolingiens. Ces derniers, à part Raoul de Bourgogne de 923 à 936, appartiennent à la famille des Robertiens. Vainqueurs des Normands, marquis de Neustrie, puis ducs des Francs, ils tiennent la majeure partie des comtés de la Seine à la Loire et contrôlent comme abbés laïques les plus grandes abbayes, à commencer par Saint-Martin de Tours et Saint-Denis. Les deux fils de Robert le Fort deviennent rois : Eudes, le défenseur de Paris, de 888 à 893, et Robert Ier, en 922-923. Le fils de Robert Ier, Hugues le Grand, est l'homme fort du 10e siècle, mais il laisse aux carolingiens le titre royal. Cependant, lorsque le jeune Louis V meurt accidentellement et sans héritier direct en 987, les grands du royaume, poussés par l'archevêque de Reims Adalbéron (*document, p. 118*), choisissent pour la troisième fois un Robertien pour roi : le fils d'Hugues le Grand, Hugues Capet (ce surnom, apparu plus tard, évoque peut-être les nombreuses *chapes [en latin, capa*] d'abbé laïque détenues par Hugues). La nouvelle dynastie, cette fois, était née. Dès 987, Hugues, par précaution, associe au pouvoir son fils, qui lui succède ensuite sans difficulté en 996 : ce Robert II, qu'on appellera « le Pieux », est le roi de l'an mil.

Terreurs et promesses de l'an mil

Les terreurs de l'an mil. Les terreurs de l'an mil sont nées sous la plume des écrivains des 17e et 18e siècles, toujours prêts à dénoncer l'obscurantisme du Moyen Age ; elles ont fourni à l'histoire romantique un thème porteur, illustré par Michelet. Mais l'historien en trouve aujourd'hui difficilement la trace dans cette période, si pauvre en sources écrites, qui va du début du 10e siècle au milieu du 11e. Certes, très tournés vers l'au-delà, les hommes du Moyen Age ont eu volontiers tendance à voir dans les catastrophes humaines (invasions, guerres, famines, épidémies) ou naturelles (tremblements de terre, inondations), et plus encore dans les phénomènes célestes (éclipses, comètes), des signes annonciateurs de la fin du monde. Annales et chroniques les cataloguent à l'envi. Mais il est difficile de savoir s'ils furent considérés comme plus nombreux aux approches de l'an mil qu'auparavant. Il est surtout loin d'être prouvé que, dans cette époque aux chronologies incertaines, une proportion significative de la population ait attendu la fin du monde pour le millième anniversaire de la naissance ou plutôt de la mort du Christ, en 1033. Quelques allusions, très rares, à des craintes de ce genre les montrent aussitôt balayées par des citations *scripturaires : l'homme ne peut connaître « ni le jour ni l'heure ». Telle est l'attitude dominante, celle des ecclésiastiques.

Les grands défrichements. Fin du monde ? ou fin d'un monde ? Les auteurs du 11e siècle qui évoquent l'an mil, et tout d'abord un moine bourguignon, Raoul Glaber, qui écrivait vers 1040, voient plutôt dans cette date symbolique la promesse d'un âge nouveau dans l'histoire de l'humanité, un printemps du monde, incarné par les églises neuves dont se couvre le pays : « C'était comme si le monde lui-même se fût secoué et, dépouillant sa vétusté, eût revêtu de toutes parts une blanche robe d'églises. » De ce renouvellement profond, moral et matériel, pressenti par les contemporains, l'historien accumule aujourd'hui les témoignages. Le phénomène majeur, bien qu'impossible à mesurer, est d'ordre démographique. Après des siècles de dépression, pendant l'Antiquité tardive et le haut Moyen Age, le mouvement s'est inversé : contrarié par les dernières invasions des 9e et 10e siècles, il s'épanouit enfin dès avant l'an mil et va se poursuivre jusqu'au milieu du 13e siècle, soutenant la première grande croissance de l'économie européenne.

A cette croissance est traditionnellement associée la notion des grands défrichements du Moyen Age. L'expression a le mérite de souligner le caractère prioritairement rural de la croissance. Il s'agit d'une augmentation massive de la production agricole et surtout de la production des céréales. Elle est due d'abord à l'extension des surfaces cultivées par défrichement des forêts et des landes, mais aussi par assèchement des vallées humides et des marais : 150 000 hectares furent ainsi gagnés sur les marais atlantiques, du 10ᵉ au 12ᵉ siècle. Elle est due en même temps à l'élévation des rendements agricoles liée à l'amélioration des techniques et au plus grand nombre des hommes : outils en fer, charrue attelée, labours plus profonds et plus nombreux ; de 2 à 3 pour 1 à l'époque carolingienne, les rendements atteignent 4 pour 1 en Bourgogne au milieu du 12ᵉ siècle et 6 à 8 pour 1 en Picardie à la fin de ce siècle. Cette extraordinaire croissance s'accompagne de la création ou de la réorganisation des terroirs et des habitats, avec la fixation définitive des villages et des paroisses. Mais les défrichements n'épuisent pas tous les aspects de la croissance. L'augmentation de la production agricole libère des surplus qui sont négociables et des hommes qui peuvent s'employer à des activités autres que purement rurales. On voit alors se multiplier de nouveaux groupements humains à vocation marchande ou artisanale : faubourgs près des vieilles cités épiscopales ou bourgs nouveaux près des châteaux et des abbayes. Déjà nombreuses en l'an mil, ces créations, dont le rythme de fondation s'accélérera par la suite, justifient la construction de ces nouvelles églises – dans un nouveau style qu'on appellera « roman » parce qu'il retrouve certaines traditions romaines – qui ont tant frappé Raoul Glaber. Mais, pour ce moine, le renouveau n'est pas seulement matériel, il est aussi moral : c'est un vaste mouvement qui, parti de la fondation de l'abbaye de Cluny en 910 et des institutions de *paix garanties par l'Église à la fin du 10ᵉ siècle, aboutit, au 11ᵉ siècle, à une vaste réforme de l'Église elle-même : la *réforme grégorienne. Nous y reviendrons. Mais notons tout de suite que le mouvement de construction et de réforme s'est accompagné de la première floraison artistique de l'Occident médiéval qui ait laissé des traces abondantes. Le 11ᵉ et le 12ᵉ siècle sont les grands siècles de l'art roman, dont témoignent encore, avec leur décor de sculptures et de *fresques, de très nombreuses églises rurales et urbaines dans la plupart des régions de la France.

De cet essor, tous ont profité : à court terme, les paysans et leurs seigneurs immédiats ; à long terme, le roi capétien.

Les premiers Capétiens

Effacement du pouvoir royal au 11ᵉ siècle. Quand Hugues Capet devient roi de France en 987, le processus d'accaparement de la puissance publique par les princes joue maintenant contre les plus grands d'entre eux au profit de comtes d'un rang inférieur et même bientôt de simples possesseurs de châteaux : nous sommes désormais en pleine *féodalité. De la grande principauté que les Robertiens avaient tenté de constituer entre la Seine et la Loire, se sont détachés des ensembles moins vastes en faveur de dynasties comtales : comtes du Maine, comtes d'Anjou, comtes de Blois... Hugues Capet ne contrôle plus directement que les comtés de Paris, Senlis, Dreux et Orléans. Ainsi cantonnés en Ile-de-France et en Orléanais, les premiers Capétiens ne sont que des princes territoriaux comme les autres – et souvent beaucoup moins prestigieux que d'autres. Robert II (996-1031), Henri Iᵉʳ (1031-1060) et Philippe Iᵉʳ (1060-1108) n'ont pas bonne réputation auprès des historiens. Du premier, célèbre en son temps pour ses démêlés conjugaux, un moine contemporain a dressé le portrait d'un parfait dévot ; le deuxième n'est guère connu que pour avoir épousé une princesse russe, Anne de Kiev, qui introduisit dans la famille capétienne le prénom grec de Philippe ; le troisième fut trois fois *excommunié pour avoir voulu épouser sa maîtresse et légitimer ses bâtards. Ils font pâle figure en face des grands princes du 11ᵉ siècle : un Guillaume « le Grand », duc d'Aquitaine (vers 990-1030), qui faillit devenir empereur ; un Guillaume « le Conquérant », duc de Normandie (1035-1087), qui réalisa en 1066 la conquête de l'Angleterre. Mais les Capétiens étaient rois : rois sacrés qui, par nature, appartenaient autant au monde ecclésiastique qu'au monde laïque et tiraient avantage de cette position unique, auprès des comtes comme des évêques. Ils ont eu aussi la chance d'avoir chacun un héritier mâle, associé au pouvoir du vivant de son père, et d'éviter ainsi, au terme de longs règnes, tout problème de succession. Ils ont été enfin des princes obstinés qui ont patiemment cherché, avec des succès divers, à maintenir l'étroit domaine qu'ils contrôlaient directement et, si possible, à l'élargir. Robert le Pieux réussit à mettre la main sur le duché de Bourgogne, mais doit vite le céder à l'un de ses fils : ce duché capétien de Bourgogne durera jusqu'au milieu du 14ᵉ siècle. Philippe Iᵉʳ s'empare du Gâtinais, du Vexin et de Bourges. Mais, dans son propre domaine, son autorité est battue en brèche par les seigneurs pillards qui, à partir de leurs châteaux, dominent les campagnes et écument les routes.

Son redressement au 12ᵉ siècle. Pourtant, le mouvement féodal va jouer finalement en faveur de la royauté. Ce revirement, peut-être amorcé sous Philippe Iᵉʳ, s'affirme sous Louis VI le Gros (1108-1137) et Louis VII le Jeune (1137-1180). La lente récupération du pouvoir par le roi a pris des formes très variées. Nous pouvons en discerner au moins quatre. La plus spectaculaire est la lutte sans merci qu'ont menée Philippe Iᵉʳ et surtout Louis VI contre les seigneurs turbulents d'Ile-de-France et d'Orléanais, tels Hugues du Puiset ou Thomas de Marle : ils y ont gagné d'être véritablement maîtres chez eux. La deuxième est l'utilisation systématique des liens féodaux au profit du roi : l'habitude étant prise que chacun soit l'homme ou le vassal d'un seigneur, il se constitue peu à peu une chaîne de vassalités qui aboutit au roi, lequel ne peut être le vassal de personne. A cette remise en ordre – troisième aspect – a puissamment contribué l'Église, déjà protectrice des mouvements de paix du 11ᵉ siècle ; les Capétiens ont su accepter en France la réforme grégorienne et ont soutenu les papes engagés alors dans un grand conflit – querelle des Investitures et, plus tard, lutte du Sacerdoce et de l'Empire – avec les empereurs germaniques, hostiles à la réforme et désireux de contrôler l'Italie. L'étroite alliance du roi et de l'Église apparaît au temps de Louis VI, Louis VII et Suger. Abbé de Saint-Denis de 1122 à 1151, ami et principal conseiller de Louis VI, tuteur du jeune Louis VII, Suger devient régent du royaume (de 1147 à 1149), quand Louis VII part pour la croisade ; l'abbaye de Saint-Denis, qui est la nécropole royale, abrite les insignes de la royauté – la couronne, l'*oriflamme –, et ses moines, à commencer par Suger lui-même qui écrit la *Vie de Louis VI le Gros,* rédigent l'histoire officielle des rois de France. C'est enfin l'époque où apparaît autour du roi un embryon d'administration, centrale et locale. Dans son entourage, dans sa Cour, il choisit des familiers qui lui donnent des conseils politiques et qui vont former le *Conseil du roi ; autour des chefs des services domestiques du palais – sénéchal, *connétable, bouteiller, chambrier, *chancelier –, s'organisent les premiers services centraux de la monarchie ; en même temps, le roi surveille de plus en plus étroitement les agents locaux à qui il confie la gestion de ses domaines – les *prévôts –, et il réussit à les empêcher de rendre leur fonction héréditaire.

Le mouvement de réorganisation qui profite au roi de France profite également aux plus grands princes du royaume, qui sont ses vassaux directs et ses interlocuteurs naturels. A chaque occasion, le roi les convoque à de grandes assemblées, à des cérémonies familiales ou pour des expéditions militaires. Il intervient dans leurs différends, propose sans cesse son arbitrage et cherche à imposer, souvent à leurs dépens, sa justice. Il encourage à leur détriment ces nouveaux corps politiques qui, apparus à la fin du 11e siècle, se multiplient au 12e siècle : les *communes urbaines. Mais il a affaire à forte partie. En France du Sud, les comtes de Toulouse et les ducs d'Aquitaine se conduisent en souverains indépendants. En France du Nord, deux grands vassaux du roi de France, portés peut-être par l'avance économique qui caractérise dès le 11e siècle l'Europe du Nord-Ouest, ont su plus tôt que lui utiliser les liens féodaux au profit d'un pouvoir supérieur : le comte de Flandre et le duc de Normandie ; devenu roi d'Angleterre, ce dernier développe de façon décisive dans l'ensemble anglo-normand les institutions féodales dans un sens favorable au pouvoir central. Les pays riverains de la mer du Nord et de la Manche – Flandre, Normandie, Angleterre – représentent alors un pôle de modernité politique et économique par rapport à l'ensemble du royaume et à l'Occident tout entier, Italie exceptée.

L'empire Plantagenêt. De fait, dans la première moitié du 12e siècle, le roi de France est bien moins puissant et moins riche que son vassal de Normandie. Il y a là un danger potentiel pour les Capétiens, qui se précise au milieu du siècle lorsque s'éteint la descendance directe de Guillaume le Conquérant. On assiste alors à l'ascension fulgurante d'un seigneur de second rang, Henri Plantagenêt. Il hérite en 1151 du comté d'Anjou et de la Normandie, rassemblés par son père ; il épouse en 1152 la dernière héritière des ducs d'Aquitaine, Aliénor, divorcée quelques semaines auparavant de Louis VII après six ans de mariage ; il devient roi d'Angleterre en 1154 et s'empare ensuite du comté de Nantes et de la Bretagne. Les historiens français n'ont jamais pardonné à Louis VII d'avoir laissé échapper, avec Aliénor, l'héritage aquitain et d'avoir permis la constitution au profit d'Henri II de cet « empire angevin » ou « empire Plantagenêt » qui s'étendait de la frontière de l'Écosse aux Pyrénées et englobait le tiers du territoire français, avec la totalité du littoral du Tréport à la Bidassoa. Mais nous touchons là le caractère paradoxal du pouvoir du roi de France à cette époque : qu'il n'ait pas pu empêcher la formation de l'empire d'Henri II prouve sa faiblesse ; qu'il ait survécu à ce danger et en ait, à la génération suivante, tiré le plus grand profit témoigne de sa force. Un tel paradoxe ne se comprend que dans le cadre de la société féodale.

DOCUMENT

L'élection d'Hugues Capet (987)

« Discours de l'archevêque [de Reims Adalbéron] en faveur du duc [Hugues] :
" Puisque Louis, de divine mémoire, a quitté cette terre sans laisser d'enfants, il a fallu choisir, après mûre délibération, quelqu'un qui pût le remplacer sur le trône pour que l'État abandonné sans pilote ne vînt pas à sombrer. Nous avons dernièrement jugé utile d'ajourner cette décision pour permettre à chacun de venir exposer à l'assemblée l'idée personnelle que Dieu lui aurait inspirée. En réunissant ces avis individuels, on pourrait, pensions-nous, extraire de l'ensemble des opinions de la multitude un résumé du sentiment général.
" Nous voici donc maintenant rassemblés. Évitons, à force de sagesse et de loyauté, que la haine n'étouffe la raison et que la passion n'affaiblisse la vérité. Nous n'ignorons pas que Charles a ses partisans, qui prétendent qu'il a droit au trône parce que ses parents le lui ont transmis. Mais, si on aborde la question, on verra que le trône ne s'acquiert pas par droit héréditaire et qu'on ne doit y élever que celui qui

se distingue non seulement par la noblesse de son corps, mais encore par la sagesse de son esprit, que celui qui a l'honneur pour bouclier et la générosité pour rempart [...]

 " Choisissez-vous donc le duc qui se recommande par ses actions, sa noblesse et sa puissance militaire ; vous trouverez en lui un défenseur non seulement pour l'État, mais encore pour vos intérêts privés. Grâce à son dévouement, vous aurez en lui un père. Qui a jamais eu recours à lui sans obtenir son patronage ? Quel est l'homme qui, arraché à la protection des siens, ne leur a pas été rendu par ses soins ? "

 « *Élévation d'Hugues sur le trône.* Cet avis fut adopté et unanimement approuvé ; le duc fut élevé sur le trône du consentement de tous et, couronné à Noyon par l'archevêque et les autres évêques, proclamé roi... »

Richer, *Histoire de France* (éd. et trad. R. Latouche,
Paris, Belles Lettres, 1964, II, p. 159-163).

*Ce discours provient de l'*Histoire de France *rédigée en latin, entre 991 et 998, par un moine de l'abbaye Saint-Remi de Reims, Richer, pour continuer des* Annales *qui, commencées à Reims au 9ᵉ siècle par l'archevêque Hincmar, s'arrêtaient en 882. L'*Histoire *de Richer couvre la période 882-995. Elle est particulièrement vivante et instructive pour la période contemporaine de l'auteur, surtout de 985 à 995. Elle nous est parvenue en un unique manuscrit, qui est un manuscrit d'auteur, c'est-à-dire corrigé par l'auteur lui-même. Ce manuscrit est actuellement conservé en Allemagne à la bibliothèque de Bamberg (cote E.III.3).*

Partant des événements qui se sont déroulés récemment près de Reims, Richer, passionné d'histoire romaine, reconstitue ici un discours à la manière des historiens latins. C'est un discours fictif, que n'a sûrement pas prononcé en ces termes l'archevêque Adalbéron. Mais, par le moyen de ce discours, Richer restitue parfaitement l'atmosphère de l'époque, avec la division qui opposait les partisans du dernier Carolingien Charles de Lorraine (oncle du roi défunt) et ceux d'Hugues Capet. Il montre le rôle décisif joué par les grands du royaume, laïques et ecclésiastiques, lors de la succession royale, et l'hésitation entre deux modes de désignation : l'élection et l'hérédité. Il trace enfin le portrait du roi idéal en cette fin du 10ᵉ siècle : un roi qui sert et qui défend les intérêts des grands.

10. La société féodale

Progressivement, dans le courant du Moyen Age, s'élabore une organisation originale de la société, qui distingue le monde des combattants, celui des paysans et celui des clercs. C'est la société féodale, qui va faire l'encadrement de la quasi-totalité de la population du royaume pendant plusieurs siècles.

Pour caractériser la société du Moyen Age, en France et dans l'ensemble de l'Occident, deux termes sont couramment employés : « *féodal* », « féodalité ». Forgés à partir du mot latin *feodum*, fief, ces termes recouvrent plusieurs réalités et peuvent prêter à confusion. Au sens propre, la féodalité désigne, dans les couches supérieures de la société, un système de relations qui repose sur l'existence de *fiefs concédés par des *seigneurs à des *vassaux en échange de services particuliers, qui sont surtout militaires : ce monde des seigneurs et des vassaux représente la société féodale proprement dite. Mais, au sens large, la féodalité, c'est aussi cette appropriation de la puissance publique par des seigneurs de tout rang – ducs, marquis, comtes, châtelains –, que nous avons observée au précédent chapitre. Elle suppose enfin, au profit de ces « féodaux » laïques ou ecclésiastiques, des moyens d'existence : ils leur sont assurés dans le cadre de la *seigneurie rurale, qui consacre à leur égard la dépendance du monde paysan. Vers 1030, l'évêque de Laon, Adalbéron, constatait cette sorte de répartition des tâches dans un plan voulu par Dieu : « La maison de Dieu que l'on croit une est donc triple : les uns prient, les autres combattent, les autres enfin travaillent. Ces trois parties qui coexistent ne souffrent pas d'être disjointes ; les services rendus par l'une sont la condition des œuvres des deux autres. »

Ceux qui combattent : le monde des châteaux et des chevaliers

Seigneurs et vassaux. Au centre du système, il faut placer le fief. Nous avons vu que les titulaires des *bénéfices distribués à l'époque carolingienne les ont rendus progressivement héréditaires. Ils en ont distribué à leur tour. Ces bénéfices, qu'on appelle « fiefs » à partir du 11ᵉ siècle, sont alors devenus non plus la conséquence – on reçoit un bénéfice parce qu'on rend un service – mais la cause – on rend un service pour avoir ou pour conserver un fief – de l'engagement vassalique. Le lien entre le seigneur et son vassal est noué au cours d'une cérémonie remplie de gestes symboliques ; la *foi, l'*hommage, l'*investiture (*document 1, p. 129*). La foi et l'hommage entraînent pour le vassal une obligation qu'on pourrait appeler négative : ne jamais nuire à son seigneur. La remise du fief implique des devoirs plus précis : l'aide et le conseil. Aide militaire avant tout : le vassal est un combattant à cheval qui doit répondre aux appels du seigneur pour des expéditions guerrières et pour la garde de ses châteaux. Aide financière aussi, progressivement limitée à quatre cas précis : la rançon du seigneur fait prisonnier, son départ pour la croisade, l'*adoubement de son fils aîné, le mariage de sa fille aînée. Quant au conseil dû par le vassal, il se manifeste surtout par sa présence à la cour du seigneur et sa participation, dans ce cadre, aux décisions politiques ou aux assemblées judiciaires.

Les châteaux. Le monde des seigneurs et des vassaux a son cadre de vie propre : le château. C'est dans le courant du 10ᵉ siècle que s'édifient, surtout dans la France du Nord, les premiers châteaux à motte, c'est-à-dire des tours en bois entourées d'un fossé et d'une palissade et dressées sur une éminence artificielle en terre. Il faut attendre l'extrême fin du 10ᵉ siècle pour voir apparaître les premiers châteaux en pierre – ils seraient dus aux comtes d'Anjou

– et le 12ᵉ siècle pour les voir se généraliser. Il s'agit alors de puissants donjons quadrangulaires entourés d'un système de plus en plus complexe de cours et de remparts qui peuvent abriter la population d'alentour. De la grande salle située le plus souvent au premier étage du donjon, le seigneur règne en maître sur sa famille, son personnel domestique et sur un ensemble de vassaux qui forment à la fois sa cour, la garnison du château et une troupe de guerriers à cheval, dont les sorties fréquentes ont pour but d'assurer l'ordre et de manifester la puissance du maître. C'est du château que part l'autorité que le seigneur exerce sur les habitants des environs. C'est au château qu'aboutissent les redevances en nature ou en argent dues par ces habitants. C'est dans le château que se déroulent les principales scènes de la vie seigneuriale, depuis l'exercice de la justice jusqu'aux divertissements de cour qui vont donner naissance à une littérature et à une civilisation dites « courtoises », sans oublier l'essentiel : l'entraînement militaire de toute une classe sociale dont la fonction principale reste la guerre.

Les chevaliers. Seigneurs et vassaux, en effet, sont d'abord des combattants à cheval. La supériorité militaire de la cavalerie lourde a un double corollaire. Le premier est d'ordre financier, lié au coût des chevaux et de l'armement du cavalier, offensif – lance, épée – et défensif – heaume (casque), haubert (armure), bouclier. Ce coût très élevé en réserve la possession à une petite élite, celle qui possède des fiefs et gravite autour des châteaux. Le second est d'ordre professionnel : le maniement de ces armes et de ces chevaux exige un entraînement précoce, intensif et permanent – exercices journaliers, chasses, tournois –, lui aussi réservé à une élite qui peut s'y consacrer entièrement. Une fois entraîné, le jeune homme pénètre dans le monde des guerriers adultes par un rite d'initiation : l'adoubement. On imagine sans peine la violence inhérente à ce groupe social dont la prépondérance repose sur l'exercice de la force brutale. D'où l'intervention de l'Église, qui a cherché à limiter et à canaliser cette violence (*document 2, p. 130*) ; elle a imposé, avec plus ou moins de succès, à ces cavaliers devenus *chevaliers des règles de conduite et un idéal moral d'inspiration chrétienne, elle a béni les armes destinées à de justes causes et transformé l'adoubement en une cérémonie religieuse d'accès à une société nouvelle : la chevalerie. D'où, enfin, la fermeture du groupe sur lui-même, avec la tendance à réserver l'état, le genre de vie et les vertus du chevalier – la vaillance, l'honneur qu'exaltent les chansons de geste – aux fils de chevaliers, c'est-à-dire la tendance à la formation d'une noblesse. Au 12ᵉ siècle, on n'oppose plus les libres et les non-libres, mais les nobles et les non-nobles : ces « ignobles » – serfs, vilains, rustres – forment l'immense majorité de la population.

Ceux qui travaillent : le monde des campagnes et des villages

La seigneurie rurale. Les rapports entre les féodaux et la masse paysanne se définissent dans le cadre de la seigneurie rurale, qui est double. Il y a d'abord la seigneurie foncière. Grand proprié-taire, le seigneur exploite directement une partie de son domaine – la *réserve – et concède le reste aux paysans en lots ou tenures, moyennant une redevance foncière – le *cens – et des journées de travail sur la réserve – les *corvées. Il y a ensuite – et cet aspect n'a cessé de grandir pendant la période qui nous occupe – la seigneurie banale, celle qui dérive du droit de *ban ou de commandement exercé par le détenteur du château sur tous les hommes qui résident (ce sont les manants, du latin *manere,* demeurer) sur le territoire dépendant du château, qu'ils soient ou non ses tenanciers, qu'ils soient d'origine libre ou non libre. Sur ces hommes, le seigneur exerce une série de droits et de monopoles dont le produit, levé par une cohorte d'agents issus de son entourage domestique, constitue le principal de ses revenus ; droits pour la justice, la surveillance des routes et des marchés, l'usage des moulins et autres équipements collectifs, corvées pour l'entretien de la forteresse, contributions arbitraires comme la *taille... Au moment même où disparaissait l'esclavage antique, une grande partie de la population se trouva ainsi englobée dans un nouvel état de dépendance héréditaire, le *servage, avec son cortège de redevances caractéristiques : *chevage, *mainmorte, *formariage. Ces droits seigneuriaux mis en place dans le

courant du 11ᵉ siècle à la faveur du grand élan qui transforme le
monde rural, les textes contemporains les appellent « exactions », « mauvaises coutumes ».

La condition paysanne. Faut-il dresser pour autant le plus noir
tableau de la condition du paysan, accablé sous le poids des
« exactions », auxquelles s'ajoute la *dîme au profit de l'Église ?
Il ne semble pas, pour un ensemble de raisons d'ordre économique et social. Dans l'ordre économique, les paysans n'ont pas été
seulement les artisans, mais aussi les bénéficiaires du grand essor
de la production rurale, de 1000 à 1250. Cet essor a permis une
élévation générale du niveau de vie, qui se traduit certes par une
augmentation du nombre des hommes, mais en même temps par
une amélioration de leur condition physique et par un allongement de leur espérance de vie, confirmés par les fouilles des
cimetières médiévaux. Le paysan de cette époque commence
aussi à accéder à l'économie monétaire ; il achète, il vend, il
épargne : il pourra ainsi négocier avec le seigneur l'octroi de
chartes de *franchises qui feront disparaître les contraintes les
plus arbitraires et les plus vexatoires (*document 3, p. 131*).
D'autre part, dans l'ordre social, le paysan n'est pas seul. On voit
alors s'affirmer des solidarités qui rétablissent en sa faveur un
certain équilibre : solidarités familiales, paroissiales, villageoises
enfin, tissées au sein de communautés qui seront pendant des
siècles le cadre réel de la vie paysanne, quel que soit le statut
juridique des hommes ou de la terre.

Le village et la communauté paysanne. Car le grand événement de
l'histoire de la paysannerie entre le 10ᵉ et le 12ᵉ siècle est sans
conteste la fixation définitive des villages : fixation du site, qu'il
s'agisse d'anciens terroirs ou de villages neufs ; fixation des
différents types de villages avec une infinie variété, depuis les
villages perchés de Provence, aux maisons de pierre serrées les
unes contre les autres, jusqu'aux villages de plaine de la France
du Nord, aux maisons de bois ou de torchis, couvertes de chaume
et isolées au milieu d'un enclos. Fixation surtout d'une organisation collective en vue de l'exploitation du terroir, sous tous ses
aspects : accès aux terres communes – la forêt omniprésente…–,

réglementation des travaux agricoles et de l'élevage, utilisation
des équipements collectifs – moulin, forge, pressoir, four... –,
gestion de la paroisse, et enfin élaboration progressive d'un
système communautaire d'aménagement de l'espace rural qui va
aboutir, en France du Nord, à l'assolement triennal. C'est dans la
vie quotidienne, au temps des grands défrichements, qu'est née la
communauté paysanne, ensemble des hommes vivant dans un
village qui est aussi une paroisse. Les textes l'appellent « les
hommes de... », suivi du nom du village. C'est en faveur de ces
communautés qu'ont été rédigées les chartes de franchises.
Documents par excellence pour la connaissance du monde rural,
elles datent pour la plupart des 12e et 13e siècles. En France du
Nord, un quart d'entre elles sont antérieures à 1190, la moitié
s'échelonnent entre 1190 et 1240, le dernier quart étant posté-
rieur. Elles marquent la reconnaissance du fait villageois par les
seigneurs.

Ceux qui prient : une grande réforme

L'Église féodale. En France comme ailleurs, la société féodale ne
se comprend pas sans l'Église, qui à la fois en procède et la
transforme profondément. Au 10e siècle, l'Église s'était féoda-
lisée. Grands propriétaires fonciers et détenteurs de châteaux,
évêques et abbés étaient des seigneurs féodaux. A ce titre, les
pouvoirs laïques, considérant non seulement les biens mais les
fonctions ecclésiastiques comme des fiefs, contrôlaient les nominations dans l'Église, et cela à tous les niveaux. Les empereurs
choisissaient les papes. Dans les royaumes, le roi et les grands
princes se réservaient, souvent en faveur de leurs propres parents,
le choix des évêques et des abbés, en exigeaient la foi et
l'hommage, leur accordaient l'investiture de leur charge. A une
échelle plus modeste, les fondateurs des églises locales en
touchaient les revenus, dont ils ne laissaient qu'une part minime à
des curés qu'ils nommaient eux-mêmes. D'où le faible niveau
moral, religieux et intellectuel d'un clergé recruté dans ces
conditions. Les clercs et parfois les moines mènent la même vie
que les laïques. Prêtres mariés ou concubins, évêques pillards,
abbés guerriers ne sont pas rares. C'est pourtant au sein de cette

Église féodale que sont apparues les forces de rénovation qu'observait Raoul Glaber aux environs de l'an mil.

La réforme grégorienne. Trois grands mouvements ont contribué à la réforme de l'Église, dont les deux premiers sont issus du royaume de France. Il y a d'abord eu, dès le 10ᵉ siècle, une réforme monastique née à Cluny, en Bourgogne, qui se caractérise par deux traits principaux : une indépendance totale à l'égard des pouvoirs locaux, laïques ou ecclésiastiques, car Cluny ne relève que de Rome ; une remise à l'honneur de la prière et de la célébration liturgique, qui sont les fonctions essentielles du moine. Cette réforme clunisienne a connu un extraordinaire succès, aboutissant à la constitution du premier ordre monastique de l'histoire de l'Occident, qui, au début du 12ᵉ siècle, regroupait sous la direction de l'abbé de Cluny 1 100 établissements ecclésiastiques, dont 800 en France. Il y a ensuite eu l'action menée par l'Église pour limiter la violence des guerriers. Née dans de grandes assemblées tenues en France méridionale – Charroux, Limoges, Le Puy, Narbonne – à la fin du 10ᵉ siècle, la « paix de Dieu » vise d'abord à placer certains lieux – lieux d'asile – et certaines catégories de personnes considérées comme faibles – paysans, clercs, pèlerins, marchands… – à l'abri des attaques des puissants : ceux-ci sont invités à s'engager par serment à respecter la paix (*document 2, p. 130*) ; s'ils manquent à leur serment, ils encourent des sanctions ecclésiastiques graves, telles que l'*excommunication. Apparaît ensuite, au début du 11ᵉ siècle, la « trêve de Dieu », qui interdit toute entreprise guerrière en certains jours et certaines périodes, en fonction du calendrier liturgique. C'est ainsi que peu à peu le monde de « ceux qui prient » s'est démarqué du monde de « ceux qui combattent ». Un nouvel état d'esprit était né. Il aboutit, à Rome cette fois, à la *réforme grégorienne – du nom du pape Grégoire VII (1073-1085) – qui réussit à ôter aux laïques le contrôle des nominations ecclésiastiques et qui, en donnant son indépendance à l'Église, permit de réformer les mœurs et le comportement de ses membres. Cette réforme a rencontré de vives résistances de la part des pouvoirs laïques, spécialement en Allemagne et en Angleterre. Les rois de France ont su s'en accommoder.

Au 12ᵉ siècle, l'Église du royaume de France est profondément marquée par la réforme. En ce qui concerne l'Église séculière, même si les pressions laïques restent très fortes et les interventions fréquentes, un principe est affirmé ; ce sont les *chanoines des *chapitres cathédraux qui élisent les évêques. Cela, joint à un grand effort de formation qui se traduit par la création d'écoles – elles avaient presque toutes disparu – auprès des cathédrales, permet enfin au clergé séculier de se consacrer avec succès à sa mission, qui est le service des fidèles. En ce qui concerne l'Église régulière – pour laquelle l'élection des abbés a été rendue aux moines –, le 12ᵉ siècle est un grand siècle monastique. L'ordre de Cluny parvient au faîte de sa puissance avec la construction à Cluny même, de 1088 à 1130, de la plus grande église de la Chrétienté. De nouvelles formes de vie monastique apparaissent, pour mieux répondre aux besoins spirituels nés de la réforme : tendance à l'érémitisme avec l'ordre des chartreux, fondé en 1084 par saint Bruno dans la région de Grenoble ; tendance inverse à une certaine action sur le monde par l'exemple et la prédication avec l'ordre de Prémontré, fondé par saint Norbert dans la région de Laon en 1120 ; et surtout tendance au retour à la pureté primitive de la règle de saint Benoît, en mettant l'accent sur la pauvreté et la fuite du monde, avec la fondation de Cîteaux, en Bourgogne, en 1098. La réussite des cisterciens est liée à la fois à une insertion parfaite dans la spiritualité du temps et au rayonnement de la personnalité de saint Bernard, de 1112 à 1153. A sa mort, l'ordre compte 343 monastères, et 530 en 1200.

Ainsi dégagée du monde laïque, cette Église purifiée se consacre – et pour la première fois peut-être en profondeur – à la christianisation de la société : œuvre multiforme qui englobe le soin des âmes et le soin des corps. Soin des âmes avec un grand effort d'instruction des fidèles, de définition de leurs obligations religieuses – qui sont codifiées en 1215 au concile de Latran – et morales – spécialement en matière conjugale –, et de développement de certaines formes de piété, comme les pèlerinages. Soin des corps avec la multiplication des hôpitaux, hôtels-Dieu, maisons-Dieu... Toutes les œuvres d'assistance sont aux mains des clercs. Il en est de même pour les œuvres d'enseignement, avec le renouveau des écoles cathédrales ; celles de Chartres et de Paris sont les plus célèbres.

La croisade. Mais ce n'est pas tout. L'Église de l'époque féodale a cherché, sous la direction du pape, à christianiser la société sous tous ses aspects, y compris la politique et la guerre. Nous avons vu comment elle a favorisé l'institution de la chevalerie. On peut dire aussi qu'elle a réussi à conjuguer les forces guerrières et l'élan religieux des 11e et 12e siècles dans une entreprise exceptionnelle, menée sous la direction des *légats du pape : les croisades, destinées à reprendre le tombeau du Christ aux musulmans qui occupaient Jérusalem. Les Français ont joué, avec les Lorrains, un rôle majeur dans la première croisade. Prêchée par le pape Urbain II à Clermont en 1095, elle lance sur les routes aussi bien les petites gens, sous la conduite de prédicateurs populaires comme Pierre l'Ermite, que les chevaliers, menés par de grands princes comme le comte Raymond de Toulouse ou Godefroi de Bouillon. Elle aboutit, en 1099, à la prise de Jérusalem. Au 12e siècle, les rois eux-mêmes se joindront au mouvement : Louis VII à la deuxième croisade, Philippe Auguste à la troisième. Dans ce contexte apparaissent – ultime paradoxe – des ordres religieux militaires pour la défense de la Terre sainte : templiers en 1119, hospitaliers en 1120.

Et les autres...

Le schéma des trois « ordres » ou des trois « fonctions » – les prêtres, les guerriers et les paysans – et celui de la féodalité ne recouvrent pas toute la richesse de la société du royaume de France au temps de la grande croissance médiévale : sa diversité défie tous les classements des historiens. Ces schémas, qui sont ceux d'une société profondément rurale, nous ont conduits à laisser provisoirement de côté le monde des villes ; nous y reviendrons. Ils ne doivent pas non plus nous laisser oublier les exclus ou les marginaux de cette société médiévale : les exclus de la société tout court que sont les lépreux, rejetés hors des villes et des villages ; les exclus de la société chrétienne que sont les juifs, nombreux et bien intégrés aux activités économiques ; les rebel-

les à cette société chrétienne telle qu'elle se définit à partir de la
réforme grégorienne : par contrecoup foisonnent alors les hérétiques. L'hérésie *cathare ou albigeoise, venue d'Orient par
l'Italie du Nord, se répand au 12ᵉ siècle dans toute la France du
Midi. Marchands, artisans et bourgeois ; lépreux, juifs et hérétiques : chacun, à sa façon, marque les limites de la société
féodale.

DOCUMENT 1

Hommages à Guillaume Cliton, comte de Flandre, en 1127

« Le 7 des ides d'avril, un jeudi [jeudi 7 avril], des hommages furent
de nouveau rendus au comte [...]. En premier lieu, ils firent les
hommages de la façon suivante. Le comte demanda [au futur vassal] s'il
voulait devenir son homme sans réserve, et celui-ci répondit : " Je le
veux " ; puis, ses mains étant jointes dans celles du comte, qui les
étreignit, ils s'allièrent par un baiser. En second lieu, celui qui avait fait
hommage engagea sa foi en ces termes : " Je promets en ma foi d'être
fidèle, à partir de cet instant, au comte Guillaume et de lui garder contre
tous et entièrement mon hommage, de bonne foi et sans tromperie. " En
troisième lieu, il jura cela sur les reliques des saints. Ensuite, avec la
verge qu'il tenait à la main, le comte leur donna les investitures, à eux
tous qui, par ce pacte, lui avaient promis sûreté, fait hommage et en
même temps prêté serment. »

Galbert de Bruges, *Histoire du meurtre de Charles le Bon,
comte de Flandre*, éd. H. Pirenne, Paris, 1891, p. 89 (trad. R. Boutruche,
Seigneurie et Féodalité, Paris, Aubier, 1959, t. I, p. 335).

*Ce texte provient de l'*Histoire du meurtre de Charles le Bon, *par Galbert
de Bruges. Le 2 mars 1127, le comte de Flandre Charles le Bon était
assassiné à Bruges. Scandalisé par ce meurtre, un clerc de la ville, déjà
âgé, entreprend sur-le-champ de raconter les événements qui, depuis
l'avènement de Charles le Bon en 1119, ont conduit à sa mort. Galbert
reprend la plume l'année suivante pour décrire les problèmes de
succession qui se déroulèrent en Flandre jusqu'en juillet 1128. Récit d'un
témoin oculaire, l'*Histoire du meurtre de Charles le Bon *n'a pourtant
eu qu'une très faible diffusion au Moyen Age et ne nous est parvenue
que par des copies dont les plus anciennes, conservées à Arras et à Paris,
datent du 16ᵉ siècle.
Très utilisé par les historiens, ce texte relate la cérémonie des hommages*

rendus au successeur de Charles le Bon, Guillaume Cliton, suivant un rituel qui a valeur d'exemple. Le vassal fait d'abord hommage *par la parole et le geste ; il engage ensuite sa* foi *en prononçant un serment de fidélité. En retour, le seigneur procède, par la remise d'un objet symbolique – ici la verge –, à l'*investiture *du fief concédé au vassal.*

DOCUMENT 2

Serment de paix à Beauvais (1023)

« Je n'envahirai en aucune façon les églises [...] Je n'assaillirai pas le clerc et le moine qui ne portent pas les armes du siècle, ni celui qui les accompagne sans lance ni bouclier, à moins que je n'aie sujet de me plaindre d'eux ou qu'ils ne veuillent pas réparer dans l'espace de quinze jours la faute commise contre moi. Je n'enlèverai ni bœuf ni vache ni porc [...] Je ne saisirai ni le vilain ni la vilaine ni les sergents ni les marchands ; je ne leur prendrai point leurs deniers, je ne les obligerai pas à se racheter [...] et je ne les fouetterai point pour leur enlever leur subsistance. Je ne saisirai ni mule ni mulet ni cheval ni jument ni poulain dans les pâturages [...] Je ne détruirai ni incendierai les maisons [...] Je ne couperai ni déracinerai ni vendangerai les vignes d'autrui sous prétexte de guerre [...] Je ne détruirai pas les moulins et ne ravirai pas les grains qui s'y trouvent, sauf si je suis à l'*ost ou en chevauchée et sauf dans ma propre terre [...] Je n'assaillirai pas le marchand ni le pèlerin et je ne prendrai pas leurs biens, sauf faute de leur part. Je ne tuerai pas le bétail des vilains, sauf pour ma subsistance et celle de mes gens [...] Je n'attaquerai pas les nobles dames ni ceux qui les accompagnent [...] et de la même façon je prendrai soin des veuves et des religieuses.

« J'observerai ceci envers tous ceux qui l'ont juré et qui l'observeront à mon égard. Je n'en excepte que les terres qui m'appartiennent [...] J'en excepte encore les cas où je bâtirai ou assiégerai un château ; où je serai appelé à l'ost du roi ou de nos évêques ; où je ferai la chevauchée [...] »

Trad. d'après C. Pfister, *Études sur le règne de Robert le Pieux (996-1031)*, Paris, 1885, p. 170-171 (Bibliothèque de l'École des hautes études, Sciences philologiques et historiques, fasc. 64).

Il s'agit du texte d'un serment de paix proposé vers 1023 par les évêques de Beauvais et de Soissons aux seigneurs du voisinage et soumis au roi de France d'alors, Robert II le Pieux, fils d'Hugues Capet.

Le document parle de lui-même, comme témoin des violences exercées par les seigneurs sur l'ensemble de la société. Il montre à la fois l'effort tenté par l'Église, avec l'appui du roi, pour imposer des limites à la violence, et la faible portée pratique de cet effort, en raison des nombreuses clauses restrictives qui sont prévues.

DOCUMENT 3

Charte d'affranchissement du servage (1248)

« A tous ceux qui ces présentes lettres verront, Guillaume, abbé de Saint-Denis en France, et le couvent dudit lieu, salut dans le Seigneur. Nous faisons savoir ce qui suit. Ayant égard au danger que couraient les âmes de certains de nos hommes de corps, tant par suite des mariages par eux contractés que des excommunications qui liaient et pourraient lier à l'avenir beaucoup d'entre eux [...] Ayant en outre pris le conseil de bonnes gens, nous avons affranchi et affranchissons, par piété, nos hommes de corps des villages de la Garenne, soit de Villeneuve, de Gennevilliers, d'Asnières, de Colombes, de Courbevoie et de Puteaux, manants dans ces villages au temps de la concession de cette liberté, avec leurs femmes et leurs héritiers issus ou à issir à l'avenir de leur propre corps. Nous les avons délivrés à perpétuité de toutes ces charges de servitude auxquelles ils étaient tenus auparavant, c'est-à-dire du formariage, du chevage, de la mainmorte et de tout autre genre de servitude de quelque nom qu'on la nomme, et nous les donnons à la liberté. Cependant nous ne les tenons pas quittes du respect et des autres devoirs qu'à raison du patronat le droit exige des affranchis envers les auteurs de l'affranchissement [...] Nous gardons aussi sur les individus des deux sexes la justice de toute sorte que nous avons sur nos autres hommes affranchis ou libres [...]

« On saura enfin que lesdits hommes ont donné pour cette liberté à nous et à notre église mille sept cents livres parisis pour acheter à notre église des revenus.

« En témoignage de quoi, et pour la mémoire des temps futurs, nous avons remis à ces mêmes hommes et à leurs hoirs le présent parchemin confirmé par la force de nos sceaux.

« Fait l'an du Seigneur 1248 au mois de novembre. »

Trad. M. Bloch, in G. Duby, *L'Économie rurale et la Vie des campagnes dans l'Occident médiéval*, Paris, Aubier, 1962, p. 747-748.

Ce document est une charte provenant de l'abbaye de Saint-Denis. Les chartes constituent, à côté des chroniques et autres textes narratifs, l'essentiel des sources médiévales. Elles obéissent dans leur composition à des règles immuables, avec au début une invocation pieuse et un salut aux destinataires, suivis d'un exposé des motifs. Vient ensuite la partie principale de l'acte, le dispositif. La charte, qui est authentifiée par un sceau, se termine ici avec les éléments de datation. Nous n'en avons pas l'original, mais une copie du 13ᵉ siècle, donc très proche, conservée à Paris aux Archives nationales (LL 1157, fol. 493).

Cet acte donne une description précise des charges qui pèsent sur les serfs, appelés hommes de corps ou manants, dépendant d'une grande abbaye : formariage, chevage, mainmorte. Il décrit aussi certaines conséquences de cet état de dépendance : l'interdiction de se marier hors du groupe des serfs, sous peine d'excommunication. Au sujet de l'affranchissement lui-même, on peut faire deux constatations : d'une part, la liberté accordée n'est pas totale et les affranchis restent à beaucoup d'égards sous la tutelle du seigneur ; d'autre part, cette liberté est achetée très cher, ce qui est un indice de l'enrichissement de la paysannerie.

11. Le grand royaume capétien
(1180-1328)

De 1180 à 1328, et particulièrement sous les règnes de Philippe Auguste, Saint Louis et Philippe le Bel, le royaume capétien connaît son apogée, apogée fait du rayonnement des personnalités royales, du bon fonctionnement des institutions, du dynamisme de l'économie – malgré l'essoufflement de la fin de la période – et d'un essor culturel qui met tout l'Occident dans le sillage de la civilisation française.

Le 13e siècle représente l'apogée au sens strict du terme, c'est-à-dire le plus haut degré, de l'expansion commencée avant l'an mil. Expansion démographique qui fait de l'Occident vers 1300, avec une densité de 40 habitants au kilomètre carré, un « monde plein », selon l'expression de Pierre Chaunu. Expansion économique avec la poursuite des défrichements jusqu'aux limites du possible, avec l'essor de la draperie flamande, avec la mise sur pied par les Italiens d'un grand réseau commercial qui allait, a dit Roberto Lopez, « du Groenland à Pékin ». Expansion politique enfin, sous forme de croisade. Le siècle s'ouvre avec la prise de Constantinople par les croisés de la quatrième croisade, en 1204 : phénomène inouï, qui amène la constitution, pour près de soixante ans, d'un Empire latin d'Orient ; tandis que d'autres croisades permettent d'attacher de façon plus durable à la Chrétienté latine l'Espagne musulmane et les Slaves païens d'au-delà de l'Oder. Cet apogée est en même temps classicisme politique, artistique et intellectuel. Siècle du pape Innocent III

(1198-1216), de l'empereur germanique Frédéric II (1212-1250)
et du roi de France Saint Louis (1226-1270), il est aussi celui des
cathédrales et des universités. Et, dans presque tous les domaines, le royaume de Philippe Auguste, de Saint Louis et de
Philippe le Bel figure au premier plan.

Les grands Capétiens

Philippe Auguste et Louis VIII. Les cinq rois capétiens qui se sont
succédé de 1180 à 1314 ont fait de la France le grand royaume
d'Occident. La grande affaire du long règne de Philippe Auguste
(1180-1223) est la lutte contre Henri II Plantagenêt et ses fils,
Richard Cœur de Lion, puis Jean sans Terre. Philippe Auguste
réussit à faire prononcer la confiscation des fiefs français de ce
dernier, en 1202, et à en conquérir la majeure partie, provoquant
l'effondrement de cet « empire angevin » qui avait représenté
pendant un demi-siècle une menace mortelle pour le roi de
France. Il réalise du même coup un spectaculaire accroissement
du domaine royal, devient le maître incontesté de la France du
Nord et le plus grand prince territorial du royaume : toutes les
données politiques s'en trouvent transformées. Cette puissance
montante du roi de France inquiète ses voisins comme ses
vassaux et Jean sans Terre réussit à susciter contre lui une
coalition menée par l'empereur Othon de Brunswick, dont
Philippe Auguste, à la tête de sa chevalerie et de l'infanterie de
ses bonnes villes, triomphe à Bouvines, près de Lille, le 27 juillet
1214. Le court règne de Louis VIII (1223-1226), époux de
Blanche de Castille, qui assurera la régence pendant la minorité
de leur fils Louis IX, est celui de la pénétration capétienne dans le
sud du royaume : Louis VIII effectue une grande tournée en
Languedoc pour affirmer les droits du roi sur les principautés
méridionales au lendemain de la croisade contre les Albigeois,
menée de 1209 à 1213 par les barons du Nord, à l'initiative du
pape Innocent III.

Saint Louis. Le règne de Saint Louis (1226-1270) a donné son
nom à ce siècle : parce que, dans le royaume, il marque l'apogée
d'une certaine forme de gouvernement – la monarchie féodale –,

qui, utilisant toutes les ressources des liens vassaliques, a pour mission de faire régner la justice et la paix du roi ; parce que, à l'extérieur, au moment où le pape et l'empereur se déchirent dans les ultimes secousses de la lutte du Sacerdoce et de l'Empire et où le roi d'Angleterre est déconsidéré par la perte de l'« empire angevin », le roi de France se comporte en arbitre de la Chrétienté ; parce que la personnalité même du roi, modèle des vertus du chevalier, du chrétien et du croisé portées jusqu'à leurs extrêmes conséquences, a marqué son époque. De 1248 à 1254, Louis IX dirige en Orient la septième croisade et connaît, en 1250, la défaite et la captivité en Égypte ; il entreprend pourtant, en 1270, une huitième croisade et trouve la mort devant Tunis, après avoir adressé à son fils, le futur Philippe III, des Enseignements ou Instructions qui résument l'idéal du roi chrétien. Il sera *canonisé dès 1297, et les mérites de sa sainteté rejailliront sur toute la dynastie capétienne.

Philippe III et Philippe IV. Pourtant, les temps changeaient. Profitant de la prépondérance française, frères et fils de Saint Louis se lancent dans des aventures extérieures au royaume, surtout vers le sud : Philippe le Hardi (1270-1285) meurt au retour d'une expédition contre l'Aragon. Mais, ce qui domine le plus nettement cette période, ce sont les progrès du pouvoir royal : un pouvoir qui ne s'appuie plus seulement sur la possession d'un domaine étendu et sur l'utilisation des liens féodaux, mais qui, profitant de la renaissance du *droit au 13e siècle, remet à l'honneur les notions – sinon les mots – d'État et de souveraineté.

Le règne de Philippe le Bel (1285-1314) est caractéristique à cet égard. Ce roi est une personnalité énigmatique, connu surtout pour avoir condamné les templiers et abusé de ses pouvoirs en matière monétaire : on l'a accusé d'être un faux-monnayeur ; mais le sens de son règne est très clair. Proclamant que le roi de France est « empereur en son royaume », le roi et les légistes qui l'entourent ne tolèrent plus aucune intervention extérieure, fût-ce celle du pape : d'où le célèbre conflit avec Boniface VIII, qui aboutit en 1303 à l'attentat d'Anagni, au cours duquel l'envoyé du roi aurait souffleté le pape. Dans le royaume, le roi supporte de plus en plus difficilement la quasi-indépendance des derniers grands fiefs, spécialement l'Aquitaine – qu'on appelle maintenant, en français, la « Guyenne » – et la Flandre, contre lesquelles sont lancées plusieurs campagnes militaires. Dans tous ces conflits, le roi cherche et obtient – autre signe de modernité – l'appui de l'opinion publique du royaume : c'est à cet effet que sont convoquées – et pour la première fois à Paris en 1302 contre Boniface VIII – de grandes assemblées de barons, d'ecclésiastiques et de bourgeois qui sont à l'origine des états généraux. Réunies pour approuver la politique du roi et lui procurer de nouvelles ressources par la voie de l'impôt, elles contribuent à l'exaltation du pouvoir royal.

Le perfectionnement des institutions

L'accroissement du domaine. Le point de départ des transformations est à chercher du côté de l'accroissement continu du domaine royal, règne après règne ; sous Philippe Auguste : la Normandie, le Maine et l'Anjou pris à Jean sans Terre, mais aussi l'Artois, le Valois, le Vermandois, l'Amiénois, acquis par mariages et héritages ; sous Louis VIII et pendant la minorité de Louis IX : le Poitou, l'Aunis, la Saintonge et les sénéchaussées de Beaucaire et de Carcassonne. Saint Louis n'accroît pas le domaine, mais règle le contentieux franco-anglais : restituant quelques territoires au roi d'Angleterre Henri III – en particulier le sud de la Saintonge –, il obtient, par le traité de Paris en 1259, que ce dernier lui fasse hommage pour le duché de Guyenne et revienne donc dans sa vassalité. Philippe le Hardi rattache au domaine le comté de Toulouse, et Philippe le Bel celui de Champagne. Plusieurs de ces territoires ne sont pas restés sous le contrôle direct du roi, mais ont été cédés en *apanages aux cadets de la dynastie, avec retour à la couronne en cas d'absence d'héritier mâle. Ces apanages sont administrés suivant les mêmes méthodes que le domaine.

Les institutions locales. La gestion quotidienne du domaine royal était assurée jusqu'à la fin du 12e siècle par les *prévôts, agents locaux du roi qui administraient ses terres, percevaient ses revenus et s'occupaient en son nom des questions judiciaires et militaires. Recrutés suivant le système de l' *affermage, ils avaient tendance à pressurer leurs administrés. A la fin du 12e siècle, Philippe Auguste emprunte à l'administration anglo-normande l'institution des *baillis, commissaires itinérants à la manière des *missi dominici* de Charlemagne et chargés de vérifier la gestion des prévôts. Progressivement, dans le courant du 13e siècle, ils se fixent dans des circonscriptions stables, englobant plusieurs prévôtés : les *bailliages. Nommés, rémunérés, contrôlés directement par le roi et son Conseil, ils deviennent le rouage essentiel de l'administration provinciale. Les sénéchaux jouent le même rôle dans le Midi. A la fin du 13e siècle, le royaume compte vingt-trois bailliages et sénéchaussées. Et, pour éviter tout abus, Saint Louis a mis à l'honneur la procédure des enquêteurs-réformateurs qui vérifient à leur tour la gestion des baillis. Ces enquêtes sur les droits du roi sont une des meilleures sources pour la connaissance des réalités françaises au 13e siècle ; elles vont constituer un redoutable instrument en faveur de l'extension du pouvoir royal.

Les institutions centrales. Le développement des organes centraux de gouvernement et leur fixation dans le palais de la Cité à Paris, qui s'affirme ainsi comme capitale du royaume, constituent, avec l'extension du domaine et la création des baillis, l'aspect majeur de l'évolution institutionnelle du 13e siècle. Autour du roi se développent les services domestiques de l'Hôtel du roi et les services administratifs de la *Chancellerie, dont le rôle croît avec celui des actes écrits. De la Cour du roi – *curia regis* – se sont dégagées successivement trois institutions fondamentales. Le *Conseil du roi – *curia in consilio* –, organisme politique où sont traitées les affaires du royaume, existe dès le 12e siècle. Au milieu du 13e siècle, au temps de Saint Louis, apparaît le *Parlement – *curia in parlamento* –, où est rendue la justice du roi, à laquelle tous les habitants du royaume peuvent désormais faire appel des jugements prononcés dans le domaine et hors du domaine. A la fin du siècle est créée la *Chambre des comptes – *curia in compotis* –, qui vérifie la gestion des ressources financières grandissantes de la royauté. Si vassaux et grands barons continuent à fréquenter assidûment la Cour du roi, c'est tout un nouveau monde d'agents compétents et zélés au service du pouvoir royal qui peuple les organismes centraux et remplit les offices de bailli et de sénéchal. Sur ces bases, le roi peut commencer à se comporter en souverain dans son royaume. C'est ainsi que Saint Louis a pu imposer le cours de la monnaie royale dans tout le royaume et chercher à limiter les guerres privées entre les barons. Mais la mesure la plus efficace pour le développement du pouvoir royal fut la généralisation, par ce même Louis IX, de l'appel à la justice du roi : l'imagerie populaire, qui le représente exerçant cette justice sous le chêne de Vincennes, ne s'y est pas trompée (*document, p. 143*).

Les fruits de la croissance

La richesse du royaume. Les progrès du pouvoir royal vont alors de pair avec ceux de la richesse du royaume. C'est probablement vers 1250 que le meilleur équilibre est atteint entre la population et les ressources du sol, compte tenu des possibilités techniques de l'époque. Le mouvement des défrichements est, vers cette date, parvenu à sa limite : aller au-delà compromettrait gravement les équilibres naturels et les ressources en bois comme celles de la cueillette et de l'élevage. Pour continuer à accroître la production agricole, il faut tirer le meilleur parti des terres déjà mises en culture. C'est alors que s'étend l'assolement triennal ; que s'organisent, pour l'exportation, des cultures plus lucratives que les céréales : vigne – c'est la grande époque des vins de Poitou puis de Bordeaux –, plantes « industrielles » – lin, chanvre, plantes tinctoriales – destinées à l'artisanat textile, cultures maraîchères près des villes. C'est alors aussi que les exploitants les mieux équipés réussissent à atteindre pour les céréales des rendements inégalés : 11 pour 1 chez un seigneur de l'Artois au début du 14e siècle. C'est dans ce contexte d'expansion que la *seigneurie rurale a connu son meilleur équilibre et que les communautés paysannes ont obtenu leurs *franchises.

La renaissance urbaine. Depuis la fin du 10e siècle, l'essor des campagnes s'accompagnait d'une renaissance urbaine liée à la reprise de l'artisanat et du commerce. Qu'il s'agisse de la renaissance des vieilles cités épiscopales remontant à l'époque romaine ou de la création de « villeneuves », de « villefranches » ou de bourgs nés auprès des monastères, des ports ou des marchés, le mouvement est partout le même et se caractérise toujours par trois éléments fondamentaux : la prééminence d'activités non agricoles, c'est-à-dire du commerce et de l'artisanat ; la présence d'un nouveau groupe social qui assure ces activités, la bourgeoisie ; la naissance de nouvelles entités politiques : les villes de *commune (ou de consulat dans le Midi), qui jouissent d'une large autonomie, et les villes de franchises, qui ont reçu surtout des privilèges économiques. A l'origine des communes, on trouve des liens horizontaux tissés entre égaux et sous la foi du serment : associations de *paix, confréries religieuses, corporations de marchands et d'artisans. La commune elle-même résulte du serment prêté entre les bourgeois, d'abord pour obtenir la commune, ensuite pour l'administrer. La plus ancienne commune connue en territoire français est celle, éphémère, du Mans en 1070 ; mais la grande époque de concession des communes est le 12ᵉ siècle. C'est, par rapport aux hiérarchies verticales de la société féodale, un élément nouveau sur lequel les rois de France ont su très tôt s'appuyer. La large diffusion du statut communal prouve la vigueur de l'élan démographique et économique qui sous-tend l'essor des villes. Les progrès de leur peuplement se suivent grâce au tracé de leurs enceintes successives, à la multiplication des quartiers et des paroisses, à l'apparition au début du 13ᵉ siècle de nouveaux ordres religieux spécialisés dans la prédication en milieu urbain, les ordres *mendiants : franciscains, dominicains... Au début du 14ᵉ siècle, la France compte environ vingt-cinq villes de plus de 10 000 habitants, qui sont de grandes villes pour l'époque. La majorité sont situées dans la France du Nord : ainsi Rouen et le groupe compact des villes flamandes qui vivent de la draperie (Bruges, Ypres et Gand) ; mais Toulouse, Montpellier et Bordeaux sont aussi des grandes villes. Aucune n'approche, même de loin, la population de la capitale, qui aurait peut-être atteint 200 000 habitants.

Paris. Située au cœur de la plus riche région agricole du royaume – cette « France » que nous appelons « Ile-de-France » et qui a donné son nom au pays tout entier –, choisie comme capitale par les Capétiens, Paris résume à elle seule toutes les fonctions urbaines. C'est, au 13ᵉ siècle, une ville tripartite : la cité, la ville et l'université. Au centre, l'île de la Cité abrite les fonctions les plus anciennes : la fonction politique, dans le palais sans cesse agrandi pour accueillir les nouveaux services de la royauté, et la fonction religieuse autour de la toute neuve cathédrale Notre-Dame. Sur la rive gauche, encore rurale et peu peuplée, s'épanouissent les activités intellectuelles au sein de l'université, corporation de maîtres et d'étudiants qui a reçu ses statuts en 1215. Sur la rive droite, la ville voit se développer, autour du port de Grève et des *halles contruites par Philippe Auguste, les principales activités économiques, contrôlées par la puissante corporation des marchands qui ont le monopole du trafic sur la Seine et ses affluents, la *hanse des marchands de l'eau. Son chef, le prévôt des marchands, est le représentant de la bourgeoisie parisienne ; son pouvoir cependant est limité par la présence du prévôt royal qui administre la ville au nom du roi : toujours prêts à encourager le mouvement communal au détriment de leurs vassaux, les Capétiens n'ont jamais laissé les Parisiens former une commune. L'activité est intense et, en 1268, le prévôt royal Étienne Boileau recense cent une corporations dans son *Livre des métiers*. La population déborde déjà largement l'enceinte construite en 1190 par Philippe Auguste.

Les foires de Champagne. Ces activités parisiennes s'expliquent surtout par la présence d'un très grand centre de consommation. Elles s'inscrivent aussi dans un contexte plus large. Lors du réveil économique de l'Occident, deux grands pôles d'activité s'étaient formés. L'un s'était établi au nord, à partir de la laine anglaise, de la draperie flamande et de l'axe de communication Manche-mer du Nord-Baltique : Bruges en est le symbole. L'autre se situait en Italie, où Gênes et Venise utilisaient l'axe méditerranéen pour alimenter l'Occident en soieries, épices et autres produits de luxe de l'Orient. Entre le monde nordique et le monde méditerranéen, il fallait un lieu de rencontre pour l'échange des marchandises et l'appel des capitaux. Il s'organise au 12e siècle en Champagne, dont les villes de *foire – Troyes, Provins, Lagny, Bar-sur-Aube – deviennent le marché permanent de l'Occident. La grande époque des foires de Champagne est le 13e siècle, mais peu à peu le commerce des marchandises y est supplanté par le commerce de l'argent, très lié au milieu des banquiers et *changeurs parisiens.

Le rayonnement français

La civilisation française. Le 13e siècle, comme plus tard le 18e siècle, est une grande époque de rayonnement de la civilisation française. De tous les domaines dans lesquels s'est exercé ce rayonnement – on pourrait commencer par celui de l'idéal du chevalier, qui est d'abord français –, trois retiennent particulièrement l'attention. Le premier, le plus connu, est celui de l'art. Le modèle de la *cathédrale *gothique est apparu en Ile-de-France à l'église de Saint-Denis rebâtie vers 1140 par Suger ; il inspire très vite les cathédrales de Noyon, Laon, Soissons, Senlis et, bien sûr, Notre-Dame de Paris, commencée en 1163. Le nouveau style s'épanouit au 13e siècle à Chartres, Bourges, Reims, Amiens, Beauvais... et se diffuse bientôt non seulement dans l'ensemble du royaume, mais dans tout l'Occident, à Salisbury comme à Cologne, à Milan comme à Burgos. Le deuxième domaine est celui de la langue et de la littérature. Comme langue littéraire, le français – le français du Nord, la langue d'oïl – a acquis ses lettres de noblesse au 12e siècle avec les chansons de geste et les poésies des *trouvères, ces derniers s'inspirant des *troubadours, qui chantaient en langue d'oc. A la fin du 12e et au 13e siècle s'épanouit surtout le genre romanesque, en vers ou en prose, depuis les œuvres de Chrétien de Troyes jusqu'au *Roman de Renart* et au *Roman de la rose*. L'emploi du latin se restreignant de plus en plus au monde des clercs, le français devient alors une langue de culture, dont l'emploi dépasse largement les frontières du royaume : il est parlé aussi bien par les nobles de la cour d'Angleterre que par les marchands italiens, tel le Vénitien Marco Polo, qui, en 1298, le choisit pour relater dans le *Livre des merveilles* son extraordinaire voyage en Chine. Le dernier domaine, et non le moindre, est celui de la pensée. L'université de Paris au 13e siècle, par son enseignement des *arts libéraux et de la *théologie, par la mise au point d'une méthode d'étude et de raisonnement qu'on appelle la *scolastique, s'affirme comme la capitale intellectuelle de la Chrétienté. Elle attire les étudiants de tout l'Occident – ils sont d'ailleurs organisés en « nations » – et les maîtres les plus prestigieux, comme l'Allemand Albert le Grand ou l'Italien Thomas d'Aquin.

Une politique de prestige. Ce rayonnement culturel est à l'image de l'influence du royaume de France. Il accompagne toute une politique de prestige qui, après 1270, mène la dynastie capétienne au premier plan en Europe. Au début du 14e siècle, des Capétiens règnent à Naples et en Hongrie. Rois de France, Philippe le Bel et ses fils sont aussi, de 1284 à 1328, rois de Navarre. Le frère et le fils de Philippe le Bel ont été candidats à l'Empire et, à partir de 1309, le roi de France réussit à fixer la papauté à Avignon, aux portes du royaume. « Dans toute la Chrétienté, note alors un écrivain italien, le roi de France n'a point d'égal. »

Des signes d'essoufflement. Des fêlures pourtant apparaissent dans ce brillant édifice. Les historiens estiment que, dès la seconde moitié du 13e siècle, le long mouvement d'expansion démographique et économique dont avait tant profité le royaume de France est, pour l'essentiel, terminé. Terminé aussi, avec les derniers échecs de Saint Louis, le grand élan des croisades : en 1291, la dernière place chrétienne en Terre sainte, Saint-Jean-d'Acre, tombe aux mains des musulmans. A l'intérieur même du royaume, les premières difficultés économiques s'accompagnent, à la fin du 13e siècle, de violents troubles sociaux dans les villes du Nord et, en 1302, les milices flamandes écrasent la chevalerie française à Courtrai : signe précurseur d'autres désastres. En 1314-1315, après la mort de Philippe le Bel, dont le règne autoritaire avait suscité de nombreux mécontentements, des soulèvements nobiliaires se produisent dans l'ensemble du pays. Enfin, la rapide succession au trône entre 1314 et 1328 des trois fils de Philippe le Bel, morts sans héritiers directs, va ouvrir la première crise dynastique depuis l'avènement d'Hugues Capet en 987.

La justice de Saint Louis

Au retour de la croisade, en 1254, Saint Louis est accueilli par un religieux qui lui recommande de pratiquer la justice :

« " Or que le roi qui s'en va en France, fit-il, prenne bien garde à faire bonne et prompte justice à son peuple, afin que Notre-Seigneur lui permette de tenir son royaume en paix tout le cours de sa vie [...] "

« Le roi n'oublia pas cet enseignement, mais gouverna sa terre bien et loyalement et selon Dieu, ainsi que vous l'entendrez ci-après. Il avait sa besogne réglée en telle manière que Monseigneur de Nesles et le bon comte de Soissons, et nous autres qui étions autour de lui, qui avions ouï nos messes, allions ouïr les plaids de la porte qu'on appelle maintenant les requêtes. Et, quand il revenait de l'église, il nous envoyait quérir, et s'asseyait au pied de son lit et nous faisait tous asseoir autour de lui, et demandait s'il y en avait aucun à expédier qu'on ne pût expédier sans lui ; et nous les lui nommions, et il ordonnait de les envoyer quérir, et il leur demandait : " Pourquoi ne prenez-vous pas ce que nos gens vous offrent ? " Et ils disaient : " Sire, c'est qu'ils nous offrent peu. " Et il leur disait ainsi : " Vous devriez bien prendre ce que l'on vous voudrait offrir. " Et le saint homme s'efforçait ainsi, de tout son pouvoir, de les mettre en voie droite et raisonnable.

« Maintes fois il advint qu'en été il allait s'asseoir au bois de Vincennes après sa messe, et s'accotait à un chêne, et nous faisait asseoir autour de lui. Et tous ceux qui avaient affaire venaient lui parler sans empêchement d'huissier ni d'autres gens. Et alors il leur demandait de sa propre bouche : " Y a-t-il ici quelqu'un qui ait sa partie ? " Et ceux qui avaient leur partie se levaient, et alors il disait : " Taisez-vous tous et on vous expédiera l'un après l'autre. " Et alors il appelait Monseigneur Pierre de Fontaines et Monseigneur Geoffroi de Villette, et disait à l'un d'eux : " Expédiez-moi cette partie. "

« Et quand il voyait quelque chose à amender dans les paroles de ceux qui parlaient pour lui ou de ceux qui parlaient pour autrui, lui-même l'amendait de sa bouche. Je vis quelquefois en été que, pour expédier ses gens, il venait dans le jardin de Paris [...] Et il faisait étendre des tapis pour nous asseoir autour de lui ; et tout le peuple qui avait affaire par-devant lui se tenait autour de lui debout ; et alors il les faisait expédier de la manière que je vous ai dite avant pour le bois de Vincennes. »

Jean, sire de Joinville, *Histoire de Saint Louis*,
éd. Natalis de Wailly, Paris, Firmin-Didot, 1874, p. 33.

*Ce texte célèbre provient de l'*Histoire de Saint Louis *de Joinville. C'est après la canonisation de Saint Louis (1297) que la reine Jeanne de Navarre, épouse de Philippe le Bel, a demandé à Joinville, qui avait été un des familiers de Saint Louis et l'avait accompagné à la septième croisade, de consigner par écrit ses souvenirs sur le roi. L'ouvrage, achevé en 1309 par Joinville alors âgé de quatre-vingt-cinq ans, fut offert au fils aîné de la reine, le futur Louis X. Rédigé en français, il se compose de deux parties : les enseignements et les vertus de Saint Louis ; ses faits d'armes, avec le récit de la croisade. Il n'a pas eu beaucoup d'audience au Moyen Age : on préférait alors consulter l'histoire officielle du règne, écrite à l'abbaye de Saint-Denis. Des deux manuscrits d'origine – le manuscrit offert à Louis X et celui de Joinville lui-même – subsistent, pour le premier, une copie exécutée vers 1350 (Bibliothèque nationale, ms. français 13568), et, pour le second, une copie du 16ᵉ siècle (Bibliothèque nationale, ms. français 10148).*
Ce passage provient de la première partie du livre et illustre l'esprit de justice du roi, qui protège ses sujets contre les abus de pouvoir de ses propres agents. On y trouve toutes les qualités de style de Joinville, avec la vivacité de ton donnée par l'emploi du style direct. Mais, au-delà des tableaux familiers – le roi rendant la justice dans sa chambre, ou sous le chêne de Vincennes, ou dans le jardin de Paris –, c'est tout le mécanisme de l'appel à la justice du roi, fondement essentiel des progrès du pouvoir royal, qui est ici décrit.

12. La guerre de Cent Ans
et le temps des épreuves
(1328-1483)

Véritable « temps des épreuves » pour la France comme pour l'Occident, les 14ᵉ et 15ᵉ siècles sont à la fois marqués par la guerre, celle de Cent Ans et celle qui oppose Louis XI à Charles le Téméraire, par la régression démographique (la Grande Peste en est l'agent le plus actif) et la dépression économique. Dans ces périls, l'Église rencontre de graves crises internes, mais l'État, le moyen de son affirmation.

Lorsque, pour la première fois depuis 987, le pouvoir royal passe aux mains d'une branche cadette, les Valois, le moment est venu de dresser un bilan : bilan éclatant, mais remis en cause par les malheurs du temps. Guerre, peste, famine : les trois cavaliers de l'Apocalypse furent, aux yeux des hommes de ce temps, responsables d'un drame que les historiens d'aujourd'hui présentent plutôt en termes de dépression et de crises. En effet, après plusieurs siècles d'expansion intérieure et extérieure, l'Occident connaît, aux 14ᵉ et 15ᵉ siècles, des difficultés de tous ordres et voit grandir, à l'est, la menace des Turcs Ottomans qui, en s'emparant de Constantinople en 1453, font disparaître un des éléments du monde médiéval : Byzance. Mais dans ces bouleversements allait naître l'État moderne.

La France en 1328

Le royaume en 1328. Héritier de la Francie occidentale du traité de Verdun, le royaume de France a toujours pour frontière

orientale une ligne théorique qui correspond, tantôt en deçà
tantôt au-delà, aux « quatre rivières ». La grande expansion
territoriale du royaume de France n'a pas encore commencé. Tel
quel, il couvre environ 424 000 kilomètres carrés. Dans ces
limites, l'autorité du roi s'exerce d'abord sur le domaine royal,
dont l'extension a été la grande œuvre des Capétiens : parti
d'éléments morcelés situés en Ile-de-France et en Orléanais, il
couvre 313 000 kilomètres carrés en 1328, soit les trois quarts
du royaume. Ailleurs, sur les *apanages et les grands *fiefs,
l'autorité du roi ne s'exerce que de façon indirecte. Détachés du
domaine, les premiers restent administrés suivant les mêmes
méthodes. Les seconds viennent en droite ligne des principautés
constituées au temps de l'anarchie féodale. Si le duché de
Bourgogne reste très proche du domaine, des tendances centrifuges voire sécessionnistes très marquées apparaissent en Flandre, en Bretagne et, bien sûr, en Guyenne, toujours aux mains
des rois d'Angleterre.

Pour la première fois dans l'histoire de France apparaît en 1328
un document fiscal qui permet une mesure de la population du
royaume : l'« état des feux » recense, paroisse par paroisse, le
nombre des *feux de la plus grande partie du domaine royal, soit
3 364 000 feux dans 23 700 paroisses. En effectuant les restitu-
tions nécessaires, on obtient pour l'ensemble du royaume une
fourchette comprise entre 13 et 17 millions d'habitants et, pour la
France actuelle, de 15 à 20 millions, avec une densité de 30 à
40 habitants au kilomètre carré. La France de 1328 n'est pas
seulement un pays riche qui a profité, plus que tout autre, du
grand essor de l'Occident depuis l'an mil. C'est aussi le pays le
plus peuplé de la Chrétienté. Le réveil ne sera que plus brutal.
Déjà de multiples signes permettent de déceler non seulement la
fin de la croissance, mais même un retournement de la conjoncture : baisse des revenus de la terre, déclin des *foires de
Champagne, première grande famine des temps *modernes en
1315-1317 ; et il est fort possible que l'« état des feux » soit une
tentative pour fixer une matière imposable en diminution.

La crise politique. Mais la crise la plus voyante n'est ni démographique ni économique. Elle est politique et s'ouvre après la mort

de Philippe le Bel. En moins de quatorze ans, les décès successifs de ses trois fils ont fait passer la couronne à leur cousin germain, chef de la branche cadette des Valois, au détriment des filles des rois défunts et du petit-fils de Philippe le Bel par sa mère, Édouard III d'Angleterre. Cette crise, qui aboutit au règne de Philippe VI, mérite commentaire. Deux ordres de faits ont concouru à écarter les femmes de la succession : d'abord l'idée que la dignité de roi de France, comme celle de pape ou d'empereur, était trop haute pour échoir à une femme (et ainsi va apparaître la loi *salique) ; ensuite, en écartant Édouard III, les barons de France ont refusé un prince qui « n'était pas né du royaume » : première ébauche d'un sentiment national.

Écarter Édouard, c'était aussi alourdir le contentieux franco-anglais. Nous avons déjà vu les principales étapes de la rivalité séculaire qui opposait les rois de France et d'Angleterre. Le compromis tenté par Saint Louis au traité de Paris (1259) laissait la Guyenne au roi d'Angleterre, mais l'obligeait à revenir dans la *vassalité du roi de France. Cette situation difficile, qui faisait d'un roi le vassal d'un autre roi, devient impossible quand, vers 1300, la renaissance du droit remet à l'honneur les notions d'État et de souveraineté. La nouvelle rivalité au sujet de la couronne de France s'inscrit donc dans un contexte de très ancienne hostilité. D'autres facteurs l'ont alimentée, en particulier la menace perpétuelle que l'Angleterre, grosse productrice de laine, faisait peser sur l'industrie textile des villes flamandes. Mais, au-delà des querelles féodale, dynastique ou économique, il s'agit d'un conflit fondamental entre les deux grandes monarchies féodales pour la suprématie en Europe : nous l'appelons la guerre de Cent Ans.

Les guerres. Guerre de Cent Ans et conflit bourguignon

La guerre de Cent Ans au 14ᵉ siècle. Dans un premier temps, le jeune Édouard III paraît s'incliner devant le fait accompli et prête en 1329 hommage à Philippe VI pour la Guyenne. Puis il renie son hommage, lance son défi à Philippe VI en 1338 et prend le titre de roi de France. Édouard avait de nombreux atouts : la grande tête de pont de la Guyenne et une autre en Ponthieu, le soutien des Flamands et de nombreux barons, normands et bretons surtout. Il avait aussi l'initiative des opérations. Dès 1340, il détruit la flotte française dans le port flamand de L'Écluse. Il peut désormais débarquer à la tête de troupes peu nombreuses, mais très motivées par l'appât des richesses françaises et armées du redoutable arc gallois. Devant les « chevauchées » anglaises – razzias à cheval qui dévastent les campagnes et pillent les villes –, Philippe VI lève à grands frais de vastes cohues féodales de chevaliers indisciplinés, soucieux de prouesses individuelles, mais paralysés par leurs lourdes armures. Vaincu par Édouard III à Crécy en 1346, il lui abandonne Calais l'année suivante. Son fils Jean le Bon, battu et fait prisonnier à Poitiers en 1356, signe en 1360 le traité de Brétigny-Calais qui, avec Calais et une rançon de 3 millions d'écus d'or, cède à Édouard III tout le sud-ouest de la France, des Pyrénées jusqu'aux abords de la Loire. Roi en 1364, Charles V a compris la leçon : il recrute de petites troupes permanentes et soldées qui, sous la conduite de Du Guesclin, récupèrent le pays par la guérilla. Vers 1375, les Anglais ne tiennent plus que Calais, le Ponthieu et la Guyenne. Malgré l'absence de traité de paix, on peut dire que la première phase de la guerre de Cent Ans est terminée.

Armagnacs et Bourguignons. Elle a marqué la noblesse française, humiliée par la défaite et touchée dans son loyalisme par la nécessité de choisir entre des fils de la lignée de Saint Louis. C'est l'époque des fidélités douteuses. De 1341 à 1365, en Bretagne, une guerre de succession oppose le candidat du roi de France à celui du roi d'Angleterre. Au milieu du siècle, un autre descendant de Philippe le Bel, Charles le Mauvais, roi de Navarre, brigue la couronne de France et s'allie aux Anglais. Mais le pire était à venir. Quand, en 1380, Charles VI, mineur, succède à son père, des clans se forment autour de ses oncles. Quand, une fois majeur, le roi devient fou, deux camps se disputent le pouvoir : celui de son cousin, le duc de Bourgogne Jean sans Peur, et celui de son frère, le duc d'Orléans. Après que le premier eut fait assassiner son rival en 1407, c'est la guerre civile entre les « Bourguignons », qui tiennent surtout l'est et le nord du royaume, et les « Orléans-Armagnacs », qui tiennent le sud et l'ouest. Pour conquérir ces enjeux que sont le roi, la reine Isabeau de Bavière et Paris, chacun est prêt à s'allier aux Anglais.

La guerre de Cent Ans au 15ᵉ siècle. En Angleterre, Henri V, devenu roi en 1413 et issu de la nouvelle dynastie de Lancastre, veut rallier sa propre noblesse et lui offre l'aventure française. Les succès sont foudroyants. Il écrase la noblesse française à Azincourt en 1415, conquiert la Normandie et s'approche de Paris. La guerre civile paralyse la France, surtout après le meurtre de Jean sans Peur par les Armagnacs en 1419. C'est avec l'appui du nouveau duc de Bourgogne, Philippe le Bon, qu'Henri V impose en 1420 le traité de Troyes : Charles VI déshérite son fils, le dauphin, au profit d'Henri V, qui devient son gendre. Quand meurent les deux rois en 1422, Henri V ne laissant qu'un fils d'un an, la France est au plus bas... La France ou plutôt les Frances : l'anglaise, de la Normandie à la région parisienne ; la bourguignonne, de la Bourgogne à la Flandre ; celle des Armagnacs et du dauphin, organisée autour de Bourges et de Poitiers, et qu'on appelle avec ironie le royaume de Bourges. Pour en venir à bout en franchissant la Loire, les Anglais assiègent Orléans. Alors se produit le miracle : le retournement de la situation grâce à l'intervention de Jeanne d'Arc, qui, galvanisant les énergies, délivre Orléans et fait sacrer Charles VII à Reims en 1429, mais échoue dans la région parisienne ; prise par les Bourguignons, elle est livrée aux Anglais, jugée et brûlée à Rouen en 1431. Charles VII et le duc de Bourgogne se réconcilient en 1435 et les positions anglaises s'érodent : Paris est repris en 1436, la Normandie reconquise en 1450 et la Guyenne en 1453 après la victoire de Castillon, dernière bataille de la guerre de Cent Ans. Il ne reste alors aux Anglais que Calais et si, comme au temps de Charles V, aucun traité de paix ne vient la conclure (simplement une trêve à Picquigny, en 1475), la guerre de Cent Ans n'en est pas moins terminée.

Louis XI et Charles le Téméraire. A ce conflit séculaire en succède un autre : la lutte contre l'État bourguignon, prélude au long combat contre la Maison d'Autriche. Depuis 1363, à la faveur des guerres anglaises, la Maison de Bourgogne, branche cadette des Valois, a constitué un État. Au temps de Charles le Téméraire (1467-1477), il s'étend de Mâcon à Amsterdam, d'Amiens à Mulhouse. Héritier de la vieille Lotharingie, il représente une puissance politique qui a su jouer de la rivalité franco-anglaise et d'une utile position géographique de part et d'autre de la frontière avec l'Empire ; une puissance économique qui bénéficie à la fois de l'artisanat des villes de Flandre, du vignoble bourguignon et du contrôle des voies d'eau, de la Saône à l'embouchure du Rhin ; un pôle de civilisation artistique qui, à Dijon, Beaune, Bourges, Gand ou Bruxelles, soutient la comparaison avec l'Italie. Vers 1470, Louis XI fait piètre figure à côté de Charles le Téméraire. Mais, fort de son armée, de ses finances reconstituées et de son génie diplomatique, il sut rassembler tous ceux – Alsaciens, Lorrains, Suisses... – qu'effrayaient les ambitions du Grand Duc d'Occident. Deux fois battu par les Suisses, Charles meurt misérablement en 1477 devant Nancy, dont il avait rêvé de faire sa capitale. Louis XI en profite pour prendre la Bourgogne, reprendre la Picardie et l'Artois et chercher à imposer sa protection à la fille unique de Charles, sa filleule Marie de Bourgogne. Plutôt que d'accepter cette protection, Marie de Bourgogne préféra épouser le fils de l'empereur, Maximilien d'Autriche : le problème de la Maison d'Autriche était posé.

Une société en crise

La peste. Pendant près de cent cinquante ans, la France a connu les ravages de la guerre : ceux des chevauchées anglaises et des guerres civiles, mais aussi ceux des hommes d'armes qui, sans emploi pendant les trêves, s'organisent en « grandes compagnies » et en bandes de « routiers » pour vivre du pillage et de la rançon. Mais ce cavalier de l'Apocalypse – la guerre – n'était pas seul. Un autre – la peste – l'accompagnait. De nombreux indices montrent que la population avait cessé de s'accroître au début du

14ᵉ siècle et qu'elle avait même commencé à baisser. Ce déclin va être précipité de façon dramatique par la peste noire, fléau oublié depuis près de sept siècles. Véhiculé depuis l'Asie centrale par les caravanes des routes de la soie et les galères italiennes en Méditerranée, il atteint Marseille à la fin de 1347. En deux ans, l'épidémie fait le tour du royaume : « La tierce partie du monde mourut » (Froissart). Pire, le bacille pesteux, implanté, va provoquer tous les dix ou vingt ans des résurgences qui empêcheront pendant un siècle tout redressement démographique. Les calculs faits pour quelques provinces montrent que, d'un indice 100 de la population vers 1315, on passe à des indices situés entre 30 et 50 vers 1450. Le recul est considérable.

La dépression économique. Le troisième cavalier de l'Apocalypse – la famine – se présente de façon particulière aux 14ᵉ et 15ᵉ siècles. Il y a eu en 1315-1317 une véritable famine liée à des conditions climatiques catastrophiques. Mais il s'agit surtout d'une difficile adaptation de l'économie rurale, avec alternance de surproduction et de sous-production, à la baisse démographique. Dans l'ensemble, tous ceux qui vivaient du travail ou des revenus de la terre ont pâti de cette longue dépression qui, accompagnée d'une baisse continue de la valeur de la monnaie, ébranle les fondements mêmes de la *seigneurie rurale. Les grands propriétaires, donc la noblesse et l'Église, qui voient diminuer les revenus de la terre et ceux qu'ils percevaient sur des hommes de moins en moins nombreux, sont les premiers touchés. Mais les paysans, s'ils disposent de plus de terre et voient les charges seigneuriales diminuer, souffrent de la baisse des prix agricoles et de l'augmentation de la fiscalité royale. Tous, enfin, sont victimes de la guerre : destruction des bâtiments, vignes, plantations, massacre du cheptel. Partout reviennent les friches (*document, p. 155*). Partout, pour sortir de la crise, il faudra des capitaux et de l'imagination : nouveaux contrats agraires, nouvelles cultures.

La crise de l'Église. Ce vaste ébranlement a porté atteinte à toutes les valeurs établies. Nobles et chevaliers ont failli à leur tâche et l'on s'interroge sur leurs privilèges. L'Église, atteinte dans ses revenus et dans son recrutement, s'enlise dans les conflits internes : séjour de la papauté à Avignon (1309-1377) et Grand Schisme (1378-1417) qui voit s'affronter deux papes rivaux, l'un à Rome et l'autre à Avignon. Le concile de Constance (1414-1418) ramène l'unité, mais l'autorité pontificale en sort très affaiblie. L'Église de France, accablée de maux, prête à accepter la tutelle du roi, n'est pas en mesure de répondre aux angoisses des populations éprouvées. Celles-ci sont hantées par la mort et l'on voit se développer une liturgie de la mort et un art funèbre, se multiplier chapelles et monuments funéraires. La piété oscille alors entre deux tendances : une forme individuelle, qui mène au mysticisme, et de grandes cérémonies communautaires – prédications, processions, passions jouées sur le parvis des églises – qui expriment l'aspiration à la pénitence et au salut collectifs. L'art flamboyant et les poèmes de François Villon sont le reflet de cette époque tourmentée.

Les troubles sociaux. De telles tensions mènent à la violence. Dans les campagnes, après la défaite de Poitiers, les paysans de la riche Ile-de-France se soulèvent contre l'incurie des nobles, les exactions des gens de guerre et la fiscalité du roi : la « jacquerie » n'a duré que douze jours (29 mai-10 juin 1358), mais a donné son nom à toutes les révoltes paysannes des Temps modernes. Terrible, la réaction nobiliaire engendra un mécontentement latent, mais durable. Dans les villes devenues des « villes closes », les révoltes sont mieux connues. Coupé du plat pays, le monde urbain se déchire : entre anciens habitants et nouveaux venus chassés des campagnes, entre maîtres des métiers, qui veulent bloquer l'embauche et les salaires, et compagnons, entre officiers du roi et contribuables. Ces révoltes spontanées, fréquentes surtout au 14e siècle, ont souvent servi de tremplin à l'expression des aspirations politiques de la bourgeoisie. C'est le cas des révolutions parisiennes : celle du prévôt des marchands Étienne Marcel, en 1358, celle des Maillotins en 1382 et celle du boucher Caboche en 1413. Elles furent à l'origine d'un long divorce entre le roi et sa capitale.

Naissance de l'État moderne

Le pouvoir royal. Le vrai bénéficiaire de cette vaste mutation est
le roi. Les problèmes de succession ont poussé à la réflexion sur la
nature de son pouvoir et à exalter, au-delà de la naissance, les
vertus du sacre et les droits de la couronne. En même temps,
surtout sous Charles V, puis sous Charles VII après 1435 et sous
Louis XI, se mettent en place les organes de l'État moderne.
Certes, les organes du pouvoir central issus de l'ancienne Cour du
roi restent les mêmes : Parlement pour la justice et Chambre des
comptes pour les finances du domaine, à laquelle va s'ajouter,
pour contrôler les nouveaux impôts, la Cour des aides. Mais
l'autorité de ces institutions parisiennes traditionnelles diminue.
Le roi délaisse Paris pour la vallée de la Loire – Louis XI se fixe
à Plessis-lez-Tours – et à ses côtés grandit le rôle du Conseil.
De nouveaux parlements (Toulouse, Grenoble, Bordeaux,
Dijon...), de nouvelles chambres des comptes (Grenoble, Dijon,
Angers...) empiètent sur le ressort de Paris. En même temps, les
agents provinciaux démultiplient la présence royale. L'extension
du domaine a fait passer à soixante-quinze le nombre des baillis
et sénéchaux ; mais leur rôle s'amenuise avec la création d'autres
circonscriptions plus vastes et plus spécialisées : militaires avec des
gouverneurs ou lieutenants généraux, ou fiscales appelées « élections ». Partout le roi envoie des commissaires réformateurs
qui enquêtent et souvent décident. La création du service de la
poste par Louis XI est à replacer dans cette perspective : que les
ordres du roi parviennent mieux et plus vite dans tout le royaume.

L'armée et l'impôt. Dans ce royaume sans cesse agrandi (Dauphiné au 14ᵉ siècle, Provence et Roussillon sous Louis XI) et qui
couvre maintenant 500 000 kilomètres carrés, se sont constitués
deux nouveaux instruments de pouvoir : l'armée et l'impôt
permanents. Ils ne vont pas l'un sans l'autre. Dès Philippe III et
Philippe le Bel, pour augmenter les revenus « ordinaires » venus
du domaine, on avait commencé à lever des impôts « extraordi-
naires », pour lesquels il fallait le consentement des intéressés :
nous avons là une des origines de ces assemblées qui vont devenir

les états généraux. Mais cet impôt n'était consenti que pour une durée limitée. Les premiers désastres de la guerre de Cent Ans, le paiement de la rançon du roi Jean le Bon et surtout la volonté de Charles V de créer des compagnies d'hommes d'armes permanentes ont conduit les états à accorder la levée d'impôts pour plusieurs années ; le délai passé, le roi en continua la perception. Mais la tentative fut pourtant éphémère et le vrai créateur de l'armée et de l'impôt modernes est Charles VII. Il interdit les armées privées en 1439, crée les compagnies d'ordonnance (cavalerie) en 1445 et les francs-archers (infanterie) en 1448. En même temps achèvent de se mettre en place les impôts d'Ancien Régime : *taille, impôt direct qui pèse sur les roturiers ; aides, impôts indirects sur les transactions ; gabelle du sel. Louis XI perfectionne ces deux instruments et dispose à la fin de son règne d'un revenu annuel de 2 500 000 livres (dix fois plus que Saint Louis) et d'une armée de 80 000 hommes, dont 40 000 combattants effectifs : la plus forte d'Europe. Ce sont les bases de l'État moderne.

Les états. Ce sont les gages de l'indépendance du roi, qui ne s'en laisse imposer par personne. La noblesse affaiblie a pu se révolter (Praguerie en 1440 contre Charles VII, guerre du Bien public en 1465 contre Louis XI) ; elle a dû se soumettre, entrer au service du roi en acceptant des *offices civils ou surtout militaires et solliciter des pensions qui compensent la baisse de ses revenus. L'Église entre dans l'ère du *gallicanisme, principe d'une Église nationale dont le roi est le chef naturel. Charles VII a su l'imposer à la fois au pape et au clergé de France par la *pragmatique sanction de Bourges (1438). Quant à la bourgeoisie, celle des « bonnes villes » qui ont fourni au roi pendant les guerres une aide financière et militaire appréciée, elle envoie maintenant, comme le clergé et la noblesse, ses représentants aux *états généraux, dont le rôle est de donner au roi l'avis de la nation et surtout de transmettre à la nation la volonté du roi. Les bourgeois entrent dans l'administration royale, achètent des terres nobles, profitent du développement économique et commercial qui accompagne le redressement français et la stabilisation monétaire à partir de Charles VII. La puissance du financier

Jacques Cœur sous Charles VII, le rayonnement des foires de Lyon symbolisent cette nouvelle situation économique.

Clergé, noblesse, bourgeoisie : les trois états, à l'exclusion des paysans, apparaissent pleinement constitués aux grands états généraux qui se tiennent à Tours en 1484, un an après la mort de Louis XI. La France entre dans l'ère moderne.

DOCUMENT

Dévastation des campagnes françaises pendant la guerre de Cent Ans

« Ledit royaume [...] parvint à un état de dévastation telle que, depuis la Loire jusqu'à la Seine, et de là jusqu'à la Somme, les paysans ayant été tués ou mis en fuite, presque tous les champs restèrent longtemps, durant des années, non seulement sans culture, mais sans hommes en mesure de les cultiver, sauf quelques rares coins de terre, où le peu qui pouvait être cultivé loin des villes, places ou châteaux ne pouvait être étendu, à cause des fréquentes incursions des pillards [...]

« Nous-même nous avons vu les vastes plaines de la Champagne, de la Beauce, de la Brie [...] absolument désertes, incultes, abandonnées, vides d'habitants, couvertes de broussailles et de ronces, ou bien, dans la plupart des régions qui produisent les arbres les plus drus, ceux-ci pousser en épaisses forêts. Et, en beaucoup d'endroits, on put craindre que les traces de cette dévastation ne durassent et ne restassent longtemps visibles, si la divine providence ne veillait pas de son mieux aux choses de ce monde.

« Tout ce qu'on pouvait cultiver en ce temps-là dans ces parages, c'était seulement autour et à l'intérieur des villes, places ou châteaux, assez près pour que, du haut de la tour ou de l'échauguette, l'œil du guetteur pût apercevoir les brigands en train de courir sus. Alors, à son de cloche ou de trompe ou de tout autre instrument, il donnait à tous ceux qui travaillaient aux champs ou aux vignes le signal de se replier sur le point fortifié. C'était là chose commune et fréquente presque partout ; au point que les bœufs et les chevaux de labour, une fois détachés de la charrue, quand ils entendaient le signal du guetteur, aussitôt et sans guides, instruits par une longue habitude, regagnaient au galop, affolés, le refuge où ils se savaient en sûreté. »

Thomas Basin, *Histoire de Charles VII*
(éd. et trad. C. Samaran, Paris, Belles Lettres, 1933, p. 85-87).

*Ce texte, dont l'original est en latin, provient de l'*Histoire de Charles VII
*de Thomas Basin. Né en 1412 au pays de Caux, Thomas Basin, qui est
devenu en 1447 évêque de Lisieux, a connu personnellement dans sa
jeunesse les ravages de la guerre en Normandie et dans les provinces
voisines. Conseiller écouté de Charles VII, il tombe en disgrâce à l'époque
de Louis XI et doit s'exiler à Trèves, puis à Utrecht, où il meurt en 1491.
L'*Histoire de Charles VII *a été écrite à Trèves en 1471-1472 et révisée
par la suite : le plus ancien manuscrit connu est un manuscrit d'auteur,
corrigé peu après 1484 par Thomas Basin lui-même et conservé en
Allemagne à la bibliothèque universitaire de Göttingen (n° 614 des
manuscrits historiques).*

*Agé de soixante ans, Thomas Basin évoque avec un véritable talent de
journaliste ses souvenirs d'enfance et de jeunesse concernant l'état de la
France du Nord au lendemain du traité de Troyes (1420) et de la mort de
Charles VI (1422) : dépopulation, abandon des cultures, retour des
friches et des forêts. Témoin oculaire et engagé dans les événements, il
dénonce surtout les responsables immédiats de la misère des campagnes –
hommes d'armes et brigands – et manque du recul nécessaire pour
replacer cette crise dans un contexte démographique et économique plus
large. Mais la véracité de son témoignage est confirmée par les actes de la
pratique.*

13. La vie dans les campagnes et dans les villes du 15ᵉ au 18ᵉ siècle

Entre le 15ᵉ et le début du 18ᵉ siècle, la population de la France oscille selon la conjoncture, sans que soit jamais dépassé le plafond de 20 millions d'habitants : natalité et mortalité, également très fortes, s'équilibrent. L'agriculture céréalière est l'activité principale. Les Français, unanimement chrétiens, trouvent, dans les solidarités de famille, de paroisse, de métier, des cadres sécurisants contre la précarité de l'existence.

La population

En 1328, on l'a vu, la population française, dans les limites de la France actuelle, se situait sans doute entre 15 et 20 millions d'habitants, mais la terrible crise du 14ᵉ siècle avait entraîné une diminution dramatique, de l'ordre du tiers ou de la moitié. Par contre, à partir des années 1450 environ, s'amorce un redressement spectaculaire qui ramène bientôt la population au chiffre de 1328. Mais cette hausse, qui n'est donc que récupération, est interrompue par la crise de la fin du 16ᵉ siècle. Ainsi, du début du 14ᵉ au début du 18ᵉ siècle, la population de la France, pays le plus peuplé de l'Europe, varie entre un minimum de quelque 10 millions d'habitants et un maximum de 20, sans que jamais ce plafond soit dépassé. Il ne le sera qu'après 1700 environ : à ce moment-là seulement s'amorcera en France, comme dans les autres pays, une hausse continue de la population.

Le mariage. Cette stagnation dans le long terme et ces brutales oscillations dans le moyen terme sont les conséquences des structures démographiques anciennes, caractérisées par l'importance de la mortalité que réussit tout juste à compenser une forte natalité. Ces structures sont aujourd'hui bien connues grâce à l'exploitation systématique des *registres paroissiaux. Dans la France d'Ancien Régime, le mariage est à la fois un sacrement indissoluble, fondé sur le libre consentement des époux, et un contrat civil mettant en jeu des intérêts matériels, plus ou moins importants selon la situation des futurs conjoints : création d'un foyer, transmission d'un patrimoine. Affaire d'intérêt et concernant donc au premier chef les parents des jeunes gens, le mariage doit être aussi une union assortie : on se marie avec quelqu'un de son milieu socioprofessionnel et, du moins dans les classes populaires, de sa paroisse ou de l'une ou l'autre des paroisses voisines. Enfin, aux 17ᵉ et 18ᵉ siècles, on se marie tard, 28-29 ans en moyenne pour les garçons, 25-26 ans pour les filles. En l'absence de limitation volontaire des naissances, l'âge tardif des filles au premier mariage constitue bien « la grande arme contraceptive de la France classique ».

Natalité et mortalité. Mariées tard, allaitant pour la plupart leurs enfants (ce qui entraîne une stérilité temporaire), accouchant tous les deux ans en moyenne, souvent précocement stériles par suite d'accouchements difficiles, mourant souvent jeunes, notamment en couches, les femmes ont moins d'enfants qu'on ne l'a cru longtemps : quatre ou cinq en moyenne par famille. Ce chiffre moyen, en soi très important, est cependant tout juste suffisant pour assurer le remplacement des générations, tant la mortalité est sévère, notamment aux premiers âges. La mortalité infantile, c'est-à-dire celle des enfants de moins d'un an, est de l'ordre de 25 %, avec de fortes nuances régionales, ce qui signifie qu'un enfant sur quatre n'atteint pas son premier anniversaire. Après cette terrible ponction, due notamment aux accidents à la naissance, la mortalité reste extrêmement forte jusqu'à 5 ans et encore importante entre 5 et 10 ans : au total, près de la moitié des enfants n'atteignent pas l'âge de 10 ans. Dans de telles conditions, sur les quatre ou cinq enfants nés, en moyenne, par famille, guère plus de deux arrivent à l'âge adulte et sont susceptibles de remplacer leurs propres père et mère. Passé l'adolescence, la mort marque le pas, mais la mortalité reste forte. Au total, l'*espérance de vie à la naissance est de l'ordre de 25 ans. Une hygiène publique et privée encore rudimentaire, une alimentation trop souvent insuffisante en quantité et en qualité, l'impuissance de la médecine, tels sont les principaux facteurs de mortalité (*document 1, p. 166*).

Les crises démographiques. Toutefois, ce schéma moyen recouvre une réalité plus contrastée. A des périodes, plus ou moins longues, au cours desquelles le nombre des décès est inférieur à celui des naissances, succèdent de brèves crises démographiques qui freinent brutalement l'essor ainsi amorcé. En effet, ces crises sont marquées par une hausse spectaculaire des décès, qui sont trois, quatre, dix fois supérieurs à la normale, et en même temps par une chute des mariages et souvent des conceptions. Certes, on assiste au lendemain de la crise à une vigoureuse reprise de la nuptialité et de la fécondité, mais il ne s'agit que d'un phénomène de récupération. La crise peut avoir diverses origines que rappelle l'invocation : « De la peste, de la famine et de la guerre, délivrez-nous, Seigneur. » La peste se maintient à l'état endémique jusqu'au milieu du 17ᵉ siècle, éclatant de temps à autre en épidémies brutales et meurtrières. Les autres maladies épidémiques, pulmonaires ou digestives, sont souvent aggravées par la famine. Celle-ci résulte d'une crise de subsistances, c'est-à-dire d'une récolte déficitaire en grains, à la suite de mauvaises conditions climatiques. La disette provoque bientôt une telle cherté du pain, aliment essentiel des classes populaires, que les membres de celles-ci ne peuvent plus en acheter, devenant la proie facile de multiples épidémies, quand ils ne meurent pas littéralement de faim.

Les activités économiques

L'agriculture. 80 à 90 % des Français vivent alors à la campagne et l'immense majorité d'entre eux cultivent la terre. La culture essentielle est celle des céréales, froment, seigle, blé noir, orge, avoine, maïs (d'origine américaine). Mais les rendements sont faibles, généralement quatre à cinq fois la semence, sauf dans certaines régions privilégiées. C'est pourquoi il est indispensable de consacrer la plus grande partie des terres cultivables à la production des « blés », qui sont la base de l'alimentation. De ce fait, faute de place, l'élevage ne joue qu'un rôle secondaire. Le fumier qu'il fournit est insuffisant et sert surtout à fumer les jardins, où l'on cultive légumes et plantes textiles. Les terres à blé, elles, faute d'engrais, s'épuisent vite et il faut les laisser régulièrement en jachère, c'est-à-dire en repos. Ainsi, tous les ans, une partie des terres labourables ne porte aucune récolte. La mauvaise qualité des semences, le caractère encore rudimentaire de l'outillage, l'insuffisance des attelages contribuent également à la faiblesse des rendements.

Certaines régions, près de villes notamment, se spécialisent dans les cultures légumières et dans la vigne. Outre les blés, les légumes et le vin, les campagnes fournissent les matières premières textiles (laine des moutons, lin et chanvre, soie liée à la culture du mûrier et à l'élevage du ver à soie), les minerais et le bois. Celui-ci est un produit clé, à la fois matière première, source d'énergie, moyen de chauffage.

L'industrie. Le travail industriel est une activité urbaine. Certes, l'artisanat rural est important, mais il est sous la dépendance étroite de la ville. Deux traits définissent cette industrie ancienne : son caractère artisanal et la prédominance de l'industrie textile. Le caractère artisanal apparaît d'abord dans la médiocrité de l'outillage et des techniques. L'essentiel reste la main de l'ouvrier, quelle que soit l'importance des forces animale, hydraulique et éolienne comme énergies auxiliaires. Typiquement artisanale est aussi la dispersion en petits ateliers : échoppes ou « métiers » textiles des artisans des villes et des campagnes, petites forges au bois disséminées un peu partout à proximité d'une rivière ou d'une forêt. Cela n'exclut pas les progrès du capitalisme au niveau même de la production. C'est ainsi que dans l'industrie textile le rôle du marchand fabricant tend à devenir prépondérant : il fait travailler de nombreux artisans dispersés, à qui il procure la matière première et qu'il rémunère pour le travail fourni, se chargeant ensuite de commercialiser le produit ainsi fabriqué. Le textile est au premier rang des industries de consommation : toiles de lin ou de chanvre de l'Ouest, draps de laine de Picardie, de Champagne et du Languedoc, soieries de Lyon et de Tours. Un autre secteur important est celui du bâtiment et des diverses industries de luxe qui en dépendent. Par contre, l'industrie minière et métallurgique ne joue qu'un rôle secondaire.

Le commerce. Les difficultés des relations commerciales sont un autre trait spécifique de l'économie ancienne. Les lourds attelages et les bêtes de somme circulent péniblement sur des routes qui ne sont que des chemins mal entretenus. Aussi, chaque fois que cela est possible, préfère-t-on la voie d'eau : les rivières, plus ou moins navigables, sont partout utilisées, malgré la gêne que constituent les moulins, les péages et, dans certains cas, l'irrégularité du régime. C'est la voie maritime, cabotage ou relations lointaines, qui est le mode de locomotion privilégié, en dépit des lenteurs et des incertitudes. La France commerce prioritairement avec ses voisins, Angleterre et Espagne, mais aussi avec la plupart des pays européens et, à partir du 17ᵉ siècle, avec ses colonies américaines (Canada, Antilles) et avec les pays de l'océan Indien. Les relations commerciales, intérieures ou extérieures, se heurtent à d'autres obstacles que les distances. A bien des égards, les méthodes de la majorité des marchands restent routinières : on pratique encore largement, pour régler ses achats, le transfert d'encombrantes espèces monétaires, voire le troc ; la tenue des livres de commerce laisse à désirer. Cependant, la plupart des grands marchands internationaux utilisent la lettre de *change et la comptabilité à partie double et se groupent éventuellement en puissantes compagnies de commerce.

Les crises économiques. Enfin, l'économie ancienne doit à la prédominance de l'agriculture sa fragilité. La crise de subsistances, dont on a vu qu'elle est d'origine climatique, retentit très vite sur toute l'économie. En effet, lorsqu'en ville le prix du pain double, triple ou quadruple, non seulement les humbles ne peuvent plus en acheter, mais les gens aisés suppriment toute dépense autre qu'alimentaire, si bien que la crise agricole débouche sur une crise de sous-consommation industrielle, donc de chômage. Le sort des classes populaires est encore plus tragique à la campagne, car, une fois consommés les produits de la récolte déficitaire, les paysans les plus pauvres ne peuvent guère compter sur les charités publiques et privées qui existent dans les villes. Seule la mise en place de la récolte suivante, si elle est bonne, ramène une situation normale. De telles crises sont fréquentes entre le 14ᵉ et le début du 18ᵉ siècle, affectant soit une région, soit, dans les cas les plus graves, presque tout le royaume (*document 2, p. 167*).

Religion et cultures

Dans la France du *Roi Très Chrétien, la religion reste le ciment de la société. Tout sujet de François Iᵉʳ ou de Louis XIV naît « chrétien et français », selon le mot de La Bruyère. Certes, le succès du calvinisme au 16ᵉ siècle et le régime de tolérance institué par l'édit de Nantes (1598) rompront pour un temps l'unité religieuse des Français derrière leur souverain ; mais, dès 1685, Louis XIV rétablira cette unité, au moins officiellement, en révoquant l'édit de Nantes, aux applaudissements de presque tous ses sujets.

Ce catholicisme unanimement partagé s'enracine, on le sait, dans un très lointain passé. Toutefois, au début du 16ᵉ siècle, la christianisation de la société française reste ambiguë et incomplète, du fait notamment de la médiocrité d'un clergé, fort nombreux certes, mais insuffisamment préparé et instruit. La situation ne change qu'à partir du moment où, à la fin du 17ᵉ siècle, la multiplication des séminaires diocésains, en conformité avec les recommandations du concile de Trente (1545-1563), permet de résoudre le problème de la formation des clercs. Toutefois, même après cette date et en dépit de la lutte menée par évêques et curés contre les *superstitions, un décalage subsiste entre le christianisme officiellement enseigné par le clergé et les croyances et pratiques du plus grand nombre.

Les croyances. Ces croyances replacent le *dogme chrétien dans une conception du monde qui ne met aucune frontière entre ordre naturel et ordre surnaturel. Dieu et le diable sont sans cesse à l'œuvre dans le monde, pour le bonheur et le malheur des hommes ; tous les événements, quels qu'ils soient, sont les conséquences de l'action directe de l'un ou de l'autre. C'est pourquoi la maladie, par exemple, peut céder soit aux prières adressées à Dieu par l'intermédiaire de tel ou tel saint guérisseur, soit aux conjurations d'un *leveur de sorts. Or, si l'Église enseigne que la maladie est un châtiment envoyé par Dieu pour punir les hommes de leurs péchés, et encourage le culte des saints, elle condamne par contre le recours aux sorciers ; la répression contre la sorcellerie se fera violente à partir du début du 14ᵉ siècle et surtout à la fin du 16ᵉ et au début du 17ᵉ siècle.

Les pratiques. Les pratiques qu'entraîne l'adhésion au christianisme sont universellement observées. Les unes sont obligatoires, comme la messe dominicale, la confession et la communion pascales, le jeûne et l'abstinence à certaines périodes de l'année, la réception des *sacrements qui jalonnent la vie individuelle (baptême, première communion, mariage, extrême-onction). Les autres sont facultatives, comme les pèlerinages aux grands sanctuaires ou à quelque saint local. Mais parallèlement à ces pratiques officielles, il en existe d'autres qui, en marge du calendrier liturgique, expriment des croyances plus magiques que chrétiennes. C'est le cas des feux allumés sur les collines la veille de la Saint-Jean d'été, le 24 juin, des sonneries de cloches durant toute la nuit de la Toussaint pour accueillir les âmes des morts, de la bûche brûlée dans chaque foyer le jour de Noël et les jours suivants pour protéger la maison, etc. Depuis le 12ᵉ siècle au moins, l'Église condamne sévèrement la plupart de ces pratiques et sa répression se fait plus rigoureuse encore aux 17 et 18ᵉ siècles, sans pour autant détruire totalement ces manifestations de la culture populaire. Celle-ci, qui est essentiellement, mais non exclusivement, orale, s'exprime aussi lors des veillées qui réunissent pendant les longues soirées d'hiver les voisins d'un même hameau et au cours desquelles chansons ou contes, livrets ou almanachs lus à haute voix transmettent les éléments d'un savoir et d'un pouvoir séculaires.

Mais, alors qu'au Moyen Age et encore au 16ᵉ siècle l'élite est restée très proche du peuple dans sa conception du monde et dans ses pratiques festives, un divorce apparaît au 17ᵉ siècle, qui ne fera que s'aggraver : la minorité d'hommes d'Église, de nobles et de bourgeois qui détient pouvoir et richesse se replie sur des valeurs qui lui sont propres et, de ce fait, répudie avec dédain des manières de penser et de vivre jugées désormais par elle répréhensibles, stupides et grossières.

Les cadres de la vie quotidienne

La famille. Au-delà du clivage entre dominants et dominés, chaque Français ou presque, à quelque milieu qu'il appartienne, vit inséré dans des cadres sociaux qui lui assurent les solidarités et la protection indispensables. La famille est le premier de ces cadres. C'est majoritairement la famille conjugale, ou nucléaire, regroupant père, mère et enfants ; toutefois, dans certaines régions, notamment dans le Midi, les *familles élargies et les *ménages multiples restent nombreux. La famille, c'est d'abord le foyer, le feu, la maison, qui permet à chacun de se loger, de se nourrir, de se chauffer, de se vêtir ; vivre en famille, c'est « vivre à feu et à pot ». Mais la famille est aussi très souvent une unité de production : c'est vrai d'abord à la campagne, où l'exploitation agricole est presque par définition une exploitation familiale, le plus souvent d'autosubsistance ; mais c'est vrai aussi dans les villes et les bourgs ruraux, où l'atelier ou la boutique est tenu par le maître, aidé de sa femme et d'un ou plusieurs compagnons et apprentis vivant souvent sous son toit.

La paroisse rurale et la ville. A la campagne, la paroisse constitue, après la famille, le grand cadre de la vie collective. Le curé, dont les paroissiens doivent assurer la subsistance par le paiement de la *dîme, joue un rôle de chef à la fois au spirituel et au temporel. Chaque fois que cela est nécessaire, l'assemblée des habitants, qui regroupe les chefs de famille les plus riches, se réunit et prend toutes les décisions d'intérêt commun, concernant notamment la répartition des impôts et les pratiques communautaires. La seigneurie, qui peut correspondre, selon son importance, soit à une paroisse, soit à une partie de paroisse, soit à un groupe de paroisses, est un ensemble de terres sur lequel s'exercent les droits du *seigneur : corvées et redevances en reconnaissance de son droit de *propriété éminente, monopoles divers (moulin, pressoir, four, chasse), exercice de la justice.

Les villes jouissent de leur côté d'une certaine autonomie. Le corps de ville, dominé par les plus riches, gère les intérêts de la cité : il veille à la sécurité grâce à l'entretien des remparts et à une bonne police intérieure, et lève à cet effet les impôts nécessaires ; mais cette autonomie se voit peu à peu réduite du fait des progrès de l'autorité monarchique, surtout à partir de Louis XIV. Dans ce cadre urbain, ce sont la paroisse ou le quartier et, plus encore, l'appartenance à un même métier, corps ou communauté qui constituent les solidarités fondamentales.

Les tensions sociales. Mais ces cadres sécurisants ont leurs limites. D'une part, errants, vagabonds, mendiants, « sans feu ni lieu » sont nombreux, victimes de la misère ou de quelque infirmité, et leur nombre grossit brusquement à chaque crise. Ils ont été longtemps respectés et secourus, en tant qu'images du Christ. Mais, au 16ᵉ siècle, on voit surtout en eux un danger pour l'ordre social et on essaie de les enfermer pour les mettre au travail. Cette tentative de grand renfermement des pauvres, reprise notamment par l'autorité monarchique au milieu du 17ᵉ siècle, se solde, en fait, par un échec : les lieux d'internement sont insuffisants, et les vagabonds, trop nombreux. D'autre part, la vie sociale ne va pas sans tensions. Que survienne une mauvaise récolte, que les impôts royaux se fassent plus lourds, alors le mécontement populaire peut éclater en un soulèvement violent : après une brève explosion de colère souvent meurtrière, l'« émotion », sans programme précis, souvent sans chef, retombe d'elle-même ou est l'objet d'une dure répression. Le dernier mot reste toujours à l'État monarchique, qui, s'appuyant sur la peur qui s'empare très vite de tous les possédants, fait respecter l'ordre, quoi qu'il en coûte.

Une famille sous l'Ancien Régime

Louis Simon, né en 1741, à La Fontaine-Saint-Martin, petite paroisse rurale du Maine (aujourd'hui commune de la Sarthe, entre Le Mans et La Flèche), consigne en 1809 les principaux événements de sa jeunesse. En voici la première page :

« 1809. Moi, Louis Simon ayant épousé Anne Chapeau, petite nièce du sieur Ory, j'ai hérité du présent livre dans lequel j'ai écrit les principaux événements arrivés pendant le cours de ma vie. En commençant par la souche des Simon, qui est Marin le plus ancien que j'ai pu trouver sur les registres de la commune de La Fontaine-Saint-Martin, j'ai fait la petite généalogie ci-après [...] Marin Simon, tailleur d'habits, né à Brou, ville de la province de Beauce, en partit pour faire son tour de France et, après avoir parcouru plusieurs provinces, fixa son établissement à La Fontaine-Saint-Martin et s'y maria en 1589 à Louise Maloyer, lequel eut un fils en 1590 qu'il nomma Pierre qui fut aussi tailleur. Et Pierre se maria à Agathe Pousse ; ils eurent un fils né en 1638 qui eut nom André, lequel était tisserand. André s'étant marié, il eut un fils en 1669 qu'il nomma Michel ; il fut aussi tisserand. Michel Simon fut marié à Françoise Coutant, et eurent un fils en 1689 qui fut nommé Pierre. Il était étaminier. C'était une espèce d'étoffe fine que l'on fabriquait dans le Maine et dont on faisait grand commerce dans tous les pays étrangers pour habiller les religieux et les prêtres ; on les teignait en noir. Pierre eut une sœur qui fut nommée Marie ; elle a été mariée à Jean Houdayer ; ses descendants sont au Mans. Ces deux pauvres enfants devinrent orphelins en 1693, Pierre avait dix-huit mois et Marie six semaines. Leurs père et mère moururent en le même mois, et leur grand-mère Coutant les éleva jusqu'à l'âge de gagner leur vie. Mais, étant survenue une famine arrivée par les gelées de l'hiver de 1709, ils furent obligés d'engager leur closerie du Hallier, celle qui est plus proche de la Guilloterie. Cette bonne aïeule a dit à ses petits-enfants orphelins qu'elle avait acheté le pain de douze livres 50 sous. Elle mourut âgée de 83 ans. Pierre se maria à Marie Chauveau en 1714 : elle demeurait à Courcelles. Il a épousé trois femmes dont il a eu plusieurs enfants qui sont morts jeunes. Il n'y a eu que Louis-François, né en 1721, issu de Marie Chauveau, qui a vécu. Encore on le crut mort en naissant, car le registre porte qu'il fut baptisé à la maison [...] Il apprit à écrire très bien et le métier d'étaminier, dont il devint un des plus fameux ouvriers de son temps. Il épousa Anne Cureau en janvier 1740 et, le 11 mars 1741, ma mère me mit au monde [...] »

« Moi, Louis, fils de Louis-François et d'Anne Cureau, ai eu deux frères, Pierre, mort âgé de 7 ans, et Louis, âgé de 4 ans (j'étais son parrain). J'ai eu aussi trois sœurs, Anne morte à 2 ans, Marie morte à 1 an et Élisabeth morte à 19 ans ; elle était sur le point de se marier. Il n'y a eu que moi qui est resté et cependant on me crut mort du mal de l'an ; mais ma mère trempa une serviette dans de l'eau de la fontaine Saint-Martin et m'enveloppa avec, et jamais je n'en ai eu d'attaque depuis. »

D'après Anne Fillon, *Louis Simon, étaminier (1741-1820)*
dans son village du haut Maine au siècle des Lumières,
Le Mans, université du Maine, 1982.

Louis Simon, artisan étaminier (il explique lui-même ce qu'est l'étamine), est le descendant d'une lignée de tisserands et d'étaminiers. Son grand-père paternel a connu les deux plus grandes crises démographiques et économiques du règne de Louis XIV, celles de 1693-1694 et de 1709-1710. Louis Simon a eu deux frères et trois sœurs, mais lui seul a atteint l'âge adulte, cas extrême, mais non pas exceptionnel, illustrant l'importance de la mortalité parmi les enfants et les adolescents. Lui-même faillit être victime du « mal de l'an », qui désigne, en patois manceau, les diarrhées de la première année.

DOCUMENT 2

Une crise économique sous l'Ancien Régime

La crise de 1693-1694 est une crise typique de l'économie d'Ancien Régime et l'une des plus graves du règne de Louis XIV, d'autant plus qu'elle frappe la majeure partie du royaume. Il est intéressant de rapprocher le témoignage écrit d'un contemporain des événements et le témoignage chiffré établi par un historien d'aujourd'hui.

1. La crise à Orléans vue par un contemporain :

« En l'année 1693, par un effet de la colère de Dieu justement irrité, la France, déjà affaiblie par une longue guerre, fut affligée par la famine la plus grande et la plus universelle dont on ait encore entendu parler. Le blé, qui à Orléans avait valu dans les précédentes années 14 à 15 livres, monta jusqu'à 110 livres ; encore avait-on bien de la peine à en avoir. Les artisans qui avaient quelques réserves soutinrent les premiers chocs, mais ils se virent bientôt obligés de vendre leurs meubles ; car tous les bourgeois ne les faisaient plus travailler et pensaient au plus nécessaire. Enfin ce fut une désolation générale lorsqu'ils se virent sans meubles, sans travail et sans pain. On voyait alors des familles entières qui avaient été fort accommodées [aisées] mendier leur pain de porte en porte. On n'entendait que des cris lugubres de pauvres enfants abandonnés par leurs parents, qui criaient jour et nuit qu'on leur donnât du pain. On ne voyait que des visages pâles et défigurés. Plusieurs tombaient en défaillance dans les rues et dans les places publiques, et quelques-uns expiraient sur le pavé. Que si les pauvres des villes où il y a tant de ressources étaient dans un état si déplorable, que l'on juge, si l'on peut, de celui où étaient ceux de la campagne et dans quel excès de douleur elle était plongée, avec tant de pauvres familles abandonnées et dans une si grande misère qu'il s'en est trouvé de réduites à brouter l'herbe comme des bêtes et se nourrir de choses dont les animaux immondes n'auraient pas voulu user. »

Éloge historique de Marie Poisson, de la paroisse Saint-Marc d'Orléans, par un de ses contemporains, bibl. munic. d'Orléans, ms. 1939 (d'après P. Guillaume, *Documents sur la vie religieuse de 1600 à 1789 dans l'Orléanais*, ex. dactyl., 1957, p. 516).

2. *La crise à Amiens vue par un historien :*

.... Prix du setier de blé en sols
—— Nombre de décès
—— Nombre de conceptions

500

100

Niveau
du prix moyen
1674-1691

10

1692   1693   1694   1695

Échelle variable en ordonnée

Décès, conceptions et prix du blé à Amiens. L'échelle numérique donne à la fois le nombre des décès et des conceptions (naissances avancées de neuf mois) et le prix du setier de blé en sols (ou sous). Ainsi, en juin 1694, le blé atteint le prix maximum de 180 sols, alors qu'il valait entre 40 et 45 sols en moyenne avant 1692. Le maximum des décès est atteint en août 1694, avec 400 décès environ, contre 55 en août 1692.

D'après Pierre Deyon, *Amiens capitale provinciale. Étude sur la société urbaine au XVIIᵉ siècle,* Paris-La Haye, Mouton, 1967.

Le graphique amiénois témoigne de la relation évidente entre l'augmentation du prix du blé, donc du pain, et la surmortalité. Par le biais de la cherté, la mauvaise récolte entraîne la famine et, dans des cas extrêmes comme en 1694, la mort par inanition, en même temps que la chute des conceptions. Le témoignage écrit d'un Orléanais contemporain décrit le mécanisme de la famine, imputée à la colère de Dieu, due en fait à deux mauvaises récoltes successives, et entraînant, outre la mort des plus démunis, la paralysie progressive de toute l'économie et la misère indicible d'un grand nombre, en dépit des charités publiques et privées.

14. Le 16ᵉ siècle, de Charles VIII à Henri II
(1483-1559)

Les guerres d'Italie menées par Charles VIII, Louis XII et François Iᵉʳ ont leur prolongement dans la lutte qui oppose, jusqu'en 1559, la Maison de France à la Maison d'Autriche. A l'intérieur, François Iᵉʳ et Henri II renforcent les pouvoirs du roi, favorisent le succès de la Renaissance, mais ne peuvent empêcher la diffusion du calvinisme.

Les guerres d'Italie et la lutte contre la Maison d'Autriche

Les guerres pour Naples et Milan. En 1483, à la mort de Louis XI, son fils Charles VIII, qui lui succède, n'a que treize ans, et le pouvoir est exercé par sa sœur aînée et son beau-frère, Anne et Pierre de Beaujeu. Ceux-ci font face au mécontentement de tous ceux qui ont eu à se plaindre de Louis XI, notamment les féodaux. Mais, en 1492, le roi écarte pratiquement sa sœur des affaires : il est impatient de régner par lui-même et de faire reconnaître, les armes à la main, les prétentions sur le royaume de Naples qu'il tient de Charles d'Anjou, fils du roi René. Pour s'assurer leur neutralité bienveillante, il restitue à Maximilien de Habsbourg, époux de la fille de Charles le Téméraire, l'Artois et la Franche-Comté, et à Ferdinand d'Aragon, le Roussillon et la Cerdagne. Il cède ainsi la proie pour l'ombre, mais l'entreprise est apparemment facile compte tenu de la désunion de la péninsule italienne, et tentante du fait de sa richesse et de l'éclat de sa civilisation.

En 1494, prenant prétexte de la mort du roi de Naples, prince de la Maison d'Aragon, Charles VIII passe les Alpes, entre triomphalement à Milan, à Florence, à Rome et enfin à Naples, où il est couronné roi en janvier 1495. Mais, trois mois plus tard, une coalition réunissant Ferdinand, Maximilien, le pape, Venise, le duc de Milan Ludovic Sforza, le force à une retraite précipitée ; il bouscule les coalisés à Fornoue, dans l'Apennin, et rentre en France, où il meurt prématurément en 1498. Son cousin, le duc d'Orléans, lui succède sous le nom de Louis XII. Le nouveau roi de France décide non seulement de relever les prétentions de son prédécesseur, mais d'y ajouter les droits personnels sur Milan, qu'il tient de sa grand-mère Valentine Visconti. Il prend Milan et capture Ludovic Sforza (1499-1500), puis entre à Naples en 1501 à la suite d'un accord secret avec Ferdinand d'Aragon prévoyant un partage entre eux du royaume de Naples. Mais l'entente des deux rois ne dure pas : les Espagnols chassent les Français en 1504, en dépit des exploits de Bayard. En Italie du Nord, Louis XII se heurte bientôt à une puissante coalition suscitée contre lui par le pape Jules II, qui veut chasser « les Barbares hors d'Italie ». D'abord vainqueurs, notamment à Ravenne grâce à Gaston de Foix tué dans la bataille (1512), les Français, vaincus, doivent évacuer le Milanais et même faire face à une invasion de la Bourgogne par les Suisses et de la Picardie par les Anglais. Louis XII réussit à traiter avec Léon X, successeur de Jules II, et avec Henri VIII d'Angleterre, au prix de l'abandon du Milanais. A sa mort, le 1ᵉʳ janvier 1515, son cousin, François de Valois-Angoulême, devient François Iᵉʳ et, cédant lui aussi au vertige italien, franchit les Alpes et bat les Suisses, alliés du duc de Milan, à Marignan, le 13 septembre, grâce à la puissance de feu de son artillerie. En 1516, il signe avec Léon X le *concordat de Bologne et une paix perpétuelle avec les Suisses. Ainsi, à cette date, un équilibre semble s'établir dans la péninsule italienne, avec les Français à Milan et les Espagnols à Naples.

François Iᵉʳ et Charles Quint. Trois ans plus tard, en 1519, à la mort de l'empereur Maximilien, son petit-fils Charles est candidat à la couronne impériale. Or il est non seulement l'héritier de la Maison d'Autriche et de la Maison de Bourgogne (Pays-Bas, Franche-Comté), mais il est aussi depuis 1516 roi d'Espagne à la suite de la mort de son grand-père maternel Ferdinand d'Aragon, veuf d'Isabelle de Castille. Pour tenter de lui barrer la route, François Iᵉʳ se porte candidat à l'Empire, mais, gagnés par l'or du banquier Fugger au service du roi d'Espagne, les sept électeurs élisent celui-ci empereur sous le nom de Charles Quint. La rivalité personnelle des deux souverains, mais plus encore leurs ambitions rivales (Italie, héritage bourguignon) et la grave menace d'encerclement que la puissance de Charles Quint fait peser sur la France expliquent l'opiniâtreté de la lutte qui commence entre la Maison d'Autriche et la Maison de France. Encore la paix de 1559 ne sera-t-elle qu'une trêve, et l'opposition des deux puissances, soit ouverte, soit larvée, une constante de la politique européenne jusqu'au milieu du 18ᵉ siècle.

Dans la guerre de quarante ans qui s'ouvre en 1519, la première phase est favorable à l'empereur. Il s'est assuré l'appui d'Henri VIII, que François Iᵉʳ a indisposé par son faste au Camp du Drap d'or. Les troupes impériales ayant chassé les Français du Milanais, François Iᵉʳ fait trois tentatives successives pour le récupérer. Lors de la dernière, il est battu et fait prisonnier devant Pavie, le 24 février 1525 *(document, p. 179)*. Enfermé à Madrid, il doit, pour recouvrer la liberté, signer, en janvier 1526, un traité prévoyant la restitution de la Bourgogne et l'abandon du Milanais et de la suzeraineté sur la Flandre et l'Artois. Rentré en France, le roi refuse d'exécuter un texte signé sous la contrainte. La guerre reprend, mais cette fois Henri VIII, inquiet des succès de Charles Quint, se rapproche du roi de France, qui, en 1529, signe avec son adversaire la paix de Cambrai : Charles renonce à la Bourgogne, François au Milanais.

La réconciliation est éphémère. En 1536, à la mort du duc de Milan restauré par Charles Quint, François Iᵉʳ réclame le Milanais. La guerre reprend et aboutit en 1538 à la trêve de Nice ; elle reprend à nouveau en 1542 jusqu'à la paix de Crépy de 1544. Ces deux nouvelles guerres, qui se déroulent en Italie du Nord, en Provence, en Champagne, en Picardie, sont aussi indécises que la précédente, en dépit des appuis que François Iᵉʳ s'est assurés auprès des adversaires les plus irréductibles de l'empereur : les Turcs et les princes protestants allemands. Il est vrai qu'en 1543 Henri VIII s'est à nouveau rapproché de Charles Quint.

Henri II et la paix du Cateau-Cambrésis. En 1552, Henri II, qui est devenu roi de France à la mort de son père en 1547, occupe les trois évêchés de Metz, Toul et Verdun, après accord avec les princes protestants allemands. Charles Quint tente de reprendre Metz, mais François de Guise, prince lorrain au service de la France, défend la ville et contraint l'empereur à une retraite désastreuse en janvier 1553. En 1556, au moment d'abdiquer et de partager ses possessions entre son fils et son frère, Charles Quint signe une nouvelle trêve avec Henri II. Mais, un an plus tard, le nouveau roi d'Espagne, Philippe II, époux de la reine d'Angleterre Marie Tudor, décide d'envahir la France. L'armée espagnole partie des Pays-Bas écrase les Français à Saint-Quentin le 10 août 1557, mais Philippe II hésite à marcher sur Paris et ne peut empêcher François de Guise de prendre Calais aux Anglais. Épuisés financièrement, les adversaires signent en avril 1559 les traités du Cateau-Cambrésis : la France restitue la Savoie à son duc, mais garde Calais. De plus, elle est, de fait, évincée d'Italie, dominée désormais par l'Espagne maîtresse de Milan et de Naples, mais conserve les Trois-Évêchés en dépit des protestations de l'empereur Ferdinand.

Le renforcement de l'autorité royale sous François Iᵉʳ et Henri II

Les pouvoirs du roi. Sous François Iᵉʳ et Henri II, la France connaît un renforcement de l'autorité monarchique. La conception même du pouvoir royal tend à évoluer. La notion médiévale du roi premier suzerain, sommet de la pyramide féodale, détenant par le sacre un caractère religieux, se complète de traits empruntés au droit romain : le roi est seul souverain en son royaume et il n'a pas de comptes à rendre à ses sujets. Il peut les consulter dans le cadre des états généraux, mais il n'est tenu ni de réunir ceux-ci ni de suivre leurs avis. Toutefois, cette notion de pouvoir absolu a des limites de droit et de fait. En droit, le roi a des devoirs envers ses sujets et envers Dieu, devant qui il est comptable de ses actes. Par ailleurs, il doit respecter un certain nombre de règles coutumières désignées sous le nom de « lois fondamentales » du royaume : l'hérédité de la couronne par ordre de primogéniture avec exclusion des femmes (loi dite salique), l'inaliénabilité du domaine, l'indépendance du pouvoir royal. Il existe aussi des limites de fait à l'absolutisme : l'immensité relative du royaume liée à la lenteur des communications, la vigueur des particularismes locaux et des langues régionales, le petit nombre de représentants du pouvoir central.

Le Conseil du roi, dont les membres sont choisis par le souverain, est divisé en Conseil privé (ou des parties), pour les affaires ordinaires d'administration et de justice, et en Conseil étroit (ou secret, ou des affaires), composé de quelques membres seulement et chargé des questions les plus importantes. Le chancelier, garde des sceaux, est, après le roi, le premier personnage du royaume, en dignité et en importance : il dirige la justice, mais aussi l'administration et la police. Le connétable est le chef de l'armée, dont le noyau est permanent. Quatre secrétaires du roi sont plus spécialement chargés de préparer et de suivre les décisions du Conseil, auquel ils participent ; en 1547, un règlement confie à chacun d'eux l'administration d'un quart du royaume et, en 1559, ils reçoivent le titre de « secrétaires d'État ».

Les institutions provinciales. Le domaine royal tend à se confondre avec le royaume par la disparition des dernières grandes principautés féodales : l'acte d'union de la Bretagne à la France est signé en 1532 ; la trahison du connétable de Bourbon passant au service de Charles Quint en 1523 entraîne, en 1531, la confiscation du Bourbonnais et de l'Auvergne. Seule la Maison d'Albret conserve d'importants domaines dans le Sud-Ouest. Mais les provinces récemment rattachées au domaine royal (Bourgogne, Provence, Bretagne) conservent une partie de leurs institutions (états provinciaux) et jouissent de certains privilèges. Le royaume est divisé en gouvernements (douze en 1559) sous l'autorité d'un gouverneur, puissant personnage chargé du maintien de l'ordre, et en une centaine de bailliages ou sénéchaussées, circonscriptions à la fois administratives et judiciaires. Au-dessus, les *parlements sont des cours supérieures de justice jugeant en appel, mais ayant aussi un rôle administratif : ils enregistrent les actes royaux et peuvent à cette occasion présenter au roi des remontrances. Pour alléger leur tâche, Henri II crée, en 1552, soixante *présidiaux. En 1539, l'ordonnance de Villers-Cotterêts réserve l'exercice de la justice à des gradués en droit ; elle impose, en outre, l'usage du français à la place du latin dans la rédaction des jugements ainsi que des actes notariés et elle charge les curés de paroisse de tenir registre des naissances et des décès de leurs paroissiens.

Officiers et commissaires. Les diverses fonctions judiciaires ou administratives sont exercées par des officiers, pourvus de leur charge, ou office, par lettres royales et rétribués par des gages. Mais l'office est devenu objet de commerce et propriété privée : autorisée en 1483 pour les offices de finance, la vénalité s'étend bientôt à toutes les charges royales. Pour surveiller sur place certains officiers ou mener à bien certaines affaires, le roi peut utiliser le système de la commission, c'est-à-dire l'octroi à un membre de·la cour d'un pouvoir limité dans le temps, dans l'espace et dans la compétence. Henri II use fréquemment de ce procédé : en 1552, on compte à travers le royaume une vingtaine de ces « commissaires départis pour l'exécution des ordres du roi ».

Les impôts. Le roi tire les énormes ressources dont il a besoin non seulement des impôts directs (la taille) et indirects (la gabelle et les aides), mais aussi de la vente des offices et des emprunts aux particuliers sous la forme, à partir de 1522, des rentes sur l'hôtel de ville de Paris (appelées ainsi parce que le paiement des intérêts était garanti par les recettes de la Ville de Paris). En 1542, le royaume est divisé en seize recettes générales ou *généralités, regroupant un certain nombre d'*élections et dirigées chacune par un receveur général des finances chargé de percevoir et d'administrer le produit de l'impôt : les fonds collectés par les * élus sont utilisés pour régler les dépenses régionales, le surplus étant envoyé au surintendant des Finances.

La Renaissance

Humanisme et renaissance littéraire. « Maintenant, toutes disciplines sont restituées, les langues instaurées, les impressions tant élégantes et correctes en usance inventées de mon âge par inspiration divine [...] ; tout le monde est plein de gens savants, de précepteurs très doctes, de librairies [bibliothèques] très amples. » Ce constat enthousiaste, que Rabelais met, en 1532, sous la plume de Gargantua écrivant à son fils Pantagruel, traduit bien le sentiment qu'ont les contemporains de François Iᵉʳ de vivre une époque de « renaissance », caractérisée par la découverte ou la redécouverte des grands textes et des grands monuments de l'Antiquité par l'intermédiaire de l'Italie, un immense appétit de savoir, l'amour du beau et du vrai, une confiance inébranlable dans l'homme. La diffusion des idées humanistes est facilitée par les progrès de l'imprimerie, introduite à Paris dès 1470, et aussi par la création en 1530, à l'initiative de François Iᵉʳ , du Collège des lecteurs royaux, futur Collège de France, où des humanistes réputés ont mission d'enseigner publiquement le grec, l'hébreu, les mathématiques.

Parallèlement, la publication en 1539 de *Défense et Illustration de la langue française* de Joachim du Bellay est un plaidoyer pour la langue « vulgaire », face au latin. Mais les grands écrivains qui s'expriment en français – Rabelais (1494-1553), Calvin (1509-1564), les poètes de la Pléiade autour de Ronsard (1524-1585), Montaigne (1533-1592) – n'en partagent pas moins avec les humanistes la même admiration pour l'héritage de l'Antiquité et considèrent les auteurs grecs et latins non seulement comme des maîtres à penser, mais aussi comme des modèles de composition et de style avec lesquels on s'efforce de rivaliser.

La renaissance artistique. Sur le plan artistique, la France est pénétrée par l'influence italienne avant même les guerres d'Italie, qui ne feront qu'accélérer un phénomène déjà amorcé. Toutefois, de 1480 à 1520 environ, cette influence florentine et romaine reste limitée surtout à la décoration tant des églises que des châteaux, dont la construction continue à s'inspirer des principes du gothique flamboyant ; pilastres à l'antique, caissons, frises, arabesques témoignent ainsi d'un art nouveau. Avec le début du règne de François Iᵉʳ, l'italianisme l'emporte d'abord dans les châteaux de la Loire (Chenonceaux, Villandry, Chambord) puis à Fontainebleau, grâce aux artistes italiens appelés par François Iᵉʳ et à ce que l'on peut appeler l'école de Fontainebleau.

Vers 1540-1550 se forme un style classique proprement français qui réalise la synthèse des influences italiennes et antiques et des traditions nationales. Pierre Lescot dans la construction du Louvre dit « d'Henri II », Philibert Delorme dans celle des Tuileries (aujourd'hui disparues), Jean Bullant dans celle du château d'Écouen appliquent avec bonheur des formules qui seront celles de l'architecture classique pendant plus de deux siècles : façades plates découpées par de hautes fenêtres et des éléments horizontaux, colonnes et pilastres selon le strict étagement des trois ordres antiques, mais maintien des toits dits « à la française », des lucarnes et des cheminées. En sculpture, Jean Goujon et Germain Pilon s'inspirent directement du paganisme et de la Grèce antique.

La société française et les débuts de la Réforme

Clergé, noblesse et tiers état. Le renforcement de l'autorité du roi se traduit aussi par un meilleur contrôle de la société. Par le concordat de Bologne (1516), François Iᵉʳ s'est assuré la surveillance du clergé. En effet, le roi de France nomme désormais aux bénéfices majeurs, c'est-à-dire évêchés et abbayes, le pape se réservant l'*investiture spirituelle ou canonique. Le roi dispose ainsi de moyens de récompenser tel sujet ou telle famille qu'il veut s'attacher. La noblesse continue à se définir moins par des critères de droit que par son mode de vie : le noble reste avant tout un chevalier, et les guerres quasi continuelles de 1494 à 1559 permettent de multiplier les prouesses et de « parvenir par les armes ». Un autre moyen de parvenir est de paraître à la cour et de s'y assurer un protecteur puissant dans l'entourage du roi. La terre est toujours le fondement de la richesse et de la puissance des nobles, mais certains d'entre eux ne dédaignent pas de s'enrichir dans des activités industrielles, commerciales ou financières. Enfin, le service du roi commence à assurer la noblesse, par exemple les charges de secrétaire du roi : c'est l'origine de la noblesse de robe.

La bourgeoisie est diverse, mais globalement en voie d'enrichissement par le travail artisanal et surtout par le grand commerce international, avec le rôle accru de Lyon. Le voyage de Jacques Cartier, qui, en 1534, découvre la région du Saint-Laurent, traduit la volonté de François Iᵉʳ et d'une partie de la bourgeoisie marchande de participer à la recherche de la route directe vers l'Asie et éventuellement à l'exploitation du Nouveau Monde. Mais, pour la plupart des bourgeois, l'achat d'un office, le prêt d'argent au roi, l'achat de terres constituent les moyens les plus sûrs d'ascension sociale. Quant aux membres des classes populaires, urbaines et rurales, leur sort est encore plus divers, mais tous, à quelque province qu'ils appartiennent, partagent un sentiment d'attachement à la personne du roi considéré comme leur protecteur naturel et le garant de l'unité du royaume. Mais cette unité est menacée par les débuts de la Réforme.

Calvin et les débuts de la Réforme. A la fin du 15ᵉ et dans les premières années du 16ᵉ siècle, l'Église de France présente les mêmes faiblesses, notamment la médiocre qualité du clergé, et les mêmes désirs de réforme que le reste de la Chrétienté. Dans les années 1510-1520, autour de Jacques Lefèvre d'Étaples et de Guillaume Briçonnet, futur évêque de Meaux, se forme un petit groupe d'humanistes et de clercs soucieux d'une réforme de l'Église par un retour à l'Évangile. Quelques-uns d'entre eux sont gagnés au luthéranisme dès 1520. Entre 1525 et 1534, les idées nouvelles se répandent dans presque tous les milieux, sans qu'il soit toujours facile de séparer orthodoxes et hérétiques. François Iᵉʳ lui-même, encouragé par sa sœur Marguerite d'Angoulême, reine de Navarre, soutient les idées réformatrices. Mais le durcissement progressif des positions amène la rupture, provoquée par l'affaire des placards en octobre 1534 : des écrits injurieux contre la messe sont affichés au château d'Amboise, jusque sur la porte de la chambre du roi. Deux ans plus tard, Jean Calvin publie en latin son *Institutio religionis christianae*, ouvrage qu'il traduit lui-même en français en 1541 et dans lequel il reprend les idées luthériennes du *sacerdoce universel, de l'autorité de la seule Bible et de la *justification par la foi, postulant, selon lui, la prédestination.

A partir de 1534 et surtout après 1540 et la diffusion du protestantisme sous la forme presque exclusive du calvinisme, les mesures répressives se multiplient et sont encore renforcées par l'avènement d'Henri II en 1547. Vers 1550, en dépit de cette répression, presque toutes les provinces sont touchées, notamment la Normandie, le Poitou, le Languedoc, et de grands seigneurs passent au calvinisme. Le 2 juin 1559, par l'édit d'Écouen, le roi décide d'en finir avec l'hérésie en envoyant dans toutes les provinces des commissaires pour animer la répression, mais les 27 et 28 mai, le premier synode national de l'Église réformée ou calviniste se tient clandestinement à Paris. Un mois plus tard, le 30 juin, Henri II est blessé lors d'un tournoi et meurt dix jours après.

DOCUMENT

Les Parisiens apprennent la nouvelle
de la défaite de Pavie

Maître Nicolas Versoris, avocat au parlement de Paris, tient, de 1519 à 1530, son livre de raison. Voici ce qu'il y note en mars 1525 :

« Le lundi sixième jour de mars, furent apportées à la cour merveilleuses et moult douloureuses nouvelles, c'est que le vingt-quatrième jour de février, un vendredi et jour de saint Mathias, les Espagnols, Lansquenets, Lombards, Vénitiens conduits et menés par le [vice-] roi de Naples, Charles de Bourbon, le marquis de Pescaire, vinrent ruer sur l'armée du roi de France, en laquelle il était en personne, qui tenait la ville de Pavie assiégée. Par mauvaise et contraire fortune, toute l'armée de France fut rompue, détruite et gâtée, et plusieurs grands personnages tués, et autres pris, entre lesquels fut premièrement pris le roi, lequel, sur tous ceux de son armée, fit merveilleuse prouesse et tours de chevalerie pour son honneur et pour la tuition [protection] et défense de sa personne. De plus furent pris le roi de Navarre, M. le comte de Saint-Pol, M. de Saluces, M. de Nevers, le prince de Talmont, le maréchal de Montmorency, le maréchal de Foix [...], et plusieurs autres

grands personnages, le nombre desquels serait trop long à décrire. A
bref parler, toute la fleur et chevalerie de France fut prise ou morte, ce
qui sera, si Dieu par sa grâce, bonté et miséricorde n'y remédie, la perte
et destruction totale du royaume [...] Après tant douloureuses nouvelles
reçues et les Parisiens moult effrayés de telles calamités, il fut ordonné
de garder les quatre portes principales de Paris, les autres étoupper
[boucher] et fermer. »

Journal d'un bourgeois de Paris sous François Iᵉʳ,
Paris, UGE, coll. « 10/18 », 1963, p. 77.

*Le désastre de Pavie, le 24 février 1525, est connu à Paris le 6 mars, soit
dix jours plus tard – intéressant témoignage sur la diffusion des nouvelles
au 16ᵉ siècle. Cette annonce provoque la stupeur dans la capitale et des
réflexes de peur et de défense : il est vrai que Charles Quint possède l'Artois et, de là, menace directement Paris.*

15. La crise des guerres de Religion
(1559-1610)

Catholiques et protestants se déchirent pendant près de quarante ans au cours d'un conflit que l'on appelle à juste titre les « guerres de Religion », mais qui est en même temps une très grave crise nationale favorisée par la faiblesse de l'autorité royale sous les trois fils d'Henri II. La sagesse politique d'Henri IV amène le rétablissement de la paix, en 1598, avec l'édit de Nantes.

Les guerres de Religion, crise nationale

La crise religieuse. Entre la mort accidentelle d'Henri II en 1559 et la signature de l'édit de Nantes en 1598, la France connaît, durant près de quarante ans, une des périodes les plus dramatiques de son histoire. L'opposition violente des catholiques et des protestants s'affrontant en des guerres indécises constitue l'aspect le plus spectaculaire de cette grave crise nationale, à la fois religieuse, politique, économique et sociale. Les progrès du calvinisme sous Henri II et la conversion de nombreux gentilshommes constituent, en 1559, une menace directe pour la paix et l'unité du royaume, puisque, conformément aux idées du temps, il ne doit exister dans un État qu'une seule religion, celle du prince. C'est ce principe *(cujus regio, ejus religio)* qui a triomphé en Allemagne en 1555 et conduit à la cœxistence dans l'Empire d'États catholiques et d'États protestants. Toute minorité pratiquant une religion différente de celle du souverain est une menace pour l'unité de l'État et doit être éliminée. Si la minorité s'estime assez forte et sûre d'elle pour devenir quelque jour majorité, elle résistera en attendant d'éliminer l'adversaire. C'est ce qui explique la durée et l'acharnement du conflit qui déchire la France dans la seconde moitié du 16e siècle. A part quelques voix isolées et vite couvertes par le fracas des armes (Michel de L'Hospital, Duplessis-Mornay), chaque camp ne se donne d'autre but et ne voit d'autre solution que l'élimination de l'adversaire, après que l'échec du colloque de Poissy, en septembre 1561, eut démontré l'impossibilité d'un rapprochement entre les deux confessions.

La crise politique. Cette guerre, doublement fratricide puisque ce sont des chrétiens et des Français qui s'entr'égorgent en un déchaînement de fanatisme et de cruauté, est d'autant plus grave que le roi se révèle incapable de jouer le rôle d'arbitre qui devrait lui revenir. Cela est dû d'abord au fait qu'à Henri II succède son fils François II (1559-1560), qui n'a que seize ans, et qui, malade, meurt après dix-huit mois de règne. Son frère Charles IX (1560-1574) n'ayant que dix ans à son avènement, le pouvoir est exercé par sa mère Catherine de Médicis comme régente. Quelles que soient ses qualités politiques, qui sont grandes, celle-ci est une princesse étrangère qui a du mal à s'imposer. Elle essaie de jouer sur la rivalité du parti catholique, qui s'organise derrière le connétable de Montmorency et le duc François de Guise, et du parti protestant, dont les chefs sont Antoine de Bourbon, Louis de Condé et l'amiral de Coligny. Mais, ce faisant, elle permet aux deux factions de se renforcer, grâce notamment à tous les nobles réduits à l'inaction par la paix du Cateau-Cambrésis, et surtout elle amène François de Guise à conclure que le parti catholique ne peut compter sur le pouvoir royal pour extirper l'hérésie et qu'il doit donc s'en charger lui-même. Charles IX devient majeur en 1564, mais sa mère n'en conserve pas moins la réalité du pouvoir. Coligny essaie de profiter de l'ascendant qu'il a pris sur le roi pour faire triompher les huguenots, mais il est éliminé à l'instigation de la reine mère. Après la mort de Charles IX en 1574, son frère Henri III monte sur le trône. Il est intelligent, cultivé, conscient de ses devoirs. Mais la prolongation du conflit rend sa solution de plus en plus difficile, dans la mesure où elle renforce les positions et les ambitions des partis en présence. C'est ainsi qu'Henri de Guise, dit « le Balafré », fils de François et chef des catholiques intransigeants, songe à substituer sa famille à celle des Valois sur le trône de France. La religion sert de paravent à l'ambition politique.

De même, les événements favorisent le réveil des autonomies provinciales et locales, tenues en bride au temps de François Iᵉʳ et d'Henri II. Les gouverneurs de certaines provinces, souvent soutenus par les états provinciaux, se conduisent en chefs quasi indépendants, Montmorency en Languedoc, Lesdiguières en Dauphiné, Mayenne en Bourgogne, Mercœur en Bretagne. Par ailleurs, la crise de l'autorité royale et les besoins financiers nés de la guerre expliquent la fréquente réunion des états généraux (1560, 1561, 1576, 1588), sous la pression de l'un ou l'autre des partis : les états font preuve d'une audace croissante, mais, n'ayant ni périodicité régulière ni attributions définies, ils ne peuvent contribuer à la solution des problèmes. Les interventions de l'étranger dans les affaires françaises témoignent, elles aussi, de la gravité de la crise nationale que traverse le royaume. L'Angleterre d'Élisabeth et les princes protestants allemands aident, à différentes reprises, les calvinistes, notamment par l'envoi de troupes. De son côté, Philippe II, le très catholique roi d'Espagne, intervient directement dans la dernière phase du conflit.

La crise économique. La crise religieuse et politique se double d'une crise économique et sociale. En effet, outre les effets d'une série de crises de subsistances, la guerre civile a, directement ou indirectement, des conséquences désastreuses sur toute l'activité économique. Les gens de guerre qui parcourent le royaume en tous sens laissent derrière eux la ruine, la peste et la mort. Les impôts royaux et seigneuriaux ne cessent d'augmenter. La production agricole et artisanale diminue. Le commerce intérieur est en partie ruiné. Cette situation aggrave les tensions sociales. Si les grandes familles aristocratiques et quelques groupes restreints (les riches financiers notamment) profitent de la situation, par contre le clergé, spolié et accablé de *dons gratuits, la petite noblesse campagnarde et les masses populaires urbaines et rurales sont les victimes de cette longue crise. La population elle-même, qui a continué à croître depuis la fin du 15e siècle, tend à reculer à partir des années 1560-1580.

Les premières guerres de Religion (1562-1584)

Le début de la guerre. Le massacre des protestants de Wassy, en Champagne, le 1er mars 1562, par les hommes de François de Guise marque le début de la lutte armée. L'historiographie traditionnelle distingue huit guerres de Religion, mais c'est toujours le même combat qui se poursuit, entrecoupé de trêves plus ou moins longues *(document 1, p. 190)*. A chaque campagne, les protestants, qui resteront toujours très minoritaires, sont généralement battus, notamment à Dreux en 1562, à Jarnac et à Moncontour en 1569, mais arrachent à la cour, par leur obstination, des conditions de paix chaque fois plus favorables, ce qui provoque l'exaspération du parti catholique, qui, après avoir reconstitué ses forces, reprend la lutte. Ainsi, l'édit de pacification d'Amboise, en 1563, accorde aux huguenots la liberté de culte dans les faubourgs d'une ville par bailliage. Il est confirmé en 1568 par la paix de Longjumeau. La guerre reprend, et les protestants, à nouveau vaincus, ne doivent qu'à l'habileté politique de Coligny les avantages que leur procure en 1570 l'édit de Saint-Germain, notamment le droit de tenir quatre places fortes, dont La Rochelle. Mais, entre-temps, les principaux chefs des deux camps ont été éliminés, soit tués au combat (Antoine de Bourbon en 1562, Montmorency en 1567), soit assassinés (François de Guise en 1563, Condé en 1569).

La Saint-Barthélemy. Vers 1570, Charles IX, qui a vingt ans et est soucieux de se démarquer de sa mère, fait entrer Coligny au Conseil. Celui-ci préconise une politique anti-espagnole et une intervention aux Pays-Bas, révoltés contre Philippe II. Catherine de Médicis, qui est favorable à une entente avec l'Espagne, se rapproche du jeune Henri de Guise impatient de venger la mort de son père. Or, le 22 août 1572, Coligny échappe à un attentat fomenté sans doute par Henri de Guise. La reine mère, soit qu'elle ait redouté une violente réaction des huguenots, soit qu'elle ait voulu devancer une émeute de la population parisienne violemment antiprotestante et excitée par les Guises, arrache à son fils l'ordre d'exécution des principaux chefs protestants venus à Paris pour le mariage d'Henri de Bourbon-Navarre, fils d'Antoine de Bourbon et de Jeanne d'Albret, avec Marguerite, sœur du roi. Le massacre de la Saint-Barthélemy, le 24 août, fait 3 000 victimes à Paris, dont Coligny, et est suivi de massacres semblables dans plusieurs grandes villes. Ce crime, voulu par Catherine et Henri de Guise et approuvé par Charles IX, n'arrange rien, bien au contraire : les protestants, furieux de la disparition de leurs chefs, décident d'organiser solidement le parti huguenot autour d'Henri de Navarre.

Union calviniste et Sainte Ligue. Henri III (1574-1589), qui a succédé à son frère en 1574, se trouve bientôt dans une situation quasi désespérée. Les protestants, regroupés en une puissante Union calviniste, arrachent au roi, à l'issue d'une nouvelle guerre indécise, l'édit de Beaulieu (1576), qui leur rend la liberté de culte et porte à huit le nombre de leurs places de sûreté. Les catholiques, estimant que le roi ne soutient pas suffisamment leur cause, s'organisent bientôt en une Sainte Union des catholiques ou Sainte Ligue, dont Henri de Guise cherche à faire un instrument de ses ambitions personnelles. Entre les deux, les « politiques » ou « malcontents » regroupent des catholiques modérés, notamment des officiers souhaitant que la royauté se place au-dessus des partis. Ils sont soutenus par le dernier fils d'Henri II, François, duc d'Alençon, ambitieux et brouillon, qui mène de surcroît une politique personnelle et intrigue contre son frère. Vers 1580, une sorte d'équilibre semble atteint entre la Ligue et l'Union calviniste, chacune s'organisant en État quasi indépendant dans les parties du royaume qu'elle contrôle.

La crise de 1584-1598

La guerre des trois Henri. La mort de François d'Alençon, le 10 juin 1584, remet cet équilibre en question. En effet, Henri III n'ayant pas d'enfant et peu de chances d'en avoir un, son héritier est désormais Henri de Bourbon, roi de Navarre, descendant du dernier fils de Saint Louis. La perspective de voir un protestant monter sur le trône de France répugne à la très grande majorité des Français et amène Henri de Guise, soutenu par ses frères le duc de Mayenne et le cardinal de Lorraine, à signer avec Philippe II un traité, aux termes duquel le roi d'Espagne promet d'aider financièrement la Ligue à écraser en France le parti protestant. Henri III essaie de faire face. Mais les troupes royales sont battues par Henri de Navarre à Coutras en novembre 1587, alors que, quelques jours plus tard, Henri de Guise est vainqueur d'une autre armée protestante à Auneau. Sa popularité s'accroît d'autant et le prestige du roi est un peu plus entamé. La population parisienne, farouchement ligueuse et entretenue dans ces sentiments par la prédication des moines mendiants, acclame le Balafré et, à l'issue de la journée des Barricades, le 12 mai 1588, force Henri III à s'enfuir de sa capitale. Cédant aux pressions de la Ligue, celui-ci convoque à Blois les états généraux, dociles au duc. Rien ne semble plus devoir arrêter les Guises, lorsque le roi de France décide de les éliminer pour sauver sa couronne : il fait assassiner le duc de Guise par ses gardes le 23 décembre 1588 et le cardinal de Lorraine le lendemain.

Ce double meurtre déchaîne contre le roi toute la France ligueuse. A Paris, le comité des Seize, formé de ligueurs extrémistes, presque tous hommes de loi, avocats ou procureurs au parlement, confie au duc de Mayenne la lieutenance générale du royaume, cependant que la Sorbonne délie les sujets de leur devoir d'obéissance au roi. Celui-ci se rapproche alors d'Henri de Navarre, héritier présomptif, et leurs forces conjointes mettent le siège devant Paris. Mais le 1er août 1589, à Saint-Cloud, le moine dominicain Jacques Clément poignarde le roi, qui meurt quelques heures plus tard, après avoir reconnu Henri de Navarre comme son successeur.

Henri IV. Mais celui-ci, devenu Henri IV, roi de France et de Navarre, a beau promettre de maintenir la religion catholique et d'étudier la possibilité de se convertir, même les catholiques royaux restés fidèles à Henri III l'abandonnent. Le nouveau roi doit donc envisager la conquête de son royaume à la tête des troupes protestantes. Il bat à deux reprises le duc de Mayenne en Normandie (Arques, septembre 1589 ; Ivry, mars 1590) et revient assiéger Paris, mais doit lever le siège à l'approche de Mayenne et de renforts espagnols commandés par Alexandre Farnèse (avril-septembre 1590). Cependant, dans la capitale, des dissensions ne tardent pas à se faire jour entre les ligueurs. Si tous sont d'accord pour refuser un roi hérétique, les uns, peu nombreux, sont prêts à accepter un prince étranger (l'infante Isabelle, fille de Philippe II et petite-fille d'Henri II, ou le duc de Savoie), alors que d'autres souhaitent un prince français (le cardinal de Bourbon, oncle d'Henri IV, un moment reconnu roi sous le nom de Charles X, mais qui meurt en janvier 1593, ou le duc de Mayenne). Mais les Seize, extrémistes et démagogues, entretiennent l'agitation et exercent même, un moment, une véritable terreur. Des états généraux réunis à Paris par Mayenne refusent, en avril 1593, la solution espagnole, par référence à la loi salique, mais surtout par sursaut national.

Or, le 25 juillet 1593, Henri IV abjure le protestantisme et, le 27 février 1594, se fait sacrer à Chartres (Reims étant aux mains des ligueurs). Désormais, ce qu'il n'avait pu obtenir par les armes devient possible, la lassitude aidant : Paris lui ouvre ses portes le 22 mars 1594 et, en province, les ralliements se multiplient, les uns facilement obtenus, les autres négociés et achetés. Le dernier rallié, en mars 1598, est le duc de Mercœur, un cousin des Guises, gouverneur de Bretagne. Quant aux Espagnols, Henri IV les bat à Fontaine-Française, en Bourgogne, le 5 juin 1595, et, en septembre 1597, leur reprend Amiens, dont ils s'étaient emparés six mois plus tôt.

Le relèvement du royaume sous Henri IV (1598-1610)

L'édit de Nantes. Le 2 mai 1598, le traité de Vervins rétablit la paix avec l'Espagne, en confirmant les clauses du traité du Cateau-Cambrésis. Quelques jours plus tôt, le 13 avril, Henri IV a signé l'édit de Nantes. On désigne généralement sous cette expression à la fois l'édit proprement dit et deux groupes d'articles secrets signés le 2 mai. Ces textes, qui reprennent certaines stipulations d'édits antérieurs, accordent à « ceux de la religion prétendue réformée » (l'expression est significative), outre la liberté de conscience, la liberté de culte, mais assortie d'importantes restrictions, puisque celui-ci n'est autorisé que dans deux villes par bailliage et dans les demeures des seigneurs hauts justiciers. Par ailleurs, l'accession à tous les emplois est garantie aux protestants, et des chambres mixtes, dites « mi-parties », sont instituées dans six parlements. Cependant, le fait qu'Henri IV ait jugé nécessaire d'octroyer à ses anciens coreligionnaires le droit de tenir des assemblées et de conserver cent cinquante et une places fortes pour leur permettre d'imposer éventuellement leurs droits montre bien que l'édit de Nantes est un acte de réalisme politique de la part du roi et non pas la traduction d'un véritable climat de tolérance. La violente opposition des parlements à l'enregistrement de l'édit, les résistances acharnées des milieux catholiques les plus divers et même le mécontentement de nombreux huguenots témoignent dans le même sens. Du moins le geste d'Henri IV mettait-il fin à près de quarante ans de guerre civile et allait-il permettre aux protestants français d'exercer en paix leur religion.

La restauration de l'autorité royale. Le roi, qui a les qualités d'un grand souverain – courage physique, autorité et bonhomie, sens de la dignité royale –, peut alors s'employer à la restauration du pouvoir monarchique et au relèvement financier et économique du royaume. Il sait s'entourer de serviteurs fidèles, comme le protestant Maximilien de Béthune, qu'il fera duc de Sully, ou des catholiques qui se sont ralliés à lui dès le temps de la Ligue. Reprenant l'œuvre interrompue de François Ier et d'Henri II, il surveille étroitement les grands corps de l'État. Les parlements ne peuvent présenter de remontrances qu'après enregistrement des édits royaux. Les états généraux ne sont plus réunis. Le clergé est invité à mieux contribuer aux dépenses publiques. La haute noblesse est contrainte à l'obéissance : en 1602, le duc de Biron, qui a comploté avec l'Espagne, est jugé et exécuté. Les gouverneurs de province voient leurs pouvoirs réduits aux seules attributions militaires. L'envoi de commissaires permet de contrôler les officiers.

Sully et le redressement financier et économique. Sully, nommé surintendant des Finances, réussit à redresser la situation financière grâce à un étroit contrôle des dépenses et des recettes. Celles-ci sont accrues par la création de la *paulette, droit annuel payé par les officiers en échange de l'hérédité de leur office. Le relèvement économique est rapide, attestant la vitalité profonde du royaume en dépit de l'état lamentable dans lequel se trouvent certaines régions vers 1598. Henri IV et Sully se rallient au *mercantilisme, selon lequel il faut vendre à l'étranger plus qu'on ne lui achète afin de dégager un solde positif d'or et d'argent. Les industries de luxe notamment sont encouragées, soieries, tapisseries, cristalleries. Le réveil de l'activité économique se manifeste aussi par la reprise des échanges commerciaux, à l'intérieur comme à l'extérieur : réfection du réseau routier, début de la construction du canal entre Loire et Seine, reprise du trafic des ports, au premier rang desquels Saint-Malo, Rouen, Marseille, qui assurent un indispensable cabotage et un fructueux trafic avec l'étranger. En 1608, Champlain fonde, sur les bords du Saint-Laurent, Québec, noyau de la Nouvelle-France.

Pourtant, l'œuvre de redressement reste incomplète et des menaces subsistent tant à l'intérieur du royaume que sur ses frontières. Les membres de la haute noblesse ne sont soumis qu'en apparence. Les protestants restent sur la défensive et entendent bien tirer parti des avantages militaires que leur accorde l'édit de Nantes. Le clergé et certains milieux catholiques s'inquiètent de la politique royale hostile aux Habsbourg. En outre, si la cession de la Bresse et du Bugey en 1601 par le duc de Savoie assure une meilleure protection de Lyon, la frontière reste vulnérable face à la Franche-Comté et aux Pays-Bas espagnols, alors que la menace que fait peser sur le royaume la Maison d'Autriche subsiste, en dépit de sa division en deux branches depuis l'abdication de Charles Quint en 1556. En 1609, Henri IV est même à deux doigts d'une guerre avec l'empereur à propos de la succession du duché de Clèves. Mais, le 14 mai 1610, il est assassiné par Ravaillac, catholique exalté qui affirmera avoir agi seul *(document 2, p. 191)*.

DOCUMENT 1

Un épisode des guerres de Religion en Auvergne

Jean Burel (vers 1540-1603), bourgeois du Puy et farouche ligueur, a laissé un précieux journal où il relate les événements dont il a été le témoin direct ou dont il a recueilli l'écho. Voici ce qu'il écrit de l'année 1577 :

« En ladite année 1577, M. de Damville [1], pour les huguenots, leva les armes contre le roi et envoya des grandes forces ès environs du Puy pour essayer de le surprendre, s'étant saisis de Fay, Saint-Agrève, Saint-Pal-de-Mons, et auxquels M. de Saint-Vidal, pour résister contre eux, employa les forces de M. de Mandelot à Lyon [...] S'en alla assiéger, ledit sieur de Saint-Vidal, Saint-Pal-de-Mons et, auprès de Pradelles, Le Cros et Langogne, où ils ont mené et conduit les deux canons du Puy. Toutefois, ceux de Saint-Pal, ayant entendu que le canon venait, s'enfuirent et laissèrent ledit lieu, y ayant mis le feu [...] Et de là, ledit sieur de Saint-Vidal, avec ses forces, s'en serait allé assiéger Ambert, tenu et saisi par le capitaine Merle, où voyant les forces dudit Merle et les résistances qu'il faisait, jusques à y être tués de quatre à cinq cents [hommes], le soir du 20 mars audit an furent contraints de faire conduire des canons de Lyon, tellement que, quelques assauts que fussent donnés à ladite ville d'Ambert, ne la purent recouvrer, car furent bien repoussés par ledit Merle, tellement que le camp se départit sans rien faire. Et après le Merle quitta Ambert et se retira à Issoire, auquel lieu Monseigneur [2] frère du roi Henri, avec grosse armée, vint et par force d'armes fit abattre les murailles, mettre tous ceux qui étaient dedans au fil de l'épée et abattre toute la ville ; les soldats s'étaient saisis des femmes, lesquelles emmenèrent et les vendaient à beaux deniers comptants. Et ledit sieur frère du roi, accompagné des sieurs de Guise et de Nevers, se retirèrent à Brioude où ils demeurèrent environ trois semaines. Et, ayant reçu 30 000 livres, se retira ledit camp, et audit sieur de Saint-Vidal fut donnée charge d'aller assiéger Marvejols, comme après fit. Audit an 1577 et le jour de sainte Anne, au mois de juillet, la maladie de contagion et peste se mit dans la ville du Puy, commencée en la maison de François Baud, cordonnier, et de laquelle il décéda, comme aussi une fille de Jean Ralhe et plusieurs autres de la ville en grand nombre ; de sorte que la plupart des habitants s'enfuirent et se

1. Henri Ier de Montmorency, comte de Damville, gouverneur du Languedoc, est ennemi des Guises et combat la Ligue.
2. François (1554-1584), duc d'Alençon et d'Anjou, dernier fils d'Henri II.

retirèrent ès villages des environs pour leur sûreté [...] Et, au mois d'octobre après, la paix fut publiée par la ville à la grande réjouissance du peuple. Et peu après survint un grand bruit que le roi avait fait décrier les monnaies [...] En ladite année 1577, était si grande la pauvreté et nécessité que le menu peuple criait et pleurait par les rues à grand nombre, qui était chose scandaleuse et lamentable [...] ; car pour cause du décri des monnaies, ceux qui avaient du blé n'en voulaient point bailler. Chose pitoyable ! Et d'ailleurs la pauvreté fut si grande que les artisans ne trouvaient rien à gagner ni trafiquer [...] Et audit an 1577, environ la fête de Saint-Michel, fut vue au ciel une étoile traînant grande queue, comme si c'était une branche d'arbre ou un fagot, tellement que le monde murmurait que c'était quelque grand signe que Dieu nous envoyait, parce que nous avions la peste continuellement, la famine, ne se faisant aucun trafic de marchandise ni autres moyens pour vivre. »

Mémoires de Jean Burel, bourgeois du Puy,
Le Puy, 1875, p. 44-48.

Les guerres de Religion ont consisté, le plus souvent, en de multiples opérations militaires locales, comme celles décrites par ce bourgeois du Puy en 1577. Elles mettaient en jeu, généralement, des effectifs peu importants, mais le déplacement de ces troupes vivant sur le pays avait des conséquences dramatiques pour les populations, sans compter que les soldats contribuaient souvent à la dissémination de la peste.

DOCUMENT 2

Loyalisme monarchique,
patriotisme et tolérance en 1610

Le protestant Philippe Duplessis-Mornay (1549-1623), gouverneur de Saumur depuis 1589, annonce, le 19 mai 1610, à l'assemblée de la ville, composée de protestants et de catholiques, la mort d'Henri IV, assassiné cinq jours plus tôt :

« Messieurs, nous avons ici à prononcer une triste et détestable nouvelle. Notre roi, le plus grand roi que la Chrétienté ait porté depuis cinq cents ans, qui avait survécu [à] tant d'adversités, de périls, de sièges, de batailles, d'assassinats même attentés en sa personne, tombe enfin sous le coup d'un misérable, qui noircit en un moment tout cet État de deuil, noie tous les bons Français de larmes [...] Ils nous ont donc tué notre roi, et j'en vois vos yeux mouillés, vos cœurs touchés, mais il ne faut pas ainsi perdre courage. Nous avons, de la grâce de Dieu, ce privilège en ce royaume, que les rois n'y meurent point. Il nous en a laissé un, en qui, dès ce bas âge, reluit l'image de ses vertus ; [il] nous laisse la reine, sa mère, princesse magnanime, déjà déclarée régente pour la conduite de sa personne et de l'État. Nous avons donc à tourner aujourd'hui les yeux vers eux, pour leur faire vœu de notre entière obéissance et fidèle service. En ce vœu, messieurs, étant ce que je suis au milieu de vous, je vous précéderai ; j'en fais serment devant mon Dieu ; je vous en donne l'exemple. Qu'on ne parle plus entre nous de huguenot ni de papiste ; ces mots sont défendus par nos édits. Qu'en fussent aussi bien les animosités éteintes en nos cœurs ! Quand il n'y aurait point d'édit au monde, si nous sommes français, si nous aimons notre patrie, nos familles, nous-mêmes, ils doivent désormais être effacés en nos âmes. Il ne faut plus qu'une écharpe entre nous. Qui sera bon Français me sera citoyen, me sera frère. Je vous conjure donc, messieurs, de vous embrasser tous, de n'avoir qu'un cœur et qu'une âme. Nous sommes petits, mais soyons ambitieux de cette louange de donner à nos voisins ce bon exemple, en dépit de la malice du siècle, de fidélité envers nos rois, d'amour envers notre patrie, de soin enfin de nous-mêmes. »

Mémoires et Correspondance de Duplessis-Mornay,
Paris, 1824-1825, t. XI, p. 30-31.

Les sentiments qu'exprime Duplessis-Mornay, dans ce beau discours de déploration et de fraternité, tranchent sur ceux de l'immense majorité de ses compatriotes, catholiques ou protestants, qui estiment que l'unité religieuse est indispensable à l'unité d'un État et que la tolérance est inconciliable avec les droits de la vérité.

16. La France
de Richelieu et de Mazarin
(1610-1661)

Après les troubles du début du règne de Louis XIII, Richelieu restaure l'autorité du roi, au-dedans comme au-dehors. Mais sa politique de guerre contre les Habsbourg et les charges qu'elle entraîne suscitent de vives résistances. Cette politique, poursuivie par Mazarin sous la minorité de Louis XIV, provoque une guerre civile, la Fronde, qui se termine par le triomphe de l'autorité monarchique.

Louis XIII et Richelieu (1610-1643)

Les troubles du début du règne. Louis XIII n'ayant que neuf ans à la mort de son père, la reine mère Marie de Médicis exerce la régence. Mais, sans expérience des affaires, elle se laisse dominer par son entourage, surtout sa sœur de lait Leonora Galigaï et le mari de celle-ci, Concini, ambitieux, cynique et avide, qui est fait maréchal et marquis d'Ancre et devient tout-puissant à partir de 1615. Les grands en profitent pour s'agiter et se faire accorder places et pensions. Le jeune roi, poussé par son ami Charles d'Albert de Luynes, décide en 1617 de mettre un terme à cette situation humiliante en faisant arrêter Concini ; celui-ci est abattu par le capitaine des gardes chargé de l'appréhender. Louis XIII fait alors exiler la reine mère à Blois et se débarrasse de ses ministres, dont le jeune évêque de Luçon, Richelieu. Mais, au lieu d'exercer effectivement le pouvoir, il s'en remet à Luynes, qui, inexpérimenté et médiocre, est incapable de faire face à la situation. Marie de Médicis, échappée de Blois, intrigue avec les grands et prend les armes. En avril 1620, aux Ponts-de-Cé, près d'Angers, le roi disperse les troupes de sa mère et se réconcilie avec elle. Par ailleurs, les protestants du Sud-Ouest se soulèvent et tiennent en échec les troupes royales. Louis XIII, privé de Luynes mort inopinément en 1621, préfère négocier avec eux, témoignant ainsi de sa faiblesse. Enfin, en 1624, cédant à sa mère rentrée en grâce, il décide de faire appel à Richelieu, qui, nommé cardinal en 1622, reçoit en août 1624 le titre de « chef du Conseil ».

Richelieu jusqu'en 1630. Le régime du ministériat ainsi institué repose sur l'étroite collaboration du roi et de son ministre. Louis XIII, timide et ombrageux, mais conscient de ses limites et de la valeur exceptionnelle de Richelieu, accorde à celui-ci une confiance sans défaillance, en dépit des orages. Plus tard, le cardinal résumera en une phrase célèbre la tâche qu'il s'assigne dès 1624 : « Ruiner le parti huguenot, rabaisser l'orgueil des grands, réduire tous [les] sujets en leur devoir et relever [le] nom [du roi] dans les nations étrangères au point où il devait être. » Pourtant, il serait erroné d'imaginer le ministériat de Richelieu comme l'exécution, point par point, d'un plan préétabli. L'homme est trop intelligent pour ne pas se plier aux circonstances. Il n'en reste pas moins qu'il sait où il va et avance avec une volonté inflexible.

Les premiers obstacles résident dans l'opposition nobiliaire. Les grands et les hommes de moindre noblesse qui les entourent voient très vite dans Richelieu un tyran qui menace les « libertés traditionnelles » du royaume et le rôle nécessaire que doivent jouer les nobles auprès du roi. Il est donc licite de chercher à l'éliminer. Dans la plupart des complots ourdis à cette fin, Gaston d'Orléans, frère du roi et son héritier jusqu'à la naissance en 1638 du futur Louis XIV, joue un rôle central et souvent peu glorieux dans la mesure où son rang lui permet d'échapper à la peine capitale qui, chaque fois, frappe les conjurateurs, tel Chalais en 1626. La répression contre les duellistes et le déman-tèlement de nombreux châteaux témoignent dès 1626 de la volonté du roi et de son ministre de réduire tous les nobles à l'obéissance. De même, la prise de la grande place huguenote de La Rochelle, après un siège de treize mois (1627-1628), permet de ruiner le parti huguenot : l'édit d'Alais (1629) prive les protestants des avantages politiques et militaires que leur avait concédés l'édit de Nantes, tout en maintenant celui-ci, au grand mécontentement de la plupart des catholiques. Enfin, Richelieu, très inquiet de la politique ambitieuse de l'empereur Ferdinand II, encourage en sous-main tous ses adversaires.

Richelieu et le régime de guerre. En 1630, un complot de cour, qui regroupe, derrière Marie de Médicis, la reine Anne d'Autriche, Gaston d'Orléans, tous les opposants au ministre, est sur le point de réussir : le 10 novembre, Marie de Médicis, qui reproche au cardinal son ingratitude à son égard, croit avoir obtenu le renvoi de celui-ci, mais, à l'issue de cette « journée des Dupes », le roi renouvelle sa confiance à son ministre. Désormais, Richelieu, ainsi confirmé, applique sans faiblesse sa politique de lutte contre la Maison d'Autriche, politique qu'il estime nécessaire pour le salut du royaume et aux exigences de laquelle il subordonne toute la politique intérieure. Son premier souci est d'assurer dans tout le royaume l'autorité du roi, en s'efforçant de surveiller et de diriger l'opinion publique, en envoyant des commissaires en province, en écrasant sans ménagement toutes les oppositions. Les complots nobiliaires, d'autant plus graves que les conjurateurs cherchent appui auprès des Habsbourg d'Espagne, sont déjoués, et leurs auteurs, éliminés : le duc de Montmorency en 1632 ; le comte de Soissons, sur le point de réussir, mais tué accidentellement en 1641 ; Cinq-Mars en 1642. Les nombreux soulèvements populaires provoqués par l'accroissement de la pression fiscale dû à la guerre sont impitoyablement réprimés, notamment les « croquants » entre Loire et Garonne en 1636-1637, les « nu-pieds » de Normandie en 1639. Accaparé par la politique extérieure, Richelieu ne s'intéresse aux problèmes économiques que dans la mesure où la puissance du roi dépend de la richesse du royaume. Il attache une grande importance à la mer et au grand commerce maritime. Mais, au total, ce qu'il attend des Français, c'est qu'ils soutiennent par leur travail et leurs deniers l'énorme effort de guerre, et il les fait payer sans ménagement. Dans de telles conditions, on conçoit que sa mort survenue le 4 décembre 1642 ait été accueillie avec soulagement dans presque tous les milieux. Louis XIII lui demeure pourtant fidèle et poursuit, avec le même personnel ministériel, notamment l'Italien Mazarin, la même politique, tant au-dedans qu'au-dehors. Avant de mourir, le 14 mai 1643, le roi a le temps d'organiser la régence de son fils âgé de cinq ans, au profit d'un Conseil de régence assistant Anne d'Autriche.

Mazarin et la Fronde

Dès le 18 mai, la reine se fait accorder par le parlement de Paris la régence pleine et entière. En réalité, elle est sans expérience politique et s'en remet entièrement à Mazarin, cardinal sans être prêtre, qui a sur elle un énorme ascendant. Plus souple que Richelieu, mais partageant ses dons, son sens de l'État, ainsi que son avidité, Mazarin entend mener la même politique que lui. En quelques années, il met le comble au mécontentement général par la nécessité où il se trouve de se procurer de l'argent par tous les moyens : emprunts, création d'offices, suppression partielle du paiement des rentes, rétablissement d'impôts tombés en désuétude.

La Fronde parlementaire. En juin 1648, le parlement de Paris rédige un arrêt, dit « de la chambre Saint-Louis », exigeant le rappel de tous les commissaires ou intendants, le vote par le parlement des impôts nouveaux et des créations d'offices, l'interdiction d'emprisonner quelqu'un plus de vingt-quatre heures sans le faire comparaître devant son juge naturel. Ce texte, qui place la monarchie sous le contrôle de ses officiers, est accueilli avec enthousiasme par les Parisiens. La régente s'incline d'abord, puis, le 26 août, fait arrêter trois parlementaires, dont le très populaire Broussel. Aussitôt, Paris se couvre de barricades. Reculant une nouvelle fois sur le conseil de Mazarin, Anne relâche Broussel, mais, l'agitation continuant, quitte secrètement Paris, dans la nuit du 5 au 6 janvier 1649, avec le jeune roi et Mazarin, et se réfugie à Saint-Germain-en-Laye. Le parlement organise la résistance, lève des troupes et reçoit l'appui de quelques grands seigneurs et de Paul de Gondi-Retz, coadjuteur de l'archevêque de Paris, cependant que se déchaînent les « mazarinades », violents pamphlets contre l'Italien qui cristallise toutes les haines *(document 1, p. 203)*. L'armée royale commandée par Condé fait le siège de la capitale. Inquiets de la tournure des événements, les parlementaires préfèrent traiter avec la régente et Mazarin, qui promettent un pardon général : la paix de Rueil met ainsi fin, en mars 1649, à cette guerre civile qui reçoit aussitôt le nom d'un jeu d'enfants, la « Fronde ».

La Fronde des princes. Rien n'est réglé pour autant, car les mécontentements contre le gouvernement de Mazarin subsistent entiers. Dans le courant de 1649, l'attitude de Condé provoque la deuxième Fronde, ou Fronde des princes. Grisé par ses victoires sur les Espagnols et sur les Parisiens, Condé veut remplacer l'Italien, qu'il déteste et méprise. Mais Anne et Mazarin le font arrêter, ainsi que son frère Conti et son beau-frère Longueville, et viennent à bout des soulèvements que la duchesse de Longueville et tous les amis des princes tentent de susciter en province (janvier-décembre 1650). Le succès de Mazarin réveille l'hostilité du parlement de Paris et provoque l'union des deux Frondes (janvier-septembre 1651). Les parlementaires reprennent leur programme de 1648, s'unissent avec tous les mécontents, réclament la mise en liberté des princes et le renvoi de Mazarin. Celui-ci, conscient que la haine contre lui est le seul lien entre les rebelles et que son éloignement fera éclater leurs dissensions, décide de s'éloigner. Le 6 février, il quitte Paris, libère les princes et se retire chez l'électeur de Cologne, d'où il reste en relations étroites avec Anne d'Autriche et ses conseillers Michel Le Tellier et Lionne. De fait, les frondeurs sont très vite incapables de s'entendre. Retz se rapproche de la régente ; Turenne, un moment frondeur, fait sa soumission ; Condé se brouille avec les parlementaires et quitte Paris pour rejoindre ses partisans dans son gouvernement de Guyenne, au moment où Louis XIV est proclamé majeur (septembre 1651).

La Fronde condéenne. Ainsi débute la dernière phase de la Fronde, la plus longue, la plus anarchique, la plus désastreuse aussi pour le royaume du fait du mouvement des troupes et de leurs méfaits : c'est la Fronde condéenne (septembre 1651-août 1653). De Bordeaux, Condé entre en relation avec l'Espagne et tente de soulever tout le Sud-Ouest. Mazarin, inquiet, rentre en France à la fin de décembre et rejoint la reine mère et le jeune roi à Poitiers. Condé décide alors de quitter le Sud-Ouest et de rentrer dans la capitale, et Turenne à la tête des troupes royales cherche à l'en empêcher. La bataille décisive a lieu le 2 juillet 1652 sous les murs de Paris, dans le faubourg Saint-Antoine. Condé, vaincu, est sauvé au dernier moment par la fille de Gaston d'Orléans, la Grande Mademoiselle, qui lui ouvre les portes de la ville. Mais sa situation devient vite intenable : il se rend odieux aux Parisiens en s'appuyant sur certains éléments populaires pour terroriser parlementaires et bourgeois, et doit quitter la capitale le 13 octobre pour se réfugier aux Pays-Bas espagnols. Le 21, Louis XIV et Anne d'Autriche rentrent à Paris sous les acclamations. Mazarin, qui s'était éloigné une seconde fois pour faciliter la pacification des esprits, rentre à son tour le 3 février 1653. Les derniers troubles en province (Guyenne, Provence) sont réprimés dans les mois suivants.

Le retour à l'ordre. En dépit de quelques « assemblées illicites » de nobles provinciaux et de plusieurs soulèvements populaires dans l'Ouest entre 1656 et 1659, la tranquillité, favorisée par la lassitude générale, se rétablit peu à peu. Le pays accepte d'autant plus aisément la réaction absolutiste qui suit le retour de Mazarin que nobles et parlementaires ont démontré leur incapacité à gouverner. Assuré de la confiance du jeune roi et de la reine mère, le ministre reprend les affaires en main, restaurant partout l'autorité royale. Sans égard pour la misère des classes populaires, il poursuit la politique financière dont les excès ont été à l'origine de la Fronde : le surintendant des Finances Nicolas Fouquet, fort de ses relations avec de nombreux financiers, use avec brio des expédients traditionnels. Ainsi peut être terminée victorieusement en 1659 la guerre contre les Habsbourg d'Espagne.

La France baroque

Le baroque. Dès la fin du règne d'Henri IV se fait sentir en France l'influence de l'art baroque, né à Rome vers 1600, art du spectacle et de l'ostentation, art du mouvement et de l'irrationnel, art du catholicisme victorieux. Le baroque triomphe moins dans l'architecture que dans la peinture et la décoration : tableaux de Rubens pour le palais du Luxembourg, gravures de Jacques Callot, retables d'église, décor de la vie quotidienne, constructions éphémères comme pompes funèbres ou arcs de triomphe pour entrées royales. En littérature, les poèmes de Saint-Amant ou de Théophile de Viau relèvent de cette même esthétique, de même que les tragi-comédies imitées de l'Espagne, les opéras à l'italienne, les ballets de cour. Mais, plus encore que l'art ou la littérature, c'est tout un pan de la civilisation même de ce premier 17e siècle qui peut être qualifié de baroque. Dans un pays à peine remis des troubles du siècle précédent, une noblesse turbulente essaie, soit par le complot, soit par la guerre civile, de s'opposer aux progrès de l'absolutisme monarchique, en se référant aux vieilles valeurs chevaleresques ou féodales, cependant qu'excédés d'impôts les peuples se soulèvent aux cris de « Vive le roi sans gabelle » et trouvent souvent auprès du clergé ou du seigneur local un défenseur face aux exigences des commissaires royaux (*document 2, p. 204*). C'est aussi le temps où se multiplient les affaires de possession satanique et où il se trouve des juges pour envoyer au bûcher sorciers et sorcières par centaines.

La naissance du classicisme. Mais cette France baroque est aussi traversée par de puissants courants opposés, faits d'ordre, de mesure, d'attachement aux règles. C'est vrai en politique avec les efforts de Richelieu et de Mazarin pour faire triompher l'ordre monarchique face à toutes les forces centrifuges. C'est vrai en littérature avec la création en 1635 de l'Académie française et le succès des premières tragédies de Corneille, qui préparent le triomphe de l'idéal classique. C'est vrai dans le domaine de la pensée avec la publication en 1637 du *Discours de la méthode*, de

Descartes, qui jette les bases d'une véritable révolution intellectuelle en prônant le doute méthodique, le primat de la raison et de l'expérience, la nécessité du langage mathématique. C'est vrai en art : les châteaux et manoirs de style Louis XIII, avec leurs hautes toitures et leurs murs de pierre et brique alternées, tirent leur beauté de la sobriété de leurs lignes, et le palais du Luxembourg, construit par Salomon de Brosse, s'inspire des austères palais florentins, non des édifices de la Rome baroque ; quant à Nicolas Poussin, il est le premier des grands peintres classiques.

Les débuts de la réforme catholique et du jansénisme. La France de Richelieu et de Mazarin est aussi celle des débuts de la réforme catholique. Retardée par les guerres de Religion, celle-ci s'amorce dès la fin du règne d'Henri IV. Elle concerne surtout le clergé régulier, avec la réforme d'ordres anciens et l'apparition d'ordres nouveaux ou récemment introduits en France, qui multiplient les fondations à Paris et dans presque toutes les villes du royaume : carmélites, visitandines instituées par François de Sales, filles de la Charité par Vincent de Paul, oratoriens, jésuites rappelés en 1603, etc. Ces ordres œuvrent dans tous les domaines : l'assistance aux pauvres, l'instruction de la jeunesse, la prédication et les missions intérieures, surtout la formation du clergé, problème central qui conditionne les autres. Une élite de pieux laïques, certains regroupés en 1627 dans la Compagnie du Saint-Sacrement, aide efficacement les initiatives du clergé. Ainsi, vers 1660, les moyens sont en place pour une réforme du clergé paroissial et une rechristianisation en profondeur des fidèles, jusque-là à peine amorcées.

Le succès des idées jansénistes est inséparable de ce climat de renaissance religieuse. Deux ouvrages sont à l'origine du jansénisme : en 1640, dans l'*Augustinus*, œuvre posthume de l'évêque Jansénius, celui-ci défend un *augustinisme radical et dont les idées sont propagées en France par son ami l'abbé de Saint-Cyran et adoptées par les religieuses de l'abbaye de Port-Royal ; en 1643, *De la fréquente communion*, d'Antoine Arnauld, disciple de Saint-Cyran et frère de la mère Angélique, abbesse de Port-Royal, oppose à la morale relâchée des jésuites une morale austère et exigeante fondée sur les idées de Jansénius. En 1653, le pape condamne cinq propositions censées résumer l'*Augustinus*, mais Arnauld riposte en distinguant le droit (les cinq propositions sont condamnables) et le fait (elles ne sont pas dans Jansénius). Pour défendre Port-Royal, Blaise Pascal écrit en 1656 ses *Provinciales*, féroce pamphlet contre les jésuites, qui remporte un énorme succès. La querelle janséniste ne fait que commencer.

La reprise de la lutte contre la Maison d'Autriche

La guerre de Trente Ans et les traités de Westphalie. L'intervention de la France dans la guerre de Trente Ans, qui déchire l'Europe centrale entre 1618 et 1648, conditionne très largement la politique intérieure de Richelieu, puis de Mazarin. L'origine du conflit est à chercher dans les ambitions de l'empereur Ferdinand II (1619-1637), qui, désigné comme héritier par son prédécesseur dès 1617, entend transformer en un vaste État centralisé, allemand et catholique, l'ensemble de ses possessions, c'est-à-dire non seulement ses domaines héréditaires (Autriche, duchés alpins, haute Alsace) et ses royaumes électifs (Bohême, Hongrie), mais aussi les États de l'Empire germanique. Ainsi, outre les Tchèques et les Hongrois, soucieux de conserver leur autonomie, tous les princes de l'Empire se sentent menacés, et les princes protestants doublement. De plus, ce projet qu'approuve et appuie le Habsbourg de Madrid, c'est-à-dire le roi d'Espagne Philippe IV, ne peut qu'inquiéter la France, pour qui un tel surcroît de puissance du Habsbourg de Vienne constituerait un danger d'autant plus mortel que les deux branches de la Maison d'Autriche restent très unies.

Longtemps accaparés par leurs problèmes intérieurs et divisés sur la conduite à tenir vis-à-vis des Habsbourg, dangereux, certes, mais catholiques, les Français assistent sans intervenir aux premiers succès de Ferdinand II dans la guerre qui éclate en Bohême en 1618 et gagne bientôt l'Allemagne. Richelieu lui-même ne peut songer à intervenir efficacement qu'à partir de 1630. Encore le fait-il de façon d'abord « couverte » en aidant financièrement le luthérien Gustave-Adolphe, roi de Suède, qui au cours d'une fulgurante campagne en Allemagne du Nord, en 1631, bat les troupes de l'empereur, mais se fait tuer à Lützen le 6 novembre 1632. Contraint de se découvrir après la disparition inopinée de cet allié efficace mais encombrant, Louis XIII déclare la guerre à l'Espagne en 1635 et à l'empereur l'année suivante. Mal préparées, les troupes françaises subissent d'abord quelques revers, notamment à Corbie en 1636, mais l'énorme effort de guerre entrepris par Richelieu finit par porter ses fruits. Le jeune duc d'Enghien, futur prince de Condé, bat les Espagnols à Rocroi, le 19 mai 1643, et, cinq ans plus tard, la victoire de Condé à Lens et la marche victorieuse de Turenne sur Vienne, en liaison avec les alliés suédois, forcent à la paix l'empereur Ferdinand III.

Les traités de Westphalie, signés en octobre 1648, constituent pour la France de Mazarin une éclatante victoire diplomatique. En effet, ils consacrent l'échec des ambitions du Habsbourg de Vienne en maintenant la division politique et religieuse de l'Empire et en renforçant même les pouvoirs des princes au détriment de ceux de l'empereur. De plus, ils assurent à la France la reconnaissance officielle des Trois-Évêchés, occupés depuis 1552, et la cession de la plus grande partie de l'Alsace, à l'exception de Strasbourg et de Mulhouse.

Le traité des Pyrénées. La guerre continue avec l'Espagne, qui, comptant tirer parti des troubles que connaît la France, refuse de signer la paix. Mais, dès 1652 et la fin de la Fronde, Mazarin décide d'en finir. Il s'allie avec l'Angleterre de Cromwell, qui promet son aide contre la cession de Dunkerque à prendre aux Espagnols. La victoire de Turenne, le 14 juin 1658, aux Dunes, près de Dunkerque, contraint le roi d'Espagne à signer, le 7 novembre 1659, la paix des Pyrénées. Il abandonne à la France le Roussillon et l'Artois, obtient la rentrée en grâce de Condé et accorde à Louis XIV la main de sa fille, l'infante Marie-Thérèse, qui renonce à tous ses droits à la couronne d'Espagne, moyennant le paiement d'une dot de 500 000 écus d'or. Lorsqu'il meurt, le 9 mars 1661, Mazarin laisse à Louis XIV un royaume pacifié et agrandi et une position diplomatique qui fait de lui l'arbitre de l'Europe.

Une mazarinade

Cette chanson, intitulée la Chasse donnée à Mazarin par les paysans des bourgs et des villages, sur le tocsin, *date du début de 1649, après le départ de la cour pour Saint-Germain dans la nuit du 5 au 6 janvier.*

> Bourgs, villes et villages,
> L'tocsin il faut sonner ;
> Rompez tous les passages
> Qu'il voulait ordonner.
>
> *Faut sonner le tocsin*
> *Din din*
> *Pour prendre Mazarin.*
>
> Nuitamment, ce perfide
> A enlevé le roi ;
> Le cruel mérite
> Être mis aux abois. (*Refrain.*)
>
> Ce méchant plein d'outrage
> A ruiné sans défaut
> Vous tous, gens de village,
> Vous donnant des impôts. (*Refrain.*)
>
> Mettez-vous sur vos gardes,
> Chargez bien vos mousquets,
> Armez-vous de halbardes,
> De piques et corselets. (*Refrain.*)
>
> « Vertubleu, se dit Pierre,
> Je n'y veux pas manquer !
> Car j'ai vendu mes terres
> Pour les tailles payer. » (*Refrain.*)
>
> Coulas prit son épée
> Et des pierres en sa main,
> Dit : « Faut à la pipée
> Prendre cet inhumain ! » (*Refrain.*)
>
> Guillaume prit sa fourche
> Et troussa son chapeau.
> Il dit : « Faut que je couche
> Mazarin au tombeau ! (*Refrain.*)

Notre France est ruinée,
Faut de ce cardinal
Abréger les années,
Il est auteur du mal. » (*Refrain*.)

D'après Pierre Barbier et France Vernillat,
Histoire de France par les chansons, t. 2, *Mazarin*
et Louis XIV, Paris, Gallimard, 1956, p. 33.

Exemple de ces chansons d'actualité qui, tout en ménageant le jeune roi,
brocardent cruellement le cardinal, à qui on reproche de multiplier taxes
et impôts. Cette chanson, faussement populaire, est sans doute l'œuvre
d'un homme de plume parisien.

DOCUMENT 2

Les oppositions au renforcement
du pouvoir monarchique sous Louis XIII

En septembre 1636, Jean d'Étampes, commissaire du roi, est envoyé à
Rennes, siège du parlement de Bretagne et capitale de la province, pour y
lever un emprunt forcé sur les parlementaires. Depuis son union à la
France (1532), la Bretagne, dont le gouverneur, en 1636, est le duc de
Brissac, jouit d'importants privilèges : états provinciaux, exemption de la
gabelle, etc. Le 12 septembre, d'Étampes écrit au chancelier Séguier :

« Monseigneur, comme cette province jouit de la liberté de ses états,
elle est aussi peu accoutumée au respect et à l'obéissance envers le roi et
ceux qui lui sont envoyés de sa part. Au parlement, j'y ai trouvé quelque
extérieur de ces qualités, mais en effet, rien du tout, et après nous avoir
tenu, M. le duc de Brissac et moi, l'espace de douze jours, à nous
résoudre sur la proposition que nous leur avions faite de la part de Sa
Majesté pour le secours présent, enfin aujourd'hui seulement ils nous
ont apporté leur délibération par écrit et non signée qui porte que les
présidents donneront par prêt 300 écus, les conseillers 200 écus, ce qui
peut revenir à 27 000 écus [...] Jugez Monseigneur, si ce n'est pas une
moquerie et une chose plutôt à refuser avec reproche qu'à accepter.

« Leur lenteur a produit un autre effet qui a été une sédition furieuse,
l'espace de trois jours, en cette ville, soit qu'elle ait été excitée par
aucuns malicieux d'entre eux, soit par leur mauvais exemple d'être si
longs à faire leur réponse comme témoignant y être forcés et que si leur
corps souffrait une fois une taxe, que le peuple devait s'attendre d'y être
contraint et bientôt de voir la gabelle et les autres impositions de France.
Je ne voudrais pas nier que quelques-uns de la noblesse, ou à cause de

l'arrière-ban, ou pour autre prétexte de liberté, n'y eussent contribué, ou quelques-uns de l'Église sur cette dernière raison, mais d'en accuser encore personne en particulier je ne le puis faire.

« Bref, ce n'a été pendant ledit temps de trois jours qu'assemblée de peuple, jour et nuit, avec armes et une fois avec un tambour, tantôt cent, tantôt deux cents et jusques à quatre à cinq cents, criant : " Vive le roi sans gabelle ! D'un sol que nous payons pour les pommes, on nous en veut faire payer 10 écus, les autres 20 écus ! Tuons le commissaire ! " Et quelquefois ajoutaient : " Vive le roi et M. le duc de Brissac sans gabelle ! Nous aurons chacun un morceau du commissaire ! " et plusieurs insolences jusques à venir par deux ou trois fois chaque nuit au logis où je logeais auparavant que de m'être retiré en celui de M. de Brissac, y rompre les vitres, faire effort contre la porte pour la vouloir rompre et menacer d'y mettre le feu. Il serait trop long et trop ennuyeux, Monseigneur, de vous en mettre davantage de particularités.

« Le seul expédient, Monseigneur, de venger cette offense, ce serait de mettre en cette ville une bonne garnison [...] L'on ferait telle justice que l'on voudrait, et l'on leur ferait peur d'une citadelle, de la perte de leurs privilèges et de la translation du parlement. Ils viendraient incontinent au pardon, et après l'on ferait ce que l'on voudrait. Mais sur fin, Monseigneur, permettez-moi que je vous dise que quand les émeutes sont apaisées, il est nécessaire de faire exemple. »

D'après Boris Porchnev, *Les Soulèvements populaires en France de 1623 à 1648,* Paris, École des hautes études, 1963, p. 599-600.

L'accueil fait par les habitants de Rennes au commissaire du roi en 1636 est typique du front commun auquel se heurte souvent le pouvoir royal : les classes populaires, écrasées d'impôts et redoutant une nouvelle pression fiscale, trouvent des alliés dans les notables locaux menacés dans leurs privilèges et pouvoirs traditionnels. Il est vrai que, dès que l'émotion populaire tourne au désordre, ces notables se désolidarisent de leurs alliés de la veille et se rallient au roi, garant de l'ordre public.

17. Le règne
personnel de Louis XIV
(1661-1715)

Louis XIV exerce le pouvoir personnellement à partir de 1661. Il s'attache notamment à renforcer l'autorité royale et à réaliser l'unité religieuse. Sa volonté d'hégémonie en Europe l'entraîne, à partir de 1672, dans des guerres quasi continuelles qui compromettent l'œuvre de redressement financier et économique entreprise par Colbert. Mais écrivains et artistes classiques assurent à son règne un grand éclat.

Le renforcement de l'autorité monarchique et les réalités économiques

Le roi et ses collaborateurs. Dès le lendemain de la mort de Mazarin, le 9 mars 1661, Louis XIV, qui a alors vingt-deux ans, annonce sa volonté de gouverner désormais par lui-même, sans Premier ministre. Son goût pour le « métier de roi », son application au travail, son intelligence sont malheureusement gâtés par un orgueil qui trouve son origine et sa justification dans la théorie de la monarchie de droit divin et qui ne fera que croître avec l'âge. Profondément imbu de la dignité royale et des droits et devoirs qu'elle implique, Louis XIV se considère véritablement comme le « lieutenant de Dieu sur la terre » : il prend le soleil pour emblème, *Nec pluribus impar* pour devise, et fait de la cour le cadre d'un véritable culte rendu au souverain par une noblesse domestiquée et ainsi réduite à l'impuissance.

S'il gouverne et décide seul, il ne peut évidemment se passer de collaborateurs. Il prend soin de les choisir non dans la famille royale, le haut clergé ou la haute noblesse, sauf rares exceptions, mais parmi des robins fraîchement anoblis qui lui seront d'autant plus attachés qu'ils lui devront tout. De l'équipe que lui a léguée Mazarin, il conserve Lionne, Michel Le Tellier et son fils Louvois, Jean-Baptiste Colbert, mais se débarrasse, dès septembre 1661, de Nicolas Fouquet, dont le luxe et le succès lui portent ombrage et qui va payer pour les malversations de Mazarin plus que pour les siennes propres. Colbert, grand artisan de la perte du surintendant, le remplace et devient contrôleur général des Finances, charge créée pour lui en 1665. A ce titre, il dirige jusqu'à sa mort, en 1683, non seulement l'administration financière, mais toute l'activité économique du pays, d'autant plus qu'il est en même temps secrétaire d'État à la Marine, secrétaire d'État à la Maison du roi et surintendant des Bâtiments, Arts et Manufactures. Voué entièrement au service du roi et de l'État, Colbert n'en assure pas moins avec avidité sa propre fortune et celle de sa famille, comme l'avaient fait Richelieu, Mazarin et Fouquet. Après lui et jusqu'à la fin de l'Ancien Régime, le contrôleur général des Finances reste le ministre le plus important, au détriment du chancelier. A leurs côtés, les quatre secrétaires d'État possèdent désormais des attributions précises : Affaires étrangères, Guerre, Marine, Maison du roi.

La lente évolution du Conseil du roi s'est poursuivie et aboutit, sous Louis XIV, à la division du Conseil en quatre sections spécialisées : le Conseil d'en haut, ou étroit, ou des affaires, où le roi convoque quelques collaborateurs de confiance, dits « ministres d'État », et où se traitent les grandes affaires intérieures ou extérieures ; le Conseil des dépêches ; le Conseil royal des finances, créé en septembre 1661 à la place de la surintendance ; enfin le Conseil privé, ou des parties, véritable assemblée qui est composée de magistrats professionnels, conseillers d'État et maîtres des requêtes, et qui a compétence administrative, législative et surtout judiciaire.

L'intendant en province. Dès sa prise du pouvoir, Louis XIV, aidé de Colbert, s'applique à l'œuvre de restauration de l'ordre et de l'autorité monarchique, amorcée par Mazarin au lendemain de la

Fronde. Les grands corps de l'État, clergé, noblesse, parlements, sont étroitement surveillés. Les gouverneurs de province, tous grands seigneurs, sont invités à résider à la cour. Les états provinciaux, là où ils existent, et les municipalités doivent accepter les interventions constantes de l'intendant. En effet, dans toutes les provinces, celui-ci détient désormais la réalité du pouvoir. Commissaire choisi le plus souvent parmi les maîtres des requêtes, l'intendant de justice, police et finances a des pouvoirs énormes qui en font vraiment « le roi présent dans la province ». Toutefois, il ne faut pas se laisser abuser. Le pouvoir du roi, absolu et centralisé en théorie, continue à se heurter en fait aux multiples privilèges, libertés et franchises des provinces, des ordres, des parlements, des différents corps et communautés, privilèges qu'il faut bien tolérer, au mieux grignoter patiemment, puisqu'il ne serait pas possible de s'en débarrasser avec éclat sans remettre en cause l'édifice politique et social hérité d'un lointain passé.

Colbert, les finances et l'économie. En matière financière et économique, le programme ambitieux de Colbert se heurte aussi aux réalités. Certes, profitant de plus de douze années de paix (1660-1672), le ministre réussit à assurer l'équilibre du budget grâce à une diminution des charges de l'État et à une augmentation des recettes ; celle-ci est obtenue par un meilleur rendement de l'impôt, un peu mieux réparti, allégé pour les plus pauvres, et mieux perçu. Mais, dès 1672, la reprise de la guerre extérieure entraîne des difficultés financières qui ne vont cesser de croître jusqu'à la fin du règne. Le déficit budgétaire devient la règle, en dépit de l'augmentation constante des impôts, de la création d'impôts nouveaux (capitation et dixième) et de l'institution de la *ferme générale, en dépit surtout du recours aux expédients traditionnels que sont, entre autres, les ventes d'offices et les emprunts. En 1715, la dette publique est de l'ordre de 2 milliards de livres et l'État est au bord de la banqueroute.

Entièrement gagné aux idées *mercantilistes, Colbert entreprend de diriger toute l'économie française. Il réglemente étroitement la production afin de développer les manufactures, surtout celles travaillant pour l'exportation ; il protège l'industrie française par des tarifs douaniers frappant lourdement les produits étrangers entrant en France ; il favorise la construction navale et la création de compagnies de commerce ; il place sous l'administration de la couronne les territoires coloniaux du Canada et des Antilles. Mais ses efforts se heurtent à la redoutable concurrence des Hollandais et des Anglais et à la prudence excessive de la bourgeoisie française, qui préfère frileusement acheter des terres, des rentes ou des offices plutôt que d'investir dans les affaires industrielles ou commerciales. Pourtant, malgré les crises de 1661-1662 et de 1693-1694, malgré des difficultés croissantes après la mort de Colbert, l'économie française est, au temps de Louis XIV, dans une situation qui est globalement meilleure que cinquante ans plus tôt et qui prépare, à bien des égards, la prospérité du 18ᵉ siècle.

Les affaires religieuses

Gallicanisme et jansénisme. Roi Très Chrétien, « fils aîné de l'Église », Louis XIV n'en est pas moins fort jaloux de ses droits sur l'Église de France, ce qui l'amène à entrer en conflit avec le pape Innocent XI à partir de 1673. Il s'appuie sur les traditions *gallicanes de l'administration royale et du clergé français, résumées en 1682 dans une « déclaration des quatre articles », et affirme son indépendance à l'égard de Rome. Toutefois, même après que le pape eut condamné la déclaration de 1682, il se garde bien d'aller jusqu'à la rupture et, au lendemain de la mort d'Innocent XI en 1689, se réconcilie avec son successeur.

En même temps, à l'intérieur du royaume, il travaille à maintenir ou à rétablir l'unité de foi, indispensable à l'unité du royaume. Il s'applique d'abord, selon ses propres termes, « à détruire le jansénisme et à dissiper les communautés où se fomentait cet esprit de nouveauté ». En 1669, une trêve provisoire est enregistrée. Mais la querelle rebondit à la fin du siècle avec la publication des *Réflexions morales* du janséniste Quesnel. En 1709, Louis XIV fait disperser les religieuses de Port-Royal-des-Champs et détruire le monastère, et, en 1713, il obtient du pape la condamnation des *Réflexions morales* par la bulle *Unigenitus*, mais une quinzaine d'évêques refusent d'accepter celle-ci.

La révocation de l'édit de Nantes. Quant à ses sujets de la RPR (religion prétendue réformée), il entend bien, dès 1661, les « réduire peu à peu ». Pour cela, il préconise une application restrictive de l'édit de Nantes : tout ce qui n'est pas autorisé à la lettre est interdit. En même temps, le clergé catholique s'efforce, sans grand succès, d'obtenir des conversions. A partir de 1679, l'attitude du roi se durcit. Toute une série d'arrêts attaque l'édit de Nantes et le vide peu à peu de son contenu : suppression des chambres mi-parties, exclusion des huguenots des offices et de la plupart des professions libérales, interdiction des mariages mixtes, conversion des enfants autorisée dès l'âge de sept ans. A cette violence légale s'ajoute bientôt la violence militaire des dragonnades. Usant d'un procédé de politique traditionnel consistant à imposer une garnison de gens de guerre aux sujets indociles ou mauvais payeurs, certains intendants logent des dragons chez les huguenots, celui de Poitiers dès 1681, puis ceux du Sud-Ouest en 1685. Sûrs de l'impunité, ces « missionnaires bottés » se déchaînent et bientôt, à la seule annonce de leur arrivée, les conversions se multiplient.

En fait, Louis XIV n'ignore ni dans quelles conditions ces conversions sont obtenues, ni qu'il subsiste encore des protestants. Pourtant, le 18 octobre 1685, il signe l'édit de Fontainebleau révoquant celui de Nantes. Les pasteurs ont quinze jours pour quitter le royaume, mais l'émigration est interdite aux autres réformés, sous les peines les plus graves. 200 000 d'entre eux n'en quittent pas moins la France pour se réfugier dans les pays de l'Europe protestante (Hollande, Angleterre, Brandebourg). Leurs coreligionnaires restés dans le royaume et qui tous sont officiellement des NC (nouveaux catholiques) opposent une résistance passive et s'efforcent de pratiquer clandestinement leur culte en se réunissant au « désert », c'est-à-dire dans des lieux écartés. En 1702, à l'appel de prédicants et de prophètes, les paysans protestants des Cévennes – les camisards – se soulèvent et, pour en venir à bout, il faut envoyer contre eux 20 000 hommes, en pleine guerre de Succession d'Espagne. En août 1715, le pasteur Antoine Court tient, près de Nîmes, une réunion clandestine regroupant des pasteurs et de nombreux fidèles : l'Église réformée est « replantée », la politique d'unité religieuse a échoué.

La réforme catholique. En revanche, entre 1661 et 1715, la réforme catholique se diffuse et s'enracine. La multiplication des séminaires en est l'un des aspects les plus importants. Vers 1700, il y a un séminaire dans la plupart des cent trente diocèses du royaume. Un clergé désormais mieux préparé peut se consacrer à une meilleure instruction des fidèles. Catéchismes, retraites, missions intérieures, confréries constituent autant de formes de pastorales dont les effets sont incontestables : vers 1700-1720, la pratique quasi unanime recouvre une piété plus profonde et mieux comprise qu'un siècle plus tôt, en dépit de la survivance de certaines croyances ou pratiques populaires que le clergé juge *superstitieuses, mais qu'il échoue à extirper complètement.

Louis XIV et l'Europe

Les buts et les moyens de la politique de Louis XIV. Évoquant la situation en 1661, Louis XIV écrit dans ses *Mémoires* : « La paix était établie avec mes voisins, vraisemblablement pour aussi longtemps que je le voudrais moi-même. » On ne saurait mieux exprimer le rôle d'arbitre auquel peut prétendre le roi de France au lendemain des traités de Westphalie et des Pyrénées, mais aussi sa responsabilité dans la rupture de la paix européenne à partir de 1672. L'histoire des rapports de Louis XIV et de l'Europe est celle de l'opposition timide, puis acharnée, que la plupart des pays vont opposer aux menaces que font peser sur eux les prétentions du Roi-Soleil à l'hégémonie. Celui-ci appuie son ambition sur une diplomatie active et surtout sur une armée permanente dont Michel Le Tellier et Louvois, secrétaires d'État à la Guerre, ont su faire la plus nombreuse et la meilleure d'Europe. Par ailleurs, Vauban assure la protection du royaume grâce à une redoutable ceinture de forteresses. La marine royale, enfin, est réorganisée par Colbert.

Les guerres de Hollande et de la Ligue d'Augsbourg. La mort de Philippe IV d'Espagne en 1665 fournit l'occasion à Louis XIV de réclamer, au nom de la reine Marie-Thérèse, une partie de l'héritage espagnol. Il pénètre aux Pays-Bas, mais, devant la vive réaction de la Hollande, signe la paix avec l'Espagne en 1668 en se contentant de l'annexion de quelques places fortes, notamment Lille. Il songe aussitôt à tirer vengeance des Hollandais, poussé par Colbert, qui est persuadé que seule une guerre victorieuse contre les marchands d'Amsterdam permettra de se débarrasser de redoutables concurrents commerciaux. En fait, la guerre de Hollande, déclenchée par Louis XIV en 1672, se révèle beaucoup plus longue, beaucoup plus difficile et beaucoup plus coûteuse pour le royaume que le roi et son ministre ne l'ont escompté. En effet, Guillaume d'Orange, stathouder de Hollande, anime la résistance de ses compatriotes accrochés à leur pays volontairement inondé. De plus, calviniste convaincu, il devient l'adversaire le plus acharné du roi de France et suscite contre lui une coalition européenne regroupant, notamment, l'empereur Léopold et le roi d'Espagne Charles II. C'est ce dernier qui fait les frais de la guerre, marquée par les dernières campagnes de Condé et de Turenne, puisqu'il doit céder à la France, lors des traités de Nimègue (1678-1679), la Franche-Comté et de nouvelles places aux Pays-Bas.

Louis XIV, qui n'a pu écraser la Hollande mais a résisté victorieusement à une puissante coalition européenne, est alors à l'apogée de sa puissance. Mais, loin de s'en tenir là, il se lance dans une politique aventureuse d'annexions en pleine paix (notamment Strasbourg en 1683) et de provocations de toutes sortes qui, en moins de dix ans, aboutissent à une nouvelle coalition d'une grande partie de l'Europe. Aux principaux princes allemands et à l'empereur regroupés dès 1686 dans une ligue défensive dite « d'Augsbourg », se joignent l'Espagne, la Suède, puis la Hollande et l'Angleterre après la révolution de 1688-1689, à l'issue de laquelle Guillaume d'Orange devient roi d'Angleterre. La guerre de la Ligue d'Augsbourg, qui s'ouvre dès octobre 1688, est longue, indécise et bientôt épuisante financièrement pour tous les belligérants. Après l'échec naval de La

Hougue (juin 1692), Louis XIV abandonne l'espoir d'envahir l'Angleterre et de détrôner Guillaume, mais ses troupes s'opposent aux Pays-Bas aux tentatives de ce dernier pour envahir la France. En 1697, les traités de Ryswick, qui laissent au royaume ses frontières de 1679, plus Strasbourg, marquent le premier arrêt dans la politique conquérante du Roi-Soleil, mais ce n'est qu'une trêve.

La guerre de Succession d'Espagne. En effet, en 1701, le roi accepte le testament de Charles II d'Espagne, qui laisse sa couronne et la totalité de ses possessions au duc Philippe d'Anjou, petit-fils de Louis XIV. L'empereur Léopold, frustré de l'héritage qu'il escomptait pour son second fils, l'Angleterre et la Hollande, menacées dans leurs intérêts économiques par l'ouverture du marché hispano-américain aux marchands français, et, dans leur sillage, d'autres puissances européennes se regroupent au sein de la Grande Alliance de La Haye, à l'initiative de Guillaume d'Orange, et, en 1702, déclarent la guerre à la France et à l'Espagne. Cette fois, Louis XIV est à deux doigts du désastre, à la suite de plusieurs défaites militaires et surtout à cause de l'épuisement du royaume. Heureusement, une ultime tentative des coalisés pour marcher sur Paris échoue à Denain le 24 juillet 1712, ce qui permet au roi d'obtenir la paix, à Utrecht (1713) et à Rastadt (1714), à des conditions sinon satisfaisantes, du moins honorables : la France préserve l'intégrité de son territoire national et impose le maintien de Philippe V sur le trône de Madrid, mais elle abandonne à l'Angleterre Terre-Neuve, l'Acadie et la baie d'Hudson, ainsi que tous les avantages commerciaux qu'elle avait elle-même obtenus après 1701 dans l'Amérique espagnole.

Le siècle de Louis XIV

Le roi et l'idéal classique. « Non seulement il s'est fait de grandes choses sous son règne, mais c'est lui qui les faisait. » Que Voltaire se soit laissé emporter par son admiration pour Louis XIV en écrivant une telle phrase ou même en donnant le nom du roi au siècle où il a vécu, il n'en est pas moins incontestable que le long règne du Roi-Soleil correspond à l'une des périodes les plus glorieuses de l'histoire de la France et que la personne du souverain n'y est pas étrangère. Entendant bien faire servir la littérature, les arts, les sciences à la glorification de son règne, témoignant, de surcroît, d'un goût sûr et éclairé, Louis XIV encourage, pensionne, fait travailler écrivains, artistes et savants. Aidé de Colbert, il crée des Académies qui assurent au mouvement littéraire, artistique, scientifique l'unité de direction nécessaire. Il favorise ainsi le triomphe de l'idéal classique caractérisé par le souci de l'ordre et de la rigueur, le respect des règles et l'imitation des Anciens, la recherche du grandiose et du majestueux. Dans les années 1660-1685, une pléiade d'écrivains, usant de l'admirable outil qu'est devenue la langue française, brillent dans les genres les plus divers et deviennent des modèles pour toute l'Europe : Racine, Molière, Bossuet, Pascal, La Fontaine, pour ne citer que les plus grands.

Versailles. En même temps, le roi demande aux meilleurs artistes de son temps de lui construire une résidence digne de lui : de 1662 à 1702, Versailles est un immense chantier où travaillent les architectes Louis Le Vau, puis Jules Hardouin-Mansart et Robert de Cotte, le peintre Charles Le Brun, le jardinier André Le Nôtre. En 1682, la cour s'intalle définitivement dans ce cadre incomparable. Majesté, symétrie, mesure, telles sont les caractéristiques d'un ensemble où tout concourt à la gloire du souverain. Bâtiments et jardins s'ordonnent autour d'un grand axe qui part de la statue du roi dans la cour d'accès, passe par sa chambre au centre du palais et se prolonge par le Tapis vert et le Grand Canal. L'immense façade du château, du côté des jardins, est d'une ordonnance toute classique, avec ses trois étages, ses hautes fenêtres encadrées de pilastres, ses toits en terrasse limités par une balustrade. Les jardins sont, autant que le palais ou la chapelle, le théâtre des fêtes profanes et religieuses qui constituent la grande occupation des courtisans et dans lesquelles la musique joue un rôle de premier plan. En dépit de certaines survivances de l'esthétique baroque dans le décor éphémère des fêtes et dans bien des éléments de la décoration des intérieurs ou des jardins, Versailles est la plus grande manifestation de l'art classique. Toutefois, cette éclatante réussite ne doit pas éclipser les grandes constructions parisiennes de la même époque, places royales des Victoires et Louis-le-Grand (aujourd'hui Vendôme), collège des Quatre-Nations (aujourd'hui Institut), hôtel des Invalides.

L'envers du Grand Siècle. Les splendeurs du « grand art monarchique » ne peuvent faire oublier, pour autant, ce que l'on a pu appeler l'« envers du Grand Siècle » : l'aggravation du sort du plus grand nombre, à la fin du règne, du fait des guerres continuelles et de la pression fiscale qu'elles entraînent (*document ci-dessous*) ; les défaites militaires de la guerre de Succession d'Espagne ; l'intolérance et la brutalité de la politique antiprotestante ; la remise en cause par quelques-uns, à partir des années 1680, des grandes valeurs de l'ordre établi, au nom du rationalisme cartésien. De plus, les dernières années du règne sont endeuillées par une série de décès prématurés dans la famille royale : en 1711, le fils unique du roi, Louis, dit le Grand Dauphin ; en 1712, le fils aîné de celui-ci, le duc de Bourgogne, son épouse et leur fils aîné ; en 1714, le duc de Berry, dernier fils du Grand Dauphin. Lorsqu'il meurt, le 1er septembre 1715, âgé de soixante-dix-sept ans, après soixante-douze ans de règne et cinquante-quatre ans de gouvernement personnel, le Roi-Soleil, qui a supporté ces épreuves avec une grande dignité, ne laisse pour lui succéder que son arrière-petit-fils âgé de cinq ans.

DOCUMENT

Louis XIV jugé par un curé de campagne

A la fin de l'année 1715, le curé de la paroisse rurale de Saint-Sulpice, près de Blois, note dans son registre paroissial, sous le titre « Remarques sur l'année 1715 » :

« Louis XIV, roi de France et de Navarre, est mort le 1er septembre dudit an, peu regretté de tout son royaume, à cause des sommes exorbitantes et des impôts si considérables qu'il a levés sur tous ses sujets. On dit qu'il est mort endetté de 1 milliard 700 millions de livres. Ses dettes étaient si considérables que le Régent n'a pu ôter les impôts que ledit roi avait promis d'ôter trois mois après la paix, qui étaient la capitation et le dixième du revenu de tous les biens. Il n'est pas permis d'exprimer tous les vers, toutes les chansons et tous les discours désobligeants qu'on a dits et faits contre sa mémoire. Il a été, pendant sa vie, si absolu qu'il a passé par-dessus toutes les lois pour faire sa volonté. Les princes et la noblesse ont été opprimés. Les parlements n'avaient plus de pouvoir : ils étaient obligés de recevoir et d'enregistrer tous les édits, quels qu'ils fussent, tant le roi était puissant et absolu. Le clergé était honteusement asservi à faire la volonté du roi : à peine demandait-il quelque secours, qu'on lui en accordait plus qu'il n'en demandait. Le clergé s'est endetté horriblement. Tous les corps ne l'étaient pas moins. Il n'y avait que les partisans et les maltôtiers qui fussent en paix et qui vécussent en joie, ayant en leur possession tout l'argent du royaume. Le roi fut porté à Saint-Denis le 10 ou 12 dudit mois et l'oraison funèbre s'est faite à Saint-Denis vers la fin du mois d'octobre. »

Inventaire-Sommaire des archives communales antérieures à 1790,
département du Loir-et-Cher, série E, supplément, Blois, 1887, p. 72.

Cette « oraison funèbre » de Louis XIV, écrite par un obscur curé de campagne, n'a rien à voir avec celles prononcées par les évêques de cour au lendemain de la mort du Grand Roi. Elle témoigne, à sa manière, de l'extrême impopularité de Louis XIV au moment de sa disparition.

18. Le siècle des Lumières

La France participe, au même titre que les autres pays européens, aux progrès scientifiques et à la croissance démographique et économique du 18ᵉ siècle. En revanche, le mouvement philosophique de remise en cause des croyances traditionnelles au nom de la raison est proprement français. Outre les « lumières », la langue, la littérature et l'art français rayonnent dans toute l'Europe.

Les progrès scientifiques

Les grands savants. Si le Français Descartes est, au 17ᵉ siècle, l'un des fondateurs de la science moderne, grâce à la méthode qu'il préconise, ce sont tous les pays européens qui participent au grand mouvement de progrès scientifique qui commence vers le milieu du 17ᵉ siècle. Aux côtés du Hollandais Huygens, de l'Anglais Newton, de l'Allemand Leibniz, du Suédois Linné, pour ne citer que quelques grands noms, les Français jouent leur rôle, souvent de premier plan. Pascal, puis Clairaut, d'Alembert, Lagrange, Monge contribuent aux progrès décisifs des mathématiques. Bouguer, Maupertuis, Laplace s'attachent à confirmer les hypothèses astronomiques de Newton. Lavoisier (1743-1794), l'un des plus grands savants du 18ᵉ siècle, est le véritable fondateur de la chimie moderne, avec ses expériences sur l'analyse et la synthèse de l'air et de l'eau. Buffon rédige une monumentale *Histoire naturelle*.

L'intérêt pour les sciences. Ces progrès sont facilités par l'intérêt que portent désormais à la science les autorités et l'opinion publique. Colbert a fondé en 1665 l'Académie des sciences et le *Journal des savants* et fait construire l'Observatoire de Paris. En 1736-1737, Louis XV envoie des missions scientifiques au Pérou et en Laponie pour la mesure comparée de deux degrés de méridien. En 1785, Louis XVI charge La Pérouse de poursuivre l'exploration du Pacifique. Un public de plus en plus nombreux s'intéresse aux progrès scientifiques et fait, par exemple, un grand succès, en 1686, aux *Entretiens sur la pluralité des mondes,* de Fontenelle, ouvrage de vulgarisation. Voltaire fait connaître en France les travaux de Newton, Diderot se passionne pour la physiologie et la chimie, Rousseau, pour la botanique. Le succès des premières expériences d'électricité, la multiplication des cabinets de physique, le progrès de l'enseignement scientifique dans les collèges, l'extraordinaire enthousiasme qui accompagne les débuts de l'aérostation en 1783 sont autant de témoignages de cet engouement pour les sciences.

Les progrès techniques. Mais, si la France joue ainsi un rôle important, voire essentiel, dans les progrès de la science européenne, il n'en est pas de même en matière de progrès techniques. Il s'agit là en effet d'un quasi-monopole des Britanniques. Certes, Denis Papin réalise le premier, vers 1690, une machine utilisant la force d'expansion de la vapeur d'eau et, en 1769, Cugnot tente d'utiliser une telle machine pour la traction des pièces d'artillerie. Mais c'est à l'Écossais James Watt que revient le mérite d'avoir véritablement créé, vers 1780, la machine à vapeur, en y apportant les améliorations décisives. De même, c'est en Angleterre que sont mises au point la technique de la fonte du minerai de fer au coke et différentes machines textiles. C'est également en Angleterre que l'introduction des cultures fourragères dans le cycle de la production agricole permet la suppression de la jachère et le développement de l'élevage.

La croissance démographique et économique

La croissance de la population. Comme toute l'Europe, la France connaît au 18e siècle une croissance rapide et décisive de sa population, puisque celle-ci passe de 21 millions et demi d'habitants en 1700 à 28 millions en 1790. Toutefois, cet accroissement, pour important qu'il soit, est inférieur à celui des autres pays, si bien que la part relative de la population française dans l'ensemble européen, tout en restant considérable, se réduit quelque peu, passant de 24 à 20 %. Par ailleurs, en dépit de son ampleur, cette croissance ne constitue pas une véritable révolution démographique, dans la mesure où elle s'inscrit dans des structures presque inchangées.

L'âge moyen au premier mariage est toujours tardif et tend même à l'être davantage. La natalité reste très forte, malgré les timides débuts de la limitation volontaire des naissances, qui constitue une originalité française mais qui ne prendra une réelle importance qu'à partir de la décennie révolutionnaire. Quant à la mortalité, notamment aux premiers âges, elle reste, elle aussi, à un niveau élevé, mais baisse pourtant très légèrement, ce qui suffit à amorcer le processus de croissance. Cette légère baisse ne s'explique ni par des progrès thérapeutiques presque inexistants avant la diffusion de la vaccination dans les premières années du 19e siècle, ni par des améliorations agricoles encore limitées. C'est l'espacement et l'atténuation des grandes crises de mortalité qui sont à l'origine de ce premier et timide recul de la mort. Les grandes famines résultant de crises de subsistances font place à des disettes plus rares et moins graves, grâce à une meilleure répartition et à une meilleure conservation des grains disponibles. La dernière épidémie de peste frappe Marseille en 1720, et, même si certaines maladies épidémiques, comme la variole ou la dysenterie, continuent à faire des ravages, les efforts conjugués des pouvoirs publics et de certains médecins tentent d'en limiter l'extension. La conjonction, naguère si meurtrière, entre disette et épidémie est beaucoup plus rare : les dernières grandes crises de ce type sont celles de 1709-1710 et de 1738-1742. La croissance ainsi amorcée se poursuit tout au long du siècle ; bientôt relayée par les progrès économiques et médicaux, elle s'accélérera encore au 19ᵉ siècle dans des structures démographiques qui se transformeront rapidement.

L'agriculture. La croissance de la population se double d'une croissance économique qui, elle aussi, est commune à une grande partie de l'Europe. L'agriculture est relativement peu touchée. Certes, l'agronomie est à la mode à partir du milieu du siècle, à l'imitation de l'Angleterre. En réaction contre le *mercantilisme colbertiste, les *physiocrates voient dans l'activité agricole « la seule base de la puissance des États ». Les ouvrages sur le sujet se multiplient et connaissent un grand succès. Le gouvernement favorise la création de sociétés royales d'agriculture dans la plupart des provinces et encourage le défrichement des terres incultes. Mais cette « agromanie » n'a que des effets très limités : l'étendue des terres défrichées est peu importante, la jachère reste la règle presque partout, les rendements céréaliers ne s'améliorent que très peu, la diffusion de la pomme de terre ne devient massive qu'à l'extrême fin de l'Ancien Régime. Toutefois, quelques micro-progrès au niveau de l'étendue et du rendement des terres emblavées et surtout une conjoncture climatique favorable entre 1726 et 1767 permettent à la production agricole de croître dans la même proportion que la population, sans que l'on puisse parler pour autant de révolution agricole.

L'essor de la production industrielle. L'essor de la production industrielle, beaucoup plus important, n'est pas non plus la conséquence d'une révolution industrielle qui touche à peine la France à la veille de la Révolution (en effet, à cette date, les seules réalisations comparables à ce qui se passe en Angleterre sont l'établissement métallurgique du Creusot-Montcenis, avec fonte au coke et machines à vapeur, les forges d'Hayange, en Lorraine, et les mines d'Anzin). En marge de l'artisanat urbain organisé en corporations et travaillant pour les besoins locaux, la grande production, surtout textile, qui alimente l'exportation, est de plus en plus aux mains des marchands fabricants, dans le cadre de ce que les historiens d'aujourd'hui appellent la proto-industrialisation. Certes, il s'agit toujours d'une production à domicile ou en petits ateliers, et d'une fabrication manuelle, l'outillage, toujours médiocre, étant le plus souvent la propriété du producteur lui-même. Mais, contrairement à l'artisan urbain indépendant, ce producteur dépend totalement du marchand fabricant qui lui fournit la matière première, récupère le produit fabriqué en échange d'un prix de façon et le vend pour son seul profit. Ce système existait, on l'a vu, avant le 18ᵉ siècle, mais il connaît alors un grand développement, selon des modalités variées : parfois en ville, comme l'industrie de la soie à Lyon, le plus souvent à la campagne, notamment dans la France du Nord et de l'Ouest, avec, autour des villes, grandes ou moyennes, des nébuleuses de paroisses rurales où des habitants se livrent à un travail industriel, soit de façon quasi exclusive, soit en association étroite avec le travail agricole. Ainsi, dans la plupart des secteurs, sans bouleversement des structures traditionnelles, la proto-industrialisation, favorisée par la stabilité de la monnaie, la hausse des prix, donc des profits, l'augmentation de la population, l'ouverture de nouveaux marchés, permet une croissance rapide de la production.

L'essor des échanges commerciaux. L'intensification des relations commerciales est évidemment inséparable de cette croissance de la production. Les échanges intérieurs et l'acheminement des produits vers les ports d'exportation, Bordeaux, Nantes, Marseille, sont favorisés par l'amélioration du réseau routier, grâce à l'établissement de la corvée royale, impopulaire mais efficace, et à l'activité de l'administration des Ponts et Chaussées. Toutefois, en dehors des belles routes pavées reliant désormais entre elles les grandes villes du royaume, les routes secondaires et les chemins sont négligés et restent en fort mauvais état. Le commerce extérieur connaît un essor spectaculaire, comparable à celui de l'Angleterre : il est multiplié par cinq entre 1715 et 1789, le commerce avec l'Europe par quatre, le commerce colonial par dix. Le commerce européen reste l'essentiel, mais la part prise par les échanges avec les autres continents ne cesse d'augmenter : pays de l'océan Indien, Afrique et surtout Nouveau Monde. La France vend en Espagne, en Angleterre, dans la plupart des États du continent, dans les ports du Levant ses toiles et ses draps, ses vins et ses eaux-de-vie, parfois ses blés, le sucre produit dans ses colonies antillaises et raffiné en métropole. Elle achète en Europe du Nord lin, chanvre, fer, goudron, bois, et se procure en Asie cotonnades, porcelaines et épices rapportées par les navires de la Compagnie des Indes. Surtout, le commerce français s'américanise de plus en plus, soit indirectement grâce aux exportations vers l'Espagne dont une grande partie est réexportée vers l'Amérique espagnole, soit surtout directement grâce à l'exploitation non du Canada, de peu d'intérêt en dehors des fourrures et perdu dès 1760, mais des colonies antillaises, notamment Saint-Domingue, dont la France reçoit sucre brut, coton, café, indigo, et qu'elle approvisionne en produits alimentaires et manufacturés et surtout en esclaves noirs troqués sur les côtes d'Afrique. A la veille de la Révolution, les Iles, c'est-à-dire les Antilles, occupent une place considérable dans le commerce extérieur du royaume (*document 1, p. 226*).

Croissance et société. Tous les Français ne sont pas également bénéficiaires de cette prospérité, qui fait d'ailleurs place, à partir de 1770 environ, à une stagnation, puis à un début de dépression de la production et des revenus. Gens de finance, marchands fabricants, armateurs et négociants des grands ports atlantiques, rentiers du sol et riches laboureurs disposant d'excédents commercialisables sont les grands gagnants, en face du petit peuple des villes et des campagnes, dont les salaires n'augmentent pas dans les mêmes proportions que le profit industriel ou la rente foncière : il ne reçoit que les « miettes de l'expansion » et est la grande victime de la récession du temps de Louis XVI.

Le mouvement philosophique

Les grands philosophes. Prolongeant les leçons du rationalisme cartésien et la critique des croyances traditionnelles et de la monarchie absolue amorcée dans certains milieux dès les années 1680-1715, les grands écrivains appelés « philosophes » veulent substituer aux « ténèbres » du fanatisme et de l'intolérance les « lumières » de la raison pour le plus grand bonheur de l'humanité. Dès 1721, Montesquieu (1689-1755), président au parlement de Bordeaux, publie les *Lettres persanes,* satire audacieuse des croyances et des mœurs des Français à la fin du règne de Louis XIV ; de 1734 à 1748, il écrit l'*Esprit des lois,* dans lequel il préconise une monarchie tempérée par l'existence de corps intermédiaires et fondée sur la séparation des pouvoirs, exécutif, législatif et judiciaire, vrai rempart contre la tyrannie. Fils d'un notaire parisien, Voltaire (1694-1778) publie en 1734, après un séjour en Angleterre, ses *Lettres philosophiques,* éloge des institutions anglaises. Après une vie agitée, il s'installe en 1760 à Ferney, à deux pas de la frontière suisse, d'où il exerce jusqu'à sa mort une véritable souveraineté intellectuelle grâce à son énorme correspondance, ses nombreux ouvrages et sa défense des victimes de l'intolérance. Jean-Jacques Rousseau (1712-1778), fils d'un modeste horloger de Genève, joue un rôle à part : persuadé que tous les hommes naissent également bons, il rêve, dans le *Contrat social* (1762), d'une cité idéale où les droits naturels de l'individu seraient garantis et où le peuple souverain traduirait la volonté générale.

Les idées philosophiques. Avec toutes les nuances liées aux différences de leurs options personnelles, les philosophes se livrent à une même critique systématique de la société de leur temps (*document 2, p. 227*). Sur le plan religieux, ils admettent presque tous l'existence de Dieu (sauf Diderot, d'Holbach ou Helvétius) mais nient toute valeur aux Églises et aux dogmes ; le déisme de Rousseau s'accompagne d'un même refus des Églises établies, mais débouche sur une religiosité plus profonde et plus sincère. Sur le plan politique, ils sont favorables à la monarchie (sauf Rousseau, partisan de la démocratie et de la république), mais une monarchie limitée où les trois pouvoirs seraient séparés et où le monarque, s'inspirant des principes philosophiques, serait respectueux des libertés fondamentales : liberté individuelle, liberté de pensée, liberté d'expression. Ils se divisent sur les notions d'égalité et de propriété : Rousseau prêche l'égalité et tonne contre la propriété, tandis que Voltaire, tout en dénonçant les inégalités les plus criantes, celles dues notamment à la naissance, défend le droit de propriété et les intérêts de la bourgeoisie plutôt que ceux du peuple. Dans le domaine économique, ils vantent les bienfaits de la liberté sans laquelle l'industrie et le commerce ne peuvent prospérer et lancent la formule : « Laissez faire, laissez passer ! »

L'Encyclopédie. C'est surtout après 1750 que s'accélère la diffusion des idées des philosophes, en dépit de l'opposition des autorités civiles et religieuses. La publication, à partir de 1751, de l'*Encyclopédie* joue un rôle capital dans cette diffusion. Dirigé par Diderot et d'Alembert, ce « dictionnaire raisonné des sciences, des arts et des métiers », en trente-trois volumes, dont onze de planches, est d'abord une somme des connaissances du temps dans le domaine des sciences et des tehniques, mais c'est aussi une critique habile et détournée des institutions politiques et des idées religieuses et une apologie prudente des grands thèmes des « lumières » : la foi dans la raison et dans le progrès, la liberté, l'égalité civile, le respect de la propriété. La presse, les salons, les académies provinciales, les loges maçonniques jouent aussi leur rôle dans la diffusion des « lumières » en France et dans toute l'Europe.

Le rayonnement de la culture française et ses limites

L'Europe française. Les philosophes ne sont pas seulement des penseurs ; les plus grands d'entre eux, tel Voltaire, sont de remarquables écrivains, brillant dans tous les genres et fidèles aux leçons du classicisme. Mais, quelle que soit leur importance, ils ne représentent pas la totalité du mouvement littéraire, illustré aussi bien par le mémorialiste Saint-Simon que par les auteurs dramatiques et romanciers Lesage et Marivaux. L'architecture reste fidèle aux traditions classiques, mais la décoration et l'ornementation sont influencées par le style rocaille, ou rococo, qui préfère à la ligne droite le contour déchiqueté et la forme tourmentée. Le rayonnement en Europe de la littérature et de l'art français est alors considérable. La langue française est utilisée par les classes supérieures de tous les pays européens, ce qui facilite la diffusion des « lumières » et des écrits venus de Paris. Le prestige de l'art français est tel qu'il est imité un peu partout : résidences royales ou princières inspirées de Versailles, places royales à la française.

Les réactions nationales. Mais à partir de 1750 environ, en même temps que continuent à se diffuser les idées des philosophes, se dessine, au nom des exigences du sentiment, une réaction contre leur rationalisme jugé trop desséchant ; l'influence des poètes et romanciers anglais contribue aussi à la vogue de l'exotisme, de la rêverie, de l'irrationnel. Le roman de Rousseau, *la Nouvelle Héloïse,* publié en 1761 avec un immense succès, répond à cette évolution de la sensibilité du public, de même que les tableaux de Chardin ou de Greuze. Par ailleurs, le rococo recule devant le néo-classicisme : on en revient, en architecture, à un style sobre et sévère (Saint-Sulpice, Panthéon), cependant qu'en peinture l'œuvre de Louis David illustre parfaitement ce retour à l'anti-que. Dans le même temps, le rayonnement de la France en Europe diminue, devant l'influence anglaise, très nette en France même, et surtout devant les réactions nationales, sensibles notamment en Allemagne.

Culture savante et culture populaire. Enfin, à l'intérieur de la société française, le fossé apparu au 17e siècle entre culture savante et culture populaire se creuse encore davantage. La culture savante reste fondée sur les principes chrétiens et le legs de l'Antiquité redécouvert à l'époque de la Renaissance. Même le succès des « lumières » ne remet pas en cause ces deux fondements de la culture classique transmise dans les collèges, notamment jésuites ; mais il y ajoute la croyance dans le progrès indéfini de l'humanité vers le bonheur grâce à la raison et à la science. En même temps, les classes dominantes s'efforcent d'imposer au peuple certaines de leurs propres valeurs. Cette tentative d'acculturation, le plus souvent insidieuse, répond à la fois aux prétentions absolutistes et centralisatrices de l'État monarchique et à la volonté de l'Église d'épurer la religion populaire de tous ses éléments jugés *superstitieux. Attaquée de l'extérieur, menacée de l'intérieur par la lente contamination de l'écrit et le recul de l'analphabétisme, la culture populaire réussit cependant à se survivre avec ses croyances et ses pratiques.

DOCUMENT 1

Le commerce de Marseille à la fin de l'Ancien Régime

Moyenne annuelle sur la période 1783-1792
(en milliers de francs)

	Importations	Exportations	Total
Commerce du Levant	33 800	22 250	56 050
Commerce de Barbarie (Afrique du Nord)	3 880	3 430	7 310
Commerce d'Italie	11 320	7 360	18 680
Commerce d'Espagne	3 530	6 290	9 820
Commerce du nord de l'Europe	1 150	1 350	2 500
Commerce d'Amérique :			
- Saint-Domingue	11 853	8 835	20 688
- Martinique et Guadeloupe	8 317	7 296	15 613
- Cayenne	430	269	699
Commerce des Indes (île de France, Coromandel, Bengale)	–	3 000	3 000
Morues de Terre-Neuve	4 000	–	4 000
Total	*78 280*	*60 080*	*138 360*

D'après *Documents d'histoire de la Provence*,
Toulouse, Privat, 1971, p. 237.

Les chiffres du commerce extérieur de Marseille entre 1783 et 1792 montrent d'abord – ce qui ne saurait surprendre – la part capitale prise par le commerce avec le Levant (c'est-à-dire avec les ports de Méditerranée orientale relevant de l'Empire ottoman), avec les ports de Barbarie (c'est-à-dire d'Afrique du Nord) et avec les ports italiens et espagnols. Mais ils montrent aussi que Marseille, port méditerranéen, fait une part importante de son trafic (26 %) avec les Antilles, ce qui témoigne de la place qu'occupent les Iles dans l'économie française à la fin de l'Ancien Régime.

DOCUMENT 2

L'œuvre des philosophes résumée par Condorcet

« En France, Bayle, Fontenelle, Voltaire, Montesquieu et les écoles formées par ces hommes célèbres combattirent en faveur de la vérité, employant tour à tour toutes les armes que l'érudition, la philosophie, l'esprit, le talent d'écrire peuvent fournir à la raison ; prenant tous les tons, employant toutes les formes, depuis la plaisanterie jusqu'au pathétique, depuis la compilation la plus savante et la plus vaste jusqu'au roman et au pamphlet du jour ; couvrant la vérité d'un voile qui ménageait les yeux trop faibles et laissait le plaisir de la deviner ; caressant les préjugés avec adresse pour leur porter des coups plus certains ; n'en menaçant presque jamais ni plusieurs à la fois, ni même un seul tout entier ; consolant quelquefois les ennemis de la raison, en paraissant ne vouloir dans la religion qu'une demi-tolérance, dans la politique qu'une demi-liberté ; ménageant le despotisme quand ils combattaient les absurdités religieuses, et le culte quand ils s'élevaient contre la tyrannie ; attaquant ces deux fléaux dans leur principe, quand même ils paraissaient n'en vouloir qu'à des abus révoltants ou ridicules, et frappant ces arbres funestes dans leurs racines, quand ils semblaient se borner à en élaguer quelques branches égarées [...] ; mais ne se lassant jamais de réclamer l'indépendance de la raison, la liberté d'écrire, comme le droit, comme le salut du genre humain ; s'élevant avec une infatigable énergie contre tous les crimes du fanatisme et de la tyrannie ; poursuivant, dans la religion, dans l'administration, dans les mœurs, dans les lois, tout ce qui portait le caractère de l'oppression, de la dureté, de la barbarie ; ordonnant, au nom de la nature, aux rois, aux guerriers, aux magistrats, aux prêtres, de respecter le sang des hommes ; leur reprochant avec une énergique sévérité celui que leur politique ou leur indifférence prodiguait encore dans les combats ou dans les supplices ; prenant enfin pour cri de guerre : raison, tolérance, humanité. »

Condorcet, *Esquisse d'un tableau historique
des progrès de l'esprit humain*, Paris, Masson, 1822, p. 206.

Dans cette page de son Esquisse..., *rédigée en 1793, le mathématicien et philosophe Condorcet (1743-1794), qui devait se suicider en prison quelques mois plus tard, résume les grands thèmes du mouvement philosophique et évoque les divers moyens utilisés par les philosophes pour faire avancer leurs idées. Le* Dictionnaire historique et critique *(1695) de Pierre Bayle (1647-1706) et les* Entretiens sur la pluralité des mondes *(1686) de Fontenelle annoncent le mouvement des « lumières ».*

19. La France
de Louis XV et de Louis XVI
(1715-1789)

*Après la Régence et l'expérience financière de Law (1715-1723), le
ministère du cardinal Fleury (1726-1743) est une période de paix à
l'extérieur et de prospérité économique à l'intérieur. La fin du règne
de Louis XV (1743-1774) est marquée par deux guerres difficiles,
par l'augmentation du déficit financier et par l'agitation des
parlements. Louis XVI, roi en 1774, est contraint de convoquer
les états généraux.*

La Régence (1715-1723)

La réaction. A la mort de Louis XIV, son arrière-petit-fils, âgé de
cinq ans, devient Louis XV. En prévision de cette éventualité, le
feu roi avait prévu par testament que son neveu, le duc Philippe
d'Orléans, serait régent, assisté par un Conseil de régence qu'il
présiderait, mais dans lequel le duc du Maine, prince *légitimé,
jouerait un rôle important. Le Régent refuse ce partage du
pouvoir et fait casser le testament par le parlement de Paris, qui
retrouve, en échange, la plénitude du droit de remontrances dont
Louis XIV l'avait privé. A beaucoup d'égards, la Régence est une
période de réaction contre le long règne précédent : réaction
politique, avec la création de conseils remplaçant les ministres et
les secrétaires d'État ; réaction religieuse, avec l'appui accordé
aux jansénistes ; réaction morale, le Régent et ses « roués »
donnant l'exemple de la licence et de l'irréligion à Paris où la cour

s'est installée ; réaction en politique extérieure, avec le rapprochement franco-anglais pour le respect des traités de 1713-1714.

Le système de Law. Mais le gros problème qui se pose au Régent est la situation financière catastrophique laissée par Louis XIV, notamment une dette de plus de 2 milliards de livres. Les expédients classiques ne suffisant plus, le Régent décide d'écouter les propositions de l'Écossais John Law. La Banque générale créée par celui-ci à Paris en mai 1716 émet des billets de banque garantis par les dépôts de monnaie et remboursables à vue contre leur valeur en argent. Ces billets, beaucoup plus pratiques que la monnaie métallique, connaissent un grand succès et sont acceptés par les caisses royales. En 1717, Law complète son « système » en créant la Compagnie d'Occident, au capital de 100 millions, sous forme de 200 000 actions de 500 livres chacune ; la Compagnie, dite bientôt « du Mississippi », reçoit le monopole de la mise en valeur de la Louisiane. Séduit, le Régent tente l'aventure : en décembre 1718, la Banque générale devient banque royale, cependant que la Compagnie d'Occident devient la Compagnie des Indes par absorption des autres compagnies et se fait attribuer la *ferme générale et le monopole du tabac et de la fabrication de la monnaie. Le succès répond à la réclame étourdissante qui est faite dans le public et qui présente le Mississippi comme un eldorado. L'engouement du public est tel que chacun veut posséder des actions, dont le prix monte prodigieusement. En même temps, Law, qui est devenu contrôleur général des Finances, commet l'imprudence de faire émettre par la banque, pour stimuler le commerce, une masse de billets sans rapport ni avec l'encaisse métallique, ni même avec les bénéfices escomptés des diverses entreprises de la Compagnie. Au début de 1720, l'inquiétude du public fait bientôt place à la panique. Chacun veut à la fois se débarrasser de ses actions, à quelque prix que ce soit, et se faire rembourser ses billets par la banque. Celle-ci, l'encaisse étant vite épuisée, doit interrompre les remboursements. Law essaie de faire face en achetant les actions en sous-main pour relever les cours et en imposant le cours forcé des billets. Rien n'y fait (*document 1, p. 238*). Il doit se cacher, puis s'enfuir à Bruxelles en décembre 1720, complètement ruiné.

Les conséquences du système. L'expérience, qui a duré deux ans, se termine donc en catastrophe. Pourtant, les conséquences du « système » ne sont pas toutes désastreuses. Certes, des communautés et des particuliers en sortent partiellement ruinés ; certes, l'opinion en garde pour longtemps une méfiance générale pour le papier-monnaie. Mais, en revanche, à la suite de l'opération de liquidation menée par les frères Pâris, banquiers adversaires de Law, la situation est brutalement assainie au bénéfice de l'État, dont la dette est sensiblement réduite. Par ailleurs, le « système » a donné un véritable coup de fouet à l'économie française : une richesse plus mobile a favorisé la production et surtout le grand commerce maritime. Les dernières années de la Régence sont marquées par un retour plus ou moins net aux options et aux pratiques du règne précédent : abandon du régime des conseils, ou polysynodie, dès 1718, rapprochement avec l'Espagne de Philippe V en 1720, retour de la cour à Versailles en 1722. En février 1723, Louis XV devient majeur ; en décembre de la même année, le duc d'Orléans meurt.

La France du cardinal Fleury

Paix et prospérité. Hercule Fleury, évêque de Fréjus, ancien précepteur de Louis XV, a gardé une grande influence sur son élève. C'est sur son conseil que celui-ci choisit comme Premier ministre le duc de Bourbon, pour remplacer le duc d'Orléans, et c'est aussi sur son conseil qu'il disgracie Bourbon en 1726. Le roi s'en remet alors à Fleury, qui, devenu cardinal, va exercer jusqu'à sa mort à quatre-vingt-dix ans, en 1743, les fonctions de Premier ministre. S'appuyant à Versailles sur des ministres expérimentés, tels Orry ou Maurepas, et en province sur d'excellents intendants, Fleury gère pendant près de vingt ans les affaires du royaume, avec prudence et modération, selon les méthodes éprouvées du colbertisme, soucieux de maintenir la paix à l'extérieur, l'ordre et la prospérité à l'intérieur. Il soutient les efforts d'Orry, contrôleur général des Finances, qu réussit à équilibrer le budget et encourage l'activité économique, en pleine croissance. Il fait face à une nouvelle agitation janséniste soutenue par le parlement et marquée notamment en 1729-1731 par les manifestations dont le cimetière Saint-Médard à Paris est le théâtre : guérisons inexpliquées et scènes de convulsions. Il obtient en 1738 pour le roi détrôné de Pologne Stanislas Leszczynski, beau-père de Louis XV, le duché de Lorraine, qui, après la mort de Stanislas, devra revenir à la France.

Les débuts de la guerre de Succession d'Autriche. Mais, en dépit de son pacifisme, le vieux cardinal se trouve entraîné dans une double guerre, maritime et continentale. En effet, sur mer et aux colonies, les intérêts de la France et de l'Angleterre s'affrontent depuis le 17e siècle. Aux Antilles, les deux pays possèdent chacun des îles à sucre en pleine prospérité, Jamaïque pour l'Angleterre, Saint-Domingue, Martinique, Guadeloupe pour la France. En Amérique du Nord, les Anglais sont installés sur la côte atlantique, alors que les Français, bien que douze fois moins nombreux, occupent la vallée du Saint-Laurent et ont pris possession en 1682 de la Louisiane, c'est-à-dire l'immense territoire drainé par l'Ohio et le Mississippi. En Inde, les deux compagnies de commerce, anglaise et française, détiennent chacune des comptoirs et se font une âpre concurrence. Le conflit, qui était donc inévitable, éclate en 1740. Au même moment, l'ouverture de la succession d'Autriche provoque une longue guerre qui oppose Marie-Thérèse, fille de l'empereur Charles VI, à Frédéric II de Prusse. Sous l'influence du parti anti-autrichien et en dépit des avis de Fleury, Louis XV décide de s'allier au roi de Prusse contre Marie-Thérèse, soutenue par les Anglais. Les difficultés que rencontrent les armées françaises dans leur intervention en Allemagne (prise, puis évacuation de Prague en 1742) et l'impopularité croissante de Fleury n'empêchent pas Louis XV, qui lui reste très attaché, de laisser le vieux cardinal gouverner jusqu'à sa mort, le 29 janvier 1743.

La dernière partie du règne de Louis XV (1743-1774)

A la mort de Fleury, Louis XV, qui a alors trente-trois ans, annonce son intention de gouverner sans Premier ministre. En fait, intelligent et sensible, mais timide et indolent, il ne s'intéresse que par intermittence à son métier de roi.

La guerre de Succession d'Autriche et ses conséquences. La cour devient ainsi le centre de toutes les intrigues, notamment autour de Mme de Pompadour, maîtresse du roi à partir de 1745 et conservant un crédit intact jusqu'à sa mort en 1764. Intelligente et cultivée, elle protège le parti philosophique et joue un rôle de mécène. Surtout, elle fait et défait les ministres. La guerre de Succession d'Autriche se poursuit avec des fortunes diverses. Les Français, commandés par le maréchal de Saxe, sont vainqueurs des Anglo-Hollandais à Fontenoy, le 11 mai 1745, et envahissent les Pays-Bas. Pourtant, le traité d'Aix-la-Chapelle, signé en 1748, rétablit le *statu quo,* la France rendant toutes ses conquêtes. A Paris, on estime s'être « battu pour le roi de Prusse », qui, lui, conserve la Silésie prise à Marie-Thérèse. Le mécontentement est d'autant plus vif que la guerre a fait réapparaître le déficit et les difficultés financières. Pour tenter d'y porter remède, Machault d'Arnouville, contrôleur général des Finances depuis 1745, crée en 1749 un nouvel impôt, le vingtième, pesant sur les revenus de tous les sujets quels qu'ils soient. Devant cette atteinte aux privilèges, la réaction est immédiate : les parlements refusent l'enregistrement de l'édit de création, les états de Bretagne et de Languedoc, l'Assemblée du clergé protestent et refusent de payer. Finalement, le roi cède en partie et renonce à imposer le vingtième au clergé. L'agitation continue néanmoins, les parlementaires prenant prétexte d'un nouveau rebondissement de l'affaire janséniste pour se poser en rempart contre le despotisme (1752-1756).

La guerre de Sept Ans. De plus, après un spectaculaire renversement des alliances qui, en 1756, amène la Prusse à se rapprocher de l'Angleterre et, par voie de conséquence, la France de l'Autriche, le gouvernement de Louis XV se trouve engagé dans une nouvelle guerre qui, une fois de plus, doit être menée sur mer et aux colonies en même temps qu'en Europe. Les Français sont battus par les Anglais en Amérique du Nord, où Montcalm est vaincu et tué à Québec en septembre 1759, et dans l'Inde, où, dès 1754, la politique ambitieuse de Dupleix a été abandonnée, pour le plus grand profit des Anglais. Les Français sont également battus en Europe centrale par Frédéric II, notamment à Rossbach, le 5 novembre 1757. A l'instigation de Mme de Pompadour, Louis XV renvoie Machault, au lendemain de l'attentat manqué de Damiens (1757), et fait appel à Choiseul, qui devient secrétaire d'État aux Affaires étrangères en 1758, puis à la Guerre en 1761, et qui va, jusqu'à sa disgrâce en 1770, jouer pratiquement le rôle d'un Premier ministre.

Choiseul et l'agitation parlementaire. Ce grand seigneur lorrain, intelligent, nonchalant et sûr de lui, ne peut redresser la situation militaire, mais réussit du moins à limiter les dégâts lors des négociations franco-anglaises qui, à l'issue de la guerre de Sept Ans, aboutissent à la signature du traité de Paris, le 10 février 1763. En effet, si la France doit abandonner à l'Angleterre le Canada et toute la rive gauche du Mississippi (la rive droite étant cédée à notre allié espagnol), du moins conserve-t-elle ses îles à sucre, ce qui est l'essentiel pour l'opinion, compte tenu de la place prise par les Antilles dans l'économie française. Dès le lendemain de la paix, Choiseul s'attache à préparer la revanche en réformant activement l'armée et la marine. En 1766, il rattache définitivement la Lorraine à la France, au lendemain de la mort du roi Stanislas. En 1768, il achète la Corse à la république de Gênes. Par ailleurs, la croissance économique se poursuit.

En revanche, Choiseul ne réussit pas à mettre fin à la crise politique résultant de l'opposition incessante des parlements. Il essaie pourtant de donner satisfaction aux parlementaires, jansénistes et gallicans, en même temps qu'aux philosophes, en leur sacrifiant les jésuites. Un membre de la Compagnie de Jésus se trouvant compromis dans une faillite commerciale, le parlement de Paris, bientôt imité par les parlements provinciaux, en prend prétexte pour supprimer la Compagnie (1762). En 1764-1766, les « affaires de Bretagne » dégénèrent en une véritable révolte des parlements contre l'autorité royale : en 1765, les parlementaires rennais démissionnent, et le procureur général, La Chalotais, est arrêté pour propos injurieux à l'égard du roi. Le parlement de Paris s'étant solidarisé avec celui de Rennes, Louis XV, au cours d'un lit de justice, le 3 mars 1766, stigmatise l'attitude des parlementaires et réaffirme la doctrine de la monarchie absolue (*document 2, p. 239*), mais cède peu après.

Maupeou et le triumvirat. Pourtant, en 1770, à l'instigation du chancelier Maupeou, qui lui prêche la fermeté, Louis XV renvoie Choiseul, qui continue à soutenir les parlementaires, et appelle l'abbé Terray au contrôle général et d'Aiguillon au secrétariat d'État aux Affaires étrangères, qui forment avec Maupeou le « triumvirat ». Appuyé par le roi, Maupeou entreprend une profonde réforme de la justice, dont la portée politique est considérable. En effet, l'édit de février 1771 décide que le ressort du parlement de Paris est démembré au profit de six conseils supérieurs et que les magistrats ne seront plus propriétaires de leur charge, mais nommés par le roi. La mesure est appliquée aux parlements de province qui ont pris parti pour les parlementaires parisiens. En dépit des oppositions et des difficultés, Maupeou recrute de nouveaux magistrats pour les divers conseils supérieurs ainsi créés. De son côté, l'abbé Terray essaie de réduire le déficit. Mais les mesures qu'il prend, réduction de rentes, emprunts forcés, augmentation des impôts, le rendent très impopulaire, sans résoudre véritablement le problème financier. L'impopularité du roi est plus grande encore, surtout depuis que Mme du Barry, très cupide, est maîtresse en titre (1769). Lorsque Louis XV meurt de la variole le 10 mai 1774, l'opposition parlementaire est apparemment vaincue, mais l'institution monarchique est profondément discréditée.

Le début du règne de Louis XVI (1774-1789)

Petit-fils de Louis XV, le nouveau roi a vingt ans. Lourd et timide, il n'est pas dénué de qualités, mais témoigne très tôt d'un caractère faible et irrésolu face à un entourage divisé et peu sûr, notamment sa femme Marie-Antoinette d'Autriche et ses deux frères, le comte de Provence et le comte d'Artois. Le jeune roi fait appel, pour le conseiller, au vieux ministre Maurepas, disgracié en 1749. Celui-ci fait immédiatement renvoyer Maupeou et rappeler les parlements, décision prise dans un but d'apaisement, mais lourde de conséquences désastreuses pour la monarchie : les parlements ne tardent pas, en effet, à reprendre leur opposition systématique par le biais du droit de remontrances. Mais, en même temps, Maurepas suggère au roi d'appeler aux affaires des hommes de premier plan, notamment Vergennes aux Affaires étrangères et surtout Turgot au Contrôle général.

Turgot. D'emblée, ce dernier propose à Louis XVI de résorber le déficit sans recourir aux expédients habituels (« point de banqueroute, point d'augmentation d'impôts, point d'emprunts »), mais grâce à de sévères économies et surtout à un meilleur rendement de la fiscalité résultant d'un enrichissement général. C'est pourquoi il prend une série de mesures susceptibles à ses yeux de favoriser l'accroissement de la richesse nationale et une meilleure répartition des charges, dans le cadre de la libération économique : en septembre 1774, il rétablit la liberté du commerce des grains, pour favoriser une augmentation de la production ; en janvier 1776, il supprime la corvée royale et la remplace par la subvention territoriale, impôt en argent sur toutes les propriétés foncières, et supprime également les *jurandes, maîtrises et corporations, rendant ainsi le travail libre. Le ministre a d'autres projets, mais les mesures déjà prises heurtent trop de privilèges. Le roi résiste d'abord en imposant au parlement de Paris l'enregistrement des édits de janvier 1776, puis cède à une cabale menée par la reine et disgracie Turgot le 12 mai 1776.

Necker. Dans les semaines qui suivent, la corvée royale et les corporations sont rétablies. C'est alors que Maurepas suggère de faire appel au banquier d'origine genevoise Jacques Necker. C'est un habile technicien, jouissant d'un large crédit dans les milieux bancaires ; c'est, par ailleurs, un partisan du colbertisme traditionnel et un adversaire du libéralisme économique. Il se contente de multiplier les emprunts à des taux intéressants, ce qui amène des millions de livres dans les caisses de l'État, mais aggrave encore la dette publique. Or, en 1778, à l'instigation de Vergennes, la France prend officiellement parti pour les colons anglais d'Amérique révoltés contre leur métropole, reconnaissant les États-Unis et leur assurant son aide. La flotte française bat la flotte anglaise à diverses reprises, et le corps expéditionnaire commandé par Rochambeau contribue de façon décisive, aux côtés des troupes de Washington, à la capitulation des Anglais à Yorktown en octobre 1781. Si le traité franco-anglais de Versailles, signé en 1783, n'assure que la restitution des comptoirs du Sénégal, il apparaît comme une revanche morale du traité de Paris et relève le prestige de la France dans le monde. Mais, comme toujours, la guerre a coûté cher, aggravant le déficit et la dette publique. La politique d'emprunts se révèle de plus en plus insuffisante et le crédit de Necker baisse peu à peu. En mai 1781, celui-ci démissionne après la publication de son *Compte rendu au roi,* plaidoyer qui relève, au passage, l'importance des dépenses de la cour.

Calonne et Brienne. En novembre 1783, à l'instigation de la reine, Louis XVI nomme Calonne contrôleur général des Finances. Celui-ci, profitant de la provisoire euphorie consécutive à la paix de Versailles, mène une politique de grandes dépenses publiques couvertes par des emprunts. Mais, en fait, depuis 1770, à la prospérité économique a succédé un incontestable marasme, que traduisent la stagnation, puis la baisse de la production, des prix et des revenus. En 1786, la légère fièvre tombée, Calonne ne trouve plus de prêteurs. Il propose alors au roi un vaste plan de réformes, inspiré en partie des initiatives de Turgot, notamment la création d'une subvention territoriale pesant sur tous les propriétaires. Pour tourner l'opposition prévisible des parlements, il présente son projet à une assemblée de notables choisis par le roi, presque tous nobles. L'assemblée repousse le principe de l'égalité devant l'impôt et critique la gestion du ministre, que le roi renvoie en avril 1787 et remplace par Loménie de Brienne, archevêque de Toulouse.

Brienne renvoie les notables et fait enregistrer, en août 1787, l'édit créant la subvention territoriale au cours d'un lit de justice que les parlementaires déclarent illégal. Louis XVI riposte en exilant le parlement à Troyes. Un compromis permet son retour en octobre, aux applaudissements de l'opinion, qui voit dans les magistrats les adversaires du despotisme ministériel et les pères de la patrie. Pour briser cette obstruction, le garde des Sceaux Lamoignon tente, en mai 1788, une réforme inspirée de celle de Maupeou, qui se heurte à une opposition générale, mais ambiguë, chacun revendiquant pour son compte le contrôle du pouvoir royal. L'alliance est donc fragile entre les parlementaires défendant leur pouvoir et leurs privilèges, les nobles soucieux de continuer à dominer les états provinciaux, là où ils existent, et les patriotes du tiers réclamant une monarchie tempérée et la suppression des privilèges. Des émeutes contre les édits de Lamoignon éclatent à Paris, à Rennes, à Grenoble. Le 8 août, Brienne convoque les états généraux pour le 1ᵉʳ mai 1789 afin de trouver une solution à la crise financière et, le 25, remet au roi sa démission.

Vers les états généraux. Necker, nommé ministre d'État sous la pression de l'opinion, rappelle les parlements et abandonne les réformes de Lamoignon. Mais le grand problème posé est celui de la forme des futurs états généraux. Alors que les patriotes, partisans de réformes profondes et pas seulement fiscales, réclament que le tiers ait autant de députés que les deux autres ordres réunis et que le vote ait lieu par tête et non par ordre, le parlement de Paris demande, le 25 septembre, que les états se réunissent comme dans le passé, chaque ordre ayant une voix et le même nombre de députés ; du jour au lendemain, la popularité des pères de la patrie s'effondre. Enfin, le 27 décembre, le roi décide le doublement du tiers ; ce qui n'est qu'une demi-mesure, puisque aucune décision n'est prise concernant le vote par tête ou par ordre. Dans les premières semaines de 1789, alors que se multiplient brochures et feuilles périodiques, les Français prennent la parole dans toutes les paroisses de France, à l'occasion de la rédaction des *cahiers de doléances, et préparent les élections dans le cadre des bailliages, le tout dans une atmosphère d'agitation et de crise frumentaire consécutive à la mauvaise récolte de 1788 et à l'hiver rigoureux qui suit. Enfin, le 5 mai 1789, les états généraux s'ouvrent à Versailles : ce qu'on appellera bientôt l'« Ancien Régime » vit ses derniers jours.

DOCUMENT 1

Le système de Law, vu de province

Un prêtre angevin, René Lehoreau (1671-1724), a tenu une sorte de journal donnant de nombreux détails sur la vie quotidienne en Anjou de 1692 à 1724.

« Mgr le Régent, voulant rendre la nouvelle compagnie établie d'abord sous le nom d'Occident, puis sous le nom des Indes, la plus florissante de l'Europe, lui attribua, par différents arrêts, toutes les fermes générales, celle du tabac, le bénéfice appartenant à Sa Majesté sur les monnaies, la propriété de la Louisiane (appelée vulgairement le Mississippi, du nom du fleuve qui arrose cette grande contrée), avec beaucoup d'autres avantages. Une multitude de Français et d'étrangers s'empressèrent de s'intéresser dans cette compagnie. Les actions, qui n'étaient d'abord qu'à 500 livres (encore ne s'achetaient-elles, pour lors, qu'en billets de monnaie ou d'État et autres papiers absolument discrédités), montèrent insensiblement jusqu'à 10 000 livres. De là vinrent les richesses énormes de tant de personnes auparavant inconnues qu'il plut à l'aveugle Fortune de lever au haut de sa roue, tandis qu'elle précipitait dans une affreuse indigence les plus opulentes familles.

« Cette compagnie si fameuse ne garda pas longtemps cette première splendeur. La principale cause de sa décadence fut son union à la banque du sieur Law, que nous nommons ici Lasse. Ce perfide Anglais [...] fut l'inventeur du système trop fameux des billets de banque qui, en ruinant la Compagnie des Indes que l'on prétendit rendre comptable de tout le papier répandu dans le public par le sieur Lasse, sans sa participation, a aussi jeté toute la France dans la désolation [...]

« Le clergé et les états de Bretagne et les autres provinces furent forcés de ruiner leurs créanciers en les remboursant en papier. Le clergé et les états y profitèrent en apparence par la réduction des rentes qu'ils devaient, qui fut faite d'abord à trois pour cent et ensuite à deux pour cent. Mais, à la vérité, c'était pour eux une pure perte, puisque les particuliers et les compagnies qui composent ces grands corps furent par là précipités dans une ruine totale. Les hôpitaux, les fabriques des paroisses, les communautés ecclésiastiques, séculières et régulières, surtout celles de filles, et tant d'autres personnes qui n'avaient pour tout bien que des rentes constituées furent réduites à l'indigence par l'amortissement qui leur en fut fait en cette malheureuse monnaie de billets de banque que Sa Majesté fut ensuite obligée de décrier au premier novembre 1720. »

> D'après R. Lehoreau, *Cérémonial de l'Église d'Angers*, Paris, 1967, p. 286.

Le chroniqueur angevin se fait l'écho fidèle de l'expérience de Law telle qu'elle a pu être vécue en province. On comprend, à le lire, comment celle-ci a pu susciter pour longtemps la méfiance des Français à l'égard du papier-monnaie.

DOCUMENT 2

Louis XV réaffirme les principes de la monarchie absolue

Le 3 mars 1766, Louis XV, au cours d'une séance solennelle du parlement de Paris, dite ensuite séance de la « flagellation », s'adresse en ces termes aux parlementaires :

« Je ne souffrirai pas qu'il se forme dans mon royaume une association qui ferait dégénérer en une confédération de résistance le lien naturel des mêmes devoirs et des obligations communes, ni qu'il s'introduise dans la monarchie un corps imaginaire qui n'en pourrait que troubler l'harmonie. La magistrature ne forme point un corps, ni un ordre séparé des trois ordres du royaume : les magistrats sont mes officiers, chargés de m'acquitter [1] du devoir vraiment royal de rendre la justice à mes sujets [...]

« Comme s'il était permis d'oublier que c'est en ma personne seule que réside la puissance souveraine dont le caractère propre est l'esprit de conseil, de justice et de raison ; que c'est de moi seul que mes cours [2] tiennent leur existence et leur autorité ; que la plénitude de cette autorité, qu'elles n'exercent qu'en mon nom, demeure toujours en moi et que l'usage n'en peut jamais être tourné contre moi ; que c'est à moi seul qu'appartient le pouvoir législatif, sans dépendance et sans partage ; que c'est par ma seule autorité que les officiers de mes cours procèdent non à la formation, mais à l'enregistrement, à la publication et à l'exécution de la loi et qu'il leur est permis de me remontrer ce qui

1. C'est-à-dire : « de me rendre quitte, d'exercer à ma place ».
2. Le terme désigne les cours souveraines, juridictions statuant en dernier ressort, notamment les parlements.

est du devoir de bons et fidèles conseillers ; que l'ordre public tout entier émane de moi ; que j'en suis le gardien suprême ; que mon peuple n'est qu'un avec moi et que les droits et les intérêts de la nation, dont on ose faire un corps séparé du monarque, sont nécessairement unis avec les miens et ne reposent qu'en mes mains. Je suis persuadé que les officiers de mes cours ne perdront jamais de vue ces maximes sacrées et immuables qui sont gravées dans le cœur de tout sujet fidèle. »

D'après Dechappe, *L'Histoire par les textes.*
De la Renaissance à la Révolution, Paris, 1939, p. 358.

Moins de vingt-cinq ans avant la Révolution, ce discours est une réaffirmation solennelle et explicite des « maximes sacrées et immuables » qui sont les fondements mêmes de la monarchie absolue de droit divin : le roi détient tous les pouvoirs et, s'il les délègue, il ne les partage avec aucun de ses sujets, individuellement ou en corps ; il s'identifie totalement à la nation, qui ne peut s'exprimer que par lui.

20. La Révolution et l'Empire
I. La crise révolutionnaire

*En dix années prodigieusement denses, les Français ont mis à bas
les cadres séculaires de leur vie politique et sociale et en ont créé de
nouveaux. Face aux périls intérieurs et extérieurs, ils ont développé
en eux un sentiment national qui les a unis pour obtenir la victoire.
Mais, las des tensions, ils ont finalement remis leurs destinées dans
les mains d'un général vainqueur soutenu par une bourgeoisie
parvenue au pouvoir.*

Le quart de siècle qui sépare les règnes de Louis XVI et de
Louis XVIII n'a pas d'égal dans l'histoire de la France et peu dans
celle de l'Europe. Par l'aventure militaire qui a préparé le
nouveau visage de l'Europe, par le bouleversement des structures qui a remodelé l'organisation de la France, par le reclassement social qui a mis en place pour le siècle à venir la nouvelle
classe dirigeante et par l'enracinement d'un sentiment national
jusqu'alors diffus, il a donné à la France et au monde des
caractères et des valeurs qui les font vivre encore.

Le changement de régime

La mise à bas d'un système. Les Français l'avaient déjà dit. Que
ce soit par la voix des *cahiers de doléances, ce tableau souvent stéréotypé des mécontentements du peuple français en 1789,
ou par la longue critique émise au long du siècle par l'élite éclai-
rée du pays, ils avaient dénoncé l'écart existant entre l'ordre poli-

tique et social établi et la réalité du pays. Contesté, cet ordre l'était donc. Mais il n'en était pas moins ferme sur ses bases et seule une crise forte pouvait l'ébranler. Le délabrement des finances du régime allait en fournir l'occasion.

C'est bien en effet le besoin d'argent qui avait poussé Brienne à suggérer au roi la convocation de cette antique institution, les *états généraux. Ceux-ci se réunissent donc à Versailles le 5 mai 1789, mais, très vite, ils transgressent le cadre de leur tâche et s'érigent, les 17 et 20 juin 1789, en une Assemblée nationale et constituante. Et comme, le 14 juillet, en prenant la Bastille, le peuple affirme sa capacité d'imposer sa volonté, il ne reste au pouvoir qu'à accepter l'état de fait. Et, par là, la royauté efface deux traits de son pouvoir absolu, l'origine divine – le pouvoir ne vient plus de Dieu mais de la nation – et le droit de dire la loi – celle-ci désormais dépendra d'un texte constitutionnel.

En même temps que l'ordre politique, l'ordre social est bousculé et plus même que ne le souhaitaient les constituants. Car, alors qu'à Versailles on parle politique, le peuple des campagnes, victime de mauvaises récoltes et d'une réaction seigneuriale qui s'appesantit sur lui, s'énerve. En juillet 1789, une « Grande Peur » traverse la France rurale. Née de rumeurs mal fondées, elle arme les paysans contre les « brigands », les conduit à l'assaut des archives et des *plans-terriers nobles et laisse, une fois la crise passée, une population armée et, s'il le faut, prête à l'action. Aussi, à Versailles, prend-on en compte le mouvement. Et, dans la nuit du 4 août, on décide l'abolition des privilèges, abolition nuancée puisque seuls sont supprimés les droits féodaux ayant le caractère d'une servitude personnelle, les autres étant rachetables seulement, mais abolition pourtant. La société des trois ordres n'est plus.

Le clergé enfin, cette force morale et politique, parce qu'il a des biens, et que l'État a besoin d'argent, se voit privé de ceux-ci le 2 novembre 1789 et doté d'une « constitution civile » le 12 juillet 1790, sans qu'on en ait référé au pape ou au roi. L'Église est donc ébranlée, les prêtres fonctionnarisés. En quelques mois s'est effondré le système dans lequel vivait la France depuis des siècles.

La reconstruction. Il fallait donc en reconstruire un autre et, là, tenir compte des réalités. La Déclaration des droits de l'homme et du citoyen du 26 août 1789 prononce ces mots essentiels : les hommes sont « libres et égaux en droits », « le principe de toute souveraineté réside essentiellement dans la nation ». Mais la Constitution de 1791, qu'on élabore, donne de larges pouvoirs au roi et fait élire l'Assemblée législative par des « citoyens actifs » pris parmi les seuls possédants ; on ne se résigne pas à abolir l'esclavage ; la propriété reste un droit aussi imprescriptible que la liberté et la résistance à l'oppression ; les biens du clergé confisqués sont revendus en lots si grands que seuls ceux qui sont déjà propriétaires peuvent les acquérir. La « liberté du travail » enfin, reconnue par la loi Le Chapelier du 14 juin 1791, n'est que celle qui interdit aux ouvriers le *compagnonnage et la grève. Le monde des propriétaires a su préserver ses intérêts.

On réorganise aussi l'État et, dans le maquis des institutions balayées par l'abolition des privilèges, on taille des voies claires. Une circonscription nouvelle, cadre unique de tous les services publics et de la représentation nationale, est créée : c'est le département, qu'on subdivise en districts (ils deviendront des arrondissements), cantons et communes, et, à l'intérieur, se met en place un personnel entièrement élu. L'ancien système d'impôts est supprimé, et trois nouvelles « contributions », ainsi appelle-t-on désormais l'impôt, voient le jour : la foncière, la mobilière et, pour les commerçants, la *patente. La monarchie nouvelle, constitutionnelle et censitaire, a donc établi un ordre nouveau, uniformisé et décentralisé. Ce ne sera pas pour longtemps.

La montée des déséquilibres. 1790, l'année heureuse, a-t-on pu dire. Certes. A l'extérieur, la Constituante a déclaré la paix au monde, le 20 mars 1790, et à l'intérieur elle croit pouvoir mettre en place le nouveau régime que ses comités élaborent par un travail acharné. Mais l'instabilité prédomine.

Le pouvoir établi par la nouvelle Constituante de 1791 est paralysé par un trop grand partage du législatif et de l'exécutif, et se trouve sans prise sur une administration désormais entièrement élue. Surtout, deux forces opposées se dessinent de plus en plus. D'un côté, Paris, qui, après le 14 juillet, s'est donné un maire, une garde nationale et, depuis octobre 1789, tient en son pouvoir le roi et l'Assemblée, qu'il a ramenés de Versailles. De l'autre, une noblesse, qui, dépouillée de ses privilèges, veut pousser le roi à l'intransigeance et commence à émigrer pour trouver près des princes étrangers refuge et soutien armé. Et, devant cela, Louis XVI, ouvert, intelligent, mais faible et déchiré dans sa conscience chrétienne, surtout lorsque le clergé, face au serment de fidélité « au roi et à la nation » qu'on lui impose, se divise en « jureurs » et en « réfractaires », ne cesse d'hésiter. Quand enfin il choisit, s'enfuit vers l'étranger le 20 juin 1791, mais se fait reprendre à Varennes, il ruine à peu près le réel prestige qu'il possédait encore.

Ainsi, la faiblesse du pouvoir, le trouble religieux, la crise financière, que les émissions d'*assignats de plus en plus dépréciés ne résolvent pas, et l'inquiétude naissante de l'étranger devant la nouvelle doctrine du « droit des peuples à disposer d'eux-mêmes » mènent à des extrémités que n'avaient pas prévues les députés de 1789.

La nation en marche

La nation en marche dans la paix. Au travers de ces secousses, dans la paix d'abord, plus tard dans la guerre, se forge un sentiment national qui, plus qu'avant, prend racine dans le cœur des nouveaux citoyens. Les grandes décisions ne sont plus la seule affaire du roi et de l'Assemblée, elles sont l'affaire de tous. Les actes politiques se préparent dans les clubs parisiens, celui des feuillants, modéré, celui des cordeliers, prêt à s'appuyer sur les faubourgs populaires, celui des jacobins, qui peu à peu accepte l'idée de la République et s'est donné un important réseau de quelque deux mille filiales provinciales, les « sociétés populaires ». Pour former et informer le citoyen, la presse se développe et on lit – souvent à haute voix –, on commente *les Révolutions de France et de Brabant* de Camille Desmoulins ou le populaire *Ami du peuple* de Marat. Spontanément, des municipalités avec leur garde nationale se fédèrent entre elles et l'on

atteint l'apothéose le 14 juillet 1790, à Paris, lorsqu'une fête de la
*Fédération croit unir tous les Français dans un commun serment
de fidélité « à la nation et à la loi et au roi ».

Plus profondément aussi, la France se donne les moyens de son
unité. On projette d'unifier en un seul code juridique la diversité
des droits et des coutumes. Le 26 mars 1791, on pose les bases
d'un nouveau système décimal de poids et mesures fondé sur le
mètre et le gramme et valable pour tout le pays : le *système
métrique. On veille à diffuser les textes législatifs en les tradui-
sant dans les différents patois (décret du 14 janvier 1790), mais on
lance aussi une enquête relative à ceux-ci qui demande à la
question 29 : « Quelle serait l'importance religieuse et politique
de détruire entièrement ce patois ? »... Mais c'est bien la guerre
qui, à ces diverses entreprises, allait apporter sa redoutable force
d'accélération.

La nation en marche dans la guerre. La République. Personne,
en 1791, ne voit dans le gouvernement en place un système
suffisamment fort pour ramener la stabilité. Or les girondins,
éléments moteurs de l'Assemblée législative, pensent qu'une
guerre extérieure diffuserait la Révolution hors du pays et
l'affermirait à l'intérieur. Et Louis XVI pense aussi à la guerre,
mais avec l'espérance inverse d'une victoire des princes étrangers. Aussi, sauf celle de Robespierre encore peu écoutée,
aucune voix ne s'élève quand, le 20 avril 1792, la France déclare
la guerre au « roi de Bohême et de Hongrie ».

C'est la guerre désormais qui donne le mouvement. L'enthousiasme gagne le pays, le *Chant de guerre pour l'armée du Rhin*,
composé dès le 25 avril à Strasbourg par Rouget de Lisle, gagne
Marseille puis Paris avec les volontaires qui le chantent. L'enthousiasme mais aussi la radicalisation : à l'Assemblée, qui veut
déporter les prêtres réfractaires suspects de trahison, et établir à
Soissons un camp de 20 000 *fédérés qui pourraient faire la loi à
Paris, Louis XVI oppose son veto. Mais Paris alors, contre le gré
même des girondins, s'insurge et, après une vaine tentative le
20 juin, se donne les 9 et 10 août 1792 une commune insurrec-
tionnelle dont Danton est le substitut, et impose à la Législative
l'arrestation et la destitution de Louis XVI. Un Conseil provi-

soire organise des élections. Au milieu des violences, des
massacres de septembre, et des mesures extrêmes, surtout
antireligieuses, il permet la désignation d'une assemblée nouvelle, la Convention, dont l'acte fondateur est de proclamer que
le 22 septembre 1792 devient le premier jour de l'an I de la
République.

L'an I, l'an II, les mois tragiques. Ainsi la République est née, et il
faut l'imposer. Mais il faut lutter aussi contre les ennemis de
l'intérieur et de l'extérieur et, donc, mettre en place un régime
d'exception, le gouvernement révolutionnaire, dont, le 25
décembre 1793 (5 nivôse an II), Robespierre dira l'esprit : « Si le
but du gouvernement constitutionnel est de conserver la République, celui du gouvernement révolutionnaire est de la fonder
[...] ; si celui-ci doit aux bons citoyens toute la protection
nationale, il ne doit aux ennemis du peuple que la mort. »
    Par la force des choses, la plus grande centralisation s'impose.
A Paris, tout part du Comité de salut public et de ses douze
membres : il est aidé par le Comité de sûreté générale avec son
bras armé, le Tribunal révolutionnaire, et, en province, par les
agents nationaux et les représentants en mission. Il dicte sa loi à
la Convention, où s'imposent les « montagnards », prend appui
sur le Club des jacobins et les sociétés populaires, et peut donc
prendre les mesures les plus impitoyables. On creuse le fossé de
sang avec l'Ancien Régime en condamnant Louis XVI à mort et
en l'exécutant le 21 janvier 1793. On met la Terreur à l'ordre du
jour le 5 septembre, et le 17 une loi des suspects alimente la
guillotine, à Paris surtout, mais aussi à Bordeaux, Marseille,
Lyon... Pour répondre à la demande populaire, on supprime
radicalement et sans indemnisation tous les droits féodaux le
17 juillet 1793, et, parce que la crise financière s'aggrave et que
la spéculation croît, on décrète, le 29 septembre, le maximum
général des prix et des salaires. Mais il faut aussi la victoire.
    Et celle-ci viendra, mais non sans mal. L'armée, faite de
volontaires et d'anciens menés par des chefs ardents (on en
viendra à guillotiner les généraux vaincus), s'accroît avec la levée
de 300 000 hommes en mars 1793 et la « levée en masse » de
septembre, qui va entraîner un dangereux mécontentement

populaire. Mais l'ennemi est partout, à l'extérieur comme à l'intérieur.

A l'extérieur, les Prussiens, repoussés à Valmy le 20 septembre 1792, et les Autrichiens reçoivent, après la mort de Louis XVI, l'appui des Anglais, des Espagnols et des Hollandais. Et il faudra attendre l'automne 1793 pour que le redressement s'opère, et la victoire de Fleurus, le 26 juin 1794, pour que soit reprise l'offensive.

Dans les campagnes de l'ouest de la France, la levée de 300 000 hommes et plus encore les mesures antireligieuses provoquent en mars 1793 des soulèvements vite réprimés, sauf dans ce que les conventionnels appelleront la « Vendée » (en fait, en plus de ce département, une partie de la Loire-Inférieure, du Maine-et-Loire, et des Deux-Sèvres). Là, les troupes républicaines, peu nombreuses, mal commandées, sont battues, et une « armée catholique et royale » s'empare de Saumur et Angers, mais elle échoue devant Nantes, est battue à Cholet (en octobre), franchit la Loire et tente, jusqu'à Granville, une « virée de galerne » pour rejoindre les Anglais. La virée s'achève en désastre à Savenay le 23 décembre. Et, pendant l'hiver de 1794, des colonnes mobiles, dites « infernales », ravagent le pays et y sèment la mort et la ruine.

En outre, de nombreuses provinces s'insurgent contre le joug parisien. Pourtant, l'insurrection « fédéraliste » sera, elle aussi, brisée. Lyon devient « Commune affranchie », Bordeaux et ses girondins sont écrasés ; à Toulon, Bonaparte est l'artisan de la soumission de « Port-la-Montagne ».

Inversant une formule de Camille Desmoulins, on pourrait donc dire que la guerre a nationalisé la Révolution. Puissante naguère et maintenant suspecte de collusion avec l'ennemi, la religion est objet d'hostilité ouverte : on persécute les prêtres, on se livre à des mascarades antireligieuses, on détruit les œuvres d'art dans les églises, plus fondamentalement on multiplie les fêtes civiles qui veulent relayer les anciennes célébrations, on retire au clergé la tenue des registres paroissiaux remplacés par ceux de l'état civil, et, surtout, par la mise en place du calendrier révolutionnaire, on tente d'établir un nouvel ordre du temps, non chrétien (*document 1, p. 250*). L'information des citoyens devient une préoccupation majeure, et clubs et sociétés populaires deviennent les lieux de lecture d'une presse qui veut guider l'opinion. Le rêve d'une instruction publique qui enseignerait l'amour de la patrie et la haine des tyrans anime les plans de réforme. Une politique de la langue s'affirme, qui voit dans le français la langue de la nation et dans le patois celle de l'obscurantisme, voire de la trahison (*document 2, p. 252*). A Paris enfin, un homme nouveau, le « sans-culotte » portant pique, pantalon rayé, bonnet phrygien à cocarde tricolore, devient l'acteur premier des mouvements populaires et pèse physiquement sur l'action gouvernementale. Mais c'est justement lorsque se dessine une fêlure en 1794 entre cet homme-là et le gouvernement que vacille l'unité de la nation en marche.

En effet, au sein des instances dirigeantes, l'unité est souvent difficile. Robespierre, surtout, y est longtemps parvenu. Mais, dès l'automne 1793, l'aile marchante du mouvement révolutionnaire commence à être soupçonnée : on arrête Jacques Roux, qui naguère réclamait la mort contre les accapareurs. C'est surtout avec le recul des dangers les plus pressants que la prudence reprend ses droits. Alors qu'on en vient à guillotiner non plus des prêtres ou des nobles, mais Danton ou Hébert le journaliste du populaire *Père Duchesne,* alors que Robespierre s'isole de plus en plus dans un pouvoir en quelque sorte absolu, la coalition de la peur s'organise et triomphe. Elle fait tomber, le 9 thermidor an II (27 juillet 1794), les têtes de Robespierre et de ses amis, et assure par là sa propre survie et le temps du reflux.

La République bourgeoise et la Grande Nation

Protéger l'acquis. Les vainqueurs de Thermidor ne veulent plus aller de l'avant mais consolider ce qui a été acquis. Ils ont acheté des biens au clergé, beaucoup ont voté la mort du roi, et ils refusent l'Ancien Régime. Ils ont proclamé leur horreur du sang versé – craignant qu'il ne fût le leur – et leur attachement à la propriété ; ils refusent donc le mouvement populaire. La Constitution de l'an I rédigée sous la Terreur leur paraissait trop égalitariste ; ils préfèrent celle de l'an III, qui, partageant le pouvoir exécutif entre les cinq membres d'un Directoire et le législatif entre deux assemblées, le Conseil des Anciens et le Conseil des Cinq-Cents, assure les avantages du juste milieu, mais apporte aussi les inconvénients de l'instabilité.

Ainsi vivra donc cette République « bourgeoise » pendant cinq ans, de 1794 à 1799, sans cesse inquiétée sur sa droite, puis sur sa gauche, et sans cesse prenant appui sur l'une pour combattre l'autre. C'est la menace royaliste qui pousse en 1795 à exiger que les deux tiers des membres des nouvelles assemblées soient pris dans l'ancienne Convention ou, en 1797, à casser l'élection de quarante-neuf départements. C'est la peur du peuple exigeant « du pain et la Constitution de l'an I », se dressant contre la jeunesse dorée des « muscadins » et des « merveilleuses », contre la fin du maximum et le rétablissement de la liberté des cultes, qui conduit à l'écrasement des émeutes de la famine de prairial an III (1795) et à l'élimination en 1797 de Gracchus Babeuf, qui rêvait d'une « Vendée plébéienne » et croyait en un communisme agraire vécu par une société d'égaux.

Mais, face aux turbulences politiques, à la crise sociale, à la crise financière qui fait abandonner l'assignat totalement déprécié pour d'éphémères *mandats territoriaux, la fragile voie médiane ne peut être gardée. Et cela d'autant moins que c'est vers les armées que tous les regards se tournent.

Exporter la Révolution. Le souffle en effet n'est plus dans les sections parisiennes ou dans le Club des jacobins ; il est dans les troupes conquérantes qui, après Fleurus et l'entrée en Belgique, brisent la coalition et ouvrent la voie à une Grande Nation porteuse de l'idéal révolutionnaire.

Prusse, Espagne et Hollande ayant signé la paix en 1795, c'est avec l'Autriche que se joue la partie. Et là éclate le génie militaire et politique de Bonaparte. En un an d'une fulgurante campagne d'Italie (avril 1796-avril 1797), il contraint l'empereur à la paix de Campoformio (octobre 1797), et devient le sauveur de la République et le réorganisateur de l'Europe. Celle-ci voit naître ces « républiques sœurs » qui prolongent la française : batave en Hollande, helvétique en Suisse, cisalpine, ligurienne, romaine, parthénopéenne en Italie, et la France désormais vit de l'argent pris à l'étranger et s'enrichit de ses œuvres d'art.

Mais le pouvoir a horreur du vide : Bonaparte. Le contraste est donc grand entre la confuse vie politique intérieure, qui pourtant n'exclut pas d'importantes réformes comme la création des *écoles centrales, l'organisation de la conscription militaire ou la mise en œuvre d'expositions industrielles, et l'éclat des armes. La résistance anglaise cependant la ternit, et Bonaparte pense qu'un coup porté au loin sur les lignes du commerce britannique affaiblirait celui-ci et ajouterait à sa propre gloire. Ainsi s'engage-t-il en mai 1798 dans l'expédition d'Égypte, qu'il s'attendait à trouver facile. Mais à Aboukir, le 1er août 1798, la flotte anglaise écrase la française, l'expédition est enfermée dans sa conquête et, sur le continent, l'Angleterre met sur pied une seconde coalition.

C'est alors le double coup de dé. Bonaparte réussit à quitter l'Égypte, à échapper aux navires anglais, à être à Paris le 16 octobre 1799. Le 9 novembre (18 brumaire an VIII), par un coup d'État hasardeux, il réussit à renverser le Directoire et, par le moyen d'un triumvirat provisoire, à conquérir un pouvoir qu'il ne lâchera plus.

DOCUMENT 1

Le calendrier révolutionnaire. Exemple de l'an II

L'an II			
Automne		*Été*	
Vendémiaire	22 sept. 93 - 21 oct. 93	Messidor	19 juin 94 - 18 juill. 94
Brumaire	22 oct. 93 - 20 nov. 93	Thermidor	19 juill. 94 - 17 août 94
Frimaire	21 nov. 93 - 20 déc. 93	Fructidor	18 août 94 - 16 sept. 94
Hiver			
Nivôse	21 déc. 93 - 19 janv. 94	*Jours complémentaires*	
Pluviôse	20 janv. 94 - 18 févr. 94	*ou « sans-culottides »*	
Ventôse	19 févr. 94 - 20 mars 94	1er jour	17 septembre 94
Printemps		2e jour	18 septembre 94
Germinal	21 mars 94 - 19 avril 94	3e jour	19 septembre 94
Floréal	20 avril 94 - 19 mai 94	4e jour	20 septembre 94
Prairial	20 mai 94 - 18 juin 94	5e jour	21 septembre 94

Messidor (10ᵉ mois)						
1794	**1ʳᵉ *décade***					
J 19	Primidi	1	Seigle	*M 1*	Tridi	13	Giroflée
V 20	Duodi	2	Avoine	*M 2*	Quartidi	14	Lavande
S 21	Tridi	3	Oignon	*J 3*	Quintidi	15	*Chamois*
D 22	Quartidi	4	Véronique	*V 4*	Sextidi	16	Tabac
L 23	Quintidi	5	*Mulet*	*S 5*	Septidi	17	Groseille
M 24	Sextidi	6	Romarin	*D 6*	Octidi	18	Gesse
M 25	Septidi	7	Concombre	*L 7*	Nonidi	19	Cerise
J 26	Octidi	8	Echalote	*M 8*	Décadi	20	PARC
V 27	Nonidi	9	Absinthe		**3ᵉ *décade***		
S 28	Décadi	10	FAUCILLE	*M 9*	Primidi	21	Menthe
	2ᵉ *décade*			*J 10*	Duodi	22	Cumin
D 29	Primidi	11	Coriandre	*V 11*	Tridi	23	Haricots
L 30	Duodi	12	Artichaut		Etc.		

Le 20 septembre 1793, Romme, mathématicien et député du Puy-de-Dôme, présenta à la Convention le projet d'un nouveau calendrier qui établissait « l'ère des Français » :

« ART. 1ᵉʳ [du décret du 5 octobre 1793]. - L'ère des Français compte de la fondation de la République, qui a eu lieu le 22 septembre 1792 de l'ère vulgaire, jour où le soleil est arrivé à l'équinoxe vrai d'automne, en entrant dans le signe de la Balance à 9 h 18 mn 30 s pour l'Observatoire de Paris [...]

« ART. 7. – [...] L'année est divisée en 12 mois égaux de 30 jours chacun, après lesquels suivent 5 jours pour compléter l'année ordinaire [...]

« ART. 8. – Chaque mois est divisé en trois parties égales, de 10 jours chacune [...]

« ART. 10. – [...] En mémoire de la Révolution [...], la période bissextile de 4 ans est appelée la *franciade*. Le jour intercalaire qui doit terminer cette période est appelé le *jour de la Révolution* [...] »

Le 6 octobre 1793, Fabre d'Églantine, poète dramatique et député de Paris, présenta à la Convention un rapport sur les dénominations des jours et des mois. Le décret du 4 frimaire an II (24 novembre 1793), qui les adoptait, s'exprimait ainsi :

« [...] Une longue habitude du calendrier grégorien a rempli la mémoire du peuple d'un nombre considérable d'images qu'il a long-temps vénérées, et qui sont encore aujourd'hui la source de ses erreurs religieuses ; il est donc nécessaire de substituer, à ces visions de l'ignorance, les réalités de la raison et, au prestige sacerdotal, la vérité de la nature [...] L'idée première qui nous a servi de base est de consacrer, par le calendrier, le système agricole et d'y ramener la nation [...] »

Aux noms de saints, Fabre d'Églantine substituait des noms de graines, arbres, racines, fleurs, fruits, le quintidi ayant un nom d'animal domestique et le décadi celui d'un instrument agricole. Ce calendrier, qui avait comme défaut de ne pouvoir être universel (dans l'hémisphère austral, « thermidor » eût indiqué le mois le plus froid), fut supprimé le 1ᵉʳ janvier 1806 (11 nivôse an XIV).

DOCUMENT 2

La Révolution, la langue française et les patois

« Le législateur parle une langue que ceux qui doivent exécuter et obéir n'entendent pas.

« Il faut populariser la langue, il faut détruire cette aristocratie de langage qui semble établir une nation polie au milieu d'une nation barbare.

« Nous avons révolutionné le gouvernement, les lois, les usages, les mœurs, les costumes, le commerce et la pensée même ; révolutionnons donc aussi la langue, qui est leur instrument journalier.

« Vous avez décrété l'envoi des lois à toutes les communes de la République ; mais ce bienfait est perdu pour celles des départements que j'ai déjà indiqués. Les lumières portées à grands frais aux extrémités de la France s'éteignent en y arrivant, puisque les lois n'y sont pas entendues.

« Le fédéralisme et la superstition parlent bas-breton ; l'émigration et la haine de la République parlent allemand ; la contre-révolution parle l'italien, et le fanatisme parle le basque. Cassons ces instruments de dommage et d'erreur.

« Le Comité a pensé qu'il devait vous proposer, comme mesure urgente et révolutionnaire, de donner à chaque commune de campagne des départements désignés un instituteur de langue française, chargé d'enseigner aux jeunes personnes des deux sexes, et de lire, chaque décadi, à tous les autres citoyens de la commune, les lois, les décrets et les instructions envoyés de la Convention.

« La France apprendra à une partie des citoyens la langue française dans le livre de la Déclaration des droits. »

Rapport du Comité de salut public sur les idiomes, présenté par Barère à la Convention le 8 pluviôse an II.

Le 8 pluviôse an II (27 janvier 1794), l'avocat Barère (Tarbes 1755-Tarbes 1841), député des Hautes-Pyrénées à la Convention et membre du Comité de salut public, régicide et défenseur de Robespierre... jusqu'à ce qu'il l'abandonne le 8 thermidor, fit un discours pour lutter contre les « idiomes ».

Pour lui, quatre régions sont particulièrement fermées à la langue française et donc dangereuses : la Bretagne et la Vendée, où triomphent l'esprit d'indépendance et l'autorité du clergé ; l'Alsace, où l'on parle la langue des Prussiens et des Autrichiens ; le Pays basque où la coupure radicale de la langue interdit la diffusion des lois ; la Corse, qui sert de base à l'influence anglaise, et où l'usage de l'italien favorise l'action du pape.

Mais, plus largement, ce discours montre l'ambition farouche des hommes de la Révolution de changer les cœurs et les esprits et de répandre dans tout le pays – sinon au-delà – les bienfaits des lois de la République.

21. La Révolution et l'Empire
II. L'Empire, épopée et consolidation bourgeoise

L'« épopée » napoléonienne, qui a conduit à travers l'Europe des troupes françaises tour à tour victorieuses et défaites, est aussi l'histoire d'une stabilisation intérieure. Dans une France économiquement marquée par vingt-cinq années de troubles, elle a fixé pour de nombreuses décennies à la fois le souvenir d'une glorieuse aventure et les bases de la nouvelle société bourgeoise.

« Soldat de la Révolution », « fondateur de la quatrième dynastie », qui succède à la mérovingienne, la carolingienne et la capétienne, « usurpateur » rejeté, en Europe par les vieilles monarchies, en France par les tenants de l'Ancien Régime comme par ceux de l'an II, Napoléon Bonaparte l'a été tour à tour. Il a traversé l'Europe en vainqueur puis en vaincu, et il l'a bouleversée. Il a puisé, dans la monarchie et la République, les instruments d'un système de gouvernement qui survivront bien au-delà de sa chute et donné pour longtemps à la vie publique française le thème du sauveur plébiscité en qui le peuple peut remettre sa destinée. Laissant derrière lui une France économiquement stagnante, il n'en a pas moins facilité l'installation de la nouvelle bourgeoisie dirigeante du siècle qui commence.

Le Consulat, l'ordre et la paix

« Citoyens, la Révolution est fixée aux principes qui l'ont commencée, elle est finie. » Dans ces mots de la proclamation de présentation de la nouvelle Constitution (celle de l'an VIII, décembre 1799), Bonaparte disait aux Français ce qu'ils attendaient : le maintien des acquis de la Révolution et le retour au calme. Maître désormais du pouvoir, il se met à la tâche avec trois objectifs : le bon fonctionnement de l'État, le contrôle de la société, la paix. En deux ans, l'essentiel en sera atteint.

Réorganiser l'État. Et, pour cela, avoir une bonne Constitution, une bonne administration et de bonnes finances. La Constitution de l'an VIII, issue du coup d'État de Brumaire, met en œuvre le principe de Sieyès : « L'autorité vient d'en haut et la confiance d'en bas », mais cette fois au profit de Bonaparte. Elle établit en effet un Consulat où le pouvoir va à un Premier Consul qui a l'initiative des lois, traite du budget, de la diplomatie, de la guerre, nomme à presque tous les emplois et ne laisse à deux autres consuls que des fonctions honorifiques. Le pouvoir législatif se dilue entre quatre assemblées qui se neutralisent, et le système électoral – théoriquement revenu au suffrage universel – ne sert qu'à établir des listes de notabilités dans lesquelles le Premier Consul opère les choix qu'il veut.

Ce pouvoir fort se prolonge par une administration centralisée où, rigoureusement, la directive descend vers le bas et le renseignement remonte vers le haut. Le ministère de l'Intérieur, cet ancien secrétariat d'État à la Maison du roi, en est la pièce maîtresse. Sur le terrain, dans chaque département, le préfet, à qui on demande d'être aussi obéissant qu'efficace, applique les ordres du gouvernement et lui transmet enquêtes, statistiques, recensements, informations policières (*document 1, p. 264*). Jamais à ce point l'État n'avait tenu le pays.

Mais tout cela exige de l'argent et Bonaparte veut pour l'État des rentrées financières que ni l'Ancien Régime ni la République n'avaient su jusqu'ici se procurer en quantité suffisante. Pour y parvenir, il n'innove pas mais installe un rigoureux système d'établissement et de prélèvement de l'impôt, redonne du crédit à l'État par la création d'une Caisse d'amortissement, rend confiance au commerce en créant la Banque de France et confirme, comme unité monétaire, le franc, ce franc de germinal qui devait rester stable tout au long du 19ᵉ siècle. Ainsi, preuve du succès de ces mesures, on peut annoncer en 1802 que le budget de l'État est en équilibre.

Encadrer la société... et, pour cela, calmer les esprits, fixer les règles du jeu social et, à moyen terme, tenir la jeunesse. Bonaparte, pour qui la religion n'est pas « le mystère de l'Incarnation mais celui de l'ordre social », comprend qu'il faut réconcilier l'État et le catholicisme, qui tient au cœur de la plus grande part de la population. Il négocie donc, non sans peine, en 1801, avec Pie VII, un *concordat qui, aux yeux du pape, comble le fossé qui s'était creusé entre la papauté et les Français, et, à ceux de Bonaparte, en reconnaissant la religion catholique comme celle de la majorité des Français, réinsère le clergé dans les structures de l'État. Les deux partis y voient tant d'avantages que Pie VII ferme les yeux sur des *articles organiques que Bonaparte ajoute unilatéralement pour calmer les anciens révolutionnaires que tant de « capucinades » exaspèrent.

Pour sortir du désordre des systèmes juridiques issus de la monarchie et de la République, on tire la synthèse qui répondait à la mentalité du moment et à la volonté du Premier Consul : le Code civil des Français, dont les 2 281 articles publiés en 1804 affirment la fin des privilèges, la pleine reconnaissance du droit de propriété, l'autorité du chef de famille (la femme voit ainsi régresser son statut par les droits nouveaux reconnus aux hommes) et la liberté du travail... celle qui favorise l'employeur aux dépens de l'employé. Et la société trouve là pour deux siècles son cadre juridique.

Enfin, les *écoles centrales, par une discipline trop lâche, une insuffisante insertion dans la culture classique, menacent de donner vie à une jeunesse mal soumise. Sans en revenir aux collèges dont le modèle se trouve chez les jésuites, on opte pour la création de lycées dont la discipline militaire avec uniforme et tambour, l'enseignement fortement orienté vers les langues anciennes, la soumission aux autorités administratives préparent un avenir plus sûr et des serviteurs plus dociles de l'État.

Faire la paix... et marcher à l'Empire. A son retour d'Égypte, Bonaparte trouve la France affrontée à une deuxième coalition des Anglais, des Russes et des Autrichiens. Mais plusieurs victoires, dont celle de Marengo le 14 juin 1800, poussent les Russes à se retirer, les Autrichiens à signer à Lunéville, le 9 février 1801, un traité qui confirme celui de Campoformio. Les Anglais sont donc à nouveau seuls et, préoccupés par une agitation intérieure et le mécontentement irlandais, mesurant aussi la puissance française, ils préfèrent négocier. La paix d'Amiens, signée le 25 mars 1802, ramène ainsi sur le continent la paix, qu'on n'avait pas connue depuis 1792.

Immense est donc le prestige du Premier Consul. Mais, pour ce maître à la légitimité discutable, chaque victoire est une menace : aura-t-on encore besoin de lui ? Il lui faut donc mieux asseoir son pouvoir. En jouant de deux arguments, la crainte du retour des Bourbons, la menace d'une reprise de la guerre, il devient en 1802 consul à vie comme rempart contre la poussée monarchiste du moment et, le 2 décembre 1804, alors que se fragilise l'instable paix d'Amiens, empereur des Français. Avec la caution populaire de plébiscites parfois aménagés, avec la caution religieuse de Pie VII, le « représentant couronné de la Révolution » renoue avec l'Empire de Charlemagne.

L'Empire, une fulgurante trajectoire militaire

En huit ans, de 1804 à 1812, Napoléon Ier conquiert l'Europe, ses troupes sont au Portugal et à Moscou, à Rome et à Hambourg. Dans une Europe de 167 millions d'habitants, l'Empire en comprend 44 et le « Grand Empire » en contrôle 82. Fulgurante, la trajectoire se termine en désastre, mais, par là même, achève de construire une légende qui nourrira les rêves – et parfois l'action – des générations à venir.

Les conditions de l'épopée. Napoléon a deux atouts, son armée et son génie. Son armée, c'est celle qu'ont forgée la forte démographie de la France, dix années ou quinze de combats et l'attachement à des valeurs sûres, l'amour de la République ou la fidélité au chef victorieux, en trois mots le nombre, l'expérience, l'idéal. En revanche, il n'y a d'innovation ni dans les équipements ni dans les méthodes de la guerre, et c'est avant tout avec les jambes des soldats qu'ont été remportées les victoires.

Son génie, c'est un extraordinaire sens du terrain, sur les grands comme sur les petits espaces, une capacité à pressentir la logique de l'adversaire, un dynamisme impérieux qui entraîne les hommes (en trois jours, du 13 au 16 janvier 1797, la division Masséna fait cent kilomètres à pied et participe à trois combats victorieux), un sens de la manœuvre qui s'impose à l'ennemi et l'amène à subir le lieu et les conditions du combat. Mais l'Empereur ne laisse aucune initiative à ses subordonnés et son génie est celui d'un homme seul. Ses ennemis s'en souviendront le moment venu.

L'ascension. C'est fondamentalement par rapport à l'Angleterre que se construit une politique extérieure qui peu à peu devient européenne et par là démesurée. Côté anglais, il s'agit de garder la maîtrise des mers et aussi un marché européen sans lequel l'économie étouffe. Côté français, il faut, par l'arme économique ou militaire, imposer l'autonomie du système continental et le libérer du joug anglais, et, pour y parvenir, Napoléon dut bouleverser l'ancien régime européen.

A trois reprises, les puissances continentales, poussées par l'Angleterre, subissent la victoire française. En 1805, l'Autriche est la grande vaincue ; en 1806 et 1807, la Prusse et aussi la Russie ; en 1809, à nouveau l'Autriche. Au-delà des victoires éclatantes – Austerlitz, 2 décembre 1805 ; Iéna, 14 octobre 1806 ; Wagram, 6 juillet 1809... –, une réorganisation de l'Europe se fait au profit de Napoléon et des membres de sa famille, dans la perspective d'une fermeture du continent à l'Angleterre. En Allemagne, Westphalie, Saxe, Hanovre croissent au détriment de la Prusse et de l'Autriche. Napoléon devient roi d'Italie, annexe les États pontificaux et vassalise le royaume de Naples. Son frère devient roi d'Espagne. Un grand-duché de Varsovie se crée en Pologne. Les provinces illyriennes sont rattachées à la France, et l'Empire, avec 130 départements, s'étend en plus du territoire national sur la Belgique, la Rhénanie, la Hollande et jusqu'à Rome au sud et Hambourg au nord. Alliances et politique matrimoniales se joignent à l'action militaire : en 1807 et 1808, à Tilsit et Erfurt, Napoléon amène le tsar Alexandre Ier à fermer ses côtes à l'Angleterre ; en 1810, il épouse Marie-Louise, fille de l'empereur d'Autriche, et entre ainsi dans le concert des familles régnantes européennes.

Zénith apparent de cette trajectoire, les années 1810-1811 dissimulent encore les deux difficultés qui pourtant annoncent le déclin. Dès 1805, l'Angleterre avait écrasé la flotte française à Trafalgar et ruiné tout projet de débarquement. Le combat ne pouvant plus être qu'économique, Napoléon, par les décrets de Berlin (novembre 1806) et de Milan (décembre 1807), fermait les côtes européennes aux marchandises anglaises. Mais encore fallait-il que ce « Blocus continental » fût réel. Et c'est en particulier pour l'imposer en Espagne que l'Empereur s'enfonce dans une guérilla où il commence à user ses forces (*document 2, p. 265*).

Le déclin. Avec l'Angleterre, c'est donc la guerre d'usure, et l'année 1811-1812 la vit chanceler. Mais Napoléon, inquiet de l'incertaine alliance du tsar, voulut ramener celui-ci dans son camp par la force. Et c'est la campagne de Russie, prévue comme une guerre éclair et qui tourne à la tragédie dans l'hiver 1812 : des 675 000 hommes qui passent le Niémen en juin 1812, 18 000 reviennent (d'autres suivront plus tard) en décembre. Après la Russie, ce sont l'Allemagne, la Hollande, l'Italie, l'Espagne qui sont perdues en 1813. La campagne de France (1814) voit bien renaître le génie militaire du général de l'armée d'Italie, mais la trahison des corps constitués l'emporte. L'Empire est balayé ; Napoléon abdique le 6 avril 1814 et part pour l'île d'Elbe.

En deux ans, le rêve s'est donc effondré : il renaît pourtant. De l'île d'Elbe, Napoléon voit s'installer une première Restauration des Bourbons qui fait revivre les souvenirs révolutionnaires et l'hostilité à l'Ancien Régime. Il tente à nouveau sa chance : « le vol de l'aigle » le ramène à Paris le 1er mars 1815, mais là, au lieu d'accepter l'aide populaire et de se fonder sur l'esprit de l'an II, il prend appui sur un très libéral « Acte additionnel aux Constitutions de l'Empire » et sur une classe de notables qui ne lui fait pas confiance. Comme les Alliés ont décidé sa perte, il prend donc les armes et, dans un ultime duel avec l'Anglais, perd définitivement la partie à Waterloo le 18 juin 1815.

C'en est fini. Le 16 octobre 1815, Napoléon est emprisonné dans l'île de Sainte-Hélène. Il y mourra le 5 mai 1821.

L'Empire et l'installation des notables

A ces pages glorieuses et sanglantes en répondent d'autres, plus tranquilles, mais qui, tout autant et sans doute plus, redessinent le visage de la France.

L'Empereur, les notables et les classes populaires. Napoléon, nouvellement légitimé par le sacre, veut donner satisfaction à une société avide de calme et rassurée par la réorganisation consulaire. Mesurant avec autant de réalisme que de perspicacité les besoins du peuple et les demandes de la bourgeoisie montante, il tente de répondre aux uns et aux autres.

Paysans et ouvriers, dans l'ensemble, sont satisfaits de l'Empire et en constitueraient même le plus ferme appui si celui-ci leur était demandé, mais ce n'est pas le cas. La grande conquête de 1793 sur la suppression totale des droits féodaux n'est pas remise en cause, l'accès à la propriété n'est plus impossible, la conscription n'exerce pas encore de ponction insupportable, et cela convient au monde rural. Quant aux ouvriers, ils ont certes bien peu de libertés, l'obligation du *livret ouvrier et l'interdiction de coalition, mais il y a de la nourriture dans les villes et du travail dans les entreprises, et c'est là l'essentiel.

Mais c'est sur les autres classes que l'Empereur entend fonder son pouvoir et c'est avec elles qu'il entend structurer l'État et la société. A la bourgeoisie, il offre, par la carrière des armes et par celle de l'administration, les nouveaux moyens de la promotion. En effet, dans le prolongement des efforts de centralisation et d'uniformisation que tentaient déjà la monarchie et la Convention, un monde de fonctionnaires s'installe dans tout le pays. L'éventail des salaires est très large (un préfet de 1810 perçoit à peu près 50 000 francs par an – sans compter d'autres avantages – et l'expéditionnaire de deuxième classe 1 200 francs, mais tous deux ont le privilège de communier de près ou de loin à l'autorité de l'État), mais un filtre se crée qui permet au mérite d'être récompensé par l'ascension sociale. L'armée aussi est le moyen de cette ascension et on a pu déterminer que le principal milieu d'origine des généraux de l'Empire était la moyenne bourgeoisie de la région parisienne. Enfin, les affaires aussi peuvent être l'occasion de percées spectaculaires (Richard-Lenoir, Ternaux dans l'industrie ; Perregaux, Mallet, Laffitte dans la banque). Mais, à tous, il faut la consécration de la propriété foncière et, comme l'impôt sur la terre est le plus lourd et que les membres des collèges départementaux où l'on puise les cadres du nouveau régime sont pris parmi les six cents électeurs les plus imposés, la terre se retrouve être la mesure de l'importance de cet homme de premier plan, le notable.

A lui et aux siens, Napoléon apporte un cadre solide de formation en insérant en 1808 le lycée dans la structure rigide de l'Université impériale et en étatisant la religion jusqu'à la caricature dans ce « Catéchisme impérial » de 1806 où le manquement à l'Empereur entraîne la damnation éternelle. Mais il lui apporte deux marques de distinction sociale surtout, la *Légion d'honneur et l'entrée dans cette nouvelle noblesse qui naît en 1806 au sein de la famille impériale et s'organise en 1808 quand le maréchal devient altesse sérénissime, le ministre, baron, et le président du collège électoral, comte. Ces nouvelles élites devaient intégrer l'ancienne noblesse et le tout devait assurer le soutien de la dynastie. L'avenir en montrera vite les limites.

Le dérèglement du système. Si la société donne vers 1810 une impression de bon fonctionnement, c'est qu'elle bénéficie de deux facteurs favorables, la lourde main organisatrice de l'Empereur, mais aussi la guerre victorieuse qui satisfait les cœurs et rapporte de l'argent. Or la guerre dure, bientôt elle n'est plus victorieuse, et les grincements mineurs deviennent moyens de blocage ; il y a des malaises et des mécontentements. Malaise religieux avec la reprise du conflit avec le pape, dont on confisque les États en 1809, qui refuse de donner l'*investiture canonique aux évêques et favorise ainsi le rapprochement des royalistes et des catholiques. Malaise économique et social consécutif au Blocus continental, aux difficultés d'approvisionnement, à l'alourdissement des impôts indirects, les « droits réunis » : il y a des émeutes à Caen en 1812, il faut fusiller pour faire des exemples et la bourgeoisie commence à craindre pour ses intérêts. Enfin, la conscription devient d'une intolérable lourdeur, les désertions se multiplient donc et la propagande anglaise a beau jeu de diffuser la légende de l'ogre dévoreur de chair fraîche. Ainsi apparaît une fragilité qui s'illustre en octobre 1812 quand, le bizarre général Malet faisant croire à la mort de l'Empereur, personne ne songe alors à mettre en œuvre le processus réglementaire de la succession impériale.

Mais c'est avec les vrais périls, campagnes de Russie, d'Allemagne, de France, qu'éclate la fragilité réelle de la construction politique. L'armée tient, mais pas toujours ses chefs. Le peuple pourrait peut-être redevenir la nation en armes de l'an II, mais Napoléon ne veut pas être « empereur de la jacquerie ». Quant aux notables, ils préfèrent charger les ennemis de Napoléon de protéger les acquis que celui-ci leur avait donnés. La société remodelée se détourne de celui qui l'a pétrie et le système napoléonien s'effondre alors que son œuvre se prolonge.

La Révolution et l'Empire : vingt-cinq ans de stagnation économique

Ainsi, après vingt-cinq ans de troubles intérieurs et extérieurs, la France sort transformée dans ses structures politiques et sociales et peut-être dans sa mentalité. En revanche, la mutation économique ne s'est pas faite.

La démographie. Apparemment, la situation démographique reste favorable. De 1789 à 1815, la population passe de 26,5 à 30 millions d'habitants et cela malgré bien des épreuves : 1 250 000 morts (ou disparus ou fixés à l'étranger) dans la guerre extérieure, 20 000 victimes de la Terreur, un nombre important mais discuté de victimes de la guerre civile et particulièrement de la guerre de Vendée... une hécatombe surtout masculine qui entraîne un déséquilibre identique à celui qu'on retrouvera en 1918. Mais des tendances profondes se manifestent aussi. La cellule familiale se fragilise plus que dans le reste de l'Europe, car le divorce a été reconnu officiellement de 1792 à 1816. Elle se restreint aussi : en 1789, les moins de vingt ans représentent 45 %

de la population et, en 1815, 41 %. Le faible développement démographique de la France du 19ᵉ siècle se dessine alors.

L'économie. Dans cette société, le dynamisme et l'innovation économiques sont rarement présents. La principale victime des guerres est le commerce extérieur, qui, en expansion pendant le 18ᵉ siècle, se heurte désormais à des obstacles majeurs : le contrôle des mers par l'Angleterre, la politique de blocus, mais aussi la révolte des esclaves noirs de Saint-Domingue en 1791 ou la fin de la fonction de redistribution des denrées coloniales ; l'axe commercial Amérique du Nord-Europe de l'Ouest échappe à la France, et les ports français, leur arrière-pays, les industries nombreuses qu'ils induisaient entrent dans une phase de régression qui explique largement le contraste futur des activités entre la France du Nord-Est et celle du Sud-Ouest.

L'industrie, elle, a connu une évolution plus contrastée. Des secteurs progressent : le coton qui a profité de la paix d'Amiens pour se moderniser avec du matériel anglais, l'industrie chimique qui bénéficie de progrès techniques (le procédé Leblanc pour la soude), la soie qui profite des commandes de la cour, le sucre de betterave qui prend à cette époque un premier essor ; mais des pans entiers de l'industrie de l'Ouest s'effondrent, des réalisations nées d'un volontarisme protectionniste s'avèrent fragiles, les pénuries causées par le blocus s'alourdissent. Et, finalement, les effets d'entraînement parviennent mal à se faire sentir.

Comme le monde paysan, dans l'ensemble satisfait de son sort, même s'il faut bien distinguer une paysannerie propriétaire d'une paysannerie sans terre, s'installe dans un système peu créatif, pauvre en capital, qui, sans crise majeure, envoie peu de déracinés vers ce qui pourrait devenir un prolétariat industriel et n'entre pas dans la voie d'une révolution agricole, la France reste hors des grandes mutations et laisse l'Angleterre accentuer son avance. L'économie, qui n'aime pas les à-coups, a fait payer à la France l'agitation qu'elle a connue dans ce quart de siècle.

DOCUMENT 1

Le préfet d'Empire

1. Lucien Bonaparte, ministre de l'Intérieur, aux préfets (26 avril 1800) :

« Toute idée d'administration et d'ensemble serait détruite si chaque préfet pouvait prendre pour règle de conduite son opinion personnelle sur une loi ou sur un acte de gouvernement. Il devient simple citoyen quand, au lieu de se borner à exécuter, il a une pensée qui n'est pas celle du gouvernement et surtout quand il la manifeste.

« Les idées générales doivent partir du centre, c'est de là que doit venir l'impulsion uniforme et commune : et je vois avec peine que quelques-uns de vous, dans des intentions louables sans doute, s'occupent du soin d'interpréter les lois ; qu'ils parlent aux administrés par des circulaires, des placards ; qu'ils remplissent les journaux du récit de leurs œuvres. Ce n'est pas ainsi que le gouvernement désire qu'on administre […] »

Guy Thuillier, *Témoins de l'administration*,
Paris, Berger-Levrault, 1967, p. 65-66.

2. Napoléon à Las Cases (1816) :

« L'organisation des préfectures, leur action, les résultats obtenus étaient admirables et prodigieux. La même impulsion se trouvait donnée au même instant à 40 millions d'hommes ; et, à l'aide de ces centres d'activité locale, le mouvement était aussi rapide à toutes les extrémités qu'au cœur même. Les préfets, avec toute l'autorité et les ressources locales dont ils se trouvaient investis, étaient eux-mêmes des empereurs au petit pied ; et, comme ils n'avaient de force que par l'impulsion première dont ils étaient les organes, que toute leur influence ne dérivait que de leur emploi du moment, qu'ils ne tenaient nullement au sol qu'ils régissaient, ils avaient tous les avantages des anciens grands agents absolus sans aucun de leurs inconvénients. »

Extrait du *Mémorial de Sainte-Hélène*,
in F. de Dainville et J. Tulard,
Atlas administratif de l'Empire français,
Genève, Droz, 1973, notice p. 14

Le premier texte, extrait du Recueil des circulaires du ministre de l'Intérieur, *est une circulaire rédigée, deux mois après la loi du*

28 pluviôse an VIII (17 février 1800) créant les préfets, par Lucien Bonaparte, alors ministre de l'Intérieur (il se retira peu après de la vie politique lorsque son frère voulut devenir empereur). Elle fixe la marge d'action des préfets, qui ont pour seul devoir l'exacte mise en œuvre des décisions du gouvernement.

Le deuxième texte est extrait du Mémorial de Sainte-Hélène, *publié en 1823 et résultant des notes prises par le comte de Las Cases pendant les mois que cet ancien maître des requêtes au Conseil d'État passa près de Napoléon à Sainte-Hélène, d'août 1815 à novembre 1816. Ces propos ont été tenus le 7 novembre 1816. Napoléon, qui savait qu'ils seraient publiés, diffuse donc sa propre apologie et, connaissant les critiques qu'on adressait à son œuvre de réorganisation trop centralisée, souligne ici l'importance des préfets, relais puissants, efficaces et pourtant soumis, de l'autorité centrale.*

Tous deux circonscrivent la réalité de cette fonction préfectorale qui a caractérisé l'administration de la France jusqu'à nos jours.

DOCUMENT 2

La guerre d'Espagne en 1811
vue par le commandant Parquin

« Le détachement se mit en route de nouveau, dans la direction de Valladolid ; nous faisions toujours le même métier de partisan et l'ennemi était constamment prévenu de notre marche. Cependant, un jour, avant d'arriver au village de la Neva del Rey, nous eûmes un engagement avec la bande de Lampessinado que nous mîmes en déroute. Nous fîmes quelques prisonniers qui furent passés par les armes, car nous avions trouvé sur notre route plusieurs de nos fantassins pendus. Ces malheureux s'étaient laissé prendre en quittant un instant le convoi [...]

« [Parquin fait d'autres prisonniers.] Nous apprîmes qu'ils appartenaient aux guérillas d'un curé, moine défroqué, homme des plus implacables, qui interceptait la route entre Valladolid et Salamanque ; il pendait les prisonniers à des potences qu'il plaçait exprès sur les routes [...] Ces malheureux [prisonniers espagnols] pouvaient espérer d'avoir la vie sauve si le commandant n'eût ordonné de les fouiller. Cette circonstance leur fut fatale, car l'un d'eux, qui paraissait être un officier et qui avait un coup de sabre de fraîche date sur la figure, se trouvait nanti d'un portefeuille contenant une reconnaissance sur papier bleu et écrite en français, pour la poste de Valladolid.

« Ce portefeuille avait appartenu à un officier français dont nous avions vu le cadavre étendu sur la route. En conséquence, le procès de ces deux guérillas ne fut pas long.

« Le commandant de Vérigny les fit placer à genoux en face du mur de la masure où leurs chevaux avaient été pris. Un peloton du détachement prit les armes et ils tombèrent fusillés après avoir fait le signe de croix et prononcé ces paroles : " Mourir pour Dieu, mourir pour la patrie, c'est la mort de tout Espagnol. " »

Commandant Parquin, *Souvenirs*,
présentés par Jacques Jourquin,
Paris, Tallandier, 1979.

Denis-Charles Parquin (Paris 1786-Doullens 1845) sillonna quand il était jeune l'Europe entière comme officier de cavalerie légère des armées napoléoniennes. Sous la monarchie, il aida le futur Napoléon III dans ses tentatives de prise de pouvoir et fut pour cela emprisonné. Il publia en 1843 des Mémoires, qui sont à la fois un journal de guerre fidèle et le journal intime d'un homme « brave, bravache, vaniteux et don Juan » (Jourquin).

Le texte caractérise cette guerre d'Espagne que Napoléon fit de 1808 à 1814 pour contraindre la péninsule – Portugal compris – à se plier au Blocus continental : une guérilla sans merci, marquée dans le camp espagnol par l'acharnement d'un peuple patriote et chrétien soutenu par son clergé, et dans le camp français par la peur.

22. La monarchie constitutionnelle au temps des notables

Pendant un tiers de siècle, la France vit deux expériences de monarchie constitutionnelle. Après la Restauration, la monarchie de Juillet consacre les conquêtes libérales de 1789. La société est dominée par l'opposition entre le monde des notables et le peuple. L'économie se transforme à partir de 1840.

La Restauration

Mise en place du régime. Louis XVIII octroie le 4 juin 1814 une Charte constitutionnelle. Le terme venait de l'Ancien Régime. Le préambule affirme que l'« autorité tout entière réside en France dans la personne du roi » et rejette la souveraineté du peuple. Mais, présentée comme une concession, la Charte reconnaît les conquêtes politiques et sociales de la Révolution : égalité devant la loi, admissibilité de tous aux emplois civils et militaires, liberté individuelle, droit de propriété – la vente des biens nationaux n'est pas mise en cause. Certes, des limites sont apportées à l'affirmation de la liberté de religion (la religion catholique est en effet « religion de l'État »), et de la liberté de la presse, qui doit se conformer aux lois qui répriment ses abus. Cependant, les fondements de la société libérale et bourgeoise issue de la Révolution ne sont pas touchés. Le compromis de 1814 exclut une restauration de la société d'Ancien Régime.

L'organisation des pouvoirs donne au roi le pouvoir exécutif, la

nomination des ministres, l'initiative des lois. Deux assemblées
discutent celles-ci : la Chambre des pairs, dont les membres sont
nommés par le roi, et la Chambre des députés, élue selon un
suffrage *censitaire ; les électeurs doivent payer une contribution
directe de 300 francs ; pour être éligible, il faut payer une
contribution directe de 1 000 francs. Ainsi, la vie politique est
réservée à une minorité : moins de 90 000 Français vont pouvoir
voter. Les ministres, choisis par le roi, n'ont pas de responsabilité politique devant les Chambres. Ce régime, représentatif et
constitutionnel, n'est donc pas un régime parlementaire, où le
gouvernement mis en minorité est tenu de démissionner.

Compromis entre « les droits et les prérogatives de la couronne » et les aspirations libérales, les institutions issues de la
Charte bénéficient, au départ, de la prudence politique de Louis
XVIII. Frère de Louis XVI, le comte de Provence a pris le titre
de Louis XVIII en 1795 à la mort de l'orphelin du Temple. Il
souhaite « nationaliser la royauté et royaliser la nation ». Mais,
si la première Restauration, en 1814, s'est faite sans heurt, la
seconde Restauration (après l'exaspération des passions
entraînée par les Cent-Jours, le retour au pouvoir de Napoléon
suivi de la défaite de Waterloo) s'accompagne de violences. Dans
le Sud-Est et le Sud-Ouest, des centaines de bonapartistes furent
massacrés. Dans ce climat, où les royalistes « plus royalistes que
le roi », les ultraroyalistes, souhaitent que soient condamnés les
partisans des Cent-Jours, se font les élections. Elles désignent, à
la fin d'août 1815, selon le mot de Louis XVIII, une « Chambre
introuvable ». Le gouvernement fit voter des lois d'exception.
Le maréchal Ney, héros des campagnes napoléoniennes, est
condamné par la Chambre des pairs et fusillé le 7 décembre 1815.
Les administrations sont « épurées » : le mot entre alors dans le
vocabulaire politique.

La vie politique sous la Restauration. Louis XVIII appelle au
pouvoir un ancien émigré, d'esprit modéré, le duc de Richelieu.
Il souhaite, tout comme les Alliés, que la réaction ne s'étende
pas. Le roi prend, le 5 septembre 1816, l'ordonnance de dissolution de la Chambre « introuvable ». Les élections d'octobre
1816 envoient une majorité de constitutionnels dont le chef de

file est le comte Decazes, qui succède à Richelieu en 1818. Mais, le 13 février 1820, l'assassinat du duc de Berry, héritier de la dynastie, emporte Decazes et met fin à la tentative libérale ouverte par Louis XVIII. Après un bref gouvernement Richelieu, les ultras viennent aux affaires avec le comte de Villèle, que le comte d'Artois, frère de Louis XVIII, Charles X, conserve à la tête du gouvernement, lorsqu'il monte sur le trône en septembre 1824. Le nouveau souverain est acquis à la cause ultraroyaliste. La loi du double vote, qui fait voter deux fois le quart des électeurs, les plus imposés, assure l'élection d'une majorité ultra. Une loi sur la presse frappe les idées libérales : elle impose l'autorisation préalable, permet de rétablir la censure par ordonnance, renvoie les délits non devant le jury, mais en correctionnelle.

Les conspirations, dues en 1821-1822 à l'association secrète de la Charbonnerie, échouent. Le recours à la force ne trouve pas grand écho. En revanche, l'opposition libérale dénonce avec succès l'influence de l'Église dans la politique, les menées du « parti prêtre » et la mise en question de l'œuvre révolutionnaire par l'indemnisation des émigrés pour leurs propriétés vendues comme biens nationaux. La victoire de l'opposition aux élections de 1827 entraîne la démission de Villèle, en janvier 1828. Le roi forme un gouvernement proche des modérés. Mais cette tentative de conciliation tourne court. Le 8 août 1829, Charles X appelle un ultra, le prince Jules de Polignac, à former le gouvernement. Lors de la rentrée parlementaire en mars 1830, l'*adresse, votée par 221 députés de l'opposition, constate l'absence de « concours » entre les vues politiques du gouvernement et les vœux du peuple. La Chambre est dissoute le 16 mai. Le conflit est ouvert entre la souveraineté du roi et la souveraineté du peuple représenté par la Chambre.

La monarchie de Juillet

La révolution de 1830. Les élections renforcent l'opposition. Charles X, fort du succès de la prise d'Alger le 5 juillet, promulgue le 25 juillet quatre ordonnances, comme l'y autorise l'article 14 de la Charte. Elles rétablissent l'autorisation préalable pour les journaux, elles excluent la patente du cens électoral, ce qui revient à exclure du droit de vote commerçants et industriels au profit des propriétaires fonciers. La Chambre est dissoute et de nouvelles élections fixées.

Les journalistes, réunis par Thiers au bureau du *National*, appellent à la résistance. A l'instigation des jeunes gens des sociétés secrètes, étudiants, employés, ouvriers, notamment les typographes, dressent des barricades dans les quartiers de l'est de Paris. L'armée compte moins de 12 000 hommes, peu désireux de combattre le peuple, qui arbore le drapeau tricolore. Au terme de trois jours de combat, l'armée évacue Paris. Les journalistes du *National* et des hommes politiques libéraux avaient préconisé depuis des mois un changement de dynastie et l'appel au duc d'Orléans, le cousin du roi. A l'exemple de la révolution d'Angleterre de 1688, c'est « changer les personnes sans changer les choses ». Ce petit groupe impose sa solution. Le 30 juillet au matin, un manifeste rédigé par Thiers lance la candidature du duc d'Orléans, « prince dévoué à la cause de la Révolution [...], roi citoyen », acquis aux couleurs tricolores et à la Charte.

Le duc d'Orléans accepte des députés et des pairs la lieutenance générale du royaume. Le 31, il se rend à l'hôtel de ville et paraît au balcon, embrassant La Fayette, enveloppé du drapeau tricolore. Le peuple l'acclame. Les orléanistes avaient escamoté la victoire républicaine. Charles X, retiré à Rambouillet, crut sauver la dynastie en abdiquant en faveur de son petit-fils le duc de Bordeaux, Henri V, et en nommant le duc d'Orléans régent. Vaines décisions. Une colonne de gardes nationaux marche sur Rambouillet. Charles X ne veut pas lutter et gagne l'Angleterre. Le pays suit la révolution parisienne. Le 9 août, Louis-Philippe Ier est proclamé « roi des Français », après avoir prêté serment à la Charte révisée par les Chambres.

Le préambule de la Charte est supprimé, parce qu'il paraissait « octroyer aux Français des droits qui leur appartiennent essentiellement ». La religion catholique n'est plus religion de l'État, mais « professée par la majorité des Français » : c'est le retour à la formule du Concordat. La censure est abolie. « La France reprend ses couleurs », tricolores. Peu de modifications sont apportées à l'organisation des pouvoirs : les Chambres ont l'initiative des lois. La Chambre des députés élit son président.

Le cens électoral est abaissé de 300 à 200 francs ; le cens d'éligibilité, de 1 000 à 500 francs. L'âge pour être électeur est abaissé de 30 à 25 ans ; pour être éligible, de 40 à 30.

La révolution de Juillet a une double signification, politique et sociale. Elle confirme la victoire de la souveraineté nationale sur le droit monarchique, la victoire de la bourgeoisie libérale sur l'aristocratie et le clergé. 1830 est bien l'aboutissement de 1789. Le régime s'appuie sur une milice bourgeoise : la garde nationale, où servent, face aux émeutes, les hommes inscrits à la contribution personnelle et qui peuvent acheter leur équipement.

Le règne de Louis-Philippe. Roi citoyen, roi bourgeois, qui participe des vertus et des défauts de la bourgeoisie de son temps, Louis-Philippe est un roi Bourbon, désireux d'affirmer son autorité personnelle face au pouvoir ministériel. Il ne parvient à ses fins qu'à partir de 1840. A ses débuts, le régime, dans l'effervescence née de la révolution, doit faire face à l'agitation ouvrière, aux émeutes suscitées par les sociétés secrètes républicaines frustrées de leur victoire, aux menées des légitimistes.

Le nouveau régime va-t-il étendre les réformes libérales et soutenir les mouvements révolutionnaires qui venaient d'éclater en Europe ? C'est le vœu du ministère Laffitte et du « parti du mouvement ». Mais, le 13 mars 1832, Louis-Philippe appelle aux affaires le banquier Casimir Perier, qui définit un programme « juste milieu » : « Au-dedans l'ordre sans sacrifice pour la liberté, au-dehors la paix sans qu'il en coûte rien à l'honneur. » Casimir Perier, puis ses successeurs (le leader du « parti de la résistance » est emporté par le choléra en avril 1832), triomphèrent des troubles sociaux, de la tentative de soulèvement légitimiste animée par la duchesse de Berry, des sociétés secrètes républicaines. La répression est rude, notamment en avril 1834, lorsque des barricades sont élevées dans le quartier de l'hôtel de ville, à Paris, et que les soldats massacrent les habitants d'une maison, rue Transnonain, d'où est parti un coup de feu. La loi de septembre 1835 sur la presse punit l'offense au roi, l'attaque contre le principe ou la forme du gouvernement.

Les républicains renoncent à l'action violente et prennent le nom de « radicaux », emprunté à l'Angleterre. Ils ne sont qu'une poignée à la Chambre, autour de Ledru-Rollin. L'opposition légitimiste qui se place sur le terrain parlementaire est dirigée par Berryer, remarquable avocat et orateur. Une partie des légitimistes ajoute à la revendication, traditionnelle, de la décentralisation, celle, démocratique, du suffrage universel.

Dans le camp orléaniste, mais dans l'opposition, la gauche dynastique réclame un abaissement du cens et une politique extérieure active. Les chefs du parti de la résistance, le duc de Broglie, Thiers, Guizot, unis après la mort de Casimir Perier, se divisent ensuite. Louis-Philippe n'en peut que mieux imposer sa volonté de gouvernement personnel face aux partisans du gouvernement parlementaire, issu de la majorité de la Chambre. D'octobre 1840 à la fin du régime, Guizot est le principal ministre. Cet universitaire protestant, doctrinaire libéral aux vues de plus en plus conservatrices, gouverne en harmonie avec le roi. Il s'attache au développement de l'instruction primaire (*document 1, p. 275*), mais refuse tout élargissement du cens, répliquant : « Enrichissez-vous par le travail et par l'épargne et vous deviendrez électeur. » Son hostilité à la réforme du droit de suffrage contribue à affaiblir les assises du régime. Sa politique extérieure de paix, fondée sur l'« Entente cordiale » avec l'Angleterre, paraît une humiliation pour l'honneur national.

La société française sous la monarchie constitutionnelle

Poids politique et social des élites. Au long des trente-trois ans de la monarchie constitutionnelle ont été fondées des pratiques durables de la vie parlementaire : règlement du fonctionnement des Assemblées, règles de l'établissement et du contrôle du budget par une loi de 1818, vote annuel de la loi de finances. La qualité des débats parlementaires, l'essor de la presse d'opinion, lieu et enjeu des luttes politiques, attestent de la vitalité de la vie politique du temps. Mais celle-ci ne concerne qu'une minorité : la France ne compte que 240 000 électeurs à la fin du régime de Juillet, les journaux ont 200 000 abonnés. La France est entrée dans l'âge du libéralisme, non dans celui de la démocratie. Seuls les républicains aspirent au suffrage universel, fondement de la démocratie politique. Certains seulement rêvent d'une démocratie sociale bien éloignée des réalités du temps.

La société de l'époque est en effet dominée par le contraste entre les élites et le peuple. Au sein des élites, l'aristocratie perd son rôle politique en 1830. Mais, bien souvent, les nobles légitimistes qui abandonnent le service de l'État se retirent sur leurs terres, fortifiant ainsi leur influence locale. La grande bourgeoisie tient une place croissante dans l'État et la société. Mais la banque et l'industrie sont loin d'être déterminantes dans la promotion bourgeoise. La fonction publique, la propriété foncière, source de considération et de revenu, comptent davantage. Cette France bourgeoise, soucieuse d'épargne et de prudence dans la gestion du patrimoine, n'est pas d'abord une France capitaliste. Elle souhaite disposer, selon la formule de Guizot, « de liberté et de loisir » pour s'adonner à la réflexion intellectuelle et participer aux affaires publiques.

Les couches populaires (document 2, p. 277). La grande majorité des classes populaires est faite de paysans. Leur condition est très variée, selon qu'il s'agit de propriétaires ou d'exploitants qui ont pu bénéficier des transferts de propriété de l'époque révolutionnaire, qui vendent une partie de leurs produits sur le marché, ou de tout petits paysans parcellaires et de journaliers. A la diversité sociale s'ajoute la diversité des situations régionales. La France rurale du premier 19e siècle est encore très proche de l'ancienne France. Les communications sont lentes, les valeurs et les idées des villes restent lointaines, les traditions folkloriques sont à leur apogée, les parlers locaux restent en honneur.

Le peuple des villes va du monde de la boutique et de l'artisanat, qui touche à la bourgeoisie populaire, à ces « classes dangereuses » des faubourgs, population flottante, déracinée, prompte à se joindre au moindre trouble, nouveaux « Barbares » aux yeux de la bourgeoisie. Les ouvriers, les « classes laborieuses » constituent un groupe hétérogène. A la veille de 1848 encore, les ouvriers de la grande industrie représentent environ le quart seulement de la main-d'œuvre. La situation dominante est celle de l'ouvrier qui travaille dans une petite entreprise ; tel est le cas du bâtiment, l'industrie la plus importante dans le Paris du temps. Les ouvriers et ouvrières du textile, qui travaillent à domicile pour un négociant, connaissent la condition la plus misérable. Ce sont eux que décrivent en premier lieu les enquêtes des philanthropes et observateurs sociaux. Ce sont eux dont les conditions de logement, les horaires de travail, les salaires sont les plus médiocres. Ce n'est pas dans ce milieu, mais dans l'aristocratie ouvrière des vieux métiers, qui a une véritable qualification, des traditions de culture, le goût de l'instruction, que s'affirment les militants d'un premier mouvement ouvrier, vite influencé par les idées républicaines et socialistes.

Cette France encore traditionnelle connaît, à partir de 1840, des mutations décisives. Cependant que se poursuit un certain essor démographique – la population est de 35 402 000 habitants en 1846, pour 30 462 000 en 1821 –, la baisse du taux de natalité s'accompagne d'une lente baisse du taux de mortalité. La population française croît moins vite que celle du reste de l'Europe. L'industrie entre dans une phase d'expansion rapide à la faveur du développement des chemins de fer et de la métallurgie, qui va se poursuivre jusque dans les années 1860. Mais, en 1848, la France n'exploite encore que 1 900 kilomètres de voies ferrées, quand l'Angleterre en a 6 450, la Prusse 3 500.

Romantisme et religion. Face au rationalisme des Lumières et aux valeurs dominantes de la bourgeoisie, s'affirment les révoltes romantiques. Poètes et écrivains, de Lamartine à Hugo et de Musset à Vigny, musiciens comme Berlioz, peintres comme Delacroix, ont en commun les mêmes idéaux : exaltation des forces du sentiment et de l'individu, culte du peuple, opprimé au-dehors, en Grèce, en Pologne, en Italie, victime de l'égoïsme des possédants en France même. Dans la jeunesse des écoles, dans cette frange du peuple urbain qui participe aux aspirations et aux débats du temps, le romantisme trouve un large écho.

Il est inséparable d'un retour au religieux, qui, après les destructions révolutionnaires, se manifeste hors des Églises et au sein de celles-ci. C'est le cas chez les protestants avec le « réveil » et chez les catholiques avec le mouvement mennaisien. Félicité de Lamennais, dans son *Essai sur l'indifférence en matière de religion*, en 1819, invite l'Église de France à regarder vers Rome, à rompre avec la tradition gallicane, à se libérer de la tutelle de l'État. Après la révolution de 1830, dans le journal *l'Avenir*, il appelle à la réconciliation de Dieu et de la liberté. Rome va bientôt condamner Lamennais, qui quitte l'Église, mais clercs ou laïques restés dans l'Église sont les artisans d'un renouveau du catholicisme qui porte ses fruits des années 1840 aux années 1860. Plus généralement, le climat de religiosité du temps est une des composantes de l'« esprit de 1848 ».

DOCUMENT 1

Loi Guizot du 28 juin 1833
sur l'instruction primaire

TITRE PREMIER. – DE L'INSTRUCTION PRIMAIRE ET DE SON OBJET

ART. 1er. – De l'instruction primaire et de son objet.

L'instruction primaire et élémentaire comprend nécessairement l'instruction morale et religieuse, la lecture, l'écriture, les éléments de la langue française et du calcul, le système légal des poids et mesures.

L'instruction primaire supérieure comprend nécessairement, en outre, les éléments de la géométrie et ses applications usuelles, spécialement le dessin linéaire et l'arpentage, des notions des sciences physiques et de l'histoire naturelle applicables aux usages de la vie, le chant, les éléments de l'histoire et de la géographie, et surtout de l'histoire et de la géographie de la France. Selon les besoins et les ressources des localités, l'instruction primaire pourra recevoir les développements qui seront jugés convenables.

ART. 2. – Le vœu des pères de famille sera toujours consulté et suivi en ce qui concerne la participation de leurs enfants à l'instruction religieuse.

ART. 3. – L'instruction primaire est privée ou publique.

TITRE II. – DES ÉCOLES PRIMAIRES PRIVÉES

ART. 4. – Tout individu âgé de dix-huit ans accomplis pourra exercer la profession d'instituteur primaire et diriger tout établissement quelconque d'instruction primaire sans autres conditions que de présenter préalablement au maire de la commune où il voudra tenir école :

1º Un brevet de capacité obtenu, après examen, selon le degré de l'école qu'il veut établir ;

2° Un certificat constatant que l'impétrant est digne, par sa moralité, de se livrer à l'enseignement. Ce certificat sera délivré, sur l'attestation de trois conseillers municipaux, par le maire de la commune ou de chacune des communes où il aura résidé depuis trois ans.

[...]

TITRE III. – DES ÉCOLES PRIMAIRES PUBLIQUES

ART. 8. – Les écoles primaires publiques sont celles qu'entretiennent, en tout ou en partie, les communes, les départements ou l'État.

ART. 9. – Toute commune est tenue, soit par elle-même, soit en se réunissant à une ou plusieurs communes voisines, d'entretenir au moins une école primaire élémentaire.

Dans le cas où les circonstances locales le permettraient, le ministre de l'Instruction publique pourra, après avoir entendu le conseil municipal, autoriser, à titre d'écoles communales, des écoles plus particulièrement affectées à l'un des cultes reconnus par l'État.

ART. 10. – Les communes chefs-lieux du département, et celles dont la population excède six mille âmes, devront avoir en outre une école primaire supérieure.

ART. 11. – Tout département sera tenu d'entretenir une école normale primaire, soit par lui-même, soit en se réunissant à un ou plusieurs départements voisins. Les conseils généraux délibéreront également sur la réunion de plusieurs départements pour l'entretien d'une école normale. Cette réunion devra être autorisée par ordonnance royale.

ART. 12. – Il sera fourni à tout instituteur communal :

1° Un local convenablement disposé, tant pour lui servir d'habitation que pour recevoir les élèves ;

2° Un traitement fixe, qui ne pourra être moindre de deux cents francs pour une école primaire élémentaire, et quatre cents francs pour une école primaire supérieure.

Cette loi, qui porte le nom de Guizot, devenu ministre de l'Instruction publique en octobre 1832, fixe les bases de l'organisation de l'enseignement élémentaire : elle fait coexister écoles publiques et privées, crée les écoles primaires supérieures, établit une école normale par département (sauf cas de regroupement) et détermine le recrutement, la tâche d'enseignement et les conditions de traitement des instituteurs.

DOCUMENT 2

Les classes ouvrières en France vers 1848

« Ce serait commettre une grave erreur que de confondre dans le même examen ce qui est relatif aux ouvriers des villes et à ceux des campagnes, aux ouvriers enrégimentés des grandes usines et aux artisans des corps de métiers.

« La misère pèse d'un poids inégal sur ces membres divers de la famille industrielle. Il existe une différence énorme entre le paysan qui travaille libre au grand air, et maître de la cabane qui l'a vu naître, et l'ouvrier de manufacture attelé aux rouages de sa mécanique, locataire souvent insolvable d'un réduit chétif et malsain. Il ne faut pas confondre non plus ces habiles travailleurs du Jura et de la Picardie, cultivateurs pendant l'été, horlogers ou serruriers pendant l'hiver, avec les habitants étiolés des caves de Lille, entassés pêle-mêle dans des habitations immondes, dont la vue seule fait horreur. Au sein même de la capitale, les ouvriers intelligents et sédentaires de la rue Saint-Martin n'ont rien de commun avec les chiffonniers nomades de la rue Mouffetard et du faubourg Saint-Jacques. »

Adolphe Blanqui, *Des classes ouvrières*
en France pendant l'année 1848.

Économiste libéral, Adolphe Blanqui (1798-1854), dans son rapport Des classes ouvrières en France pendant l'année 1848, *souligne la diversité du monde ouvrier, diversité géographique, diversité des activités, diversité des conditions de vie.*

23. La révolution de 1848 et le Second Empire :
de la République démocratique à la démocratie autoritaire

La monarchie de Juillet s'effondre d'elle-même devant la révolution démocratique et sociale de 1848. Après l'effervescence révolutionnaire et la réaction qui suit, le Second Empire représente une expérience de démocratie autoritaire, fortifiée un temps par les succès de l'économie et de la politique extérieure. Le régime se libéralise, mais est emporté par la défaite de 1870.

La révolution de 1848 et la IIe République

Le mouvement révolutionnaire. La révolution de 1848 n'est pas un mouvement isolé en Europe. Les causes des troubles étaient profondes. Février 1848 prend sa source dans une grave crise économique d'origine agricole qui sévit en Europe depuis 1846. Mais le lent cheminement des aspirations démocratiques et de l'idée républicaine sous la monarchie de Juillet constitue aussi un élément décisif.

Le 22 février 1848, la révolution éclate à Paris, au terme d'une campagne de banquets, prétexte à réunions politiques organisées par les libéraux. Le 24 février, le roi Louis-Philippe abdique et la République est proclamée. L'esprit des contemporains associe la République aux souvenirs de la Grande Révolution, celle de 1789 et de 1792, que venaient de réveiller les premières Histoires générales de la Révolution de Michelet, de Louis Blanc, de Lamartine.

La République proclamée, un gouvernement provisoire réunit

des membres de deux équipes, celle du journal *le National*, républicain modéré, et celle du journal *la Réforme*, radical. Le ministre le plus illustre est le poète Lamartine, alors au sommet de sa gloire. Les premières semaines de la jeune République voient le triomphe de l'« esprit de 1848 », fruit d'un intérêt généreux pour le Peuple souffrant et les peuples opprimés, d'un grand désir de fraternité, du romantisme (*document 1, p. 286*). La scène souvent citée du prêtre bénissant l'arbre de la liberté sur la place du village reflète bien ce moment d'unanimité.

Le gouvernement provisoire prend plusieurs mesures capitales : il appelle à l'élection d'une Constituante au suffrage universel, il proclame la liberté de presse et de réunion, il abolit la peine de mort et l'esclavage dans les colonies. Sous la pression des clubs et des courants socialistes en pleine effervescence, le gouvernement proclame aussi le droit au travail et crée les Ateliers nationaux chargés de procurer du travail aux ouvriers chômeurs que la crise avait multipliés à Paris. Ces Ateliers nationaux ne furent dans la réalité que le pâle reflet des Ateliers sociaux préconisés par le socialiste Louis Blanc, membre du gouvernement. Enfin, une « commission du gouvernement pour les travailleurs » est chargée de réfléchir aux problèmes sociaux.

Les premières élections au suffrage universel ont lieu le jour de Pâques, 23 avril 1848. Si le climat se détériore déjà à Paris sous l'effet des difficultés économiques et financières, l'esprit de 1848 triomphe encore en province. Le taux de participation est remarquable : le corps électoral, dont les femmes sont pourtant exclues, est brusquement porté de 240 000, à la fin de la monarchie de Juillet, à 9 395 000 électeurs. 7 835 000 d'entre eux votent, soit 84 %. La victoire éclatante des républicains modérés permet à l'Assemblée d'élire une Commission exécutive provisoire de cinq membres, dont font partie Lamartine et le radical Ledru-Rollin.

Le reflux. Le prince Louis Napoléon. Mais les tensions ne tardent pas à s'accroître. Les faillites nombreuses et surtout l'impôt impopulaire de 45 centimes par franc accompagnent une situation financière désastreuse. A l'issue de la « journée du 15 mai », les principaux chefs socialistes, et parmi eux Barbès et Blanqui, sont arrêtés. Les Ateliers nationaux, considérés comme un foyer d'agitation, sont dissous le 22 juin. Cette mesure provoque une véritable guerre civile, courte (du 23 au 26 juin) mais sanglante. S'affrontent l'est de Paris, révolutionnaire et ouvrier, et l'ouest bourgeois. Les troupes commandées par le général Cavaignac, endurci aux guerres d'Afrique, et la garde nationale des beaux quartiers répriment sans pitié les barricades. Révolution spontanée, provoquée par une terrible misère, les journées de Juin sont décisives pour l'avenir de la IIᵉ République : identifiées aux horreurs de la Terreur jacobine par les bourgeois parisiens et par la province, elles conduisent la République à une évolution réactionnaire, qui rejette le mouvement ouvrier dans l'opposition et durcit les luttes de classes. Du peuple sacré du printemps de 1848, il ne reste que la « vile multitude » honnie par Thiers.

Ce changement se manifeste dans les débats autour de la Constitution. Les députés refusent d'y inscrire le droit au travail et à l'instruction. La Constitution est votée le 4 novembre 1848. Elle assure le pouvoir exécutif par l'élection du président de la République, pour quatre ans, au suffrage universel. Pour éviter un pouvoir personnel trop fort, le président n'est cependant pas rééligible avant un délai de quatre ans. Le pouvoir législatif appartient à une Assemblée législative unique élue pour trois ans au suffrage universel direct. Rien n'est prévu en cas de conflit entre le président et l'Assemblée.

L'élection présidentielle a lieu le 10 décembre 1848 : loin devant Cavaignac, candidat des républicains modérés, est élu Louis Napoléon Bonaparte, fils de Louis et donc neveu de Napoléon Iᵉʳ. Nul doute que la célébrité du nom, les souvenirs d'ordre et de grandeur qui y sont associés, et qu'a ravivés la monarchie de Juillet, ne soient pour beaucoup dans le succès du prince. Son passé turbulent et sa personnalité complexe apparaissent pourtant des plus ambigus. Est-il fataliste, lui qui croit à son étoile ? Socialiste, puisqu'il a écrit *l'Extinction du paupérisme* ? Ou bien révolutionnaire ? Peu avant Février, il a connu la prison, il a longtemps séjourné en exil. Après son élection, il prête serment à la République, constitue un gouvernement essentiellement conservateur, et semble ainsi l'homme du Parti de l'ordre, formé par des modérés et des monarchistes, comme Thiers.

Le Parti de l'ordre triomphe aux élections législatives du 13 mai 1849, alors que les républicains modérés subissent une cuisante défaite. Mais la nouvelle Assemblée comprend aussi une minorité de démocrates-socialistes, les « montagnards ». La polarisation de la vie politique s'accentue après l'émeute du 13 juin et les lois de répression qui s'ensuivent, annulant la liberté de réunion, restreignant la liberté de presse et donnant au gouvernement la possibilité d'instaurer l'état de siège. Le 15 mars 1850, la loi Falloux étend la liberté de l'enseignement à l'enseignement secondaire, et accroît l'influence de l'Église dans le domaine scolaire.

A l'horizon de 1851, le Parti de l'ordre voit poindre l'échéance des nouvelles élections législatives. Pour contrecarrer l'essor des montagnards, la loi du 31 mai 1850 restreint nettement le suffrage et ramène le chiffre des électeurs de 9 millions à moins de 7 millions (pour être électeur, il faut être domicilié depuis trois ans dans le canton, ce qui frappe surtout la main-d'œuvre mobile). Les monarchistes espèrent alors une restauration, mais la division entre légitimistes, fidèles au comte de Chambord, et orléanistes la conduit à l'échec. Au même moment, le « Prince-Président » gagne l'opinion par ses voyages en province et consolide son autorité. Ne pouvant obtenir, aux termes de la Constitution, un deuxième mandat, il organise un coup d'État le 2 décembre 1851, date anniversaire d'Austerlitz et du couronnement de Napoléon Ier. Le coup d'État rencontre peu de résistance à Paris, encore sous le choc de Juin 1848, mais il se heurte à d'importants soulèvements dans la province des montagnards, au sud-est d'une ligne La Rochelle-Metz. Une répression sévère s'abat sur les républicains, arrêtés, déportés ou exilés. Le plébiscite du 21 décembre, qui a lieu après le rétablissement du suffrage universel par Louis Napoléon, confirme à une écrasante majorité le coup d'État et permet au président de la République de rester au pouvoir durant dix ans.

L'Empire autoritaire

L'Empire triomphant. L'évolution vers l'Empire est rapide. Une courte Constitution, de type consulaire, en janvier 1852, reconnaît les grands principes de 1789 et institue un régime présidentiel autoritaire : nommé pour dix ans, le président de la République jouit de la totalité du pouvoir exécutif et n'est responsable que devant le peuple par voie de plébiscite. Il a seul l'initiative des projets de loi, face à un pouvoir législatif affaibli et éclaté entre le Conseil d'État qui prépare les lois, le Corps législatif qui les vote sans les discuter, et le Sénat conservateur pourvu de pouvoirs constituants.

Louis Napoléon n'a plus qu'à annoncer le rétablissement de l'Empire en novembre 1852. Il est approuvé par un plébiscite triomphal. Par le mariage de Napoléon III avec Eugénie de Montijo et la naissance du prince impérial en 1856, l'Empire paraît fondé solidement. Les premières années sont comblées de succès dans les domaines militaire et diplomatique aussi bien qu'à l'intérieur. L'empereur règne sans contestation sur une administration bien en main, dont les fonctionnaires prêtent serment. La presse est muselée par un droit de timbre élevé et surtout par le régime habile des avertissements : au bout de trois avertissements, le journal incriminé est supprimé. La presse doit donc pratiquer l'autocensure. D'une façon générale, toutes les grandes libertés sont suspendues.

Régime autoritaire, l'Empire repose certes sur le principe démocratique du suffrage universel, mais celui-ci est orienté par l'administration, qui suscite le « candidat officiel », seul à avoir droit à l'affiche blanche réservée aux proclamations officielles. Les élections de 1852 montrent la docilité du corps électoral. L'opposition est réduite à la fronde des salons orléanistes, à l'abstention des légitimistes ou à la clandestinité pour les républicains, dont Victor Hugo, en exil à Guernesey, se fait l'ardent défenseur. C'est peu face aux amples appuis dont bénéficie l'Empire : les milieux d'affaires sont satisfaits de l'essor économique et de l'ordre retrouvé, les catholiques soutiennent massivement le « nouveau Constantin », l'armée apprécie la gloire que lui confère la guerre de Crimée en 1854-1856 contre la Russie ; enfin et surtout, les campagnes profitent de l'ordre et de la prospérité générale.

Nourri d'idées saint-simoniennes, l'empereur s'intéresse personnellement à l'économie, alors dans une période de remarquable développement. Des conditions nouvelles, notamment l'essor du crédit et la mobilisation des capitaux, modifient de façon décisive le paysage économique en France : c'est sous le Second Empire que sont fondés, entre autres, le Crédit lyonnais et la Société générale. Le chemin de fer connaît dans les mêmes années sa croissance la plus rapide. Le développement des transports permet la création progressive d'un marché national et le début d'une spécialisation pour les régions agricoles les plus en pointe. Dans le même temps apparaissent de nouvelles formes de vente au détail, avec l'ouverture par Aristide Boucicaut du premier grand magasin : le Bon Marché.

Le régime soutient cet essor économique en menant une politique de grands travaux en province, ainsi le drainage et l'assainissement de la Sologne, la création de la forêt des Landes, mais aussi à Paris où Haussmann, préfet de la Seine de 1853 à 1866, modèle une capitale nouvelle, percée de larges artères. La prospérité de l'Empire est donc indéniable et l'impulsion de l'État bonapartiste l'a favorisée. Mais toutes les régions n'ont pas bénéficié de cette prospérité au même degré et, passé les premières années du règne, le rythme de la croissance se ralentit notablement, avant même l'entrée dans la crise économique qui sévit, en 1867 et dans les années suivantes.

Le tournant. Alors même que l'Empire paraît au sommet de sa puissance, avec le vote en 1858 de la loi de sûreté générale, après l'attentat du nationaliste italien Orsini contre l'empereur, s'amorce un tournant de la politique impériale. Les appuis de l'Empire sont ébranlés par l'apparition de données nouvelles. En 1859, Napoléon III entre en guerre aux côtés des Piémontais pour les aider à réaliser l'unité italienne. Après une courte guerre marquée par les victoires de Magenta et de Solferino, Napoléon III signe un armistice avec l'Autriche. Le Piémont y gagne la Lombardie, mais non la Vénétie, tandis que la France obtient le rattachement, après plébiscite, de la Savoie et de Nice en 1860. Le revirement de l'empereur, qui, en arrêtant la guerre, met brusquement fin aux espérances italiennes, a plusieurs raisons. L'une des principales réside dans son désir de maintenir l'indépendance de Rome. Mais la menace que cette politique hésitante fait cependant peser sur le pouvoir temporel du pape alarme les catholiques ultramontains. Dès lors, leur désaffection vis-à-vis de l'Empire s'affirme. De son côté, la bourgeoisie d'affaires s'inquiète de la politique de libre-échange adoptée par Napoléon III, lors de la signature du traité franco-anglais de 1860.

Après la perte de ces appuis, l'Empire est contraint de chercher de nouveaux soutiens. Il se tourne vers la petite bourgeoisie et les ouvriers. Que cette nouvelle politique ait été dictée à l'empereur par les circonstances ou qu'elle ait été personnellement voulue par Napoléon III fidèle à ses vieux combats pour la liberté, il n'en reste pas moins que 1860, triomphe apparent de l'Empire autoritaire, est au départ d'une évolution libérale progressive qui s'étend sur plusieurs années.

Vers l'Empire libéral. La chute

Les efforts d'ouverture. Aux élections de 1857, les candidats officiels l'ont emporté et seuls 5 républicains siègent au Corps législatif. Le réveil de l'opposition débute avec le rétablissement du droit d'*adresse en 1860. En 1863, 32 opposants sont élus, dont 17 républicains. Dès la rentrée parlementaire, dans son discours célèbre du 11 janvier 1864, Thiers réclame les « cinq libertés nécessaires » : liberté individuelle, liberté de la presse, liberté électorale, liberté de la représentation nationale et liberté pour le Corps législatif de diriger les affaires *(document 2, p. 288)*.

L'Empire prend des initiatives, dans le domaine de l'instruction publique. Les ministres successifs, Rouland (1856-1863) et Duruy (1863-1869), s'attachent à développer l'enseignement d'État et à contenir la croissance démesurée de l'enseignement congréganiste. La loi de 1867 est à l'origine, avec les écoles de hameau, d'une meilleure pénétration de l'instruction dans les campagnes et assure l'existence d'écoles laïques féminines. La création, par une circulaire, de cours secondaires publics pour les jeunes filles, amène la rupture des catholiques, déjà hostiles, avec Duruy, dont ils exigent le départ.

Mais c'est dans le domaine social que les idées de Napoléon III se font le plus directement sentir. L'envoi de délégués ouvriers en Angleterre à la conférence des Trade Unions et le manifeste des

Soixante, en 1864, qui revendique des candidatures ouvrières aux élections, font espérer que les ouvriers se rallient à l'Empire et se détachent des républicains. Le gouvernement prend des mesures audacieuses en permettant la formation d'associations ouvrières et en accordant le droit de grève par la loi de 1864.

Les tentatives d'ouverture menées par le pouvoir se heurtent cependant à la montée des oppositions politiques et au glissement de l'Association internationale des travailleurs vers un socialisme inspiré en partie par le marxisme. En 1867, la section française de l'AIT est dissoute. Les échecs de la politique extérieure, d'autre part, affaiblissent encore l'Empire. La France reste sans réaction face à la menace de la Prusse victorieuse de l'Autriche à Sadowa en 1866. L'expédition du Mexique, née du rêve américain de l'empereur, se termine par un désastre en 1867.

L'empereur est alors contraint à poursuivre l'évolution libérale. Il annonce de nouvelles mesures en 1867. Le droit d'*interpellation est rétabli (1867), le régime de la presse est assoupli en mai 1868 et les réunions publiques peuvent se tenir. Ces réformes permettent à une nouvelle génération de républicains de s'exprimer dans les journaux et de formuler de façon vibrante ses revendications. Différents des « quarante-huitards », ces jeunes républicains, qui ont eu vingt ans sous l'Empire, se veulent plus efficaces et plus positifs. Leur leader est le jeune avocat Léon Gambetta, rendu brusquement célèbre par une plaidoirie : la défense du journaliste Delescluze (coupable d'avoir appelé à une souscription pour le monument au député Baudin, tué lors du coup d'État) lui avait donné l'occasion de prendre violemment à partie les hommes au pouvoir.

La chute du régime. Les élections de 1869 sont un net succès pour l'opposition. Le gouvernement n'obtient plus que 4 438 000 voix contre 3 350 000 à l'opposition, partagée entre républicains et monarchistes. Au centre, le Tiers Parti d'Émile Ollivier réclame un régime parlementaire. Désormais, les « mameluks », ainsi nomme-t-on les bonapartistes intransigeants, sont minoritaires. En septembre 1869, l'empereur accorde au Corps législatif l'initiative des lois. L'évolution vers le régime parlementaire, vers la responsabilité du gouvernement devant l'Assemblée, paraît achevée avec le gouvernement Ollivier formé en janvier 1870 et le sénatus-consulte d'avril 1870 par lequel le Sénat perd son pouvoir constituant. Mais le régime reste ambigu, balançant entre l'orientation libérale d'Émile Ollivier et les tendances profondes de l'empereur, hostile au régime parlementaire, soucieux de retrouver son autorité par l'appel au peuple. Le césarisme plébiscitaire de Napoléon III l'emporte lors du plébiscite de mai 1870 : contre 1 500 000 *non*, 7 358 000 *oui* approuvent la proposition astucieusement libellée : « Le peuple approuve les réformes libérales opérées dans la Constitution depuis 1860 par l'empereur... » Au grand désespoir des républicains, l'Empire paraît fondé à nouveau.

Mais la France déclare la guerre à la Prusse le 19 juillet 1870 ; cédant à une provocation de Bismarck, les partisans de l'Empire autoritaire espèrent, grâce à une victoire, reprendre de l'influence. L'échec de la réforme militaire proposée en 1867 n'a pas permis de renouveler une armée mal préparée et mal commandée. Les défaites françaises se succèdent en Alsace puis en Lorraine. Le 1er septembre, l'empereur, encerclé à Sedan avec 100 000 hommes, est fait prisonnier. Le 4 septembre, la République est proclamée à Paris, sans que l'Empire trouve de défenseurs. Il finit victime de son ambiguïté fondamentale et de la responsabilité directe qu'assumait l'empereur devant le pays.

DOCUMENT 1

1848 : révolution politique... et sociale

« La révolution qui commence est tout autre que celle de 1830, bien moins sanglante d'abord, puisque, tués ou blessés, il n'y a guère que douze cents victimes ; bien moins contestée, puisque le régime qui finit s'est à peine défendu, et qu'il ne laisse point derrière lui, comme la Restauration, un grand parti qui lui conserve un attachement et un dévouement presque religieux. On a proclamé la République sans fanatisme et sans opposition ; tout le monde l'accepte, parce que la monarchie, trois fois essayée sous Napoléon, Louis XVIII et Louis-Philippe, a trois fois donné preuve de son impuissance. Tout le monde est décidé à faire l'expérience d'une nouvelle forme de gouvernement, et, parce qu'il n'y a pas de colère pour la repousser, il n'y a pas de colère pour l'établir. Ne craignons pas trop ni les clubs, ni les élections, ni l'Assemblée nationale : il n'y a pas risque de recommencer la Terreur de 93, on ne recommence rien dans l'histoire, et les institutions politiques, sur lesquelles nous commençons à être blasés, ne passionnent plus assez les hommes pour qu'ils se coupent la gorge en leur honneur.

« Est-ce à dire qu'il n'y ait point de péril ? C'est-à-dire, au contraire, qu'il y en a un beaucoup plus grand que ceux du passé. Derrière la révolution politique, il y a une révolution sociale ; derrière la question de la République, qui n'intéresse guère que les gens lettrés, il y a les questions qui intéressent le peuple, pour lesquelles il s'est armé, les questions de l'organisation du travail, du repos, du salaire. Il ne faut pas croire qu'on puisse échapper à ces problèmes. Si l'on pense que l'on satisfera le peuple en lui donnant des assemblées primaires, des conseils législatifs, des magistrats nouveaux, des consuls, un président, on se trompe fort : et dans dix ans d'ici, et plus tôt peut-être, ce sera à recommencer.

« D'un autre côté, on ne peut toucher à ces problèmes sans ébranler tout le crédit financier, tout le commerce, toute l'industrie. Si l'État intervient entre le maître et les ouvriers pour fixer les salaires, la liberté dont le commerce a vécu jusqu'ici cesse d'exister, et, en attendant qu'il puisse se reconstituer sous de nouvelles lois, Dieu sait que de temps, de difficultés et de souffrances nous traverserons ! Le malheur est qu'il y a dix-sept ans, en 1831, quand les ouvriers de Lyon posèrent ces questions à coups de fusil, le gouvernement n'ait pas voulu s'en occuper ; alors on les eût étudiées à loisir, on eût essayé différentes solutions, on se serait désabusé des chimères. Aujourd'hui, il faut se précipiter dans les hasards, sans étude, sans préparation, au risque de ruiner l'État, les fortunes privées et le travail lui-même qui diminue aussitôt que la confiance se retire...

« [Une] chose cependant me rassure, c'est que ce peuple qui fait son avènement me paraît bien plus éclairé, plus moral, moins irreligieux que la bourgeoisie à laquelle il succède... »

Frédéric Ozanam, 6 mars 1848,
in *Lettres de Frédéric Ozanam*, t. 3,
Paris, CELSE, 1978, p. 387-388.

Frédéric Ozanam (1813-1853), fondateur des Conférences de Saint-Vincent-de-Paul, professeur à la Sorbonne, écrit, le 6 mars 1848, à son frère que la révolution de Février est une révolution sociale. Il compare la révolution qui vient d'avoir lieu aux révolutions précédentes. Il ne craint pas une nouvelle Terreur, mais appréhende les périls économiques et sociaux.

DOCUMENT 2

Les « libertés nécessaires » selon Thiers

« Pour moi, messieurs, il y a cinq conditions qui constituent ce qui s'appelle le nécessaire en fait de liberté. La première est celle qui est destinée à assurer la sécurité du citoyen. Il faut que le citoyen repose tranquillement dans sa demeure, parcoure toutes les parties de l'État, sans être exposé à aucun acte arbitraire...

« Il faut que le citoyen soit garanti contre la violence individuelle et contre tout acte arbitraire du pouvoir. Ainsi, quant à cette liberté qu'on appelle la *liberté individuelle*, je n'y insisterai pas ; c'est bien celle-ci qui mérite le titre d'incontestable et d'indispensable.

« Mais, quand les citoyens ont obtenu cette sécurité, cela ne suffit pas. S'il s'endormait dans une tranquille indolence, cette sécurité, il ne la conserverait pas longtemps. Il faut que le citoyen veille sur la chose publique. Pour cela, il faut qu'il y pense... Il faut que ses concitoyens y pensent comme lui, il faut que tous ensemble échangent leurs idées et arrivent à cette pensée commune qu'on appelle l'opinion publique, et cela n'est possible que par la presse. Il faut donc qu'elle soit libre, mais, lorsque je dis liberté, je ne dis pas impunité. De même que la liberté individuelle du citoyen existe, à la condition qu'il n'aura pas provoqué la vindicte de la loi, la *liberté de la presse* est à cette condition que l'écrivain n'aura ni outragé l'honneur des citoyens, ni troublé le repos du pays. *(Marques d'approbation.)*

« Ainsi, pour moi, la seconde liberté nécessaire, c'est cette liberté d'échange dans les idées qui crée l'opinion publique. Mais, lorsque cette opinion se produit, il ne faut pas qu'elle soit un vain bruit, il faut qu'elle ait un résultat. Pour cela il faut que des hommes choisis viennent l'apporter ici, au centre de l'État – ce qui suppose la liberté des élections –, et, par liberté des électeurs, je n'entends pas que le gouvernement qui est chargé de veiller aux lois n'ait pas là un rôle, que le gouvernement qui est composé de citoyens n'ait pas une opinion : je me borne à dire qu'il ne faut pas qu'il puisse dicter les choix et imposer sa volonté dans les élections. Voilà ce que j'appelle la *liberté électorale*.

« Enfin, messieurs, ce n'est pas tout. Quand ces élus sont ici mandataires de l'opinion publique, chargés de l'exprimer, il faut qu'ils jouissent d'une liberté complète ; il faut qu'ils puissent à temps – veuillez bien, messieurs, apprécier la portée de ce que je dis là –, il faut qu'ils puissent à temps apporter un utile contrôle à tous les actes du pouvoir. Il ne faut pas que ce contrôle arrive trop tard et qu'on n'ait que des fautes irréparables à déplorer. C'est là la *liberté de la représentation nationale...* et cette liberté est, selon moi, la quatrième des libertés nécessaires.

« Enfin vient la dernière – je ne dirai pas la plus importante, elles sont toutes également importantes –, mais la dernière, dont le but est celui-ci : c'est de faire que l'opinion publique, bien constatée ici à la majorité, devienne la directrice des actes du gouvernement. *(Bruit.)* [...] »

11 janvier 1864.

Élu député de Paris en 1863, Adolphe Thiers (1797-1877) prend la parole lors de la discussion de l'adresse qui répond au discours du trône le 11 janvier 1864. La défense des cinq libertés nécessaires, qu'il préconise tout en les délimitant, de l'individu, de la presse, du suffrage, de la représentation nationale, du gouvernement qui en est l'émanation, constitue la plate-forme de l'opposition libérale.

24. République parlementaire et laïcité
(1870-1914)

Née de la révolution du 4 septembre 1870, la République triomphe des conservateurs monarchistes. Elle allie la démocratie politique, le régime parlementaire et la laïcité. Avec la fin du siècle s'affirme la montée du socialisme.

La IIIe République naît en plein drame. La guerre continue, menée par le gouvernement de la Défense nationale, composé des députés républicains de Paris. A partir du 18 septembre, la capitale est investie et Gambetta quitte Paris en ballon pour aller animer la lutte en province. Impuissant à débloquer Paris, craignant l'insurrection, le gouvernement, malgré Gambetta, signe l'armistice, le 28 janvier 1871. Sous la pression de Bismarck, qui souhaite un véritable interlocuteur lors du traité de paix, les élections à l'Assemblée nationale ont lieu le 8 février 1871. La campagne pour la paix des notables locaux conservateurs leur vaut un écrasant succès sur les républicains et surtout les gambettistes, partisans de la lutte à outrance. L'homme des « libertés nécessaires » et de l'opposition à la guerre, Thiers, alors au sommet de sa popularité, est élu « chef du pouvoir exécutif de la République ». Il signe le 26 février, à Versailles, les préliminaires de paix ratifiés par l'Assemblée le 1er mars. Le 10 mai, le traité de Francfort impose à la France le paiement d'une indemnité de 5 milliards de francs-or et surtout la perte de l'Alsace et d'une partie de la Lorraine avec Metz. Les provinces perdues vont hanter la conscience nationale française jusqu'à 1914.

Naissance du régime

La Commune. La question du régime reste pendante. Devant une Assemblée en majorité monarchiste, Thiers s'est engagé à ne pas prendre parti sur le régime. La crainte d'une restauration, l'humiliation de la défaite, les misères du siège, l'effervescence révolutionnaire de la capitale depuis la fin de l'Empire, tels sont les aspects du malaise de Paris, dont les élections de février avaient montré les sentiments républicains. L'Assemblée nationale s'installe à Versailles et non à Paris, supprime la solde des gardes nationaux et le moratoire des loyers : ces maladresses mettent le feu aux poudres. Le 18 mars, les émeutes éclatent à Montmartre. Thiers, instruit par l'expérience de la monarchie de Juillet, préfère quitter Paris pour Versailles, abandonnant la ville à l'insurrection.

La Commune s'installe, affirmation de l'autonomie parisienne. Le Conseil général de la Commune est élu le 26 mars avec 50 % d'abstentions, mais la Commune n'a guère le temps d'accomplir une œuvre en profondeur car toutes ses énergies sont absorbées par la guerre entre versaillais et communards (ou *fédérés) qui commence en avril. Elle s'achève de façon atroce par la « semaine sanglante » du 22 au 28 mai. De 20 000 à 35 000 insurgés sont exécutés sans jugement ; le reste est condamné à l'exil ou à la déportation.

Les communards sont issus du vieux Paris des métiers qualifiés et de l'artisanat, pour leur majorité. Ils représentent des courants très divers : patriotes déçus, jacobins révolutionnaires, blanquistes, proudhoniens, socialistes de l'Internationale. Proche des sans-culottes et des insurgés de 1848, dernier avatar des soulèvements parisiens venus de la Révolution française, la Commune est interprétée par Marx comme la première des révolutions futures. Mais l'essor du mouvement ouvrier n'en est pas moins brisé pour dix ans en France. La première conséquence de la Commune est de démontrer qu'aucun régime autre que la République n'est tolérable pour la capitale et pour les grandes villes de province, Lyon, Marseille, Toulouse, qui ont connu elles aussi d'éphémères Communes.

La victoire des républicains. La restauration monarchiste paraît impossible après le refus du comte de Chambord, le prétendant légitimiste, d'adopter le drapeau tricolore réclamé par les orléanistes. Divisés, les monarchistes doivent continuer à s'en remettre à Thiers. La loi Rivet du 31 août 1871 organise ses pouvoirs : il est à la fois chef du gouvernement et président de la République. Il obtient l'évacuation du territoire par les Allemands dès 1873 grâce à deux emprunts qui remportent un étonnant succès et assurent le paiement anticipé de l'indemnité.

Les républicains vont de succès en succès aux élections partielles et locales. La République s'est montrée conservatrice et pacifique, elle paraît désormais le gage de la stabilité. Par ses voyages en province, Gambetta contribue à diffuser une véritable pédagogie du suffrage universel, pour gagner les campagnes à la République. Mais, quand Thiers lui-même prend parti en novembre 1872 pour la République, les monarchistes le contraignent à la démission (24 mai 1873). L'Assemblée désigne à la présidence de la République le maréchal de Mac-Mahon, de sympathie légitimiste. Dirigé en fait par le duc de Broglie, un orléaniste, le gouvernement adopte une politique d'« ordre moral », conservatrice, antirépublicaine et cléricale, qu'illustrent les pèlerinages des députés conservateurs à Lourdes ou à Paray-le-Monial (centres de la piété *ultramontaine), l'épuration de l'administration et le renvoi de maires républicains. La restauration de la monarchie semble proche. Mais le comte de Chambord réaffirme ses principes intransigeants en octobre 1873 : la fusion avec les orléanistes est à nouveau impossible.

La loi du septennat, solution d'attente, est votée pour permettre à Mac-Mahon de se prolonger au pouvoir. Les orléanistes cependant, inquiets d'une remontée bonapartiste, se rapprochent des républicains. Cette « conjonction des centres » permet le vote des « lois constitutionnelles » en février et juillet 1875. Un large pouvoir est accordé au président de la République, élu pour sept ans par l'*Assemblée nationale (c'est-à-dire la réunion de la

Chambre des députés et du Sénat) et rééligible ; il dispose de la plénitude du pouvoir exécutif et peut dissoudre la Chambre avec l'accord du Sénat. Il nomme les ministres. La Chambre des députés, élue pour quatre ans au suffrage universel et au scrutin d'arrondissement, voit ses pouvoirs limités par le Sénat, d'inspiration conservatrice. Élu par des collèges électoraux où la France rurale est surreprésentée (chaque commune a un grand électeur), le Sénat compte 300 membres, dont 75 sont « inamovibles », élus à vie par l'Assemblée nationale puis cooptés. Les monarchistes ne désespéraient pas que ces institutions aient un jour à leur tête un monarque constitutionnel.

La crise du 16 mai. Les élections législatives de 1876 donnent la majorité aux républicains, qui l'emportent notamment dans l'Est, le Sud-Est et la région parisienne. Mac-Mahon s'accommode d'abord de cette majorité, puis contraint à la démission le républicain modéré Jules Simon, le 16 mai 1877. Face à la Chambre, où 363 députés protestent solennellement contre la violation du régime parlementaire, Mac-Mahon use de son droit de dissolution. Aux élections d'octobre, les républicains restent majoritaires, obligeant Mac-Mahon à « se soumettre », selon le mot de Gambetta. En janvier 1879, avec la conquête du Sénat et la démission de Mac-Mahon, remplacé par Jules Grévy, la République triomphait définitivement. Paris redevient capitale, le 14 juillet devient la fête nationale, et *la Marseillaise* l'hymne national.

La vie politique de la IIIe République est profondément marquée par cette naissance difficile. La crise du 16 mai jette le discrédit sur le droit de dissolution, qui n'est plus utilisé. Les pouvoirs du président de la République s'en trouvent affaiblis. Cependant, l'instabilité gouvernementale, due à l'absence de grands partis organisés, ne conduit pas à affirmer l'autorité du président du Conseil. La permanence des hommes permet toutefois de mener à bien les grandes réformes républicaines en matière d'école et de libertés. La révision constitutionnelle de 1884 supprime les 75 sénateurs inamovibles, modifie le régime électoral du Sénat, affirme que « la forme républicaine du gouvernement ne peut faire l'objet d'une proposition de révision ». La République devient le « régime définitif » de la France.

Les républicains de gouvernement au pouvoir

Les grandes lois républicaines. Sortis vainqueurs de la crise, les républicains sont pourtant divisés. Aux républicains de gouvernement, qualifiés d'« opportunistes », s'opposent les radicaux démocrates et jacobins qui, derrière Clemenceau, revendiquent « la République démocratique et sociale » et un programme hardi : suppression du Sénat, décentralisation administrative, impôt sur le revenu, séparation des Églises et de l'État. L'électorat des radicaux était encore en 1879 celui des quartiers ouvriers des grandes villes, mais il s'implante de plus en plus dans les régions rurales, « rouges » de longue date comme le nord du Massif central, ou venues du bonapartisme comme le Sud-Ouest et les Charentes.

Les années 1881-1885 sont dominées par les républicains de gouvernement, les « opportunistes ». En quelques années, les idées républicaines s'incarnent dans une série de lois : en 1881, la liberté de réunion et la liberté de presse ; en 1884, la liberté d'association et la loi municipale. L'œuvre républicaine se veut œuvre d'unité, comme le montre la loi militaire de 1889, qui supprime le volontariat et les exemptions de service (« les curés sac au dos »). L'inspiration profondément laïque se manifeste dans la lutte contre les congrégations (l'expulsion des jésuites en 1880) et le rétablissement du divorce (1884). L'unité républicaine triomphe dans la mairie, lieu de « républicanisation du décor » (M. Agulhon), la caserne, mais surtout l'école.

L'esprit des lois scolaires républicaines est imprégné de foi dans la science et le progrès, et de patriotisme. Sous l'influence de Jules Ferry, la loi sur la gratuité de l'enseignement primaire est votée en 1881, la loi sur l'obligation scolaire de six à treize ans et sur la laïcité de l'enseignement public en 1882. Le personnel est laïcisé à partir de 1886. L'œuvre de Ferry couronne une évolution séculaire. Elle n'apporte donc pas l'école à une France déjà majoritairement alphabétisée et acquise à l'instruction, mais elle aide à gommer les inégalités entre France du Nord et France du Midi, entre instruction masculine et féminine. L'école est dotée de matériel, de manuels, de locaux plus décents et de maîtres mieux formés grâce au véritable code de l'enseignement primaire que forme l'ensemble des lois scolaires tout au long des années 1880.

La crise boulangiste. Après la chute de Ferry en 1885, la République connaît une phase d'instabilité qui culmine avec la crise boulangiste. La popularité du général Boulanger, ministre de la Guerre en 1887, républicain mais belliqueux, inquiète le gouvernement, qui le met à la retraite. Boulanger peut alors conduire une carrière politique triomphale par le jeu des élections partielles. Sa devise – « dissolution, Constituante, révision » – réunit les mécontents : radicaux, jacobins, nationalistes réclamant la revanche, monarchistes espérant la restauration, bonapartistes autoritaires. Né à gauche, le boulangisme, un temps, maintient l'équivoque, mais glisse rapidement à droite. Il marque l'apparition d'un nationalisme de droite antiparlementaire. Mais Boulanger ne sait pas exploiter son succès et son mouvement reflue après janvier 1889.

Socialistes et modérés

Les divers socialismes. Une évolution profonde du paysage politique se produit au cours des années 1890. Le socialisme devient un grand mouvement par la conquête de nombreuses mairies et l'entrée d'une cinquantaine de députés à la Chambre aux élections de 1893. Les socialistes restent cependant divisés. Le Parti ouvrier français de Jules Guesde, marxiste et révolutionnaire, gagne le nord de la France et supplante parfois le radicalisme dans le Midi. Il se heurte à l'autonomie croissante du mouvement syndical, imprégné d'anarcho-syndicalisme, et à plusieurs autres groupes socialistes : les blanquistes du Comité central révolutionnaire, devenu le Parti socialiste révolutionnaire de Vaillant en 1898, revendiquent l'héritage jacobin ; les « possibilistes » de la Fédération des travailleurs socialistes créée en 1882 déclinent après la crise boulangiste et la scission du Parti ouvrier socialiste révolutionnaire de Jean Allemane en 1890, qui prône la lutte des classes, l'antimilitarisme et l'antiparlementarisme. Nombre de socialistes « indépendants » jouent un rôle important dans le mouvement : ainsi Millerand ou Jaurès *(document, p. 299)*. Déchiré entre ses tendances, hésitant entre marxisme et réformisme, le socialisme choisit, au moment du boulangisme comme lors de l'affaire Dreyfus, de s'allier à la gauche politique contre les adversaires irréconciliables de la République. Plusieurs socialistes s'engagent nettement sur la voie du réformisme : en 1896, le programme de Saint-Mandé d'Alexandre Millerand affirme que la conquête du pouvoir se fera par voie électorale et parlementaire et répudie l'antimilitarisme.

Le ralliement et les modérés. Les radicaux, assagis par la crise boulangiste et éclaboussés, pour certains, par le scandale financier de Panama en 1892, sont alors en retrait. Face à la menace socialiste, les républicains modérés, dénommés « progressistes », gouvernent. Ils bénéficient du ralliement des conservateurs modérés. Lancé par le toast du cardinal Lavigerie à la République en 1890 (le toast d'Alger) et par l'encyclique *Au milieu des sollicitudes* en 1892, le « ralliement » marque la reconnaissance par Rome de la volonté du suffrage universel. L'Église de Léon XIII tient surtout à montrer qu'elle n'est liée à aucune forme de gouvernement. Le ralliement a suscité bien des résistances, à droite comme à gauche. Il permet une conjonction des centres largement motivée par une préoccupation de défense sociale : la lutte contre l'impôt sur le revenu, cher aux radicaux, et contre le socialisme. La vague d'attentats anarchistes de 1892-1893 entraîne le vote de lois de répression, les « lois scélérates », qui visent aussi les socialistes. Tandis que les partis monarchistes sont voués au déclin à la suite du ralliement et de la politique d'apaisement – l'« esprit nouveau » dont se réclament les républicains de gouvernement –, ces derniers glissent peu à peu vers le centre droit. La droite a beau soutenir Méline à la Chambre, la fracture entre droite et gauche reste pourtant entière dans le pays. L'affaire Dreyfus le montre bientôt.

Le tournant de l'affaire Dreyfus

« *L'Affaire* ». L'affaire Dreyfus n'est au départ qu'une affaire d'espionnage au ministère de la Guerre. Le capitaine d'état-major Dreyfus, un juif alsacien, est accusé à tort d'avoir dérobé un bordereau et de l'avoir remis à l'attaché militaire allemand. Il est condamné et déporté en 1894 vers la Guyane. L'affaire rebondit en 1897 quand le colonel Picquart acquiert la conviction que Dreyfus est innocent. Dans l'article « J'accuse » publié dans *l'Aurore* de Clemenceau, Émile Zola réclame la révision du procès. « L'Affaire » déchaîne les passions françaises et divise profondément les esprits, entre dreyfusards et antidreyfusards. La presse joue un rôle prépondérant. La droite conservatrice se fait nationaliste, militariste et antisémite, tandis que la gauche, démocratique, attachée aux droits de l'homme, évolue vers le pacifisme, voire l'antimilitarisme. Enfin, les « intellectuels » prennent part au débat en tant que tels.

A nouveau condamné en 1899, Dreyfus est gracié par le président Loubet. Il dut attendre sept ans pour être réhabilité (1906). L'Affaire eut d'importantes conséquences politiques : elle entraîna le passage à droite de la majorité des « progressistes » derrière Méline ; mettant fin au gouvernement des centres, elle rétablit l'opposition entre deux blocs.

La séparation des Églises et de l'État. Waldeck-Rousseau, leader de la fraction des progressistes qui ne voulurent pas se couper de la gauche, président du Conseil de juin 1899 à 1902, mène une politique de « défense républicaine » contre le nationalisme et le cléricalisme. On prêtait aux congrégations et notamment aux congrégations enseignantes, principal objet de suspicion de la part des républicains, une fabuleuse richesse (le « milliard des congrégations ») ; on les accusait surtout d'élever la moitié de la jeunesse française dans l'hostilité aux principes républicains, et de dresser ainsi l'une contre l'autre « les deux jeunesses » irréconciliables. La loi sur les associations (1901) introduit la liberté des associations laïques non professionnelles (la loi de 1884 avait autorisé les associations professionnelles). Ainsi peuvent se constituer les premiers partis politiques, et, d'abord, le Parti républicain radical et radical-socialiste fondé en 1901. Mais les congrégations doivent solliciter une autorisation et, soumises au contrôle étroit de l'État, peuvent être dissoutes par décret. Sûrs de ne pas obtenir d'autorisation, les jésuites repartent en exil.

Le Bloc des gauches l'emporte de peu aux élections de 1902. Les radicaux s'installent au gouvernement avec le « petit père Combes », radical farouchement anticlérical. Il applique la loi sur les associations avec la plus grande rigueur, refusant systématiquement les demandes d'autorisation. La loi du 7 juillet 1904 interdit l'enseignement à toutes les congrégations, même autorisées. Le 30 juillet 1904, la France rompt ses relations diplomatiques avec le Vatican. La campagne pour la séparation des Églises et de l'État prend de l'ampleur. Le gouvernement Combes n'eut pas le temps d'accomplir son programme. Combes dut démissionner en janvier 1905 à la suite de l'affaire des Fiches (le cabinet du ministre de la Guerre utilisait des fiches de la franc-maçonnerie sur l'attitude religieuse des officiers). La séparation, désormais inévitable, est votée. Par la loi du 9 décembre 1905, la République ne reconnaît aucun culte, mais garantit le libre exercice de tous. Les biens d'Église, après la loi, doivent être attribués à des associations cultuelles. Mais le climat de lutte anticléricale et l'opposition du Vatican empêchent l'application de cette mesure. Dans les régions où l'influence politique de l'Église est grande, les inventaires des biens d'Église donnent lieu à de graves heurts entre fidèles et forces de l'ordre. Ce n'est qu'en 1924 que furent formées des associations diocésaines dont Rome accepte alors la constitution.

L'anticléricalisme qui cimentait le Bloc perd sa principale raison d'être. Les socialistes cessent, au reste, de soutenir le gouvernement et entrent dans l'opposition en 1905, tandis que se crée la SFIO (Section française de l'Internationale ouvrière), dominée par Guesde et Jaurès. Vainqueurs aux élections de 1906, les radicaux doivent faire face à des troubles sociaux croissants : revendication de la journée de huit heures, émeutes viticoles du Languedoc en 1907, grèves des cheminots. Président du Conseil de 1906 à 1909, Clemenceau réprime énergiquement les troubles.

La montée des périls. A partir de 1910, le poids croissant des périls extérieurs fait redouter la guerre. Le républicain modéré Raymond Poincaré, élu président de la République en 1913, incarne la fermeté patriotique. Il entend procéder à une réorganisation militaire, en proposant l'allongement de deux à trois ans du service militaire. La loi des trois ans est votée en juillet 1913 par une majorité de centre et de droite. Contre cette loi se mobilise l'union des gauches, radicaux et socialistes, qui remporte les élections d'avril-mai 1914. Le nouveau gouvernement fait voter l'impôt sur le revenu, mais la loi de trois ans est provisoirement maintenue, compte tenu de la situation internationale.

DOCUMENT

Jaurès et la République sociale

« Oui, par le suffrage universel, par la souveraineté nationale qui trouve son expression définitive et logique dans la République, vous avez fait de tous les citoyens, y compris les salariés, une assemblée de rois. C'est d'eux, c'est de leur volonté souveraine qu'émanent les lois et le gouvernement ; ils révoquent, ils changent leurs mandataires, les législateurs et les ministres, mais, au moment même où le salarié est souverain dans l'ordre politique, il est dans l'ordre économique réduit à une sorte de servage.

« Oui ! au moment où il peut chasser les ministres du pouvoir, il est, lui, sans garantie aucune et sans lendemain, chassé de l'atelier. Son travail n'est plus qu'une marchandise que les détenteurs du capital acceptent ou refusent à leur gré...

« Il est la proie de tous les hasards, de toutes les servitudes et, à tout moment, ce roi de l'ordre politique peut être jeté dans la rue ; à tout moment, s'il veut exercer son droit légal de coalition pour défendre son salaire, il peut se voir refuser tout travail, tout salaire, toute existence par la coalition des grandes compagnies minières. Et, tandis que les travailleurs n'ont plus à payer, dans l'ordre politique, une liste civile de quelques millions aux souverains que vous avez détrônés, ils sont obligés de prélever sur leur travail une liste civile de plusieurs milliards pour rémunérer les oligarchies oisives qui sont les souveraines du travail national. *(Applaudissements répétés sur plusieurs bancs à l'extrémité gauche et à l'extrémité droite de la salle.)*

« Et c'est parce que le socialisme apparaît comme seul capable de résoudre cette contradiction fondamentale de la société présente, c'est parce que le socialisme proclame que la République politique doit aboutir à la République sociale, c'est parce qu'il veut que la République soit affirmée dans l'atelier comme elle est affirmée ici, c'est parce qu'il veut que la nation soit souveraine dans l'ordre économique pour briser les privilèges du capitalisme oisif, comme elle est souveraine dans l'ordre politique, c'est pour cela que le socialisme sort du mouvement républicain. C'est la République qui est le grand excitateur, c'est la République qui est le grand meneur : traduisez-la donc devant vos gendarmes ! *(Nouveaux applaudissements sur les mêmes bancs.)*

« Et puis, vous avez fait des lois d'instruction. Dès lors, comment voulez-vous qu'à l'émancipation politique ne vienne pas s'ajouter, pour les travailleurs, l'émancipation sociale quand vous avez décrété et préparé vous-mêmes leur émancipation intellectuelle ? Car vous n'avez pas voulu seulement que l'instruction fût universelle et obligatoire... vous avez voulu aussi qu'elle fût laïque, et vous avez bien fait. *(Marques d'assentiment sur divers bancs. – Bruit au centre.)* »

Jaurès, 21 novembre 1893.

Dans ce discours où il interpelle, le 21 novembre 1893, le ministère modéré de Charles Dupuy, Jaurès, universitaire venu du centre gauche, député de Carmaux et leader des socialistes indépendants, explique comment la démocratie politique et l'instruction laïque conduisent à la République sociale.

25. Naissance
d'une France nouvelle
(fin 19e-début 20e siècle)

La croissance que connaissent alors une grande partie de l'Europe et les États-Unis prend en France des traits propres : démographie stagnante, industrialisation moins rapide, urbanisation lente. La classe ouvrière se développe. La puissance bourgeoise se renforce de l'apport des classes moyennes.

Aspects et limites de l'essor économique

Durant la seconde moitié du 19e siècle s'accomplit véritablement la modernisation de la France. L'entrée définitive dans l'âge industriel en est l'aspect majeur. Elle s'est faite lors de deux phases de croissance : la période 1840-1860, où la France connaît les effets de la révolution industrielle du charbon, de la machine à vapeur, du chemin de fer et de la métallurgie, et la période 1896-1913, où se produit la « deuxième révolution industrielle », celle de l'électricité et de l'automobile.

Le poids du secteur agricole. La croissance du 19e siècle est cependant beaucoup plus lente en France qu'en Grande-Bretagne. Est-ce à cause d'un déséquilibre de départ dû aux guerres de la Révolution et de l'Empire ? Ou de données socioculturelles propres à la France et qu'incarnerait le protectionnisme frileux de la IIIe République ? Est-ce le ralentissement démographique de la France ou le poids très lourd du secteur agricole ? Il est impossible de trancher un problème toujours débattu. De façon plus lente, mais aussi plus harmonieuse qu'en Angleterre, des mutations décisives apparaissent. Les progrès les plus nets ont lieu au début du Second Empire, à la fois dans l'agriculture et dans l'industrie. Le secteur agricole est trop souvent présenté comme un poids freinant la croissance française. Certes, durant la période, les rendements restent très inférieurs à ceux de l'agriculture anglaise ou belge. Mais ils ne doivent pas masquer des progrès locaux très nets et une diffusion générale de l'innovation. La jachère disparaît, la charrue s'impose, la faux remplace définitivement la faucille et les engrais se répandent. Les labours forment toujours l'essentiel des terres cultivées mais les herbages progressent. Quelques plantes comme la pomme de terre, le maïs et surtout la betterave à sucre cultivée en assolement avec le blé stimulent la révolution agricole. Jusque vers 1873, la prospérité de l'agriculture permet des progrès sans précédent. Certaines régions comme le Pas-de-Calais entament une véritable spécialisation agricole liée à la commercialisation de leur production.

Un tissu industriel et commercial nouveau. L'industrie connaît également une croissance remarquable. De nouveaux éléments rendent possible celle-ci : le premier est la révolution bancaire. Grâce à la modernisation des banques de dépôt (tels, par exemple, le Crédit industriel et commercial créé en 1859, le Crédit lyonnais en 1863, la Société générale en 1864) et des banques d'affaires, dont l'exemple le plus connu reste le Crédit mobilier des frères Pereire (1852), les prêts à l'industrie se généralisent. La législation du Second Empire contribue à la création de nouvelles sociétés : les sociétés à responsabilité limitée autorisées en 1863 et les sociétés anonymes (1867). Ainsi s'opère la mobilisation de capitaux nécessaires aux grandes entreprises et aux grands travaux.

Mais le symbole et le moteur de la croissance, c'est le chemin de fer. La productivité du réseau s'améliore et la voie ferrée est l'objet d'investissements soutenus durant toutes les années 1860. En 1879, le plan Freycinet complète l'œuvre du Second Empire en créant les lignes d'intérêt local. Le développement des échanges ainsi facilité est un facteur décisif de la croissance industrielle. La diffusion de procédés industriels nouveaux y contribue : de la sidérurgie au bois, on passe aux hauts fourneaux. La productivité profite de techniques nouvelles, comme le procédé Gilchrist (1878), qui permet d'épurer le minerai de fer lorrain trop phosphoreux. La machine à vapeur est arrivée à sa maturité. Les énormes progrès de la mécanisation favorisent surtout l'industrie lourde et les débuts de la chimie. L'industrie textile évolue moins vite et sa part relative diminue.

Autant d'éléments qui modifient le tissu industriel dans les années 1860-1880. De véritables régions industrielles se sont formées : le Nord, les foyers sidérurgiques autour du Creusot et de Saint-Étienne, ou les grands centres textiles que sont Rouen, Lille, Mulhouse, Roubaix, Tourcoing, Lyon... Le travail artisanal de type ouvrier reste cependant fort ancré dans les campagnes, et l'éparpillement des entreprises de petite dimension demeure la règle : encore en 1914, 28 % des travailleurs de l'industrie exercent leur activité à domicile ; il s'agit notamment du travail féminin des couturières. Il convient donc de nuancer l'affirmation d'un essor, au reste incontestable, de l'industrie. Les régions méridionales restent sous-industrialisées, et l'industrie française souffre de ses structures encore traditionnelles que ne fait guère évoluer une bourgeoisie prudente.

Grâce à la voie ferrée se crée un marché national élargi qui privilégie les régions agricoles modernisées, c'est-à-dire la France riche à hauts revenus du Nord et du Bassin parisien. Des pôles unifient les marchés : la viande est traitée à La Villette, le vin à Bercy, tandis que les marchés de la laine sont centralisés à Roubaix et ceux de la soie à Lyon. D'une façon générale, Paris écrase les centres provinciaux. Durant les années 1870, les marchés et les foires traditionnels de province déclinent. L'avènement des formes nouvelles de commercialisation est ainsi consacré. Les grands échanges ne sont pas seuls à subir des transformations. Dans le commerce de détail apparaissent sous le Second Empire les magasins de nouveautés, puis les grands magasins, dont le Bon Marché, fondé en 1852, reste le symbole : l'entrée est libre, le prix fixé sur l'étiquette interdit le marchandage, permet l'échange ; le bénéfice réduit sur chaque article est compensé par la masse des ventes, d'autant que les catalogues vont drainer une clientèle nouvelle jusqu'au fond des campagnes : concurrence redoutable pour les boutiques et surtout pour le colportage.

Les phénomènes cycliques. A la prospérité des premières années du Second Empire succède une décélération sensible dès 1857-1860, violemment accentuée dans les années 1880 : le krach de l'Union générale en 1882 donne le signal de faillites en cascade dans les entreprises et les banques d'affaires. La misère, le chômage et les conflits sociaux qu'illustrent les grèves des mineurs d'Anzin en 1884 ou de Decazeville en 1886 manifestent bien la présence de la crise. Le taux de croissance de l'industrie passe de 2,2 % à moins de 1 %. L'investissement se ralentit nettement et la banque se détourne des prêts à l'industrie. L'agriculture, surtout, se contracte sous le double effet de crises internes, dont celle de la concurrence des pays neufs et celle de la vigne, due au phylloxéra, qui est la plus grave. Le commerce extérieur, enfin, subit un grave déclin : les années 1876-1879 voient le début du recul précipité de la France sur tous les marchés internationaux. Le libre-échange instauré en 1860 avait déjà pénalisé certaines régions industrielles comme Rouen et Lille, mais le protectionnisme mis en place par Jules Méline en 1892 et surtout 1897 (la « loi du cadenas ») ne profite pas davantage à une économie anémiée face à la réussite anglaise et surtout allemande. Deuxième puissance commerciale en 1860, la France est dépassée par l'Allemagne en 1871, puis par les États-Unis en 1878.

L'économie française réussit cependant à redémarrer vers 1896, et surtout à partir de 1906. Jusqu'à la guerre se développent des industries nouvelles de pointe où la France brille particulièrement : l'automobile grâce à Panhard-Levassor, Peugeot ou les frères Renault, le caoutchouc chez Michelin, l'aéronautique, ou l'aluminium que favorise l'essor de l'hydroélectricité alpine. Les industries sidérurgique et textile restent cependant essentielles, et la place si importante de l'agriculture, qui accroît sa spécialisation régionale, demeure spécifique de l'économie française.

A la veille de la guerre, l'économie française apparaît équilibrée, appuyée sur une monnaie forte et un potentiel considérable. Elle est pourtant menacée par des faiblesses de structure.

Les mutations de la société

La société française a connu, pendant ces décennies, des mutations capitales. Sans doute la France reste-t-elle majoritairement rurale (encore en 1911, les ruraux constituent 53 % de la population), mais l'urbanisation croît avec les débuts de l'exode rural. La population, de 1841 à 1913, est passée de 35 800 000 habitants à 39 800 000. Mais, compte tenu de la perte de l'Alsace-Lorraine et du gain de Nice et de la Savoie, cet accroissement est dû plus à l'immigration qu'à une natalité qui est en recul. Le taux de natalité passe en effet de 26 ‰ en 1850-1855 à 22 ‰ pour la période 1891-1895, avant de descendre à 20 ‰ en 1900-1914. La mortalité reste cependant élevée jusque vers 1895. La stagnation démographique de la France est un fait majeur dans une Europe en pleine expansion.

L'importance du monde rural. La majorité des Français sont des ruraux. La date de 1850 marque en France l'apogée d'une civilisation rurale dont se figent les patois et les coutumes à la veille de leur déclin. C'est le moment où se fixent les paysages ruraux, où prime encore la diversité des modes de vie, des habitudes culinaires, des parlers selon les régions. Sous le Second Empire débute une uniformisation progressive des comportements, mais, dans les années 1880, se produisent les ruptures qui accompagnent la conquête des campagnes par les républicains. Les effets de la route, de la voie ferrée, de la poste, l'allongement des migrations traditionnelles, comme celle des maçons de la Creuse vers la ville, désenclavent les campagnes et y font circuler de nouveaux modèles de vie et de pensée. L'exode rural peut être considéré comme l'une des causes, mais aussi l'une des conséquences, de cette transformation. Les industries traditionnelles déclinent avec le départ des artisans. Le sentiment de précarité et de peur recule avec l'exode des plus démunis.

La caserne et l'école paraissent deux éléments décisifs dans le recul des particularismes locaux. Ceux-ci s'estompent à la fois dans les régimes alimentaires, dans les patois, dans l'utilisation des poids et mesures de l'Ancien Régime et même le costume régional après 1870 ; le modèle urbain unificateur est diffusé par l'école et le service militaire ; la presse à bon marché s'impose désormais. La vie politique dans les campagnes, amorcée sous la monarchie de Juillet ou le Second Empire, se fait plus active. De 1848 à la IIIe République, l'exercice du suffrage universel a permis le passage progressif de la docilité envers les notables à l'émancipation démocratique. Dans les villages, les bustes de Marianne à la mairie, les premiers monuments aux morts, après 1871, font désormais partie intégrante du patrimoine rural.

Croissance du monde ouvrier. Si les paysans forment encore la majorité de la société française, les ouvriers s'y taillent une place grandissante. Ils forment un monde encore flou, où l'artisanat joue toujours un rôle essentiel et où ne s'affirme que dans certaines régions un prolétariat industriel urbain au sens strict. Le dénuement se rencontre, bien sûr, dans la grande ville, mais il faut observer qu'avant l'industrialisation, en 1815, on y trouvait la même proportion (70 %) de gens mourant sans laisser de succession. L'industrie rurale, textile ou métallurgique, reste très importante en nombre, avec les ouvriers à domicile. La nouveauté qu'apporte cependant la seconde moitié du 19e siècle, c'est l'usine et sa discipline encore très mal acceptée. Les mineurs de Carmaux, par exemple, restent très liés au monde rural et s'absentent de la mine lors de la moisson.

A la distinction entre ouvrier en milieu rural et ouvrier en milieu urbain, il faudrait ajouter encore bien des nuances entre l'ouvrier des grands centres urbains (Paris ou Lyon) au contact des classes moyennes, l'ouvrier de régions ouvrières comme le Nord ou celui de centres isolés. Au sein même d'une seule région, le milieu ouvrier reste extrêmement composite : vers 1900, dans la région lyonnaise, on trouve aussi bien des artisans traditionnels (le gantier et le tisseur), des métiers de l'industrie moderne (le mineur et le métallurgiste) et des métiers de type tertiaire dont l'existence est entraînée par l'industrie (le cheminot, le garçon de magasin). Un milieu complexe donc et extrêmement divers : de l'artisan urbain spécialisé, instruit, nourri d'un savoir-faire et d'une culture ouvrière et politique, à l'ouvrier du textile rural, misérable souvent, il y a un monde.

Il semble que le niveau de vie ouvrier durant la période s'est globalement élevé : l'ouvrier s'alimente mieux, mange plus de viande en 1900 qu'en 1850. Mais la vie ouvrière reste très dure et elle est perçue comme telle. L'absence de toute sécurité contre la maladie, les infirmités de la vieillesse ou les accidents du travail (avant la loi de 1898), la longueur de la journée de travail et la fragilité de l'emploi donnent à la condition ouvrière une extrême précarité. Le retard de la France en matière de politique ouvrière aggrave la situation. Dans la période 1850-1914, seul le Second Empire eut une véritable politique ouvrière. Il faut attendre la fin du siècle pour assister à l'apparition du « remords social » au sein de la bourgeoisie française : témoin l'écho réservé à l'encyclique pontificale *Rerum novarum* promulguée en 1891.

La loi de 1884 (loi Waldeck-Rousseau) permet la formation de syndicats ; les fédérations de métier et les bourses du travail animées par Pelloutier s'unissent dans la Confédération générale du travail, fondée en 1895 mais vraiment unifiée en 1902 seulement. Les révolutionnaires ou « anarcho-syndicalistes » y dominent, prônant la grève générale et la stricte séparation d'avec les partis politiques, comme le réaffirme la charte d'Amiens en 1906. Les revendications ouvrières (le repos hebdomadaire, la journée de huit heures, le salaire journalier de 5 francs) ne sont qu'imparfaitement entendues par le personnel politique républicain. Aussi l'ensemble des lois sociales votées avant 1914 reste-t-il très en retrait sur la législation sociale de l'Allemagne. La loi sur les retraites ouvrières et paysannes n'est adoptée qu'en 1910 et sa portée est limitée.

Triomphe et diversité de la bourgeoisie. Les classes bourgeoises urbaines profitent le plus de l'enrichissement d'ensemble dont bénéficie inégalement la masse des Français. La répartition cependant n'est pas uniforme : la richesse bourgeoise est fortement concentrée sur le nord de la France, et avant toùt sur Paris, capitale incontestée qui exerce sous le Second Empire une hégémonie héritée de l'Ancien Régime. Plus que de la bourgeoisie, il conviendrait de parler des bourgeoisies. L'époque voit le déclin des notables traditionnels, surtout dans la vie politique. Ils gardent pourtant un poids local, voire régional dans des régions de grande propriété, ils sont présents dans la haute fonction publique et parfois dans les milieux d'affaires. Unis par le patrimoine des humanités classiques, un ensemble de relations sociales et l'influence que donne la propriété, les notables sont eux-mêmes une réalité contrastée, du grand notable à envergure nationale au notable rural.

De nouvelles bourgeoisies viennent concurrencer les positions acquises par les notables. Sous le Second Empire, la grande bourgeoisie d'affaires, enrichie par le négoce et la banque, prend son véritable essor, fondée sur un type de fortune où s'accroît la part des avoirs mobiliers, surtout après 1881, et des valeurs boursières. De même, la part des fortunes liées à l'entreprise industrielle augmente notablement. Avec la IIIe République triomphent la bonne bourgeoisie des talents, avocats en renom ou médecins célèbres, ingénieurs, et une nouvelle aristocratie républicaine de hauts fonctionnaires. Après la crise du 16 mai 1877 a lieu, certes, une certaine démocratisation du personnel dirigeant et la montée des provinciaux. Tous ou presque restent cependant issus de la petite ou moyenne bourgeoisie et rares sont les hommes vraiment nouveaux. La bourgeoisie est de plus en plus constituée d'héritiers, unis par une même conception de la société. En dessous se déploie l'infinie variété des classes moyennes, du petit commerçant à l'employé, du fonctionnaire au petit rentier, voire à l'artisan. Ces classes moyennes, les « couches nouvelles » dont Gambetta célébrait l'avènement *(document, p. 310)*, partagent souvent avec la bourgeoisie des valeurs communes : l'ardeur au travail (les rentiers oisifs qui n'ont véritablement jamais travaillé sont rares), le sens de l'épargne, l'attachement à la propriété et à l'ordre. Un certain mode de vie caractérise aussi la bourgeoisie et la frange supérieure des classes moyennes : l'emploi au moins d'un domestique – en 1881, il y a 1 200 000 domestiques en France –, l'usage d'un salon où l'on reçoit et où la jeune fille de la maison joue du piano.

Diversité et richesse de la vie culturelle

La rapide analyse des catégories sociales, si mouvantes et si floues, qui composent la société française dans la seconde moitié du 19ᵉ siècle ne rend guère compte d'une infinie diversité politique, religieuse, sociale, régionale. Cette diversité est aussi culturelle. La IIIᵉ République, profondément pédagogue, permet une certaine démocratisation de la culture, grâce à l'école : le premier éditeur de l'époque n'est-il pas Hachette, éditeur de livres scolaires ? Encyclopédies et dictionnaires se multiplient ; est ainsi mise à la disposition du grand public une culture centrée sur la patrie et la construction, aussi nécessaire qu'irrésistible, de la nation française autour de la date phare de 1789. La « petite presse » bon marché et à très gros tirages – *le Petit Journal, le Petit Parisien, le Matin* et *le Journal* tirent à eux quatre à 2 400 000 exemplaires vers 1900 – et la presse locale, enfin, répandent partout un modèle unificateur.

Après la disparition de la génération romantique, dont Victor Hugo, poète national, demeure le témoin, et après l'échec de 1848, s'ouvre l'ère du réalisme et du naturalisme, de Flaubert à Zola. La littérature se met à l'écoute d'un temps dominé par le culte de la science et du fait positif. Les poètes exaltent l'art pour l'art, mènent des créations originales, de Baudelaire à Verlaine et Rimbaud. Le grand public, pour sa part, affectionne le roman populaire, le théâtre de boulevard, l'opérette. Face à l'académisme qui domine l'art officiel, l'œuvre de Manet marque un tournant et ouvre la voie aux recherches des « impressionnistes », ainsi nommés par référence au titre d'une œuvre de Monet présentée à l'exposition de 1874 : *Impression, soleil levant.*

Peu à peu, les audaces des impressionnistes et de leurs successeurs, qui, de Cézanne aux cubistes, proposent un nouveau type de représentation, sont acceptées. Mais de nouvelles avant-gardes brillent de tous leurs feux dans les années qui précèdent la guerre, avec la création du *Sacre du printemps* de Stravinski le 29 mai 1913, les œuvres d'un Picasso, le groupe de la *Nouvelle Revue française*. La période de l'entre-deux-guerres va voir ces créations s'imposer à leur tour. C'est au début du siècle aussi que naît une forme nouvelle d'art appelée à un destin prodigieux : le cinéma. Paris, « Ville Lumière », connaît un rayonnement mondial dans le domaine des arts et de la culture. Une part de la création intellectuelle participe de la mise en cause, à partir de la fin du siècle, des valeurs de la science et du rationalisme, et revient aux valeurs nationales et religieuses, avec Barrès, Claudel, Péguy.

DOCUMENT

Gambetta et l'avènement des couches nouvelles

« C'est pendant les vingt ans de ce régime détesté et corrupteur, grâce au développement des moyens de transport, à la liberté des échanges, à la facilité, à la fréquence des relations, grâce aux progrès malheureusement trop lents encore de l'instruction publique, à la diffusion des lumières, grâce enfin au temps qui est la puissance maîtresse en histoire, que s'est formée, en quelque sorte, une nouvelle France. Il n'est pas douteux que le besoin politique qu'avait l'Empire d'éblouir, de créer du travail pour les masses ouvrières, au prix de prodigalités sans nombre et de ruines dont nous voyons aujourd'hui les conséquences, a créé en même temps de nouveaux travailleurs. Ce gouvernement, voulant donner une satisfaction apparente à ce qu'on appelle la démocratie, voulant lui faire des concessions au point de vue des ouvriers des villes et des campagnes, a été engagé, lancé dans un système économique qui, au point de vue de la construction des canaux, des chemins de fer, des travaux d'utilité publique, a donné une certaine impulsion, un certain mouvement à l'esprit d'entreprise qui existe dans toute démocratie, qui en est l'âme et le nerf, et qui fait la force des grands peuples libres. [...]

« Ce monde de petits propriétaires, de petits industriels, de petits boutiquiers a été suscité par le mouvement économique que je viens d'indiquer ; car il ne faut pas oublier que le régime impérial a hérité ou plutôt a confisqué cette accumulation de forces, a bénéficié de ce réservoir d'éléments, de ces ressources morales et matérielles que rassemble le cours normal des événements. Tous ces éléments sont entrés successivement en œuvre, et c'est ainsi que se sont créées, formées ces nouvelles couches sociales dont j'ai salué un jour l'avènement. Messieurs, j'ai dit les nouvelles couches, non pas les classes : c'est un mauvais mot que je n'emploie jamais. Oui, une nouvelle couche sociale s'est formée. On la trouve partout ; elle se manifeste à tous les regards clairvoyants ; elle se rencontre dans tous les milieux, à tous les étages de la société. C'est elle qui, en arrivant à la fortune, à la notoriété, à la capacité, à la compétence, augmente la richesse, les ressources, l'intelligence et le nerf de la patrie. Ce sont ces couches nouvelles qui forment la démocratie ; elles ont le droit de se choisir, de se donner le meilleur gouvernement, c'est-à-dire la forme de gouvernement la mieux appropriée à leur nature, à leurs tendances et à leurs intérêts. Dans la démocratie, c'est-à-dire dans un état politique où le travail doit tout dominer – car dans les Temps modernes le travail est le grand agent de richesse, de paix et de bonheur –, dans un état social où le plus grand nombre des travailleurs est déjà propriétaire, où, sur 10 millions d'électeurs, 8 millions sont astreints au paiement des cotes foncières, il était sûr que, dès que ces hommes seraient investis du droit de se donner un gouvernement, ils choisiraient la République, parce que démocratie et République sont associées comme la cause et l'effet. (*" Très bien ! Bravo ! bravo !" Applaudissements prolongés.*) »

Gambetta, 1ᵉʳ juin 1874.

Dans ce discours prononcé à Auxerre le 1ᵉʳ juin 1874, Gambetta, tirant un bilan positif de l'activité économique de la période impériale, met en relation cet essor avec les deux phénomènes nouveaux de l'époque : la montée des « nouvelles couches, non pas les classes » et la démocratie républicaine.

26. L'expansion française dans le monde au 19e siècle

La colonisation reprend avec la conquête de l'Algérie et les initiatives du Second Empire. Mais son essor date de la IIIe République. Le « parti colonial » triomphe des oppositions et de l'indifférence. A la veille de la guerre, la France est présente en Afrique du Nord, en Afrique noire, à Madagascar, en Indochine.

Premières initiatives

Jusqu'en 1852, des initiatives diverses. Dans la première moitié du 19e siècle, la France ne dispose que de quelques colonies éparses, héritage de l'Ancien Régime : la Martinique, la Guadeloupe, Saint-Pierre-et-Miquelon, la Guyane et, dans l'océan Indien, la Réunion et cinq comptoirs aux Indes. En Afrique, quelques comptoirs côtiers au Sénégal n'intéressent guère que les commerçants de Marseille et de Bordeaux. La Restauration entreprit l'expédition d'Alger pour des raisons de prestige, à des fins de politique intérieure, et pour mettre fin à la piraterie des corsaires. Le dey cède Alger le 5 juillet 1830. La monarchie de Juillet fut embarrassée par ce legs. Ce n'est que progressivement qu'elle passe à l'« occupation restreinte », puis de celle-ci à la conquête, achevée en 1847 avec la reddition d'Abd el-Kader ; encore certaines régions, comme la Petite et la Grande Kabylie, restent-elles largement insoumises. Une colonisation de peuplement européen débute cependant : Italiens, Espagnols, mais aussi

Français, dont le flot est nourri par les insurgés de 1848. En 1871, 300 000 Européens déjà sont installés en Algérie.

L'administration des colonies françaises reste mal définie jusque sous le Second Empire. De même qu'il n'existe aucune doctrine coloniale au ministère de la Marine et des Colonies, l'opinion publique ne porte aucun intérêt à l'aventure coloniale. Les colonies vivent toujours sous le régime du « pacte colonial » ou « exclusif », qui interdit aux colonies d'acheter et de vendre à tout autre pays qu'à la métropole. Une décision importante est prise en 1848 quand le gouvernement provisoire, sous l'impulsion de Victor Schœlcher, abolit l'esclavage dans les colonies, esclavage dont vivaient les plantations.

La première moitié du 19e siècle voit se renforcer l'influence française au Levant. Les missions catholiques, s'appuyant sur les « capitulations » du 16e siècle par lesquelles l'Empire ottoman accordait à la France la protection des catholiques de son Empire, étendent leur action, notamment dans le domaine scolaire, auprès des maronites, des grecs-catholiques et bientôt de l'ensemble des chrétiens d'Orient. Très forte en Syrie (le territoire inclut l'actuel Liban), la présence culturelle et économique de la France s'affirme également dans une autre province de l'Empire ottoman, l'Égypte. Méhémet-Ali, pacha d'Égypte, développe à ce point l'autonomie vis-à-vis du sultan qu'en 1832 son fils Ibrahim conquiert la Syrie. En 1832, puis en 1840, un ultimatum des puissances européennes guidées par l'Angleterre et la Russie contraint Méhémet-Ali, soutenu par la France, à reculer. La dynastie de Méhémet-Ali est désormais contenue en Égypte, mais elle obtient le droit d'y être héréditaire. En définitive, la crise de 1840 ne met pas en cause la place de la France en Orient.

L'œuvre du Second Empire. Sous le Second Empire sont posées les bases de l'expansion. Poussé par les partisans de la colonisation, missionnaires, militaires et marins, certains milieux d'affaires, les saint-simoniens dont il se sent proche, l'empereur mène une politique coloniale plus ambitieuse et plus cohérente que celle de ses prédécesseurs.

Gouverneur du Sénégal de 1854 à 1861 et de 1863 à 1865,

Faidherbe lance le premier le projet de relier le Sénégal à la vallée du Niger. Il développe la mise en valeur du pays grâce aux cultures d'arachide. La France est d'autre part de plus en plus présente en Extrême-Orient et dans le Pacifique. En Chine, elle obtient des droits économiques, juridiques et religieux en même temps que l'Angleterre en 1860. En Indochine, la présence de missionnaires français sert de prétexte pour établir la souveraineté française sur la Cochinchine (1862-1867) et un protectorat sur le Cambodge en 1863. L'implantation française reste très limitée face à des résistances solides. Les Français se sont aussi installés en Nouvelle-Calédonie (1853), bientôt utilisée comme bagne, et à Madagascar.

Ces extensions ne modifient pas fondamentalement l'administration des colonies. L'expérience du ministère de l'Algérie et des Colonies (1858-1860) reste éphémère. Du moins l'abolition du pacte colonial en 1861 permet-elle une progressive assimilation douanière avec la métropole.

L'influence au Proche-Orient s'affirme. La guerre de Crimée avec la Russie est due avant tout au souci de maintenir l'alliance anglaise ; mais l'expédition de Syrie, en 1860, est entreprise pour la défense des chrétiens, en particulier des maronites, contre les druzes. La France et l'Angleterre obtiennent que le Mont-Liban soit désormais administré par un gouverneur chrétien nommé par le sultan. La présence au Levant est également économique. Les capitaux français sont déterminants dans la culture des vers à soie, grâce aux soyeux lyonnais, dans la construction des chemins de fer en Syrie, dans le domaine bancaire ottoman et dans de nombreuses entreprises de grands travaux. Le canal de Suez est construit par Ferdinand de Lesseps de 1859 à 1869.

En Algérie, le Second Empire facilite l'implantation de sociétés financières et favorise les travaux publics. Sous l'influence d'un saint-simonien converti à l'islam, Ismaïl Urbain, apparaît le souci des populations arabes. L'Empire développe les « bureaux arabes » dirigés par des officiers, plus proches des Algériens que ne l'est le « régime civil », plus favorable, lui, aux colons. Après une expérience d'assimilation qui ne satisfaisait que ces derniers et la création d'un ministère de l'Algérie, Napoléon III revient au régime antérieur et souhaite l'association des Arabes et des

Européens. « L'Algérie, proclame-t-il dans sa lettre du 6 février 1863, n'est pas une colonie proprement dite, mais un royaume arabe. » C'est le retour au régime civil après la chute de l'Empire qui déclencha la grande insurrection de Kabylie en 1871. L'administration de la IIIe République devait au reste se montrer beaucoup plus dure pour les « indigènes » que le Second Empire.

L'expansion

Naissance d'un parti colonial. La colonisation connut sa pleine expansion sous la IIIe République. Des causes diverses expliquent le caractère désormais systématique de la colonisation. L'opinion publique resta longtemps indifférente ; mais il s'était formé peu à peu un courant de pensée favorable, encore que composite. Certains pouvaient invoquer des justifications économiques : les colonies, riches de matières premières, marché ouvert par temps de protectionnisme renaissant – à partir de 1892 surtout – et exutoire de capitaux, n'étaient-elles pas source de richesse ? L'expérience prouva le plus souvent la faiblesse de ce calcul, mais de grandes compagnies ou sociétés bénéficièrent des facilités d'implantation et d'exploitation dans les colonies. La curiosité géographique que suscitèrent les explorations du continent africain notamment, encore mal connu, fut un autre élément favorable à la colonisation. La rivalité avec l'Angleterre et l'Allemagne en Afrique, ou avec la seule Angleterre en Orient, poussait aussi les dirigeants français à ne pas se laisser supplanter par les autres puissances dans des terres encore à conquérir, et à affirmer le prestige national. Les républicains de gouvernement enfin, ferrystes et gambettistes, développèrent l'idée d'une mission civilisatrice, dans la droite ligne de la diffusion des « lumières » en Europe par la Révolution française. Les « races supérieures », disait Ferry le 28 juillet 1885, « ont le devoir de civiliser les races inférieures » *(document, p. 319).*

Ainsi se constitue bientôt en France un « parti colonial ». Eugène Étienne, député d'Oran, porte-parole des colons d'Algérie, proche des opportunistes, s'y retrouve avec des universitaires, des hommes d'affaires, des officiers acquis à l'expansion outre-mer pour le maintien de la puissance française. La France est alors un grand pays missionnaire ; il ne semble pas que le monde catholique soit pour autant venu apporter sa caution à ce qui reste un groupe de pression, fort de 100 députés en 1892 et de publications comme *la Quinzaine coloniale*, fondée en 1893. Surtout, une sensibilité coloniale se développe, faite de l'imagerie répandue par les publications missionnaires, de la part d'exotisme que comportent les Expositions universelles de 1889 et 1900, et de nationalisme diffus. Publié en 1874, l'*Essai sur la colonisation chez les peuples modernes* de P. Leroy-Beaulieu connaît cinq rééditions jusqu'en 1908 : indice d'une audience certaine. La politique coloniale eut cependant de farouches adversaires. Tenants du « recueillement », Clemenceau et les radicaux s'élèvent en 1885 contre « ces expéditions coloniales qui nous prennent notre or et le meilleur de notre sang », affaiblissent l'armée nécessaire à la défense nationale, sont contraires aux « droits de l'homme ». Les monarchistes avancent des raisons analogues. Mais, à partir du début du siècle, l'état d'esprit est tout autre. Au pouvoir, les radicaux ont assuré la continuité de la politique coloniale. Longtemps hostile, la droite nationaliste en arrive à soutenir celle-ci : « J'aime le Maroc, écrit Maurice Barrès en 1912, parce qu'il est dans le destin de la France. »

Les domaines d'action. L'intervention de la France en Tunisie, en 1881, prend prétexte d'un incident frontalier entre Algérie et Tunisie. Le traité du Bardo, signé avec le bey de Tunis, permet à la France d'établir son protectorat, malgré une résistance très vive du Sud tunisien. La formule se veut souple, pour éviter le poids d'une administration directe, mais la pratique amène bientôt les fonctionnaires français à doubler les autorités tunisiennes. Heurtées de plein fouet par la révélation déchirante de la modernité, les élites musulmanes de Tunisie déclinent, tandis que les bourgeoisies juives autochtone ou européenne immigrée s'affirment rapidement.

La pénétration au Maroc se fait par étapes. Les problèmes de frontière avec l'Algérie, la conquête du Sahara après 1900, l'anarchie où le pays se trouve plongé amènent la France à imposer progressivement au sultan une véritable mainmise économique. Écartée des accords qui établissaient les « droits » français au Maroc, l'Allemagne ne peut éviter, après deux crises internationales, et moyennant compensation au Congo, l'établissement du protectorat français au Maroc (1912).

L'influence française en Syrie et au Liban était bien établie. En Égypte, la dette énorme contractée par le khédive Ismaïl, à l'égard de la France comme de l'Angleterre, conduit à une mainmise politique de l'Angleterre qui devance la France en 1882 dans la répression de la révolte d'Arabi Pacha. Les Anglais occupent l'Égypte, faisant pièce à l'influence culturelle et scolaire des missions françaises.

En Afrique, la France, l'Angleterre et l'Allemagne se partagent le continent après la conférence coloniale de Berlin (1884-1885). Les territoires occupés en Afrique équatoriale à la suite de missions de Brazza (1875-1880), le Gabon, le Congo, l'Oubangui-Chari, sont regroupés en 1910 dans l'Afrique-Équatoriale française (AEF). En Afrique occidentale, la France occupe successivement la Côte-d'Ivoire à partir de 1883, la Guinée en 1896 et le Dahomey (années 1890), réalisant ainsi les projets de Faidherbe. En 1895, l'Afrique-Occidentale française (AOF) regroupait le Sénégal, le Tchad et l'ensemble des territoires du golfe de Guinée, sauf le Nigeria (boucle du Niger), occupé par les Anglais. Les années 1890-1900 voient enfin la jonction des grands ensembles africains français (Algérie, AOF, AEF) par la difficile exploration du Sahara français. Mais les troupes françaises, secondées par les « méharistes » indigènes, continuent à affronter les « rezzous » des nomades.

La pression des colons de la Réunion pousse la France à établir à Madagascar, dès 1885, une manière de protectorat, qui conduit, après des révoltes, à l'annexion pure et simple en 1896. Certains coloniaux, comme Lyautey, blâment la dureté de la répression et l'absence d'autonomie administrative des populations. Lyautey écrit en 1901 de Madagascar : « Nous oublions que les indigènes ont une histoire et une civilisation. »

Sous la présidence du Conseil de Jules Ferry (1882-1885), la France établit son protectorat sur l'Annam (1884) et le Tonkin. Mais elle se heurte aux résistances de la Chine jusqu'au traité de

Tien-tsin (1885), qui consacre l'emprise française sur l'Indochine. La fin du siècle voit la pénétration pacifique au Laos, de 1887 à 1893. En 1893 est créée l'Union indochinoise, qui regroupe la colonie de Cochinchine et les protectorats du Tonkin, de l'Annam, du Cambodge et du Laos.

L'œuvre coloniale

Statut et mise en valeur des pays colonisés. Certains de ces territoires sont des colonies gérées directement, d'autres des protectorats qui maintiennent la fiction de la souveraineté indigène. Dans les faits, les colonies françaises connaissent une variété très grande de statuts. L'Algérie dépend du ministère de l'Intérieur ; les protectorats, du ministère des Affaires étrangères ; les autres colonies, du ministère des Colonies créé en 1894 seulement. Peu à peu se forme une administration coloniale spécifique, avec la création de l'École coloniale.

La doctrine coloniale reste oscillante entre plusieurs thèmes : l'exploitation économique, l'association, l'assimilation impossible. La volonté d'exploitation économique est souvent déçue. Elle est manifeste dans le développement des cultures d'exportation (comme la vigne en Algérie), la confiscation des terres dites « vacantes » et la cession de ces terres aux colons, en Algérie, ou aux grandes compagnies en AEF. L'administration coloniale accomplit certes de grands travaux d'équipement : barrages pour l'irrigation au Maghreb, chemins de fer, périmètres d'agriculture intensive en Algérie. Mais elle exclut tout développement de l'industrie locale, hormis les mines et les industries extractives. Les équipements eux-mêmes sont conçus pour les besoins de la métropole plus que pour le développement intérieur de la colonie : témoin les voies ferrées menant aux ports. Bien des installations coloniales, enfin, bouleversent les complémentarités traditionnelles des terroirs ; ainsi le déclin du mouton en Algérie est-il dû au cantonnement des tribus.

Les problèmes sociaux. Plus violentes et plus durables encore sont les conséquences sociales. L'installation de colons entraîne la juxtaposition de deux populations en Algérie ; en 1914, 680 000 Européens vivent en Algérie, pour les deux tiers dans les villes, face à 4 800 000 musulmans. L'ordre, une meilleure hygiène, la répression de l'esclavage sont de réels acquis, mais l'enseignement reste peu développé. La mission civilisatrice dont se réclame la France mène à la formation d'une élite moderne restreinte, qui fournit les futurs cadres des mouvements nationalistes indigènes. L'urbanisation, la diffusion de la propriété privée et de la monnaie sont certains des aspects d'une modernisation forcée, d'autant plus mal acceptée qu'elle vient de l'extérieur. Les indigènes bénéficient rarement de la liberté qu'on prétend leur apporter : sujets français, ils ne peuvent devenir citoyens qu'en demandant la naturalisation. Ils s'y refusent, car elle entraîne la perte du statut personnel, c'est-à-dire religieux. Au total, malgré le discours officiel, il n'existe pas de réelle assimilation, non plus que de véritable association.

La France dans le monde en 1914. L'Empire, à la veille de la Première Guerre mondiale, constitue une masse imposante : environ 10 millions de kilomètres carrés, peuplés de 50 millions d'habitants. Mais l'influence française dans le monde de la seconde moitié du 19e siècle ne s'affirme pas seulement par l'expansion coloniale. Si l'émigration est faible, l'influence culturelle est favorisée par le prestige intellectuel et artistique de Paris, par le rayonnement du français, langue des élites en Europe comme en Amérique latine, langue aussi de la diplomatie. A partir de la fin du siècle, l'expansion financière française est considérable : les épargnants exportent leurs capitaux. En 1913, les emprunts d'État, valeurs « sûres », représentent plus de la moitié des placements à l'étranger. L'allié russe attire, mais aussi l'Autriche-Hongrie, l'Empire ottoman, l'Amérique latine, la Chine.

DOCUMENT

La politique coloniale de Jules Ferry

« Vous nous citez toujours comme exemple, comme type de la politique coloniale que vous aimez et que vous rêvez, l'expédition de M. de Brazza. C'est très bien, messieurs, je sais parfaitement que M. de Brazza a pu jusqu'à présent accomplir son œuvre civilisatrice sans recourir à la force ; c'est un apôtre ; il paie de sa personne, il marche vers un but placé très haut et très loin ; il a conquis sur ces populations de l'Afrique équatoriale une influence personnelle à nulle autre pareille ; mais qui peut dire qu'un jour, dans les établissements qu'il a formés, qui viennent d'être consacrés par l'aréopage européen et qui sont désormais le domaine de la France, qui peut dire qu'à un moment donné les populations noires, parfois corrompues, perverties par des aventuriers, par d'autres voyageurs, par d'autres explorateurs moins scrupuleux, moins paternels, moins épris des moyens de persuasion que notre illustre Brazza, qui peut dire qu'à un moment donné les populations n'attaqueront pas nos établissements ? Que ferez-vous alors ? Vous ferez ce que font tous les peuples civilisés et vous n'en serez pas moins civilisés pour cela ; vous résisterez par la force et vous serez contraints d'imposer, pour votre sécurité, votre protectorat à ces peuplades rebelles. Messieurs, il faut parler plus haut et plus vrai ! Il faut dire ouvertement qu'en effet les races supérieures ont un droit vis-à-vis des races inférieures… *(Rumeurs sur plusieurs bancs à l'extrême gauche. – Diverses interventions.)*

« Je répète qu'il y a pour les races supérieures un droit, parce qu'il y a un devoir pour elles. Elles ont le devoir de civiliser les races inférieures… *(Marques d'approbation sur les mêmes bancs à gauche, nouvelles interruptions à l'extrême gauche et à droite.)* La vraie question, messieurs, la question qu'il faut poser, et poser dans des termes clairs, c'est celle-ci : est-ce que le recueillement qui s'impose aux nations éprouvées par de grands malheurs doit se résoudre en abdication ? Et parce qu'une politique détestable, visionnaire et aveugle a jeté la France où vous savez, est-ce que les gouvernements qui ont hérité de cette situation malheureuse, se condamneront à ne plus avoir aucune politique européenne ? Est-ce que, absorbés par la contemplation de cette blessure qui saignera toujours, ils laisseront tout faire autour d'eux ; est-ce qu'ils laisseront aller les choses ; est-ce qu'ils laisseront d'autres que nous s'établir en Tunisie, d'autres que nous faire la police à l'embouchure du fleuve Rouge et accomplir les clauses du traité de 1874, que nous nous sommes engagés à faire respecter dans l'intérêt des nations européennes ? Est-ce qu'ils laisseront d'autres se disputer les régions de l'Afrique équatoriale ? Laisseront-ils aussi régler par d'autres les affaires égyptiennes qui, par tant de côtés, sont des affaires vraiment françaises ? *(Vifs applaudissements à gauche et au centre. Interruptions.)*

« Je dis que la politique coloniale de la France, que la politique d'expansion coloniale, celle qui nous a fait aller, sous l'Empire, à Saïgon, en Cochinchine, celle qui nous a conduits en Tunisie, celle qui nous a amenés à Madagascar, je dis que cette politique d'expansion coloniale s'est inspirée d'une vérité sur laquelle il faut pourtant appeler un instant votre attention : à savoir qu'une marine comme la nôtre ne peut pas se passer, sur la surface des mers, d'abris solides, de défenses, de centres de ravitaillement. *(" Très bien ! Très bien ! " Nombreux applaudissements à gauche et au centre.)* L'ignorez-vous, messieurs ? Regardez la carte du monde... et dites-moi si ces étapes de l'Indochine, de Madagascar, de la Tunisie ne sont pas des étapes nécessaires pour la sécurité de notre navigation ? *(Nouvelles marques d'assentiment à gauche et au centre.)*

« Messieurs, dans l'Europe telle qu'elle est faite, dans cette concurrence de tant de rivaux que nous voyons grandir autour de nous, les uns par les perfectionnements militaires ou maritimes, les autres par le développement prodigieux d'une population incessamment croissante, dans une Europe, ou plutôt dans un univers ainsi fait, la politique de recueillement ou d'abstention, c'est tout simplement le grand chemin de la décadence ! Les nations, au temps où nous sommes, ne sont grandes que par l'activité qu'elles développent ; ce n'est pas " par le rayonnement pacifique des institutions "... *(interruptions à l'extrême gauche et à droite)* qu'elles sont grandes, à l'heure qu'il est. *(Diverses interventions.)*

« Rayonner sans agir, sans se mêler aux affaires du monde, en se tenant à l'écart de toutes les combinaisons européennes, en regardant comme un piège, comme une aventure toute expansion vers l'Afrique ou vers l'Orient, vivre de cette sorte, pour une grande nation, croyez-le bien, c'est abdiquer, et dans un temps plus court que vous ne pouvez le croire ; c'est descendre du premier rang au troisième et au quatrième. *(Nouvelles interruptions sur les mêmes bancs. " Très bien ! Très bien ! " au centre.)* »

Jules Ferry, 28 juillet 1885.

Quelques mois après avoir été renversé, Jules Ferry, devant une Chambre houleuse, défend son action coloniale dans son discours du 28 juillet 1885. Il rend hommage à l'action pacifique de Brazza au Congo et en marque les limites, il affirme la responsabilité des « races supérieures », il définit les fondements de sa politique et les objectifs qu'il poursuivait, refusant le « recueillement » consécutif à la défaite et la décadence de la France.

27. La guerre de 1914-1918, l'après-guerre, la crise des années 30

La guerre de 1914-1918 est victorieuse, mais coûteuse. La décennie suivante est dominée par l'application du traité de Versailles. A la prospérité et à un fonctionnement convenable des institutions, succède la crise économique et politique. Ni le Front populaire ni la tentative de redressement d'Édouard Daladier ne sont couronnés de succès.

Alliée depuis 1891 de l'Empire russe, qui offre une « alliance de revers » face à la menace allemande, la France, surmontant les vieilles rivalités coloniales, s'est rapprochée de l'Angleterre en 1904 par l'« Entente cordiale ». L'antagonisme franco-allemand, un temps assoupi, s'éveille à nouveau lors de l'expansion française au Maroc, particulièrement lors des deux crises de 1905 et 1911. Cependant, la Russie, alliée de la France, et bientôt de l'Angleterre, se heurte à l'Empire austro-hongrois, allié de l'Allemagne, dans les Balkans. L'assassinat de l'archiduc François-Ferdinand à Sarajevo le 28 juin 1914 par un groupe nationaliste serbe constitue le détonateur qui embrase l'Europe, puis le monde.

La guerre de 1914-1918

L'entrée dans le conflit et la guerre de mouvement. Ultimatum, puis déclaration de guerre de l'Autriche à la Serbie, mobilisation de la Russie, ultimatum allemand à la Russie, mobilisation générale en

France le 1ᵉʳ août, déclaration de guerre de l'Allemagne à la France le 3, invasion de la Belgique, qui détermine l'Angleterre à entrer dans la guerre le 4, tel est l'engrenage. Le gouvernement français n'avait pas cherché le conflit, mais ses engagements internationaux le contraignent à prendre le risque de celui-ci. Ne pas réagir face aux prétentions des empires centraux revenait pour la France à devenir une puissance de second ordre. Si, depuis la défaite de 1870, la majorité de l'opinion affirme un patriotisme défensif sans bellicisme, elle est profondément attachée à l'indépendance et à la sécurité de la France.

La mobilisation se fait sans enthousiasme, mais avec résolution. L'entrée de la France dans la « guerre du droit » réveille même chez les pacifistes et les antimilitaristes la flamme de 1792. « La classe ouvrière s'est toujours nourrie des traditions révolutionnaires des soldats de l'an II allant porter au monde la liberté », s'écrie le secrétaire général de la CGT Léon Jouhaux aux obsèques de Jaurès, assassiné par un nationaliste le 31 juillet. Les socialistes entrent dans le gouvernement d'Union sacrée présidé par Viviani. Les conservateurs, de leur côté, surmontent leurs préventions contre le régime. Le conflit engagé, le retour de l'Alsace-Lorraine dans la communauté française, réparation espérée depuis 1871, devient le but de guerre de la France.

L'Allemagne voulait écraser la France pour se tourner ensuite vers la Russie. Victorieuse en Belgique, l'armée allemande s'enfonce profondément en France et franchit la Marne, afin d'encercler l'armée française. Joffre, qui a su reculer en bon ordre, lance le 5 septembre une contre-offensive : la bataille de la Marne refoule les Allemands en Champagne. Sur le front occidental s'ouvre alors une guerre de positions extrêmement coûteuse, aucun des belligérants ne parvenant à percer ni à user l'adversaire. L'échec allemand devant Verdun, défendu par le général Pétain de février à juin 1916, est à cet égard exemplaire.

Le pays s'installe dans la guerre. L'économie du pays doit s'adapter à une guerre longue nullement prévue. La région industrielle du Nord est occupée. L'intervention de l'État dans l'économie s'accroît de façon considérable. Le ministre socialiste de l'Armement, Albert Thomas, croit possible, à la faveur de la guerre, de développer une économie mixte associant l'État et l'industrie privée et de favoriser les relations contractuelles dans les rapports sociaux. Le conflit enrichit certaines catégories : commerçants, spéculateurs, profiteurs de guerre. La hausse des prix et l'*inflation, inconnue des Français au 19e siècle, ruinent les rentiers, les détenteurs de revenus fixes. Dès le début du conflit, l'État a mis fin à la convertibilité du papier-monnaie. Le montant des billets en circulation est multiplié par plus de six. Les importations doivent être financées par l'emprunt.

La poursuite du conflit sans issue prévisible, le mécontentement social qui entraîne des grèves au printemps 1917, l'échec de l'offensive de Nivelle, successeur de Joffre, en avril 1917, suivi de mutineries dans la troupe, la montée des idées pacifistes dans le monde socialiste et syndicaliste, les aspirations à une paix de compromis d'une partie du personnel politique illustrent le malaise profond du printemps et de l'été 1917. Il se traduit par l'instabilité politique : Briand, successeur de Viviani en octobre 1915, cède la place, en mars 1917, à Alexandre Ribot, lui-même conduit à démissionner en septembre. Le nouveau gouvernement dirigé par Paul Painlevé ne comporte plus de ministres socialistes : c'est la fin de l'Union sacrée. Painlevé, emporté à son tour, cède la place à Clemenceau en novembre 1917.

Le vieux jacobin – il a soixante-seize ans – affirme sa détermination : « Je fais la guerre », et coupe court à toute idée de paix de compromis. Il traduit le radical Caillaux en Haute Cour, et gouverne appuyé sur l'opinion, à laquelle sa résolution rend confiance. La carte de guerre n'est guère favorable. La paix de Brest-Litovsk, le 3 mars 1918, avec la Russie soviétique fait espérer à l'état-major allemand une décision à l'ouest avant l'intervention du corps expéditionnaire américain. Les Allemands s'efforcent, de mars à juillet 1918, de parvenir à la percée décisive, mais quatre offensives successives échouent. Le général Foch, général en chef des armées alliées depuis le 17 avril, passe à l'offensive, d'abord partielle puis, en septembre, générale. Les troupes allemandes sont contraintes à reculer et n'occupent plus qu'une faible superficie du territoire français lorsque l'Allemagne (dont les alliés bulgares, turcs, austro-hongrois ont déjà cessé la lutte) demande l'armistice. Celui-ci est signé à Rethondes, en forêt de Compiègne, le 11 novembre 1918.

Le règlement du conflit. La conférence de la paix se tient à Paris et aboutit à une série de traités, dont le plus important est le traité de Versailles, signé le 28 juin 1919 dans la galerie des Glaces du château, là même où avait été proclamé l'Empire allemand le 18 janvier 1871. L'Alsace-Lorraine revient à la France. En revanche, l'opposition des Anglo-Saxons ne permet pas à la France d'obtenir l'autonomie de la Rhénanie ni l'annexion du sud de la Sarre. Celle-ci, administrée par la Société des Nations pendant quinze ans, doit ensuite choisir son destin par plébiscite. L'Allemagne perd la Posnanie, une partie de la Prusse et de la Silésie au profit de la Pologne devenue indépendante. Un « corridor » isole la Prusse orientale du reste de l'Allemagne. A défaut du détachement de la Rhénanie du Reich, Clemenceau obtient une garantie anglo-saxonne en cas d'agression allemande, l'occupation temporaire de la Rhénanie et la création d'une « zone démilitarisée » (la rive gauche du Rhin et une bande de 50 kilomètres sur la rive droite), la limitation à 100 000 hommes de l'armée allemande. Enfin, l'Allemagne doit payer des réparations pour « les dommages causés aux populations civiles des nations alliées et à leurs propriétés ». La fixation du montant et des modalités des réparations ouvrait un contentieux difficile avec la république de Weimar, née de l'effondrement de l'Empire allemand.

L'après-guerre

Le difficile retour à la paix. Les conséquences de la guerre sont considérables et pèsent sur l'histoire de la France pour des décennies. Le poids démographique était lourd : 1 400 000 morts, 750 000 invalides totaux. L'ampleur de la saignée et l'horreur du conflit fondent chez les anciens combattants la volonté de « ne plus revoir cela » et nourrissent le très fort sentiment d'attachement à la paix qui domine la période. Les destructions de la guerre, dans les zones du front et dans les départements occupés, étaient considérables. La reconstruction se fit rapidement, à la faveur de l'essor économique des années 20, qui prolonge la croissance commencée avec le début du siècle et poursuivie pendant la guerre.

Les difficultés sociales nées de la hausse des prix, le retour à l'économie de paix, l'exemple de la révolution soviétique suscitent une vive agitation sociale en 1919 et 1920. La crainte du péril révolutionnaire scelle la coalition électorale du Bloc national aux législatives de novembre 1919. Elle va des radicaux clemencistes à la droite, en n'englobant pas l'extrême droite. La majorité des radicaux et les socialistes, adversaires de l'Union sacrée depuis 1917, vont séparément à la bataille. Le Bloc national l'emporte nettement, profitant du prestige de Clemenceau, qui apparaît comme son chef. Mais, quelques semaines plus tard, Paul Deschanel est préféré au « père la Victoire », jugé autoritaire, lors de la succession de Poincaré à la présidence de la République ; l'ingratitude du personnel politique retrouvait la tradition qui voulait un président de la République faible.

Quand Deschanel, frappé par la maladie, doit démissionner en septembre 1920, son successeur est l'ancien socialiste Millerand, alors président du Conseil. Il veut exercer pleinement ses nouvelles fonctions et donner un nouveau style à la présidence de la République, intervenant dans la conduite de la politique extérieure.

La difficile application des traités. Les années de l'après-guerre sont dominées par les problèmes posés par l'application du traité de Versailles. La non-ratification de celui-ci par le Sénat des États-Unis a rendu vaine la garantie promise par le président Wilson. Les Anglo-Saxons, inquiets de l'avenir de l'Allemagne, souhaitent réduire le poids des réparations. Aristide Briand, socialiste indépendant passé au centre, président du Conseil de janvier 1921 à janvier 1922, accepterait un aménagement des réparations en échange de la garantie britannique à la sécurité de la France. Millerand, appuyé sur la majorité du personel politique, le contraint à démissionner. Poincaré, revenu à la vie politique après avoir quitté l'Élysée, âgé de soixante-deux ans, devient président du Conseil. Il est l'homme de la politique d'« exécution » du traité de Versailles. Après un an de vaine négociation, il fait entrer les troupes françaises et belges dans la Ruhr. Cette « saisie de gage » veut contraindre l'Allemagne à négocier. Mais la pression des Anglo-Saxons, l'état médiocre du franc ne permettent pas à Poincaré de tirer pleinement parti de son succès. Il doit accepter au printemps 1924 le plan Dawes, qui ne donne qu'en partie satisfaction aux exigences françaises.

Cartel des gauches et Union nationale. La vie politique française est désormais dominée par le poids des problèmes extérieurs, à la différence d'avant 1914. Il est remarquable, à cet égard, que la scission du Parti socialiste et de la CGT soit commandée par l'attitude à adopter face à la IIIᵉ Internationale à Moscou. Au congrès de Tours en décembre 1920, une majorité de délégués acceptent les vingt et une conditions de l'Internationale et fondent le Parti communiste. Une bonne part des fondateurs du nouveau parti admiraient la révolution soviétique sans abandonner leur attachement au socialisme jaurésien. A mesure que la « bolchevisation » fit du Parti communiste un parti de militants révolutionnaires dépendants d'une organisation internationale, ils l'abandonnèrent pour, bien souvent, revenir à la « vieille maison », la SFIO. Mais celle-ci, à cause de la surenchère de l'extrême gauche communiste, ne s'oriente pas vers le réformisme, à la différence des autres partis sociaux-démocrates européens, et reste attachée à l'orthodoxie marxiste.

Radicaux et socialistes s'entendent au sein du Cartel des gauches, qui l'emporte aux élections de 1924. La nouvelle majorité refuse d'entrer en relation avec le président de la République Millerand, coupable de s'être engagé du côté du Bloc national. Il doit démissionner, mais l'élection de son successeur Gaston Doumergue, grâce aux voix des sénateurs, montre la fragilité du Cartel. Le radical Herriot, maire de Lyon, forme un gouvernement avec soutien (mais sans participation) socialiste. Après l'apaisement religieux du Bloc national, qui a rétabli les relations diplomatiques avec le Saint-Siège, il ranime la lutte anticléricale, rencontrant une vive opposition des catholiques, soutenus par une opinion qui n'a pas oublié la « fraternité des tranchées ». Surtout, Herriot, dont la politique financière inquiète les possédants et les petits épargnants, est victime d'une crise de confiance qui le contraint à démissionner après avoir été renversé par le Sénat le 10 avril 1925.

Au terme d'une succession de gouvernements éphémères, et devant la chute du franc, le président de la République rappelle Poincaré en juillet 1926. Celui-ci forme un gouvernement d'Union nationale appelé à durer plus de deux ans. En cours de législature, donc, s'opère un reclassement politique. Le gouvernement va des radicaux à la droite, Poincaré, républicain laïque, s'efforçant de gouverner au centre. Incarnation de l'orthodoxie financière, il rétablit la confiance. Après les élections d'avril 1928, par la loi du 25 juin 1928, il rétablit la convertibilité du franc, suspendue depuis 1914. Mais le franc ne représente plus qu'un cinquième de la valeur du franc germinal. Cette dévaluation favorable aux exportations frappe les épargnants et affecte les détenteurs de revenus fixes.

Au ministère des Affaires étrangères, Poincaré maintient Briand. Ministre en avril 1925, il avait poursuivi la politique de conciliation avec l'Allemagne de Weimar engagée par Herriot et, par le traité de Locarno, avait obtenu de l'Allemagne la reconnaissance de ses frontières occidentales, avec la garantie de l'Angleterre et de l'Italie. Ministre jusqu'en 1932, Briand poursuit une politique fondée sur la confiance dans la Société des Nations et l'Allemagne de Weimar. Il accepte, en août 1929, l'évacuation de la Rhénanie l'année suivante, ainsi qu'une nouvelle réduction et un nouvel échelonnement des réparations, selon le plan de l'expert américain Young.

La majorité de l'opinion, avide de paix, approuve ce que seule une minorité nationaliste juge comme l'abandon du traité de Versailles. En fait, les Français se font, sur la supériorité militaire de la France, des illusions nées de la victoire. La France exerce alors une grande influence politique et économique dans l'Europe centrale et balkanique. Elle est au sommet de sa puissance coloniale. Les colonies allemandes du Cameroun et du Togo sont territoires sous mandat français. Après la fin de l'Empire ottoman, la Syrie et le Liban sont devenus des mandats, promis à l'indépendance. L'Exposition coloniale de 1931 témoigne des progrès de l'idée impériale dans une opinion peu attentive aux premiers mouvements nationalistes au Maghreb et en Indo-chine.

En septembre 1928, les radicaux, désireux de ne pas se couper des socialistes, mettent fin à l'Union nationale, quittant le gouvernement Poincaré, dont la majorité est désormais déportée vers la droite. Une même majorité modérée soutient les gouvernements qui se succèdent après la démission, due à la maladie, de Poincaré. Les deux principales personnalités sont Pierre Laval, ancien socialiste, briandiste, homme de clientèle, et André Tardieu, conservateur à l'anglo-saxonne, soucieux de modernisation économique et de réformes sociales (il met en pratique les assurances sociales). Mais la crise économique mondiale, qui touche la France à partir de 1931, affecte sa politique.

La crise des années 30

La montée de l'antiparlementarisme. Les élections de 1932 sont un succès à gauche. Mais, les socialistes refusant leur participation, les gouvernements radicaux sont sans autorité face aux difficultés financières avivées par la crise et face à la montée de l'antiparlementarisme. Une partie des classes moyennes, soutien habituel du régime, s'en écarte. Beaucoup veulent une réforme de l'État, qui conduirait au renforcement de l'exécutif : ainsi la Ligue des Croix-de-Feu, association d'anciens combattants dirigée par le colonel de La Rocque. Si le néo-monarchisme de l'Action française, condamnée par l'Église à la fin de 1926 pour son amoralisme politique, a perdu de son audience, certains regardent vers les expériences autoritaires étrangères, particulièrement vers le fascisme de Mussolini.

Les escroqueries de l'aventurier Stavisky, lié à des hommes politiques radicaux, entraînent un scandale et une manifestation de protestation, le 6 février 1934, des associations d'anciens combattants et des ligues, contre le gouvernement Daladier (remplaçant de Chautemps, démissionnaire). Depuis la Commune, Paris n'avait pas connu de tels troubles. Les forces de l'ordre qui défendent le palais Bourbon doivent tirer, faisant 16 morts et des centaines de blessés. Les manifestants, sauf une minorité, ne songeaient pas à renverser le régime, mais ils voulaient un changement de gouvernement. L'appel à Gaston Doumergue, ancien président de la République, les satisfait. Il forme un gouvernement d'Union nationale qui va des radicaux, avec Herriot, à Tardieu, qui espère faire aboutir la réforme de l'État. Mais lorsque Doumergue, après l'été, formule ses propositions, notamment un recours plus facile au droit de dissolution par l'abolition de l'avis conforme du Sénat, il se heurte à l'opposition des radicaux et doit démissionner.

Le Front populaire. Face à la montée des ligues et au 6 février, signes pour les partis de gauche d'un péril fasciste, se constitue le Rassemblement populaire, dénommé aussi Front populaire. Il met fin à l'isolement du Parti communiste, qui, suivant les mots d'ordre de l'Internationale, abandonne la dénonciation de la gauche bourgeoise et renonce à l'antimilitarisme. La crise économique et le chômage, la baisse des salaires des fonctionnaires par le gouvernement Laval favorisent le succès électoral du Front populaire. Certes, l'ensemble des voix de gauche progresse de moins de deux points par rapport à 1932, mais le rapport des forces au sein de la gauche est profondément modifié. Les radicaux reculent, victimes de leur participation au pouvoir, la SFIO se maintient, le Parti communiste connaît une progression remarquable. Au second tour, les désistements se font en faveur du candidat de gauche le mieux placé : le Parti communiste passe d'une dizaine de sièges à 72 ; la SFIO et les radicaux obtiennent respectivement 149 et 109 sièges. Au sein de l'opposition, qui compte 220 élus, le centre droit recule au profit de la droite intransigeante.

La victoire électorale de la gauche entraîne un mouvement largement spontané de grèves sans violences, avec occupation d'usines. Silencieuse depuis les grèves de l'après-guerre, la classe ouvrière espère, à la faveur du changement politique, une révolution profonde dans les relations sociales. Les syndicats, affaiblis depuis les années 20 et la division entre CGT et CGTU (Confédération générale du travail unitaire, proche du Parti communiste), réunifiées en mars 1936, vont connaître une exceptionnelle croissance de leurs effectifs. Ils atteignent

4 millions d'adhérents en 1937, soit près de quatre fois plus qu'avant les grèves.

L'ampleur du succès socialiste décide de l'arrivée de Léon Blum à la présidence du Conseil. Ce socialiste humaniste, qui avait refusé jusque-là la participation au pouvoir, forme un gouvernement socialiste et radical. Le Parti communiste pratique le soutien sans participation. Dès le lendemain de la formation du gouvernement sont signés, le 7 juin, les accords Matignon entre le patronat et les syndicats. Le patronat admet « l'établissement immédiat de contrats collectifs de travail » (article 1) et reconnaît le droit pour les travailleurs « d'appartenir à un syndicat professionnel » (article 3). Les salaires sont relevés de 7 à 15 %. Des « délégués ouvriers » sont institués dans les établissements employant plus de dix ouvriers. Le gouvernement s'engage à faire voter d'urgence les lois relatives aux congés payés annuels de quinze jours, à la semaine de quarante heures, aux conventions collectives. Adoptées avant la fin juin, elles constituent l'acquis majeur du Front populaire.

Mais, passé l'enthousiasme des premières semaines, celui-ci se heurte à de dures réalités. La crise économique se prolonge. La hausse des salaires, assortie de la réduction du temps de travail, entraîne l'inflation. La confiance fait défaut, et les capitaux s'évadent. Le gouvernement dévalue trop tard, en septembre, pour relancer l'exportation. D'autre part, l'opposition politique relève la tête. Une partie de la grande presse s'en prend au gouvernement avec une extrême violence, retrouvant souvent l'antisémitisme du temps de l'affaire Dreyfus. La Ligue des Croix-de-Feu, dissoute, donne naissance au Parti social français, dont l'audience est considérable au sein d'une fraction des classes moyennes, inquiètes devant la politique du Front populaire. Les radicaux, qui n'ont pas été unanimes à approuver la nouvelle orientation de leur parti, prennent bientôt leurs distances. Le Parti communiste s'oriente vers un « soutien critique » du gouvernement Blum, dont il désapprouve la non-intervention dans la guerre civile espagnole à l'été 1936.

Les périls extérieurs. Aussi bien la montée tragique des problèmes extérieurs est-elle la raison fondamentale de l'échec du Front

populaire. En mars 1936, à la veille des élections, le gouvernement radical, présidé par Albert Sarraut, avait renoncé à toute
intervention lors de la remilitarisation de la Rhénanie par Hitler
le 7 mars. Les réticences de l'Angleterre, l'absence d'une force
d'intervention militaire ainsi que l'opinion expliquent cette
attitude. Léon Blum est convaincu de la nécessité d'accélérer le
réarmement, choix qui aggrave les difficultés économiques et
l'oppose aux pacifistes de son propre parti. Quand éclate la
guerre civile d'Espagne, Blum choisit la non-intervention à cause
de la pression des radicaux, à cause de l'attitude de la Grande-
Bretagne et pour éviter l'extension du conflit, donnant ainsi
satisfaction au pacifisme de l'opinion. On comprend dès lors qu'il
choisisse, en février, d'annoncer la « pause » des réformes et
démissionne en juin 1937, face à l'opposition du Sénat aux pleins
pouvoirs en matière financière.

Le radical Chautemps reconduit le gouvernement de Front
populaire, mais démissionne au bout de quelques mois. Après un
retour éphémère de Blum, l'arrivée aux affaires le 12 avril 1938
du radical Daladier, dont le gouvernement ne comporte pas de
socialistes et s'ouvre au centre droit, traduit à nouveau un
reclassement politique en cours de législature. Il signifie bien vite
la fin du Front populaire, abandonné par les radicaux. Le
ministre des Finances Paul Reynaud s'efforce de favoriser la
relance de l'économie par un certain retour au libéralisme. Les
décrets-lois de novembre 1938 assouplissent la loi des quarante
heures. Des mesures sont prises en faveur de la famille, par la
promulgation du Code de la famille le 29 juillet 1939.

Le gouvernement est divisé en son sein, à l'image de l'opinion,
sur l'attitude à adopter en matière de politique extérieure. Les
uns, derrière Daladier, souhaitent la fermeté face à l'Allemagne
nazie, les autres, avec le ministre des Affaires étrangères Georges
Bonnet, sont favorables, à l'exemple de la Grande-Bretagne, à
une politique d'« apaisement », en laissant à Hitler, qui vient en
mars 1938 de réaliser l'Anschluss de l'Autriche, les mains libres à
l'est. Lorsque l'Allemagne revendique le retour au Reich des
Sudètes du pourtour de la Bohême, la France est confrontée à
une alternative dramatique : accepter la guerre ou abandonner
son allié tchécoslovaque. Devant l'attitude de l'Angleterre, de

son ministre des Affaires étrangères, de la très grande partie de la presse et du personnel politique, Daladier cède à Hitler en septembre 1938, tout en étant convaincu que la guerre est proche. Tous les partis se divisent, sauf le Parti communiste, hostile aux accords de Munich, et le petit Parti démocrate-populaire, d'inspiration démocrate-chrétienne. L'opinion était cependant moins acquise aux thèses de l'« apaisement » qu'on ne l'a dit, puisqu'une forte minorité désapprouve les accords, comme l'atteste un sondage.

Le 15 mars 1939, Hitler, bafouant les garanties données à la Tchécoslovaquie, entre en Bohême, créant le « protectorat de Bohême-Moravie ». Dès lors, les illusions sont tombées et la guerre paraît inévitable. Hitler tourne désormais ses ambitions vers la Pologne, dont la France et l'Angleterre assurent qu'elles défendront l'indépendance. Après que Staline, tenu à l'écart des accords de Munich, a signé le pacte germano-soviétique le 23 août, Hitler envahit la Pologne le 1er septembre. Le 3, l'Angleterre et la France déclarent la guerre à l'Allemagne.

DOCUMENT

Le bourgeois français de l'entre-deux-guerres

« J'appelle donc bourgeois de chez nous un Français qui ne doit pas ses ressources au travail de ses mains ; dont les revenus, quelle qu'en soit l'origine, comme la très variable ampleur, lui permettent une aisance de moyens et lui procurent une sécurité, dans ce niveau, très supérieure aux hasardeuses possibilités du salaire ouvrier ; dont l'instruction, tantôt reçue dès l'enfance, si la famille est d'établissement ancien, tantôt acquise au cours d'une ascension sociale exceptionnelle, dépasse par sa richesse, sa tonalité ou ses prétentions, la norme de culture tout à fait commune ; qui enfin se sent ou se croit appartenir à une classe vouée à tenir dans la nation un rôle directeur et par mille détails, du costume, de la langue, de la bienséance, marque, plus ou moins instinctivement, son attachement à cette originalité du groupe et à ce prestige collectif.

« Or la bourgeoisie, ainsi entendue, avait, dans la France d'avant guerre, cessé d'être heureuse. Les révolutions économiques, qu'on attribuait à la dernière catastrophe mondiale et qui n'en venaient pas toutes, sapaient la quiète stabilité des fortunes. Jadis ressource presque unique de beaucoup de familles, ultime espoir de tant d'autres, qui en étaient encore aux premières pentes du succès, la rente fondait entre des mains étonnées. La résistance du salariat faisait bloc contre toute pression sur les rémunérations ouvrières, amenuisant, à chaque crise, le profit patronal, avec les dividendes. L'expansion de l'industrie, dans les pays neufs, et les progrès de leur autarcie vouaient à une anémie croissante les capitalismes européen et français.

« [...] Contraint à payer de sa personne, chaque jour plus durement, le bourgeois crut s'apercevoir que les masses populaires, dont le labeur était la source profonde de ses gains, travaillaient au contraire moins que par le passé – ce qui était vrai – et même moins que lui-même : ce qui n'était peut-être pas aussi exact, en tout cas tenait un compte insuffisant des différentes nuances de la fatigue humaine. On le vit s'indigner que le manœuvre trouvât le loisir d'aller au cinéma, tout comme le patron ! L'esprit des classes ouvrières, que leur longue insécurité avait accoutumées à vivre sans beaucoup de souci du lendemain, heurtait son respect inné de l'épargne. Dans ces foules au poing levé, exigeantes, un peu hargneuses et dont la violence traduisait une grande candeur, les plus charitables gémissaient de chercher désormais en vain le " bon pauvre " déférent des romans de Mme de Ségur. »

Marc Bloch, L'Étrange défaite, 1940.

Dans l'Étrange défaite, *témoignage écrit en 1940, publié après sa mort dans la Résistance, l'historien Marc Bloch analyse l'état de la France au seuil de la Seconde Guerre mondiale. Il décrit ici la crise de la bourgeoisie française dans les années 30 et donne du bourgeois français une définition particulièrement évocatrice. Par contraste aussi, et plus rapidement, il évoque le monde ouvrier.*

28. La France dans la Seconde Guerre mondiale

Après la défaite de juin 1940, les Français se divisent. Au départ, une majorité accepte l'armistice et la « révolution nationale » du maréchal Pétain, qui met fin à la République et collabore avec l'Allemagne de Hitler. Une minorité, d'abord infime, suit le général de Gaulle et entre dans la Résistance qui se range progressivement autour de celui-ci, dont l'autorité s'impose à la Libération.

De la « drôle de guerre » à la défaite

La « drôle de guerre ». L'esprit de l'« Union sacrée » ne souffle pas comme en 1914. Les socialistes n'entrent pas dans le cabinet Daladier remanié, auquel ils reprochent d'agir de façon autoritaire en recourant aux décrets-lois. Le Parti communiste a approuvé le pacte germano-soviétique. Il vote les crédits de guerre, mais, rappelé à l'ordre par l'Internationale, il s'en prend, à partir de fin septembre, à la « guerre impérialiste ». Le gouvernement réplique par la dissolution du Parti et une répression sévère.

La Pologne est écrasée en trois semaines. Sur le front ouest, les opérations restent limitées. L'Allemagne attend son heure. Les Alliés ne veulent pas prendre le risque d'une offensive et pensent ébranler l'Allemagne par le blocus. Cette « drôle de guerre » affecte le moral de l'opinion, qui en vient pour une part à s'interroger sur le sens du conflit. Autour de Pierre Laval, de certains radicaux, des socialistes pacifistes, progresse l'idée d'une paix de compromis. Les partisans de la fermeté, à droite comme à gauche, obtiennent la démission du cabinet Daladier, jugé irrésolu. Paul Reynaud le remplace, mais il n'obtient que de justesse une majorité et doit conserver Daladier à la Guerre. Les socialistes proches de Léon Blum entrent dans le gouvernement. En avril, les Allemands devancent le projet d'intervention franco-britannique en Norvège. Ébranlé par cet insuccès, le gouvernement français est virtuellement démissionnaire le 9 mai.

Défaite militaire et crise politique. Le lendemain, c'est l'offensive allemande. Invasion des Pays-Bas et de la Belgique, percée le 13 mai dans les Ardennes, encerclement des armées française, anglaise et belge, dont une partie seulement peut embarquer à Dunkerque jusqu'au 3 juin, échec de la tentative du général Weygand (qui a remplacé Gamelin le 19 mai) pour tenir le front de la Somme à l'Aisne du 5 au 11 juin, entrée le 10 juin de l'Italie dans la guerre aux côtés de l'Allemagne, retraite dans le désordre au milieu de l'exode des populations civiles : en un mois, l'armée française, tenue après 1918 pour la première d'Europe, s'effondre.

La 10 juin, le gouvernement gagne Tours puis Bordeaux. Paul Reynaud procède à des remaniements successifs, dont il escompte un surcroît d'énergie. En vain : le maréchal Pétain, vice-président du Conseil le 18 mai, est, comme Weygand, favorable à l'armistice dès le 25. Il refuse une simple capitulation militaire à l'exemple des armées hollandaise et belge, dont les gouvernements ont gagné l'Angleterre. Il souhaite que les politiques portent la responsabilité de la défaite et s'oppose à la poursuite de la guerre en Afrique du Nord. Paul Reynaud ne parvient pas, au long de Conseils des ministres dramatiques, à imposer son point de vue, et démissionne le 16 juin au soir. Pétain, appelé par le président de la République, forme aussitôt un gouvernement et demande l'armistice, signé le 22 juin. La plus grande partie de la France est zone occupée. Le gouvernement, qui s'installe à Vichy (ville d'eaux aux locaux disponibles), conserve une armée de 100 000 hommes. La flotte doit retourner désarmée dans ses ports d'avant guerre.

Révolution nationale et collaboration

La fin de la IIIe République. L'armistice n'entraînait pas de lui-même la fin du régime de la IIIe République. Mais celui-ci fut emporté par le désastre, dont il fut tenu responsable. Les menées de Pierre Laval, ministre depuis le 23 juin, puis vice-président du Conseil, triomphèrent des rares résistances. Le 10 juillet 1940, l'Assemblée nationale, par 569 voix contre 80 et 20 abstentions déclarées, « donne tous pouvoirs au gouvernement de la République, sous l'autorité et la signature du maréchal Pétain, à l'effet de promulguer, par un ou plusieurs actes, une nouvelle Constitution de l'État français. Cette Constitution devra garantir les droits du Travail, de la Famille et de la Patrie. Elle sera ratifiée par la nation et appliquée par les Assemblées qu'elle aura créées ». Les assurances données aux parlementaires, qui avaient cru par ce texte faire de Pétain, vieillard octogénaire, un simple syndic de faillite, s'évanouirent dès les jours suivants. L'État français succédait à la République. A la faveur de la défaite naissait un nouveau régime.

La collaboration. Face à la défaite et à la perspective d'une Europe dominée par le IIIe Reich, Vichy pratique la collaboration d'État avec l'Allemagne, imposée à ses yeux par les circonstances et par le souci de défendre les intérêts français. Cette attitude n'interdit pas, aux yeux d'une partie des partisans du régime, de préparer à l'ombre du redressement national une revanche, comme le fit la Prusse vaincue par Napoléon. Tel est le sentiment d'un Weygand, délégué général en Afrique du Nord. D'autres, et ce serait l'attitude d'un Pétain ou d'un Maurras, sont les tenants de l'attentisme, ou de la « politique du balcon », la France assistant à la poursuite du conflit sans y être mêlée. La formule qui est en manchette de *l'Action française* – « La France seule » – exprime fort bien cette ligne. Un Pierre Laval, sans faire sienne la collaboration idéologique des collaborateurs parisiens séduits par le nazisme, estime que la collaboration d'État, gage de l'avenir de la France dans une Europe allemande, doit être conduite de façon « loyale », et sans arrière-pensée.

État souverain, reconnu par tous les États, de l'URSS aux États-Unis, le régime de Vichy ne jouit en fait que d'une latitude d'action précaire et de plus en plus limitée. Il dispose de deux atouts : la flotte et l'Empire, mais la pression directe de l'occupant en zone Nord et la crainte d'une occupation de la zone Sud rendent vaines les velléités d'indépendance face à l'Allemagne. Le 13 décembre 1940, Laval est éliminé par un coup d'État d'inspiration nationaliste et remplacé par l'ancien président du Conseil Pierre-Étienne Flandin. Mais ce dernier, suspecté de sympathie pour l'Angleterre, doit bientôt céder la place à l'amiral Darlan, qui devient vice-président du Conseil et ministre des Affaires étrangères. Pour rassurer l'Allemagne, il signe, le 27 mai 1941, les protocoles de Paris qui mettent les bases françaises en Méditerranée à la disposition de l'Allemagne. A l'appel de Weygand, le 6 juin, le gouvernement refuse la ratification, mais l'application partielle est déjà un fait. En réalité, Vichy est de plus en plus prisonnier d'un engrenage. Pour le rompre, il eût fallu accepter le risque d'un conflit ouvert avec l'Allemagne ; or Pétain, convaincu que sa présence protégeait les Français d'une administration directe, refuse ce choix.

La « révolution nationale ». Dès le lendemain du 10 juillet 1940, le maréchal Pétain s'attribue les fonctions de chef de l'État et abroge la présidence de la République. Maître et source de tout pouvoir, libre de désigner son successeur, entouré de ministres qui sont des commis, le maréchal Pétain fonde un régime fondamentalement antidémocratique et antilibéral. Une législation d'exception est mise en place. Les garanties de droit n'existent plus. La loi du 22 juillet 1940 permet de réviser les naturalisations intervenues depuis 1927. La loi du 13 août frappe les associations secrètes, la franc-maçonnerie. La loi du 3 octobre 1940 exclut les juifs de la fonction publique et des professions dirigeantes de la presse et de l'industrie. Les juifs étrangers sont internés dans des camps. Les autorités d'occupation avaient pris les premières mesures antisémites en zone occupée le 27 septembre 1940, mais Vichy agit en zone non occupée sans pression allemande au nom de l'antisémitisme d'État. Le deuxième statut des juifs du 2 juin 1941 aggrave le premier texte en introduisant un *numerus clausus* dans les professions libérales, et une définition de la race plus rigoureuse que dans la législation allemande.

Le nouveau régime veut mettre en œuvre la « révolution nationale ». Celle-ci signifie une rupture complète avec l'esprit et l'œuvre de la Révolution française et les valeurs libérales. Le régime exalte les corps intermédiaires – famille, province, corporations – et, avec le soutien de l'Église, prône le retour à l'ordre moral après l'« esprit de jouissance ». Il préconise également le retour à la terre, source de toutes les vertus. Par là, l'idéologie de Vichy, dont l'écho fut beaucoup plus considérable dans la France non occupée que dans la zone d'occupation, loin d'être fascisante, évoque le traditionalisme du Portugal de Salazar.

Le régime trouve des soutiens divers : l'extrême droite contre-révolutionnaire, incarnée par l'Action française, mais aussi des milieux modérés, de la droite libérale aux radicaux, pour qui Pétain est seul susceptible de préserver les chances de la France après la défaite, des hommes de gauche conduits par leur pacifisme et leur antiparlementarisme, des technocrates, hommes d'affaires, hauts fonctionnaires qui trouvent dans le nouveau régime l'occasion de faire aboutir des projets jusque-là sans réalisation. Aussi, par certaines de ses initiatives, Vichy annonce-t-il la modernisation de la IVe République.

L'illusion commune à tous les partisans du régime de Vichy est de croire possibles des réformes d'envergure sans tenir compte de l'environnement international, alors que l'Allemagne occupe une grande partie du pays. Au mépris de la convention d'armistice, elle a annexé de fait les départements d'Alsace et la Moselle, rattachés au *Gau* d'Oberrhein et au *Gau* de Westmark ; le Nord et le Pas-de-Calais sont rattachés à l'administration allemande en Belgique ; une « zone interdite » va de la Somme à la Franche-Comté, annonce d'une éventuelle annexion.

L'opinion témoigne au départ d'une très large adhésion au Maréchal. Sa popularité décroît à mesure qu'il s'engage de façon inéluctable sur la voie de la collaboration – à cet égard, le rappel de Pierre Laval, le 18 avril 1942, représente un tournant – et à mesure que la carte de guerre rend de plus en plus douteuse la victoire de l'Allemagne. L'entrée en guerre de l'URSS, le 22 juin 1941, et celle des États-Unis, le 7 décembre, donnent en effet au conflit une dimension mondiale, comme le général de Gaulle n'avait cessé de l'annoncer.

France libre et Résistance

Les débuts. Théoricien de la guerre des blindés avant 1939, ce général de brigade à titre temporaire, proche de Paul Reynaud qui l'appelle comme sous-secrétaire d'État à la Guerre le 6 juin 1940, gagne l'Angleterre le 17 juin 1940, et le lendemain invite à poursuivre la lutte. Il réfute les arguments des partisans de l'armistice : « La France n'est pas seule [...] Cette guerre est une guerre mondiale. » Reconnu par les Britanniques comme le « chef des Français libres », il n'obtient au départ que des ralliements fort limités. Le bombardement, le 3 juillet 1940, par une escadre anglaise, d'une partie de la flotte française en rade de Mers el-Kébir, pour éviter qu'elle ne passe sous le contrôle allemand, accroît l'isolement des Français libres, qui échouent en septembre devant Dakar. Cependant, de Gaulle obtient le ralliement de l'Afrique-Équatoriale française, du Cameroun, de la Nouvelle-Calédonie et des îles françaises du Pacifique. Il dispose ainsi du support indispensable pour affirmer l'indépendance de la France libre, vis-à-vis de l'Angleterre et des États-Unis surtout, qui se défient de lui. Il crée à Brazzaville, le 27 octobre 1940, le Conseil de défense de l'Empire, puis, le 24 septembre 1941, le Comité national français qui assure « l'exercice provisoire des pouvoirs publics », formé de commissaires. Ainsi la France libre se dote-t-elle de structures étatiques.

Venus d'horizons politiques très divers, les Français libres sont unis par la volonté de poursuivre la lutte, le refus de l'« usurpation » de Vichy, la fidélité à de Gaulle. Les mouvements de résistance nés, à partir de l'automne 1940, dans la France occupée comme dans la France non occupée, indépendamment de la France libre, ne vont que progressivement reconnaître l'autorité de De Gaulle. Celui-ci envoie en mission en zone occupée l'ancien préfet Jean Moulin, afin de mener à bien l'unité

de la Résistance. Dès le 14 juillet 1942, la substitution des termes
« France combattante » à ceux de « France libre » manifeste
l'adhésion de la Résistance intérieure à de Gaulle, malgré des
conflits et des tensions persistants.

Le tournant de 1942. Le débarquement des Anglo-Saxons en
Afrique du Nord le 8 novembre 1942 est une date décisive. Les
Anglo-Saxons avaient tenu de Gaulle à l'écart de l'entreprise
pour obtenir le ralliement de l'armée de Vichy et donner
l'autorité au général Giraud, résolu à reprendre la lutte face à
l'Allemagne, mais favorable à l'esprit de la « révolution nationale ». En fait, Darlan, ministre de la Défense nationale de
Vichy, est présent à Alger lors du débarquement. Il traite avec les
Anglo-Saxons, nomme Giraud commandant des troupes et
assume les fonctions de chef de l'État français en Afrique du
Nord. Pétain a refusé de gagner l'Afrique du Nord et désavoue
Darlan. Les Allemands entrent en zone libre et la flotte se
saborde à Toulon le 27 novembre 1942, faute d'avoir gagné
l'Afrique du Nord. L'attitude de Pétain lui enlève le soutien de
cette partie de l'opinion qui espérait qu'il remettrait la France
dans la guerre.

Le gouvernement provisoire de la République française. De Gaulle
est isolé et refuse que demeure l'« esprit de Vichy » en Afrique
du Nord ; en quelques mois, il va renverser la situation. Après
l'assassinat de Darlan, dans la nuit de Noël 1942, Giraud devient
commandant en chef civil et militaire. De Gaulle lui reproche de
ne pas rétablir les « lois de la République » et propose l'établissement d'un « pouvoir central provisoire ». Il a le soutien des
résistants. Le Conseil national de la Résistance constitué à Paris
sous la présidence de Jean Moulin réunit les représentants des
mouvements de résistance, des partis, des syndicats. Il demande
la formation d'un gouvernement provisoire à Alger présidé par
de Gaulle. Celui-ci arrive à Alger le 30 mai à l'appel de Giraud.
Le 3 juin est formé le Comité français de la libération nationale
(CFLN), dont de Gaulle et Giraud sont coprésidents. Mais, bien
vite, ce dernier perd toute autorité politique. Une Assemblée
consultative, formée de représentants de la Résistance et

d'anciens parlementaires, siège à Alger à partir de novembre 1943. De Gaulle élargit le CFLN aux représentants des diverses familles d'esprit, y faisant entrer, le 4 avril 1944, deux commissaires communistes. Véritable gouvernement (il se transforme le 3 juin en gouvernement provisoire de la République française, GPRF), il prépare la mise en place des pouvoirs à la Libération. L'armée d'Afrique du Nord et les Français libres venus du Tchad prennent part à la bataille de Tunisie, puis d'Italie, avant d'être associés au débarquement en Normandie et en Provence.

Cependant, le gouvernement de Vichy perd peu à peu ses soutiens. Laval est acculé à céder toujours davantage aux exigences allemandes : il accepte à l'été 1942 la déportation des juifs. Le régime s'appuie à partir du 30 janvier 1943 sur la Milice, organisme de maintien de l'ordre fasciste qui combat au côté des Allemands contre les résistants. Les initiatives de ces derniers se multiplient. Ils forment, dans certaines régions de montagne, des maquis, grossis par les jeunes gens qui veulent échapper au Service du travail obligatoire (STO) en Allemagne. Répression, bombardements aériens des Alliés, difficultés alimentaires croissantes, tel est le climat à la veille de la Libération.

DOCUMENT

Extraits du discours prononcé par le général de Gaulle à Alger (place du Forum) le 14 juillet 1943

« Oui, notre peuple est uni pour la guerre. Mais il l'est d'avance aussi pour la rénovation nationale. Les bonnes gens qui se figurent qu'après tant de sang répandu, de larmes versées, d'humiliations subies, notre pays acceptera, au moment de la victoire, soit d'en revenir simplement au régime qui abdiqua en même temps que capitulaient ses armées, soit de conserver le système d'oppression et de délation qui fut bâti sur le désastre, ces bonnes gens, dis-je, feront bien de dépouiller leurs illusions. La France n'est pas la Princesse endormie que le génie de la Libération viendra doucement réveiller. La France est une captive torturée, qui, sous les coups, dans son cachot, a mesuré, une fois pour toutes, les causes de ses malheurs et l'infamie de ses tyrans. La France, délivrée, ne voudra ni reprendre la route de l'abîme, ni demeurer sur celle de l'esclavage. La France a d'avance choisi un chemin nouveau.

« Si elle entend désormais être libre, ne connaître de souveraineté que celle qui procède d'elle-même, directement et sans entraves, bref, se livrer à la grande lumière de la pure démocratie, elle voudra aussi que ses volontés, à mesure qu'elle les fera connaître, soient exécutées avec suite, avec force, avec autorité, par ceux qu'elle en aura chargés. Elle voudra que ses gouvernants gouvernent, que ses fonctionnaires ne rusent pas avec leurs fonctions, que ses soldats s'occupent seulement de sa défense, que ses magistrats rendent une réelle justice, que sa diplomatie ne redoute rien tant que de mal soutenir ses intérêts. La IVe République française voudra qu'on la serve et non pas qu'on se serve d'elle. Mais encore, elle abolira toutes les coalitions d'intérêts ou de privilèges, dont on n'a que trop vu comment elles la mettaient en péril, introduisaient dans son sein les jeux de l'étranger, dégradaient la moralité civique et s'opposaient au progrès social.

« Oui, après la chute du système d'autrefois et devant l'indignité de celui qui s'écroule, après tant de souffrances, de colères, de dégoûts, éprouvés par un nombre immense d'hommes et de femmes de chez nous, la nation saura vouloir que tous, je dis tous ses enfants, puissent désormais vivre et travailler dans la dignité et la sécurité sociales. Sans briser les leviers d'activité que constituent l'initiative et le légitime bénéfice, la nation saura vouloir que les richesses naturelles, le travail et la technique, qui sont les trois éléments de la prospérité de tous, ne soient point exploités au profit de quelques-uns. La nation saura faire en sorte que toutes les ressources économiques de son sol et de son Empire soient mises en œuvre, non pas d'après le bon plaisir des individus, mais pour l'avantage général. S'il existe encore des bastilles, qu'elles s'apprêtent de bon gré à ouvrir leurs portes ! Car, quand la lutte s'engage entre le peuple et la Bastille, c'est toujours la Bastille qui finit par avoir tort. Mais c'est dans l'ordre que les Français entendent traiter leurs affaires et ne point sortir de la guerre pour entrer dans les luttes civiles. »

Charles de Gaulle, *Discours et Messages*, t. 1,
Paris, Plon, 1970, p. 311-312.

Le général de Gaulle vient, aux côtés du général Giraud, de prendre la tête du CFLN. Dans la ligne des idées du « gaullisme de guerre », il exprime sa volonté de profondes réformes politiques et sociales à la Libération.

29. La Libération
et la IVᵉ République
(1944-1958)

La France libérée entreprend reconstruction et modernisation économique. Mais les institutions de la IVᵉ République amènent un retour aux mœurs politiques de la IIIᵉ République finissante. La crise de la décolonisation emporte le régime en mai 1958.

Le retour à la paix

La Libération. Le 6 juin 1944, les Alliés débarquent en Normandie. Désireux de ne pas préjuger de l'avenir politique de la France, ils avaient envisagé au départ une administration militaire des territoires libérés. Mais de Gaulle, fort de l'appui des populations, impose l'autorité des représentants du gouvernement provisoire. Après la libération de Paris (25 août 1944) et la formation d'un gouvernement d'« unanimité nationale », le GPRF est reconnu officiellement par les Alliés. Mais de Gaulle doit aussi faire accepter son autorité par les pouvoirs locaux issus de la Résistance. Ce n'est qu'au bout de plusieurs mois – les « milices patriotiques » liées au Parti communiste sont dissoutes le 28 octobre – que le gouvernement met fin à une situation parfois proche de l'anarchie.

Pour couper court à l'épuration spontanée qui accompagne la Libération, marquée d'arrestations arbitraires et d'un peu plus de 9 000 exécutions sommaires, le garde des Sceaux crée, le 15 septembre 1944, les cours spéciales de justice. Elles prononcent 38 266 condamnations, dont 2 853 condamnations à mort :

76 furent exécutées. Des peines d'indignité nationale frappèrent de nombreux sympathisants du régime de Vichy et de la collaboration, en tout près de 50 000. Les ministres de Vichy furent traduits devant une Haute Cour de justice. Elle condamna à mort Pierre Laval et le maréchal Pétain, dont de Gaulle commua la peine en détention à vie. Telle était la sanction de la véritable guerre civile qui opposa les Français entre eux pendant la Seconde Guerre mondiale.

La guerre contre l'Allemagne nazie se poursuivit jusqu'à la capitulation du 8 mai 1945. De Gaulle s'attacha à ce que la France fût présente dans la lutte finale : les volontaires venus des Forces françaises de l'intérieur (FFI) réalisant un amalgame avec les troupes venues d'Angleterre et d'Afrique du Nord. La France fut représentée lors de la capitulation de l'Allemagne, mais ne fut pas invitée aux conférences des trois Grands à Yalta (février 1945) et Potsdam (juillet 1945). La défaite avait fortement ébranlé la position internationale de la France. Aussi la volonté de rendre à la France son « rang » est-elle pour le général de Gaulle, mais aussi pour les cadres dirigeants du pays, une préoccupation primordiale. La création, par le décret du 3 janvier 1946, du plan de modernisation et d'équipement, la nationalisation de l'énergie et d'une partie du secteur bancaire s'inscrivent dans cette volonté de forger une France nouvelle, dotée d'une économie moderne. Les mutations de l'économie française, dans les décennies qui suivent la Libération, tiennent pour une part à cet état d'esprit.

Vers de nouvelles institutions. Dans cette aspiration profonde à une rénovation – beaucoup disent : à une révolution – qui s'affirme après la Libération, se pose, une nouvelle fois, la question des institutions. Mis à part les radicaux et une partie de la droite modérée, nul ne souhaite le retour au régime de la IIIe République. Le 21 octobre 1945, les Français sont consultés par référendum sur les institutions, en même temps qu'ils élisent, à la représentation proportionnelle dans le cadre départemental, une Assemblée. A la première question du référendum : « Voulez-vous que l'Assemblée élue ce jour soit constituante ? », 96,1 % des suffrages exprimés répondent *oui*. C'en est donc fini des institutions de la IIIe République. La deuxième question demande d'approuver le projet de loi organisant les pouvoirs publics jusqu'à la mise en vigueur de la nouvelle Constitution. Il limite les pouvoirs de l'Assemblée, élue pour sept mois. Surtout, la Constitution adoptée par l'Assemblée doit être « soumise à l'approbation du corps électoral [...] par voie de référendum ». De Gaulle rompt ainsi avec la tradition d'une Assemblée constituante seule souveraine pour donner au pays ses institutions. Le Parti communiste et les mouvements proches de lui, ainsi que les radicaux, font campagne pour le *non* à la seconde question. Le *oui* l'emporte avec 66,3 % des suffrages exprimés.

Le même jour, les élections donnent la nouvelle configuration politique du pays. Radicaux et modérés s'effondrent, la SFIO progresse par rapport à 1936, mais elle est devancée nettement par le Parti communiste, qui connaît une croissance exceptionnelle, conséquence de son rôle à la Libération et du prestige de l'URSS. Enfin, une formation nouvelle réalise une percée : le Mouvement républicain populaire (MRP), qui se réclame de la démocratie chrétienne, mais aussi du général de Gaulle.

Celui-ci, élu président du gouvernement à l'unanimité par la Constituante, forme, non sans s'être opposé dans un premier temps au Parti communiste à qui il ne confie que des ministères économiques et sociaux, un gouvernement dominé par les trois principaux partis. Très vite, il entre en conflit avec la Constituante, qui entend le tenir à l'écart de l'élaboration de la Constitution. A propos du débat sur les crédits de la défense nationale, le 31 décembre 1945, il pose le dilemme : « Veut-on un gouvernement qui gouverne ou bien veut-on une Assemblée omnipotente ? » Le 20 janvier 1946, il démissionne, espérant peut-être créer la situation qui lui permettrait de faire triompher ses idées, après avoir été rappelé.

En fait, seule une minorité de Français (27 % selon l'IFOP) souhaite alors son retour. Le socialiste Félix Gouin devient président du gouvernement provisoire. La majorité communiste et socialiste de la Constituante adopte un projet de Constitution qui institue une Assemblée unique. Le MRP, les radicaux, la droite prennent parti contre le projet, rejeté lors du référendum du 5 mai 1946 par 53 % des suffrages exprimés. Après les élections du 2 juin, la nouvelle Constituante adopte un projet de compromis : un Conseil de la République, élu selon un système à deux degrés, constitue un relatif contrepoids à l'Assemblée nationale et, comme le Sénat dans les lois de 1875, prend part à l'élection d'un président de la République, qui retrouve ses prérogatives de la IIIe République.

De Gaulle s'efforce de peser dans le débat constitutionnel. Dans le discours de Bayeux, le 16 juin 1946, après l'élection de la deuxième Constituante, il expose ses idées. Il souhaite que le chef de l'État, « placé au-dessus des partis », élu par un collège « beaucoup plus large » que le Parlement, soit un « arbitre au-dessus des contingences politiques ». A Épinal, le 22 septembre, il condamne le projet de Constitution. Une partie de l'électorat, notamment au sein du MRP, l'écoute : la Constitution *(document 1, p. 352)* est approuvée par 53,5 % des suffrages exprimés, mais seulement 36,1 % des électeurs inscrits, alors que 31,2 % votent contre et 31,4 % s'abstiennent. Le régime ne dispose à sa naissance que d'un médiocre soutien.

La IVe République face à ses adversaires

Contre les communistes et le RPF, la Troisième Force. Après les élections du 10 novembre 1946 à l'Assemblée nationale, qui renforcent le PC au détriment de la SFIO et marquent un tassement du MRP, et après l'élection du Conseil de la République, un socialiste proche de Léon Blum, Vincent Auriol, est élu président de la IVe République. La longue période provisoire qui avait suivi la Libération se terminait enfin.

Le socialiste Paul Ramadier forme un gouvernement qui poursuit le tripartisme, associant communistes, socialistes, républicains populaires. Mais, lorsque les communistes s'opposent à la politique des salaires du gouvernement, le président du Conseil, usant des pouvoirs que la Constitution lui donne, révoque les ministres communistes par le décret du 5 mai 1947. Ils espèrent d'abord revenir au pouvoir, mais l'entrée dans la guerre froide et la pression de Moscou conduisent à l'automne de

1947 le Parti communiste à une opposition radicale au régime. Celui-ci rencontre d'autre part l'hostilité du Rassemblement du peuple français (RPF), fondé par de Gaulle, le 7 avril 1947, pour réviser les institutions.

Face à cette double opposition s'affirme une majorité de Troisième Force. Elle va des socialistes à la droite modérée. Unis sur l'essentiel – la défense du régime, l'alliance atlantique contre la menace soviétique (le traité de l'Atlantique Nord est signé le 4 avril 1949), la construction européenne (le traité instituant la Communauté européenne du charbon et de l'acier, CECA, est signé le 18 avril 1951 ; *document 2, p. 353*) –, les partis s'opposent sur la question de l'école (MRP et modérés souhaitent des subventions aux écoles privées) et sur la politique économique et sociale (modérés et radicaux critiquent le dirigisme économique et le réformisme social issu de la Libération). Aussi les gouvernements sont-ils instables, même si la majorité de Troisième Force se reforme après chaque crise.

Les choses changent avec les élections du 17 juin 1951. Elles se font selon la loi des apparentements : les listes apparentées emportent tous les sièges si elles obtiennent la majorité absolue, la proportionnelle ne jouant que dans le cas contraire. Cette réforme électorale limite le succès en nombre de sièges du RPF, présent pour la première fois à une élection législative, et celui du PC. Mais le vote de la loi Barangé accordant des subventions aux écoles privées prive la Troisième Force de sa victoire : les socialistes quittent la majorité.

Le balancier se déplace vers le centre droit, comme l'atteste l'arrivée à la présidence du Conseil d'un indépendant, Antoine Pinay, le 6 mars 1952. Attaché à la défense du franc et à la stabilisation des prix, celui-ci sait trouver l'écoute de l'opinion, par sa manière simple et son appel au bon sens. Il rallie une partie des élus du RPF. L'échec du Rassemblement du peuple français est bientôt manifeste : le 6 mai 1953, de Gaulle rend leur liberté à ses amis politiques, et ses interventions publiques se font de plus en plus rares. Il prend position contre le traité de la Communauté européenne de défense (CED), qui crée une armée européenne intégrée, point de départ d'une Europe supranationale. Le projet est rejeté le 30 août 1954 par la conjonction des adversaires du réarmement de la République fédérale – notamment les communistes – et des adversaires de la supranationalité.

Les problèmes de la décolonisation. A partir de 1953, cependant, le régime de la IVe République se révèle de plus en plus impuissant à répondre aux problèmes de la décolonisation. Depuis décembre 1946, la France mène en Indochine une guerre qui paraît sans issue contre le Vietminh, d'inspiration communiste. Dans les protectorats de Tunisie et du Maroc, les mouvements nationalistes s'affirment. Les gouvernements français successifs sont partagés entre des velléités libérales et une attitude de fermeté, souvent due à la pression des résidents généraux et des milieux de la colonisation. C'est ainsi que le 20 août 1953 le résident général au Maroc fait déposer le sultan Mohammed V.

Après la chute du camp retranché de Dien Bien Phu le 7 mai 1954, qui témoigne de la gravité de la situation militaire au Tonkin, Pierre Mendès France devient président du Conseil le 18 juin. Ce radical fait figure depuis des années de Cassandre, annonçant la crise du régime. Il obtient le soutien des milieux gaullistes, qui n'oublient pas qu'il a été ministre du général de Gaulle, et forme un gouvernement composé de radicaux, d'indépendants, d'anciens du RPF. Il s'adresse directement à l'opinion par-dessus les partis, appelant à un « effort de rénovation » et au « redressement ». Les accords de Genève du 20 juillet 1954 mettent fin aux hostilités au Vietnam, partagé par le 17e parallèle. La république du Nord-Vietnam est un régime communiste. La république du Sud-Vietnam tombe bien vite sous l'influence des États-Unis, qui prennent le relais de la France.

Pierre Mendès France proclame d'autre part à Tunis l'« autonomie interne » de la Tunisie. Mais le chef du gouvernement se heurte, à partir de novembre 1954, à l'insurrection du Front de libération nationale (FLN) en Algérie. Le MRP, qui rend le président du Conseil responsable de l'échec de la CED, joint ses voix à la droite nationaliste et au Parti communiste, opposés au réarmement de la république fédérale d'Allemagne décidé par les accords de Paris. Mendès France est renversé le 3 février 1955 : avec Antoine Pinay, il avait été le seul président du Conseil réellement populaire de la IVe République.

Son ministre des Finances, Edgar Faure, lui succède. Il se heurte aux mêmes difficultés. Il fait revenir sur son trône le sultan Mohammed V, le 16 novembre. Des négociations destinées à mener à « l'indépendance dans l'interdépendance » sont annoncées.

Edgar Faure espère que des élections législatives permettront de dégager les sentiments de l'opinion face au difficile problème algérien. Il met à profit les conditions prévues par la Constitution : deux crises gouvernementales en moins de dix-huit mois lui permettent de procéder à la dissolution de l'Assemblée. Les élections sont ainsi avancées de quelques mois. Mais l'initiative du président du Conseil, accusé d'être un nouveau Mac-Mahon, est très vivement critiquée à gauche. La coalition de Front républicain, qui associe la SFIO, les radicaux mendésistes, l'UDSR (Union démocratique et socialiste de la Résistance) de François Mitterrand, certains gaullistes avec Jacques Chaban-Delmas, remporte un relatif succès, sans avoir une majorité. Le MRP poursuit son reflux, les anciens gaullistes s'effondrent, tandis que le mouvement poujadiste, désigné du nom de son fondateur, Pierre Poujade, papetier à Saint-Céré, obtient 12 % des suffrages exprimés : parti d'une protestation contre le fisc, il véhicule l'antiparlementarisme et nationalisme xénophobe.

Le socialiste Guy Mollet, secrétaire général de la SFIO, forme un gouvernement de minorité, qui obtient l'appui du MRP et d'une partie des modérés, désireux d'éviter que le soutien communiste ne conduise à un Front populaire. Guy Mollet, dans sa déclaration d'investiture, se dit favorable, après le cessez-le-feu et des élections libres, à la reconnaissance d'une « personnalité algérienne », mais la pression des colons d'Algérie et des milieux nationalistes d'une part, l'intransigeance, d'autre part, du FLN, qui exige l'indépendance, ne permettent pas au président du Conseil de prendre l'initiative. Le gouvernement reconnaît en mars 1956 l'indépendance du Maroc et de la Tunisie. Il promulgue, le 23 juin, la loi-cadre qui va permettre une évolution du statut des territoires d'outre-mer, mais il est pris dans l'engrenage de l'affaire algérienne : terrorisme, répression, rôle croissant de l'armée.

Guy Mollet obtient le soutien de la droite, en une manière

d'union nationale, notamment lors de l'expédition franco-britannique à Suez en novembre 1856 pour répondre à la nationalisation du canal par le colonel Nasser. Elle se solde par un échec du fait de l'opposition des deux Grands. Guy Mollet fait d'autre part approuver le projet qui conduit à la signature du traité de Marché commun à Rome le 25 mars 1957. Mais son gouvernement, le plus long de l'histoire de la IVe République, est abandonné par la droite le 21 mai 1957 à cause de sa politique financière et sociale.

Vers la fin du régime. Son successeur, le radical Maurice Bourgès-Maunoury, ne dure pas quatre mois (12 juin – 30 septembre 1957) : il est renversé sur le projet de loi-cadre relatif à l'Algérie. Son ministre des Finances Félix Gaillard, un autre radical, lui succède après cinq semaines de crise. Il fait adopter la loi-cadre, fort édulcorée, pour l'Algérie, mais sa majorité l'abandonne le 15 avril 1958. Il a en effet accepté les propositions des « bons offices » anglo-américains pour régler le conflit franco-tunisien après le bombardement par l'aviation française du village tunisien de Sakhiet-Sidi-Youssef, suspecté d'abriter des « rebelles » du FLN.

S'ouvre une crise gouvernementale de quatre semaines, dont la longueur illustre l'état d'impuissance où est parvenu le régime. Lorsque, le 13 mai, le républicain populaire Pierre Pflimlin, à qui sont attribuées des intentions libérales sur l'Algérie, se présente devant l'Assemblée, l'émeute éclate à Alger. Les manifestants, maîtres du gouvernement général, forment un comité de salut public, présidé par le général Massu. Ils veulent sauver l'« Algérie française » et porter au pouvoir un autre gouvernement à Paris. Les chefs de l'armée sont dans les mêmes sentiments, sortant de leur traditionnelle neutralité.

De petits groupes gaullistes exploitent la situation pour permettre le retour au pouvoir du général de Gaulle. Celui-ci k'affirme, le 15 mai, « prêt à assumer les pouvoirs de la République ». Il contribue ainsi à accélérer la désagrégation du régime, apparaissant bientôt comme un recours face aux milieux activistes d'Algérie, qui établissent leur autorité sur la Corse le 24 mai. Le 27, le général de Gaulle, pour couper court à toute initiative d'Alger en métropole, déclare qu'il a entamé « le processus régulier nécessaire à l'établissement d'un gouvernement républicain ». Il invite les forces armées à la discipline. L'évolution de Guy Mollet et de la majorité de la SFIO ouvre la voie légale du retour au pouvoir du général de Gaulle, investi le 1er juin 1958 par 329 voix contre 224.

La IVe République avait pu surmonter les graves difficultés politiques et sociales de 1947-1948, elle avait amorcé la construction européenne et la réconciliation franco-allemande. La reconstruction avait été rapide et le pays s'était engagé sur la voie d'une croissance qu'il n'avait jamais connue. Mais l'instabilité du régime, son incapacité à prendre les choix décisifs, son inaptitude à susciter une véritable adhésion de l'opinion le condamnaient à être emporté par la crise algérienne.

DOCUMENT 1

Préambule de la Constitution du 27 octobre 1946

« Au lendemain de la victoire remportée par les peuples libres sur les régimes qui ont tenté d'asservir et de dégrader la personne humaine, le peuple français proclame à nouveau que tout être humain, sans distinction de race, de religion ni de croyance, possède des droits inaliénables et sacrés. Il réaffirme solennellement les droits et les libertés de l'homme et du citoyen consacrés par la Déclaration des droits de 1789 et les principes fondamentaux reconnus par les lois de la République.

« Il proclame, en outre, comme particulièrement nécessaires à notre temps, les principes politiques, économiques et sociaux ci-après :

« La loi garantit à la femme, dans tous les domaines, des droits égaux à ceux de l'homme. .

« Tout homme persécuté en raison de son action en faveur de la liberté a droit d'asile sur les territoires de la République.

« Chacun a le devoir de travailler et le droit d'obtenir un emploi. Nul ne peut être lésé, dans son travail, en raison de ses origines, de ses opinions ou de ses croyances.

« Tout homme peut défendre ses droits et ses intérêts par l'action syndicale et adhérer au syndicat de son choix.

« Le droit de grève s'exerce dans le cadre des lois qui le réglementent.

« Tout travailleur participe, par l'intermédiaire de ses délégués, à la détermination collective des conditions de travail ainsi qu'à la gestion des entreprises.

« Tout bien, toute entreprise, dont l'exploitation a ou acquiert les caractères d'un service public national ou d'un monopole de fait, doit devenir la propriété de la collectivité.

« La nation assure à l'individu et à la famille les conditions nécessaires à leur développement.

« Elle garantit à tous, notamment a l'enfant, à la mère et aux vieux travailleurs, la protection de la santé, la sécurité matérielle, le repos et les loisirs. Tout être humain qui, en raison de son âge, de son état physique ou mental, de la situation économique, se trouve dans l'incapacité de travailler a le droit d'obtenir de la collectivité des moyens convenables d'existence.

« La nation proclame la solidarité et l'égalité de tous les Français devant les charges qui résultent des calamités nationales.

« La nation garantit l'égal accès de l'enfant et de l'adulte à l'instruction, à la formation professionnelle et à la culture. L'organisation de l'enseignement public gratuit et laïque à tous les degrés est un devoir de l'État. [...] »

Ce préambule, auquel renvoie le préambule de la Constitution de 1958, traduit les exigences d'une démocratie non pas seulement politique, mais économique et sociale, dans l'esprit de la Résistance et de la France libre. Il affirme aussi les droits de la femme et les exigences de la solidarité sociale.

DOCUMENT 2

Le pool charbon-acier

« La paix mondiale ne saurait être sauvegardée sans des efforts créateurs à la mesure des dangers qui la menacent.

« La contribution qu'une Europe organisée et vivante peut apporter à la civilisation est indispensable au maintien des relations pacifiques. En se faisant depuis plus de vingt ans le champion d'une Europe unie, la France a toujours eu pour objet essentiel de servir la paix. L'Europe n'a pas été faite, nous avons eu la guerre.

« L'Europe ne se fera pas d'un coup, dans une construction d'ensemble : elle se fera par des réalisations concrètes créant d'abord une solidarité de fait. Le rassemblement des nations européennes exige que l'opposition séculaire de la France et de l'Allemagne soit éliminée. L'action entreprise doit toucher au premier chef la France et l'Allemagne.

« Dans ce but, le gouvernement français propose immédiatement l'action sur un point limité, mais décisif.

« Le gouvernement français propose de placer l'ensemble de la production franco-allemande de charbon et d'acier sous une haute autorité commune, dans une organisation ouverte à la participation des autres pays d'Europe.

« La mise en commun des productions de charbon et d'acier assurera immédiatement l'établissement de bases communes de développement économique, première étape de la Fédération européenne, et changera le destin de ces régions longtemps vouées à la fabrication des armes de guerre, dont elles ont été les plus constantes victimes.

« La solidarité de production qui sera ainsi nouée manifestera que toute guerre entre la France et l'Allemagne devient non seulement impensable, mais matériellement impossible. L'établissement de cette unité puissante de production ouverte à tous les pays qui voudront y participer aboutissant à fournir à tous les pays qu'elle rassemblera les éléments fondamentaux de la production industrielle aux mêmes conditions jettera les fondements réels de leur unification économique.

« Cette production sera offerte à l'ensemble du monde, sans distinction ni exclusion, pour contribuer au relèvement du niveau de vie et au progrès des œuvres de paix. L'Europe pourra, avec des moyens accrus, poursuivre la réalisation de l'une de ses tâches essentielles, le développement du continent africain.

« Ainsi sera réalisée simplement et rapidement la fusion d'intérêts indispensable à l'établissement d'une communauté économique et introduit le ferment d'une communauté plus large et plus profonde entre des pays longtemps opposés par des divisions sanglantes.

« Par la mise en commun de la production de base et l'institution d'une haute autorité nouvelle, dont les décisions lieront la France, l'Allemagne et les pays qui y adhéreront, cette proposition réalisera les premières assises concrètes d'une Fédération européenne indispensable à la préservation de la paix. »

Année politique, 1950.

Le 9 mai 1950, dans le salon de l'Horloge du Quai d'Orsay, le ministre des Affaires étrangères, Robert Schuman, lit la déclaration du gouvernement français, qui reprend le projet élaboré par Jean Monnet, commissaire général au Plan. Cette déclaration développe l'idée d'une construction européenne progressive, fondée sur la réconciliation franco-allemande, mettant en œuvre les secteurs clés de l'activité des pays concernés (charbon et acier) et ouverte au monde extérieur.

30. La Vᵉ République
sous de Gaulle
(1958-1969)

De Gaulle, revenu aux affaires, fait approuver une Constitution qui dote la France de la stabilité politique. Il règle le problème algérien et, rejetant la supranationalité, poursuit la construction de l'Europe. Les oppositions politiques retrouvent un poids appréciable à partir des élections présidentielles de 1965. La crise de 1968 révèle les aspirations diverses d'une société traversée de profondes mutations, et ses contrecoups entraînent le départ du général de Gaulle après l'échec du référendum d'avril 1969.

Les premières années

Le nouveau régime. Le gouvernement formé le 1ᵉʳ juin par le général de Gaulle, dernier président du Conseil de la IVᵉ République, surprend par la présence de personnalités issues des grands partis de gouvernement de cette IVᵉ République, l'absence des partisans les plus affirmés de l'Algérie française, le recours à des hauts fonctionnaires. Il obtient pour six mois le droit d'agir par ordonnances. Surtout, la loi du 3 juin 1958 lui donne le pouvoir d'élaborer, après avis d'un Comité consultatif formé en partie de parlementaires, un projet de Constitution destiné à être soumis à référendum. Aux termes de la loi du 3 juin, le projet doit mettre en œuvre les principes suivants : « Seul le suffrage universel est source du pouvoir [...] Le pouvoir exécutif et le pouvoir législatif doivent être effectivement séparés [...] Le gouvernement doit être responsable devant le Parlement. » D'emblée perce l'ambiguïté même des institutions de la

Vᵉ République : l'affirmation de la séparation des pouvoirs et de
l'autorité de l'exécutif va de pair avec l'affirmation que le régime
est un régime parlementaire, responsable devant le Parlement.
Le nouveau régime ne saurait donc être un régime présidentiel à
l'américaine.

Présenté solennellement par le général de Gaulle, à la date
symbolique du 4 septembre, place de la République, le texte de
la Constitution est soumis à référendum le 28 septembre. Les
partisans du *non* sont, d'une part, certains groupes d'extrême
droite, d'autre part, le Parti communiste et l'Union des forces
démocratiques, réunion autour de Pierre Mendès France et
François Mitterrand de la partie de la gauche non communiste
qui n'accepte ni les conditions du retour de De Gaulle au
pouvoir, ni les nouvelles institutions. Les abstentions sont très
faibles : 15 %. Le *oui* obtient 79 % des suffrages exprimés, soit
les deux tiers des inscrits, chiffre exceptionnel qui donne pleine
autorité à de Gaulle. Le *oui* prend de 1 600 000 à 1 900 000 voix
au Parti communiste.

Des nouvelles institutions, plusieurs lectures sont possibles, et
la Constitution de 1958 ne prit toute sa portée qu'au long de la
pratique coutumière. Mais, dès 1958, le président de la République apparaît comme la « clé de voûte » des nouvelles institutions.
Aux termes de l'article 5, il « assure par son arbitrage le
fonctionnement régulier des pouvoirs publics ainsi que la continuité de l'État ». Il nomme le Premier ministre. Il peut « soumettre au référendum tout projet de loi portant sur l'organisation des
pouvoirs publics » (article 11). Il peut, en cas de crise majeure,
exercer des pouvoirs exceptionnels (article 16). Le président de la
République, source du pouvoir, est élu par un collège de grands
électeurs qui correspond, pour la métropole, au collège électoral
qui élit les sénateurs. Le gouvernement, « responsable devant le
Parlement » (article 20), procède du chef de l'État : il doit donc
bénéficier d'une double confiance. La séparation de l'exécutif et
du législatif entraîne l'incompatibilité des fonctions ministérielles
et parlementaires : le parlementaire devenu ministre cède son
siège à son suppléant.

Le régime veut être, selon la formule de François Goguel, un
« régime parlementaire sans souveraineté du Parlement ». L'As-

semblée nationale, élue selon l'ordonnance du 13 octobre au scrutin uninominal majoritaire à deux tours, jugé apte à dégager une majorité de gouvernement, voit ses initiatives bridées par plusieurs articles de la Constitution : désormais, un projet de loi est mis en discussion dans les termes du gouvernement. Celui-ci peut faire procéder à un « vote bloqué ». Il peut demander au Parlement l'autorisation d'agir par ordonnances. Lors du vote d'une motion de censure, « seuls sont recensés les votes favorables » à celle-ci. A défaut de vote de la censure, un projet de loi sur lequel le Premier ministre a engagé la responsabilité du gouvernement est considéré comme adopté (article 49-3). Le Conseil constitutionnel (neuf membres nommés pour neuf ans, trois par le président de la République, trois par le président de l'Assemblée, trois par celui du Sénat) constitue une autre arme inconnue de la tradition républicaine contre les déviations du régime parlementaire. Ce régime inédit, à la fois parlementaire et présidentiel, prend peu à peu son visage, mais à l'automne 1958 il semble avant tout forgé pour de Gaulle, qui a besoin d'une grande liberté d'action pour régler le problème algérien.

Les élections législatives du 23 novembre 1958 confirment la baisse du Parti communiste. Les divers partis qui se réclament du général de Gaulle se maintiennent, tandis que l'Union pour la Nouvelle République (UNR), gaulliste, retrouve le score du RPF en 1951. Le second tour entraîne en revanche une polarisation de l'électorat autour de l'UNR et de la droite modérée, favorisées par les effets du scrutin majoritaire. La SFIO n'a qu'une quarantaine d'élus, le Parti communiste dix, il est victime de son isolement au deuxième tour. De nombreux sortants sont battus.

Le 21 décembre, le général de Gaulle est élu président de la République par 62 394 voix (78,5 % des suffrages exprimés). Il prend ses fonctions le 8 janvier 1959, nommant aussitôt un de ses fidèles, Michel Debré, Premier ministre. La SFIO ne participe pas au gouvernement parce qu'elle désapprouve la politique d'austérité introduite par l'ordonnance du 30 décembre, mais elle va apporter son soutien au général de Gaulle dans les grandes orientations de sa politique algérienne.

La décolonisation. La décolonisation de l'Afrique noire et de Madagascar se fait sans crise majeure. Seule la Guinée vote *non* au référendum du 28 septembre 1958, refusant ainsi le statut d'État membre de la Communauté instituée par l'article 1 de la Constitution, et choisissant l'indépendance. En fait, la Communauté fut éphémère. Dès 1960, la République malgache et les États d'Afrique noire devenaient pleinement indépendants et signaient des accords de coopération avec la France.

Le règlement de l'affaire algérienne fut autrement complexe et dramatique. De Gaulle, à son retour aux affaires, n'avait pas arrêté de solution précise, mais il était convaincu que l'« intégration » n'avait pas d'avenir, que l'indépendance était inéluctable et que, dans le court terme, le développement économique de l'Algérie et une formule d'association ouvraient la voie à une évolution nécessaire. Le 16 septembre 1959, le général de Gaulle proclame le recours à l'autodétermination. Trois solutions seront proposées à la population : la sécession, la francisation, le « gouvernement des Algériens par les Algériens, appuyé sur l'aide de la France et en union étroite avec elle ».

De Gaulle trouve désormais en face de lui l'opposition de plus en plus résolue des partisans de l'Algérie française. Elle s'affirme lors de la « semaine des barricades d'Alger » (24 janvier - 1er février 1960), et surtout lors du putsch des généraux (22-25 avril 1961). Mais de Gaulle est fort de l'appui de l'opinion : le 8 janvier 1961, 75,2 % des suffrages exprimés en métropole approuvent l'autodétermination. Lors du putsch des généraux, le contingent et la majorité des officiers ne suivent pas les activistes. Par la suite, l'Organisation armée secrète (OAS), qui recourt au terrorisme, essaie de faire basculer l'armée de son côté. En vain. Cependant, la négociation avec le FLN, plusieurs fois engagée puis interrompue, aboutit enfin lors de la conférence d'Évian, le 18 mars 1962. Le 8 avril, 90,6 % de *oui* en métropole approuvent les accords qui prévoient l'association de l'Algérie indépendante et de la France. Le 3 juillet, la France reconnaît l'indépendance de l'Algérie, mais la grande majorité des Européens, près d'un million, ont fui l'Algérie, sous la pression de l'OAS, qui fait la

politique du pire, et par crainte de violences. Dès lors, une partie
des accords d'Évian devient d'emblée caduque.

Pour la France, la page est tournée. En guère plus de dix-huit
mois, quatorze républiques ont pris la suite des territoires de
l'Afrique française. Madagascar et l'Algérie sont devenues des
républiques. L'heure de l'Empire a pris fin, sans drames en
Afrique noire et à Madagascar, mais au terme d'une crise
douloureuse en Algérie. Était-ce repli égoïste sur l'Hexagone ?
Telle n'était pas la volonté du général de Gaulle, comme
l'attestent le changement de dénomination du secrétariat à la
Communauté, devenu le 18 mai 1961 ministère de la Coopération, et la politique qu'il va mettre en œuvre.

Une autre politique étrangère. Libéré de l'hypothèque algérienne,
de Gaulle peut, avec plus d'autorité, poursuivre les grandes
orientations de sa politique étrangère. Dès son retour au pouvoir,
il avait affirmé celles-ci. Hostile à une Europe supranationale, il
avait fait en matière européenne deux choix considérables : ne
pas mettre en cause le traité de Rome instituant le Marché
commun signé le 25 mars 1957 ; poursuivre le rapprochement
franco-allemand, fondement à terme d'une Europe confédérale,
indépendante des États-Unis.

De Gaulle était d'autre part hostile à l'organisation militaire du
Pacte atlantique, qui intégrait l'armée française dans un système
dirigé par les États-Unis. Dès mars 1959, il retire les forces
françaises de Méditerranée du contrôle de l'OTAN. Le 3 novembre 1959, dans un discours à l'École militaire, il annonce la mise
sur pied d'une force nationale de dissuasion, pour la réalisation
de laquelle il bénéficie des choix de la IVe République, à partir
de 1954. La première bombe atomique française explose le
13 février 1960. La création de la force de frappe atomique française est poursuivie activement, malgré les critiques des États-
Unis, qui proposent une force atomique multilatérale à leurs
alliés.

Ces orientations inquiètent les milieux politiques français
favorables à l'alliance atlantique comme à l'intégration européenne. Le problème algérien réglé, de Gaulle n'apparaît plus
indispensable. Le conflit, jusque-là voilé, sur la politique étran-

gère, s'engage. Lorsque, le 15 mai 1962, de Gaulle réaffirme lors
d'une conférence de presse qu'« il ne peut pas y avoir d'autre
Europe que celle des États », et s'en prend à l'Europe supranationale, les ministres républicains populaires démissionnent du
gouvernement présidé par Georges Pompidou, ancien collabora-
teur du général de Gaulle, successeur de Michel Debré depuis le
14 avril. Socialistes, radicaux et indépendants critiquent également les orientations de la politique européenne.

Succès et contestation du gaullisme

Référendum et élections de 1962. Mais le conflit sur la politique
extérieure et sur la politique algérienne, refusée par la majorité
des indépendants attachés à l'Algérie française, se double d'un
conflit avec de Gaulle sur le terrain institutionnel, où le Général,
bon stratège, sait obtenir le soutien de l'opinion. Après l'attentat
OAS du Petit-Clamart le 22 août 1962, de Gaulle fait connaître,
le 12 septembre, son intention de proposer au pays un référendum sur l'élection du président de la République au suffrage
universel. A cette fin, de Gaulle recourt à l'article 11, qui vise
tout projet de loi « relatif à l'organisation des pouvoirs publics »,
et non à l'article 89, relatif à la révision. Il rencontre l'hostilité des
juristes et de tous les partis hormis l'UNR.

De Gaulle engage la lutte contre les « anciens partis », qui
dénoncent le « pouvoir personnel ». Le gouvernement Pompidou
est censuré le 5 octobre par l'Assemblée, que de Gaulle dissout.
Tour à tour, le référendum du 28 octobre et les élections
législatives des 18 et 25 novembre décident de l'avenir des
institutions de la Vᵉ République. Le *oui* obtient 61,76 % des
exprimés, 46,44 % des inscrits. C'est la fin du quasi-unanimisme
des référendums précédents, mais une défaite pour les partisans
du *non*, qui perdent plus de la moitié de leurs électeurs de
1958.

De Gaulle, à la différence de 1958, intervient dans la campagne
en vue des élections législatives. Au premier tour, l'UNR et ses
alliés progressent, gagnant près de 2 400 000 voix, avec 36 % des
suffrages exprimés. Au tour décisif, le 25 novembre, les candidats
qui se réclament de la Vᵉ République ont plus de 42 % des

suffrages exprimés. L'UNR-UDT (l'Union démocratique du travail, formation gaulliste de gauche unie à l'UNR) obtient 233 sièges. Avec l'appoint des 35 républicains indépendants qui, autour de Valéry Giscard d'Estaing, ont l'investiture de la Ve République, la formation gaulliste a la majorité. C'est, nouveauté dans la vie politique française, l'émergence du fait majoritaire. Reconduit au lendemain des législatives, Georges Pompidou demeure en fonction jusqu'à juillet 1968. Cette durée inouïe d'un chef de gouvernement témoigne de la profonde mutation due à l'existence d'une majorité politique cohérente.

Élection présidentielle et bipolarisation. Le paysage politique est désormais dominé par la perspective de l'élection présidentielle. Le président de la République « désigné par la majorité nationale est désormais comme la clé de voûte qui couvre et soude l'édifice de nos institutions » (de Gaulle, 9 septembre 1965). Au premier tour des élections présidentielles, le 5 décembre 1965, marqué par une très forte participation (moins de 15 % d'abstentions), le général de Gaulle est mis en ballottage : avec 43,71 % des exprimés, il fait bien plus que les candidats gaullistes aux législatives, mais le gaullisme de rassemblement recule. Candidat unique de la gauche, François Mitterrand, leader de la petite Convention des institutions républicaines (CIR), qui réunit des clubs politiques de gauche, obtient 32,23 % des exprimés, moins que le total des suffrages exprimés de gauche trois ans plus tôt : 1 million environ d'électeurs de gauche votent en effet pour le général de Gaulle. Le candidat du centre, Jean Lecanuet, obtient 15,85 % des suffrages. Le succès est limité, mais il contribue à mettre de Gaulle en ballottage. Le second tour n'oppose que les deux candidats arrivés en tête. François Mitterrand, qui se présente désormais comme le candidat des « républicains », rallie les suffrages d'une partie de l'électorat de Jean Lecanuet et ceux de l'extrême droite, à l'appel de son candidat, Jean-Louis Tixier-Vignancour, qui avait obtenu un peu plus de 5 % des voix au premier tour. François Mitterrand recueille 45,49 % des suffrages exprimés ; le général de Gaulle, qui gagne un peu moins de 60 % de l'électorat de Jean Lecanuet, 54,50 %.

L'élection présidentielle contribue à la polarisation des forces politiques. De la candidature de Jean Lecanuet naît le Centre démocrate, de celle de François Mitterrand, la Fédération de la gauche démocrate et socialiste (FGDS), qui veut réunir la gauche non communiste. A la veille des élections législatives de mars 1967, la FGDS signe un accord de désistement pour le second tour avec les communistes. Les élections des 5 et 12 mars 1967 sont marquées au premier tour par une poussée des candidats qui se réclament de la V° République, mais, au second tour, l'abstention ou le vote à gauche des électeurs centristes, dans les 331 duels qui opposent les partisans de la V° République et la gauche, entraînent une progression en sièges de la gauche. La majorité ne l'emporte que de justesse.

Dès lors, le gouvernement demande à agir par ordonnances, afin de prendre les mesures nécessaires pour préparer la France à l'ouverture des frontières au sein du Marché commun, le 1er juillet 1968. Cette procédure suscite les critiques des membres de la majorité attachés aux traditions parlementaires, notamment de Valéry Giscard d'Estaing, qui n'est plus ministre depuis janvier 1966, et qui a lancé la formule critique du « oui, mais ».

A vrai dire, pendant que les conditions du jeu politique se modifient et que se poursuit une rapide croissance économique, la préoccupation majeure du chef de l'État, délivré du fardeau algérien, est la politique internationale. Le 14 janvier 1963, de Gaulle dit non à l'offre anglo-américaine de force « multinationale » et refuse la candidature britannique au Marché commun. Il s'oppose à ce que la force française de dissuasion soit intégrée sous l'influence américaine et à ce que les chances d'une Europe indépendante se dissolvent dans un ensemble atlantique.

Au long des années, le général de Gaulle s'en prend avec une netteté croissante à la politique des États-Unis, qu'il critique l'intervention militaire au Vietnam ou à Saint-Domingue (au printemps 1965), ou qu'il dénonce la situation privilégiée du dollar dans l'économie mondiale depuis 1945. Le 7 mars 1966, de Gaulle annonce au président Johnson que la France retire ses forces du commandement intégré de l'OTAN et qu'elle n'acceptera plus la présence sur son sol d'éléments militaires alliés. Mais elle ne met pas en cause son adhésion à l'alliance atlantique.

Centristes et socialistes s'en prennent vivement aux orientations de la politique extérieure du général de Gaulle. Lors de la guerre des Six Jours, en juin 1967, de Gaulle désapprouve l'intervention militaire israélienne et invite à un règlement du problème palestinien ; le 24 juillet, le discours de Montréal exalte le « Québec libre » ; les prises de position du Général inquiètent une partie de la majorité elle-même. Valéry Giscard d'Estaing dénonce « l'exercice solitaire du pouvoir » et souhaite que le Parlement recouvre « un exercice plus normal de ses fonctions ».

La crise de 1968 et le départ du général de Gaulle. Plus généralement, alors que le régime va atteindre le cap des dix ans, beaucoup d'observateurs s'interrogent sur son avenir et sur la succession du général de Gaulle. Dans ce climat interviennent les événements, inattendus, de Mai 1968. La crise étudiante, née de la crainte de la sélection et de l'aspiration confuse à un changement de société, entraîne une crise sociale. Les grèves paralysent le pays et débouchent sur une crise politique. Le régime, qui paraît frappé d'impuissance, semble un moment près d'être emporté. En quelques phrases d'un discours radiodiffusé le 30 mai, de Gaulle reprend la situation en main et dissout l'Assemblée, dissipant les illusions mises en une révolution et en un changement de régime.

Les élections sont gagnées, mais leur succès exceptionnel apparaît bien plus comme celui du Premier ministre, Georges Pompidou, que comme celui du général de Gaulle. Celui-ci change de Premier ministre, appelle Maurice Couve de Murville, ministre des Affaires étrangères depuis 1958, et veut s'engager sur la voie de réformes. Désireux de confirmer sa légitimité, il consulte les Français par voie de référendum, le 27 avril 1969, sur un projet de régionalisation et de réforme du Sénat, qui comporterait désormais des représentants des activités économiques, sociales et culturelles. De Gaulle met son mandat dans la balance. Une partie des républicains indépendants avec Valéry Giscard d'Estaing s'oppose au projet. De Gaulle perd un électorat modéré qui sait que son départ ne crée pas de vide puisque Georges Pompidou est disposé à être candidat. Le *non* obtient 53,3 % des exprimés contre 46,7 % pour le *oui*. De

Gaulle démissionne dès le résultat, démontrant son respect de la démocratie. En fait, il a été emporté par la crise de 1968, qui est d'abord contestation libertaire des institutions établies et des formes habituelles d'autorité.

DOCUMENT

La République nouvelle selon de Gaulle

« Depuis sept ans, après son effondrement devant l'abîme de la guerre civile et l'imminence de la faillite économique et monétaire, commença la marche en avant, par l'adoption d'institutions stables et efficaces, la coopération remplaçant la colonisation, le développement planifié, au profit de tous les Français, de notre économie, de notre équipement, de notre enseignement, de notre capacité scientifique et technique, bref, l'impulsion dans tous les champs d'action ouverts à nos forces vives ; au-dehors, par une politique d'indépendance et d'équilibre, l'action menée partout en faveur de la paix, notamment en Asie où sévit une absurde guerre [1], l'effort entrepris pour recoudre notre continent déchiré, d'une part en poursuivant l'organisation de l'Europe occidentale, d'autre part en nouant avec les pays de l'Est des rapports multipliés, la présence, l'influence, la culture françaises s'affermissant dans toutes les parties de la terre.

« Est-ce parfait ? Est-ce complet ? Bien sûr que non ! puisqu'il s'agit d'une œuvre humaine. Mais cette œuvre-là, qui s'appelle le salut et le début de la rénovation, peut bien être décriée par les champions de la décadence. Elle n'en est pas moins évidente et reconnue du monde entier. Cependant, il faut qu'elle se développe et s'élargisse davantage encore.

« Oui ! La République nouvelle veut que le peuple lui donne demain, plus tard et toujours, une tête qui en soit une et que l'homme ainsi mandaté pour répondre du destin, notamment dans les jours graves, porte lui-même ses responsabilités.

« Oui ! La République nouvelle veut que notre pays continue d'avancer dans la prospérité, comme le prévoit la loi du Plan, de telle façon que les revenus de tous les Français s'accroissent avec le produit national, sur la base d'une économie concurrente de celle de tous les autres, d'une monnaie inébranlable et de budgets équilibrés.

« Oui ! La République nouvelle veut que la France, tout en restant l'alliée de ses alliés et l'amie de ses amis, ne pratique plus, vis-à-vis de

---

1. La guerre du Vietnam.

l'un d'eux [1], une subordination qui ne serait pas digne d'elle et qui pourrait, en certains cas, la jeter automatiquement dans des conflits qu'elle n'aurait pas voulus.

« Oui ! La République nouvelle veut doter la France d'un armement nucléaire, parce que quatre autres États [2] en ont un et que cela n'excède pas ses moyens, parce que, tout le monde sachant qu'elle ne menace personne, un pareil instrument revêt, pour sa défense, un caractère de dissuasion incomparablement efficace par rapport au système d'autrefois, parce qu'il ne nous coûte pas plus cher et nous permet de réduire de moitié la durée du service actif, enfin parce qu'à notre époque, atomique, électronique et spatiale, nous ne devons pas nous priver de tout ce que la recherche, la science, la technique, l'industrie françaises tirent et tireront, quant à leurs progrès et à leur activité, de cette nécessaire entreprise.

« Oui ! La République nouvelle, qui a déployé pour l'union de l'Europe occidentale de grands et incessants efforts en partie couronnés de succès, veut que l'édifice s'achève dans des conditions équitables et raisonnables ; que l'agriculture française entre dans le Marché commun effectivement et sans que, par la suite, quelque commission dite supranationale et quelque règle de la majorité puissent remettre tout en cause ; que, s'il s'agit un jour de bâtir une organisation politique des Six, la France ne risque pas, par l'effet de cette même procédure, d'être entraînée, sur notre continent, dans une action dangereuse et qu'elle n'approuverait pas [...] »

Charles de Gaulle, *Discours et Messages*, t. 4,
Paris, Plon, 1970, p. 404-405.

Le 30 novembre 1965, dans la première de ses deux interventions à la veille du premier tour des élections présidentielles, le général de Gaulle dresse un bilan de sa politique et définit les orientations de la Ve République : autorité du chef de l'État, croissance de l'économie et des revenus, indépendance extérieure fondée sur la force nucléaire, union de l'Europe des Six sans supranationalité.

1. Les États-Unis.
2. Les États-Unis, la Grande-Bretagne, l'URSS et la Chine.

31. La Vᵉ République s'enracine. Après-gaullisme et alternance politique

Sans crise institutionnelle se succèdent Georges Pompidou, continuateur, pour l'essentiel, de De Gaulle, Valéry Giscard d'Estaing, qui rallie l'opposition centriste et dont les tentatives de réforme se heurtent à la crise, François Mitterrand. L'élection de celui-ci à la présidence de la République entraîne une alternance politique, suivie, après les élections législatives de 1986, d'une période de « cohabitation ».

Les années Pompidou

L'élection. La succession de De Gaulle, épreuve pour les institutions, se déroule sans crise. L'élection oppose, outre les candidats de gauche et d'extrême gauche, le centriste Alain Poher, président du Sénat, et Georges Pompidou, qui se réclame de la tradition gaulliste et des institutions de la Vᵉ République. Sa volonté d'ouverture au problème européen lui vaut le ralliement d'une partie des centristes autour de Jacques Duhamel, René Pleven, Joseph Fontanet.

Au premier tour, Georges Pompidou obtient 44,5 % des suffrages exprimés, devançant nettement Alain Poher (23 %) et Jacques Duclos (21 %). Le Parti communiste, hostile à un rapprochement des socialistes et du centre et aux orientations « atlantistes » d'Alain Poher, appelle ses électeurs à l'abstention. Tous ne suivent pas cette consigne : le taux d'abstention passe de 22,41 à 31 %. Georges Pompidou obtient plus de 58 % des exprimés et 37,50 % des inscrits ; Alain Poher, respectivement 42 % et moins de 27 %. Ce succès démontre les aptitudes du gaullisme à survivre à de Gaulle et enracine les institutions de la Ve République.

Débloquer la société. La nomination de Jacques Chaban-Delmas, gaulliste de tradition radicale, comme Premier ministre, l'entrée dans le gouvernement de centristes ralliés, la mise en cause par la déclaration gouvernementale d'une « société bloquée » témoignent d'une volonté d'ouverture. L'État s'efforce de développer la négociation contractuelle dans les relations du travail. Le gouvernement surmonte les mouvements sociaux et l'agitation des groupes gauchistes. Mais une partie de sa majorité, conservateurs au sein de l'UDR gaulliste, républicains indépendants qui veulent marquer leur spécificité, critique une politique jugée trop peu ferme.

Dans la même période, la gauche non communiste se réorganise autour du nouveau Parti socialiste fondé en juillet 1969, qui s'oriente vers un rapprochement avec le Parti communiste. A Épinay, en juin 1971, François Mitterrand entre au Parti socialiste et en devient le premier secrétaire. Au long des années, le nouveau parti va se grossir d'apports nouveaux, recueillant une part des fruits de la contestation de 1968.

Le président de la République poursuit les grandes orientations du général de Gaulle en matière de politique extérieure. Le seul infléchissement, d'ailleurs amorcé par de Gaulle en février 1969, est la levée, en mai 1971, du veto français à l'entrée de l'Angleterre – jugée susceptible d'équilibrer l'Allemagne fédérale – dans le Marché commun. Georges Pompidou, qui espère rallier les centristes d'opposition et diviser la gauche (les socialistes sont favorables à l'élargissement de l'Europe), consulte les Français, le 23 avril 1972, par voie de référendum, sur l'élargissement du Marché commun. Mais l'appel à l'abstention du Parti socialiste transforme en demi-échec le succès d'opinion escompté par le président de la République. Le *oui* obtient 68 % des suffrages exprimés, mais seulement 36 % des inscrits, avec 39,5 % d'abstentions et 7,1 % de blancs et nuls.

Les temps difficiles. Désireux de reprendre l'initiative, le président de la République remplace, le 5 juillet 1972, aux fonctions de Premier ministre, Jacques Chaban-Delmas par Pierre Messmer, représentant du gaullisme orthodoxe, plus proche de l'Élysée. Cependant, l'opposition de gauche socialiste et communiste est unie désormais dans un Programme commun de gouvernement. Aux élections de mars 1973, la majorité, quoique en recul, l'emporte, grâce, au second tour, à l'appoint des électeurs centristes hostiles au Programme commun. Le gouvernement Messmer est remanié : Michel Jobert, secrétaire général de l'Élysée depuis 1969, devient ministre des Affaires étrangères. Ce gouvernement affronte une situation de crise. Elle tient aux difficultés sociales (illustrées par la grève de l'entreprise d'horlogerie Lip), à la gravité de la situation internationale (la guerre d'octobre 1973 oppose Arabes et Israéliens et fait peser des menaces sur le ravitaillement en pétrole de l'Europe), à l'état de santé enfin du président de la République, dont l'aggravation est sensible malgré des démentis. Dès lors, les spéculations sur une prochaine élection présidentielle vont bon train.

La présidence de Valéry Giscard d'Estaing

A la recherche d'un « consensus ». Lorsque Georges Pompidou disparaît le 2 avril 1974 au soir, l'intérim est à nouveau assuré, comme le 27 avril 1969, et conformément aux institutions, par le président du Sénat, Alain Poher. A la différence de 1969, la gauche unie présente un candidat dès le premier tour : François Mitterrand. Du côté de la majorité s'opposent Jacques Chaban-Delmas et le ministre des Finances Valéry Giscard d'Estaing. Il est soutenu par les républicains indépendants, les centristes d'opposition et une fraction des gaullistes autour de Jacques Chirac. La participation électorale est très élevée : il n'y a que 15,77 % d'abstentions. François Mitterrand obtient 43,3 % des suffrages en métropole, Valéry Giscard d'Estaing 32,91 %, Jacques Chaban-Delmas, qui au long de sa campagne a déçu, 14,6 %. L'issue du second tour est incertaine. Valéry Giscard d'Estaing, qui a convaincu de sa volonté de changement une frange des électeurs, l'emporte de justesse par 50,81 % des suffrages exprimés, contre 49,19 % à son adversaire. Un peu plus de 420 000 suffrages séparent les deux candidats. Le taux de participation, inégalé, est de 87,9 %. Si l'élection présidentielle est pleinement entrée dans les mœurs politiques des Français, le pays paraît coupé en deux.

Le nouveau président de la République, grand bourgeois libéral, désireux de gouverner « au centre » et de trouver un certain « consensus », va se heurter aux dures contraintes de la lutte politique et à des contestations diverses, sur une toile de fond de crise économique et de tensions internationales aggravées. Le Premier ministre est Jacques Chirac, choix dû à l'attitude de celui-ci lors de l'élection présidentielle et au poids dominant du groupe UDR à l'Assemblée. Mais l'UDR ne détient plus qu'un tiers des portefeuilles, au côté de centristes et de non-parlementaires. Le « changement » annoncé par le nouveau président de la République se traduit par des démarches symboliques qui visent avec plus ou moins de bonheur à une plus grande simplicité dans les contacts avec les Français. Le président de la République s'efforce d'ouvrir un dialogue avec l'opposition sans trouver un véritable écho.

Cependant, des mesures importantes sont adoptées : loi du 5 juillet 1974 qui abaisse à dix-huit ans l'âge de la majorité, loi du 31 décembre 1975 qui modifie le statut de Paris, doté enfin d'un maire élu. D'autre part, le *Congrès adopte le 21 octobre 1974, par 488 voix contre 273, une révision de la Constitution qui étend à 60 députés ou sénateurs le droit, jusque-là dévolu au président de la République, au Premier ministre, aux présidents des Assemblées, de déférer une loi au Conseil constitutionnel avant sa promulgation. Cette disposition, qui sur le moment ne frappe guère, est à l'origine des interventions croissantes du Conseil constitutionnel, juge de la conformité à la Constitution du travail législatif. A la souveraineté de la loi, chère à la tradition républicaine, s'oppose une manière de gouvernement des juges, un pouvoir de contrepoids, issu de la tradition libérale.

A côté de ces réformes politiques sont prises des réformes qui touchent aux mœurs. Elles veulent répondre aux aspirations libertaires et individualistes caractéristiques de l'esprit du temps.

La loi du 17 janvier 1975 sur l'interruption volontaire de grossesse est adoptée par une « majorité d'idées » qui associe la gauche et une minorité de la majorité gouvernementale. Le ministre de la Santé, Simone Veil, s'est efforcé de présenter la loi dépénalisant l'avortement comme un moindre mal, l'avortement étant une « formule de détresse ». En fait, l'application de la loi ne se fera pas dans l'esprit qui a présidé à son vote. Une loi du 11 juillet 1975 facilite les procédures de divorce. En revanche, les projets relatifs aux réformes économiques et sociales n'aboutissent pas, ainsi du rapport de la commission présidée par Pierre Sudreau sur la réforme de l'entreprise.

Le poids de la crise. En fait, une partie de la majorité parlementaire est réservée devant les projets présidentiels. Les interventions croissantes du président de la République dans la conduite directe des affaires, une appréciation différente de l'attitude à observer face à la crise économique, un désaccord sur l'Europe (c'est le 12 juillet qu'intervient l'accord de Bruxelles sur l'élection de l'Assemblée européenne au suffrage universel), toutes ces raisons sont aux origines de la démission, le 25 août 1976, du Premier ministre. Il affirme publiquement, et de façon inhabituelle, ne pas disposer des moyens nécessaires pour assurer ses fonctions.

Jacques Chirac est remplacé par Raymond Barre, professeur d'économie politique, ancien vice-président de la Commission des Communautés économiques européennes, ministre du Commerce extérieur depuis janvier 1976, qui n'appartient à aucune formation politique et reçoit pour première mission de lutter contre l'inflation. Il prend en même temps les portefeuilles de l'Économie et des Finances. La stabilité monétaire et l'équilibre des échanges extérieurs deviennent la priorité. Dans cette politique d'austérité, le Premier ministre trouve des oppositions au sein même de sa majorité. Chirac prend la tête du mouvement gaulliste, rebaptisé RPR (Rassemblement pour la République), qui adopte une attitude critique vis-à-vis du gouvernement. Aussi Raymond Barre recourt-il volontiers, tout au long des gouvernements successifs qu'il préside jusqu'en mai 1981, à l'article 49-3, qui dispose que le texte proposé est adopté si une motion de censure ne recueille pas de majorité. De vives frictions opposent, dans la majorité gouvernementale, le RPR et l'Union pour la démocratie française (UDF), constituée à la veille des élections de 1978. Ce cartel électoral réunit : le Parti républicain, issu des républicains indépendants ; le Centre des démocrates-sociaux, né de la réunification des centristes d'inspiration démocrate-chrétienne ; et les radicaux, entendons ceux qui n'acceptent pas, à l'inverse du Mouvement des radicaux de gauche, l'entente avec les socialistes ou les communistes.

A gauche, les négociations en vue de mettre à jour le Programme commun échouent en septembre 1977. Conséquence de cette division, l'opposition ne trouve pas, aux législatives de mars 1978, le succès que pouvaient lui laisser escompter les sondages ou les municipales de 1977. Mais, pour la première fois depuis la guerre, le Parti socialiste devance le Parti communiste, indice d'un rééquilibrage important au sein de la gauche. Dans la majorité, qui a environ 80 sièges de plus que ses adversaires, le RPR, tout en demeurant le groupe le plus important, connaît un tassement au profit de l'UDF.

Un nouveau gouvernement Barre est formé au lendemain des élections. Mais, en fait, chacun a désormais le regard fixé sur l'élection présidentielle. La désunion reste entière à gauche, elle n'est pas moins grande dans le camp majoritaire. Raymond Barre poursuit la politique de redressement du franc et du commerce extérieur, sans parvenir à empêcher la montée du chômage. Les initiatives réformatrices du président de la République s'estompent, tandis que certaines orientations marquent la volonté de rassurer la partie la plus conservatrice de l'opinion, ainsi le vote à la fin de la législature de la loi « sécurité et liberté », critiquée bien au-delà de l'opposition.

Le président de la République, très présent dans le jeu politique intérieur, est cependant soucieux de s'affirmer avant tout en politique extérieure. S'il poursuit pour l'essentiel les orientations de ses prédécesseurs, il donne l'impression de manquer de fermeté face à l'Union soviétique et de nourrir des illusions sur le dialogue avec celle-ci en rencontrant Brejnev à Varsovie, le 19 mai 1980, quelques mois après l'intervention soviétique en Afghanistan.

L'alternance de gauche

La gauche l'emporte. L'élection présidentielle oppose, outre les
« petits candidats », les représentants de chacune des grandes
formations politiques. Le premier tour, le 26 avril, est marqué
par le recul important du Parti communiste : avec 15,34 %
des suffrages exprimés, Georges Marchais arrive au quatrième
rang, après Jacques Chirac (17,99 %), François Mitterrand
(25,84 %) et Valéry Giscard d'Estaing (28,31 %). L'écart entre
le président sortant et son adversaire socialiste est plus faible
que prévu.

Au second tour, François Mitterrand, qui fait campagne sur le
thème de la « force tranquille », attire à lui les suffrages des petits
candidats de gauche et des écologistes. Il obtient le ralliement du
Parti communiste. Enfin, une frange de l'électorat gaulliste vote
pour lui par hostilité à Valéry Giscard d'Estaing. Le taux de
participation s'élève. Les abstentions passent de 18,9 % au
premier tour à 14,13 %. François Mitterrand l'emporte, le
10 mai, par 52,22 % des suffrages exprimés alors que Valéry
Giscard d'Estaing en compte 47,77 %. Le président sortant est
incontestablement victime de l'usure du pouvoir. Surtout, son
adversaire, à cause du recul du Parti communiste, paraît moins
dépendant de celui-ci que sept ans plus tôt. La France élit le
premier président socialiste au suffrage universel.

L'alternance politique se fait par la voie de l'élection présidentielle. Les institutions de la V° République supportent sans mal
l'épreuve. Le nouveau président de la République forme un
gouvernement dirigé par le socialiste Pierre Mauroy, sans faire
appel aux communistes, choix qui rassure l'opinion. L'Assemblée est dissoute et les élections législatives des 14 et 21 juin,
dominées par un fort abstentionnisme (plus de 29 %), venu
essentiellement de la droite, montrent que les Français veulent
confirmer le succès du président de la République. Le recul
communiste s'affirme (16,12 % des exprimés) ainsi que la poussée du Parti socialiste (37,77 %), rallié par nombre d'électeurs
qui veulent mettre en tête le candidat socialiste face au candidat
communiste. Au soir du second tour, le Parti socialiste a

285 élus ; il dépasse de 40 sièges la majorité absolue. Le Parti communiste passe de 86 à 44 députés. L'opposition comporte 157 élus, dont 88 RPR et 62 UDF. Désormais, majorité parlementaire et majorité présidentielle concordent. Tel est le vœu des électeurs, fidèles à l'esprit des institutions. Mais, désireux d'une alternance politique, ils ne souhaitent pas un profond changement de société, comme le croient un temps les vainqueurs.

De l'« état de grâce » à la rigueur. Le nouveau gouvernement Mauroy comporte quatre ministres communistes sur quarante-quatre membres. Leur présence, bien que limitée, témoigne de la volonté du président de la République d'associer au pouvoir toutes les composantes de la gauche et de mettre en œuvre les grands aspects de son programme.

Une politique de relance de l'économie, appuyée par des mesures sociales, vise à enrayer le chômage. Un certain nombre de groupes industriels et les grandes banques sont nationalisés. D'importantes lois étendent la décentralisation et concernent les relations sociales dans l'entreprise.

Soutenue au départ par l'attitude favorable de l'opinion (l'« état de grâce »), l'expérience socialiste se heurte bien vite à la contrainte des réalités économiques. En juin 1982, il est indispensable d'engager un plan de rigueur, renforcé au printemps 1983. La charge idéologique de certains projets et les maladresses des gouvernants amènent un reflux de l'opinion, sensible dès les premières élections partielles du début 1982, et qui s'affirme aux municipales de 1983. Enfin, les relations entre socialistes et communistes se détériorent, malgré la participation gouvernementale du PCF, qui se sent otage. En juillet 1984, François Mitterrand, quelques semaines après la manifestation populaire contre le projet relatif à l'enseignement privé, ressenti comme une atteinte à la liberté d'enseignement, fait appel à un nouveau Premier ministre, Laurent Fabius. Le Parti communiste met alors fin à la participation gouvernementale : la politique de rigueur et de modernisation rencontre son hostilité croissante.

La cohabitation. Les élections de mars 1986, grâce à l'introduction de la *représentation proportionnelle, ne donnent à l'opposition

RPF et UDF, qui obtient 44,7 % des suffrages exprimés en métropole, qu'une majorité de justesse en sièges. La consultation confirme à la fois la montée du Front national (9,80 %), aux thèmes xénophobes, et la poursuite du recul du Parti communiste (9,60 %), victime de la mauvaise image de l'URSS dans l'opinion, de ses campagnes contre le Parti socialiste, de son vieillissement. Le régime connaît une nouvelle alternance politique et l'épreuve d'une cohabitation entre le président de la République et la majorité parlementaire. François Mitterrand appelle Jacques Chirac à former le gouvernement, qui engage une politique libérale, marquée notamment par la privatisation d'entreprises nationalisées. Le président de la République prend à l'occasion ses distances.

Aux élections présidentielles, François Mitterrand obtient 34,1 % des exprimés au premier tour, le 24 avril, face à Jacques Chirac : 19,9 %, et à Raymond Barre : 16,6 %, affaiblis par le succès du Front national de Jean-Marie Le Pen : 14,4 %. Le PCF s'effondre : 6,8 %. Au deuxième tour, François Mitterrand se présente en homme de rassemblement. Il l'emporte par 54 % des exprimés. Il invite Michel Rocard à former un gouvernement qui se veut d'« ouverture », et comprend certaines personnalités « centristes ». La dissolution de l'Assemblée vise à faire coïncider majorité présidentielle et majorité parlementaire. Les élections en juin ne donnent qu'une majorité relative (276 élus pour 271 au centre et à la droite) aux socialistes et radicaux de gauche. Le scrutin uninominal rétabli par Jacques Chirac ne laisse que 27 sièges au PCF et un au Front national. Le gouvernement Rocard est élargi à des personnalités de la « société civile ». La seconde expérience socialiste se différencie d'emblée de celle de 1981 par son souci de gestion et de réalisme.

Mais la montée du chômage, l'inquiétude devant la construction européenne, les peurs nées de l'immigration, les scandales, nourrissent une désaffection croissante vis à vis des gouvernants, qu'attestent le fort taux d'abstention, l'audience du Front national et des écologistes. Le remplacement en mai 1991 de Michel Rocard par Édith Cresson, première femme Premier ministre, ne suffit pas à mettre fin à un sentiment de crise.

DOCUMENT

La société bloquée (1969)

« De cette société bloquée, je retiens trois éléments essentiels, au demeurant liés les uns aux autres de la façon la plus étroite : la fragilité de notre économie, le fonctionnement souvent défectueux de l'État, enfin l'archaïsme et le conservatisme de nos structures sociales. Notre économie est encore fragile. Une preuve en est que nous ne pouvons accéder au plein emploi sans tomber dans l'inflation. C'est cette tendance à l'inflation qui nous menace en permanence d'avoir à subir la récession ou la dépendance. Pourquoi cette fragilité ? Avant tout à cause de l'insuffisance de notre industrie [...] D'abord, la part de l'industrie dans notre production est trop réduite ; ensuite alors que les industries du passé sont hypertrophiées, que la rentabilité immédiate des industries de pointe est souvent faible, l'insuffisance est patente en ce qui concerne l'essentiel, c'est-à-dire les industries tournées vers le présent. Bien plus, ce retard s'accroît, puisque, depuis plusieurs années, l'industrie n'est pour rien dans l'augmentation nette du nombre des emplois.

« Or la faiblesse de notre base industrielle handicape tout notre développement économique. Sur le plan extérieur, elle est à l'origine de ce que la composition de nos exportations n'est pas celle d'un pays entièrement développé. Sur le plan intérieur, elle freine l'indispensable mutation agricole, encourage la prolifération des services, alourdit les charges de la vie collective et en définitive retentit directement sur notre niveau de vie [...]

« Tentaculaire et en même temps inefficace, voilà, nous le savons tous, ce qu'est en passe de devenir l'État, et cela en dépit de l'existence d'un corps de fonctionnaires très généralement compétents et parfois remarquables. Tentaculaire, car, par l'extension indéfinie de ses responsabilités, il a peu à peu mis en tutelle la société française tout entière.

« Cette évolution ne se serait pas produite si, dans ses profondeurs, notre société ne l'avait réclamée. Or c'est bien ce qui s'est passé. Le renouveau de la France après la Libération, s'il a admirablement mobilisé les énergies, a aussi consolidé une vieille tradition colbertiste et jacobine, faisant de l'État une nouvelle providence. Il n'est presque aucune profession, il n'est aucune catégorie sociale qui n'ait, depuis vingt-cinq ans, réclamé ou exigé de lui protection, subvention, détaxation ou réglementation.

« Mais, si l'État ainsi sollicité a constamment étendu son emprise, son efficacité ne s'est pas accrue de même, car souvent les modalités de ses interventions ne lui permettent pas d'atteindre ses buts [...]

« Nous sommes encore un pays de castes. Des écarts excessifs de revenus, une mobilité sociale insuffisante maintiennent des cloisons anachroniques entre les groupes sociaux. Des préjugés aussi : par exemple, dans une certaine fraction de la population non ouvrière, à l'encontre des métiers techniques ou manuels.

« J'ajoute que ce conservatisme des structures sociales entretient l'extrémisme des idéologies. On préfère trop souvent se battre pour des mots, même s'ils recouvrent des échecs dramatiques, plutôt que des réalités. C'est pourquoi nous ne parvenons pas à accomplir des réformes autrement qu'en faisant semblant de faire des révolutions. La société française n'est pas encore parvenue à évoluer autrement que par crises majeures. *(Applaudissements sur les bancs de la majorité.)*

« Enfin, comme Tocqueville l'a démontré, et ceci reste toujours vrai, il existe un rapport profond entre l'omnipotence de l'État et la faiblesse de la vie collective dans notre pays. Les groupes sociaux et profession-nels sont, par rapport à l'étranger, peu organisés et insuffisamment représentés. »

Jacques Chaban-Delmas, 16 septembre 1969.

Déclaration du Premier ministre, Jacques Chaban-Delmas, le 16 septem-bre 1969, devant l'Assemblée nationale réunie en session extraordinaire. S'inspirant des réflexions du sociologue Michel Crozier, et de ses collaborateurs Simon Nora et Jacques Delors, le Premier ministre décrit la société française comme une « société bloquée » (par une économie fragile, un État tentaculaire, des structures archaïques et conservatrices) qu'il faut réformer.

32. Les mutations de la France dans la seconde moitié du 20e siècle

Depuis la fin des années 40, la France s'est profondément transformée. Elle est devenue une grande puissance industrielle, sa population active agricole a considérablement décru au profit du secteur secondaire et plus encore du secteur tertiaire, et ses modes de vie se sont uniformisés

Le mouvement économique

Reconstruction et modernisation. La Seconde Guerre mondiale entraîne des pertes humaines importantes (600 000 morts), inférieures cependant à la saignée de la guerre de 1914. Les dommages économiques sont considérables du fait des prélèvements allemands, des destructions, de l'absence d'investissements. Le niveau de production de 1938 n'est atteint qu'en 1947. Celui de 1929, à la fin seulement de 1950. Le reconstruction est largement dominée par l'intervention de l'État conformément aux idées répandues chez les résistants. Le contrôle des changes établi lors de l'entrée en guerre est maintenu, comme le contrôle des prix appelé à durer, au moins partiellement, jusqu'en 1986. L'énergie, une partie du secteur bancaire, des entreprises compromises sous l'Occupation, comme Renault, sont nationalisées. Le décret du 3 janvier 1946 établit un plan « pour la modernisation et l'équipement économique » : les deux termes disent les maîtres mots de ces années d'après guerre. Cette modernisation se fait dans un esprit dirigiste, commun aux hauts fonctionnaires et aux cadres dirigeants de l'économie.

La production repart, mais l'économie française connaît deux handicaps majeurs : l'*inflation et le déséquilibre des échanges extérieurs. Si la très forte inflation qui suit la guerre prend fin en 1949, une nouvelle vague inflationniste reparaît en 1951-1952, consécutive notamment à la guerre de Corée. Antoine Pinay, président du Conseil en mars 1952, parvient, par une politique de confiance, à l'enrayer, mais le mal demeure présent dans les mentalités et les structures de l'économie.

Le déséquilibre des échanges, dû à l'ampleur des importations dans les années de la reconstruction, trouve un remède partiel grâce à l'aide Marshall : la France, comme les autres pays de l'Europe occidentale, bénéficie d'une aide des États-Unis, qui comble le déficit en dollars et permet l'investissement. Chargée de présider à la répartition de l'aide américaine, l'OECE (Organisation européenne de coopération économique) favorise le développement des échanges internationaux. Les débuts de la construction européenne (la Communauté européenne du charbon et de l'acier entre en vigueur le 25 juillet 1952) contribuent d'autre part à ouvrir l'économie française à des dimensions nouvelles. La décision du général de Gaulle à son retour au pouvoir de ne pas remettre en cause le traité de Rome du 25 mars 1957 instituant le Marché commun marque le caractère inéluctable d'une évolution qui modifie fondamentalement les conditions de l'économie française.

De la croissance à la crise. Dès les années 1954-1955, la France, comme les autres pays du monde atlantique, entre dans une période de croissance exceptionnelle. Le taux de croissance moyen annuel est de 4,5 % de 1949 à 1959, de 5,8 % de 1959 à 1970. Entre 1946 et 1977, le produit national brut est multiplié par cinq. La France devient une grande puissance industrielle et un des premiers pays exportateurs du monde. La production industrielle triple de 1954 à 1984. La France se dote d'une industrie électronucléaire « la plus performante du monde » (Jean-Marcel Jeanneney). L'industrie aérospatiale est la rivale des États-Unis. Mais les succès de grandes entreprises publiques et privées, également aidées par l'État, ne doivent pas masquer les déficiences des entreprises moyennes, face aux mutations technologiques et à la concurrence étrangère.

A partir de 1973, la crise consécutive aux fluctuations des prix des matières premières, notamment du pétrole, et aux fluctuations du cours du dollar, consécutive aussi aux innovations techniques et à la montée des nouveaux pays industriels, a touché la France. La production languit depuis 1974, augmentant de 8 % en treize ans. Le chômage passe de 2,8 % de la population active en 1974 à 6,3 % en 1980 et 10,9 % en 1986.

L'évolution démographique est préoccupante. En quatre décennies, la population a crû du cinquième, atteignant 55 506 000 habitants en 1987. Le relèvement du taux de natalité se maintient jusqu'à 1965, entraînant le rajeunissement de la population. En revanche, il baisse depuis une vingtaine d'années : il passe de 17,9 ‰ à moins de 14 ‰. Cette chute, moins accusée cependant que dans les pays voisins, et la baisse du taux de mortalité (10,1 ‰) conduisent à un vieillissement inéluctable de la population. Le taux de fécondité est tombé de 2,47 enfants par femme en 1970 à 1,82 en 1987, quand le seuil de remplacement des générations est de 2,1 enfants par femme. Les perspectives démographiques sont donc inquiétantes pour l'avenir. Les années de croissance ont nécessité, comme entre 1921 et 1931, un important recours à l'immigration. Les étrangers représentent actuellement environ 4 500 000 habitants, par ordre d'importance : Portugais et Algériens (plus de 800 000 pour chaque communauté), puis Marocains, Italiens et Espagnols (de 400 000 à 500 000). Les pays latins du bassin méditerranéen et le Maghreb représentent les principaux apports. La région parisienne, la région Rhône-Alpes et la Provence sont les principaux foyers de population immigrée.

La société : diversité et uniformisation

Villes et campagnes. En 1945, la France était encore, selon la formule d'Henri Mendras, le plus « paysan » de tous les pays occidentaux, avec 45 % de la population dans les communes rurales, le quart de la main-d'œuvre dans l'agriculture. En 1986, l'agriculture ne représente plus que 8 % de la population active et 6 % de la valeur de la production nationale. Dans les années 60, près de 100 000 travailleurs quittent la terre chaque année. Désormais, plus de trois Français sur quatre vivent dans les villes.

Cependant, il ne faut pas ici céder aux illusions statistiques. Le seuil de 2 000 habitants pour définir la ville, acceptable au 19e siècle, n'a plus guère de sens aujourd'hui. On peut, avec Henri Mendras, estimer qu'à moins de 20 000 habitants les villes sont des villes rurales, profondément intégrées à la vie des campagnes. En prenant le seuil de 20 000 habitants comme définition de la ville, la population rurale reste quasi stable, passant depuis 1945 de 50 à 44 %. Cette observation conduit à ne pas confondre l'effondrement de la population active agricole et la vitalité remarquable de la France rurale, la France des campagnes et des petites villes.

Le réseau des grandes villes est resté celui qui s'était affirmé au 19e siècle. Le fait nouveau est le développement, autour des grandes métropoles urbaines, de banlieues faites de grands ensembles, réponse à l'exode rural et à la croissance des activités urbaines. Cependant, si on excepte la région parisienne, héritage d'une longue histoire, et l'agglomération lyonnaise, la France ne connaît pas, à la différence de ses voisins, de très grandes villes.

Tertiaire, primaire, secondaire. Le secteur secondaire a crû lentement, pour ensuite connaître un tassement : 38,5 % de la population active en 1982, indice du déclin des vieux métiers industriels. En revanche, depuis le milieu des années 60, le secteur tertiaire n'a cessé de se gonfler, jusqu'à représenter 57,6 % de la population active en 1982. Il constitue, dans les années de la crise, le seul secteur créateur d'emplois *(document, p. 387)*. La notion de secteur tertiaire est fort large et additionne des domaines divers, mais deux données sont particulièrement significatives : la montée des cadres et professions libérales, qui ont plus que doublé (passant de 9 à 20 % depuis la guerre), et la montée de l'emploi tertiaire féminin. La nouveauté n'est pas tant, en effet, la progression du nombre de femmes au travail, passant de 34 à 40 % de la population active en une vingtaine d'années, que la part croissante des femmes dans le secteur tertiaire.

Autre mutation : la France est devenue un pays de salariés (85 % des actifs). C'est la double conséquence de l'effondrement des professions indépendantes et de la population active agricole. La France n'est plus ce pays d'artisans, de boutiquiers et de petits propriétaires exploitants qu'elle fut longtemps dans la réalité, plus longtemps encore dans l'image que tant d'essais, encore autour de 1950, donnaient d'elle : *la France à l'heure de son clocher,* que décrivait l'essayiste suisse Herbert Lüthy, *le Village du Vaucluse,* où vécut l'anthropologue américain Laurence Wylie. Mais cette France du changement et de la modernité, de l'ouverture à l'Europe et au monde, de la consommation de masse et de l'uniformisation culturelle est aussi une France dont les réalités sociales et mentales témoignent de remarquables permanences.

Sans doute est-ce le groupe des agriculteurs qui a connu les mutations les plus importantes : déclin numérique spectaculaire, entrée dans l'économie d'échanges et de crédit, accroissement de la productivité, puissance des organisations agricoles, qui contraste avec le traditionnel individualisme paysan, souci de la formation, dû largement au rôle dans l'après-guerre de la Jeunesse agricole chrétienne (JAC), puis du Centre national des jeunes agriculteurs (CNJA). Le changement n'est pas seulement dans les modes de vie, mais dans les mentalités et les systèmes de valeurs : aussi tout un discours sur l'archaïsme paysan et l'« ordre éternel des champs » n'est-il plus de mise.

Bien entendu, ces traits d'ensemble vont de pair avec des situations fort diverses : petits exploitants, dont le souci premier est désormais l'endettement, et gros exploitants, véritables capitalistes ; exploitations fidèles à la polyculture et exploitations spécialisées ; régions touchées profondément par l'exode rural et régions, comme la Bretagne, où la pression démographique est restée longtemps forte.

La classe ouvrière a connu des transformations considérables dans ses structures et son mode de vie : effondrement ou déclin des métiers qui symbolisaient le 19e siècle industriel (la mine, le textile, maintenant la métallurgie) ; développement de secteurs nouveaux, dans l'électronique, l'informatique, marqués par une différenciation croissante des formes d'activité, l'apport d'innovations technologiques rapides. Dès les années 60, des sociologues ont pu parler à ce propos d'une « nouvelle classe ouvrière » à haut degré de qualification, proche des cadres. Encore faut-il observer qu'elle ne représente qu'une minorité du monde ouvrier. Le pourcentage d'ouvriers non qualifiés demeure, depuis les années 60, aux environs de 60 %. Cette médiocre qualification constitue un trait propre de la population ouvrière française. La main-d'œuvre féminine ouvrière, les jeunes, les immigrés (qui représentent 17 % des ouvriers, employés pour le tiers dans le bâtiment et les travaux publics) forment les gros bataillons de cette classe ouvrière instable et déqualifiée, à la condition précaire, à quoi s'oppose, pour reprendre l'analyse de Michel Verret, une classe ouvrière qualifiée, stable, protégée notamment par les statuts des entreprises publiques.

Si on passe au revenu, la réalité de l'enrichissement ouvrier est indéniable. Le pouvoir d'achat a doublé en un quart de siècle (de 1950 à 1976). En revanche, l'écart s'est maintenu entre le revenu du ménage ouvrier et celui du ménage de cadre supérieur. Il était de 1 à 3,7 en 1962. La demande d'égalité croissante a entraîné dans les années d'après 1968 une tendance à la réduction de cet écart : de 1 à 3,8 en 1970, il est passé à 3,4 en 1984. Le sentiment d'une appartenance à la condition ouvrière demeure, même si les modes de vie (logement, automobile, appareils électroménagers) et les valeurs culturelles s'apparentent de plus en plus à ceux des classes moyennes. Ce sentiment se nourrit de l'hostilité à la hiérarchie et aux pratiques autoritaires, du mécontentement devant les conditions de travail – qui ont connu moins d'améliorations que dans les pays voisins –, de l'idée que dans la société française le travail manuel reste objet de quelque mépris. Toutes ces raisons expliquent qu'il demeure une conscience ouvrière. Elle peut s'exprimer, par-delà les organisations syndicales, dont le poids est faible au regard d'autres pays industriels, par des grèves sauvages, parties de la base.

Une société de consommation et ses élites. Le gonflement des classes moyennes constitue une des réalités majeures de l'évolution de la société française. En leur sein, les salariés du secteur privé, les enseignants et les fonctionnaires sont désormais le groupe dominant. Ce sont ces nouvelles classes moyennes qui ont le plus bénéficié de la démocratisation de l'enseignement secondaire et de la croissance de l'enseignement supérieur dans les dernières décennies. Aussi ont-elles un niveau d'instruction et des aspirations culturelles supérieurs à ceux des classes moyennes traditionnelles (petits patrons, artisans, commerçants).

Ce monde de salariés urbains participe des pratiques de la société de consommation : vacances d'environ trois semaines pour près de 80 % des urbains de moins de soixante ans, acquisition du logement, voire d'une résidence secondaire, qui n'est plus un trait de la seule bourgeoisie. En fait, le monde ouvrier participe désormais largement de ce mode de vie, on l'a dit, mais ce qui distingue de lui les classes moyennes, même dans leur frange inférieure, c'est l'accès à l'enseignement secondaire et supérieur.

L'extension de cette « société moyenne » (selon le mot de Jacques Lautman) conduit à s'interroger sur ce qu'il est advenu aujourd'hui de cette bourgeoisie dont on a dit le rôle en d'autres temps. A vrai dire, le concept réclame le recours à de nouveaux critères : si le bourgeois était défini par le baccalauréat, une fortune qui ne devait à peu près rien au salaire, on est aujourd'hui loin du compte. Faut-il alors parler de grande bourgeoisie, de dominants, ou plus justement d'élites, en désignant par là cette frange supérieure de la société qui se distingue par l'ampleur des revenus, un pouvoir d'influence dans le domaine économique, politique, culturel ? Sans doute peut-on ranger là une partie des professions libérales, les grands industriels, les hauts cadres du secteur public et privé. Il est incontestable que ces élites s'efforcent de maintenir leur rôle et y parviennent, pour une part, par des stratégies de reproduction sur lesquelles maints auteurs ont insisté avec force. Encore n'a-t-on pas suffisamment mis en évidence les phénomènes de mobilité sociale descendante et ascendante : si l'analyse porte sur deux générations, on observe un relatif renouvellement, qui dément l'image un peu mythologique de la permanence des élites.

Un autre mythe serait celui d'une stratégie politique cohérente de ces élites. A vrai dire, pas plus qu'aucun autre groupe social, elles n'ont un même projet politique. Elles s'orientent de façon privilégiée vers les formations classées à droite, mais celles-ci sont traversées d'âpres divisions. D'autre part, une fraction appréciable est favorable à la gauche socialiste : l'élite du pouvoir issue des élections de 1981 ne comportait pas des traits fondamentalement différents de celle qui avait été auparavant aux affaires.

Plus généralement, à mesure que les structures sociales se sont diversifiées et complexifiées et que les inégalités sociales se sont réduites, les explications de la vie politique en termes de luttes des classes ont perdu de leur validité. Le vote ouvrier conservateur est une réalité qui dément la notion de « partis ouvriers », et les classes moyennes ont un comportement politique « éclaté », changeant selon la conjoncture.

Le déclin des luttes d'antan. Cette observation conduit à constater le déclin des grands affrontements qu'avait connus la France du 19e siècle et du premier 20e siècle. Les « guerres sociales » du 19e siècle ont pris fin et les guerres idéologiques ont perdu de leur intensité. La question du régime, ce grand débat ouvert avec la Révolution française, ne paraît plus susciter de passions. Les institutions de la Ve République sont l'objet d'un large consensus. La « question religieuse », ligne majeure de partage pendant si longtemps, n'est plus, depuis des décennies, au premier plan des luttes politiques. Certes, la pratique religieuse, bien qu'en déclin, demeure un principe d'explication des comportements électoraux, les pratiquants votant en majorité à droite ; mais son influence est indirecte, comme composante d'une culture globale. Sans doute l'hostilité à un projet de loi relatif à l'enseignement privé a-t-elle entraîné, en juin 1984, des manifestations d'une ampleur inouïe. Mais les Français entendaient plus marquer leur attachement à la liberté, à propos du problème symbolique de la liberté de l'enseignement, qu'ils n'étaient d'abord mus par des raisons confessionnelles. Tout se passe en fait comme si les grands champs de bataille sur lesquels s'affrontèrent si longtemps les Français étaient peu à peu désertés.

La moindre intensité des affrontements idéologiques signifie-t-elle une société plus paisible ? Non pas, et on a au contraire le sentiment que l'affaissement des grands projets idéologiques ouvre la voie aux luttes et revendications corporatives, aux conflits sectoriels, aux fièvres imprévisibles et irrationnelles. Mais n'est-ce pas là retrouver une continuité de l'histoire nationale ? En cette fin du 20e siècle, les Français paraissent cependant s'accorder sur quelques exigences parfois contradictoires : ils tiennent à la fois à la liberté, à l'initiative, et à l'égalité, à la sécurité. Critiques de l'État, il attendent en même temps beaucoup de lui. Le sentiment national, dont l'intensité a pu paraître affectée par la montée de revendications régionalistes au total limitées, demeure fort, comme l'attestent l'acceptation majoritaire de la politique de défense, du rôle de la France dans le monde, et la hantise du déclin. L'importance du monde francophone, malgré la montée de l'anglais, la présence des coopérants français, la place de la France dans l'aide au développement (troisième rang en valeur absolue, deuxième par habitant), les réalisations technologiques françaises à l'étranger constituent autant de témoignages de la dimension mondiale de la France d'aujourd'hui.

Une autre culture

Les conditions de la vie culturelle se modifient. L'explosion scolaire et universitaire fait passer le nombre des bacheliers de 32 000 en 1950 à 249 500 en 1984, celui des étudiants quadruple des années 60 aux années 80. Le monde de l'audiovisuel modifie les voies d'accès à la culture : tour à tour, le disque, la radio, la télévision, le magnétoscope se généralisent. Les Français possèdent 1 million de récepteurs de télévision en 1958, 6,5 millions en 1965, 16,5 millions en 1981. Se répand ainsi une culture de masse, dont les inspirations et les modèles en matière de chanson, de musique, de cinéma viennent souvent d'outre-Atlantique. On aurait tort cependant de ne voir là que « consommation » et « art moyen ». Au reste, l'essor du théâtre, de la musique, particulièrement en province, qui connaît un véritable réveil, atteste un enrichissement culturel remarquable. Que le public, dont l'importance et la qualité de la demande se sont accrues, soit coupé des recherches, volontiers marquées de « formalisme » (Pascal Ory), des créateurs est une autre histoire.

Le monde de la littérature des années d'après guerre, héritières des années 30, privilégie l'engagement, dont un Jean-Paul Sartre ou un Albert Camus paraissent incarner le modèle. Une partie de l'intelligentsia subit l'hégémonie intellectuelle du marxisme, que relaie celle des sciences sociales. Le prestige du marxisme et des sciences sociales, et la contestation libertaire des valeurs humanistes s'associent dans cette nébuleuse qui constitue l'« esprit de 68 ». Dans la décennie suivante, ces idées, un temps dominantes dans le monde intellectuel, sont mises en cause. Le succès d'un Soljénitsyne qui critique au plus profond le système soviétique, le retour aux interrogations fondamentales de l'homme, le réveil du religieux après la crise des Églises et après l'annonce d'une inéluctable sécularisation, autant d'indices significatifs d'une attente, entre les déceptions de la société de consommation et la radicale contestation.

Le retour à l'histoire peut être interprété comme un autre indice de cette attente. En témoigne notamment, en cette fin de 20e siècle, l'importance toute particulière que les Français attachent à la commémoration de deux étapes capitales de leur passé commun : le millénaire de la monarchie capétienne en 1987 et le bicentenaire de la Révolution en 1989. Certes, ces commémorations ou leur préparation ne vont pas sans contestation ni débats, et il serait dommage qu'elles divisent plus qu'elles ne rapprochent. Du moins l'intérêt qu'elles suscitent prouve-t-il que les Français ne regardent pas leur longue histoire comme un passé mort, mais comme une mémoire vivante. Et c'est heureux. Au sein d'une Europe qui sera riche de ses différences autant que de ses harmonies, il est bon que les Français sachent puiser dans leur histoire, assumée dans sa totalité, la conscience sereine de leur identité.

DOCUMENT

Évolution de l'emploi au 31 décembre, de 1954 à 1985

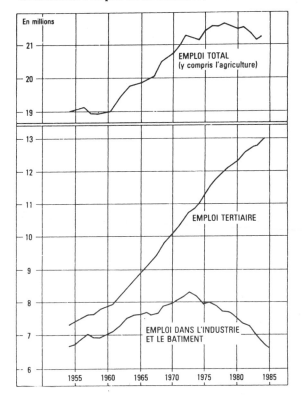

Repris de Michel Pébereau, *La Politique économique de la France. Les objectifs,* Paris, A. Colin, 1987, p. 108, utilisant le Rapport sur les comptes de la nation de l'année 1985.

L'emploi dans le secteur secondaire recule à partir du premier choc pétrolier. La croissance du secteur tertiaire se poursuit.

Annexes

BELGIQUE
1. Cuiry-lès-Chaudardes

GAULE CELTIQUE
2. Haguenau
3. Alésia
4. Vix
5. Chassey
6. Bibracte (mont Beuvray)
7. Plouvorn
8. Barnenez
9. Carnac
10. Avanton
11. Bougon
12. Vénat
13. Les Matignons
14. Peu-Richard
15. Chazelles
16. Gergovie
17. Roucadour

AQUITAINE
18. Saint-Michel-du-Touch
19. Villeneuve-Tolosane

GAULE TRANSALPINE
20. Charavines
21. Courthézon
22. Fontbouisse
23. Cambous
24. Rochelongue
25. Marseille
26. Mont Bégo
27. Filitosa
28. Porto-Vecchio

Cartes

1. Le peuplement de la Gaule à la veille de la conquête romaine

ÉBURONS

MÉNAPES

NERVIENS

MORINS

ATRÉBATES

BELGIQUE

TRÉVIRES

AMBIENS

CALÈTES BELLOVAQUES ●1

MÉDIOMATRIQUES

RÊMES

VIDUCASSES

LEXOVIENS SUESSIONS

●2

LEUQUES

7

●8

PARISIENS

OSISMES

CORIOSOLITES ÉSUVIENS

SÉNONS

LINGONS

RAURAQUES

VÉNÈTES

REDONS

AULERQUES

●9

ANDÉCAVES

CARNUTES

MANDUBIENS

NAMNÈTES

TURONS

3●

4●

●5

HELVÈTES

PICTONS

10
●

BITURIGES
CUBES

●6

ÉDUENS

SÉQUANES

GAULE CELTIQUE

11●

LÉMOVICES

SANTONS ●12

13

●14

●15

ARVERNES

16●

SALASSES

20
●

ALLOBROGES

BITURIGES
VIVISQUES

PÉTRUCORES

HELVIENS

VOCONCES

17

CADURQUES

21●

VASATES

RUTÈNES

VOLQUES

ARÉCOMIQUES

26 ●

LECTORATES
ÉLUSATES 18

VOLQUES
TECTOSAGES 23

22

TRANSALPINE

SALYENS

25●

AQUITAINE AUSQUES

TARBELLES

19

GAULE

24

LIGURES

CONVÈNES

CONSORANES

0   100 km

27●

●28

●   Sites néolithiques et protohistoriques.

— —   Limites des régions de la Gaule

......   Limites de la France actuelle

GERMANIA INFERIOR
1. *Colonia Claudia Ara Agrippinensium*, Cologne

GERMANIA SUPERIOR
2. *Mogontiacum*, Mayence
3. *Andemantunnum*, Langres
4. *Vesontio*, Besançon

GALLIA BELGICA
5. *Castellum Menapiorum*, Cassel
6. *Tarvenna*, Thérouanne
7. *Nemetacum*, Arras
8. *Samarobriva*, Amiens
9. *Augusta Viromanduorum*, Saint-Quentin
10. *Caesaromagus*, Beauvais
11. *Durocortorum*, Reims
12. *Divodurum*, Metz
13. *Tullum*, Toul

GALLIA LUGDUNENSIS
14. *Iuliobona*, Lillebonne
15. *Rotomagus*, Rouen
16. *Crociatonum*, Carentan
17. *Augustodunum*, Bayeux
18. *Aregenua*, Vieux
19. *Noviomagus*, Lisieux
20. *Mediolanum*, Évreux
21. *Lutecia*, Paris
22. *Ligedia*, Avranches
23. *Sagii*, Sées
24. *Vorgium*, Carhaix
25. *Fanum Martis*, Corseul
26. *Condate*, Rennes
27. *Noviodunum*, Jublains
28. *Vindinum*, Le Mans
29. *Autricum*, Chartres
30. *Agedincum*, Sens
31. *Augustobona*, Troyes
32. *Darioritum*, Vannes
33. *Condevicnum*, Nantes
34. *Iuliomagus*, Angers
35. *Caesarodunum*, Tours
36. *Augustodunum*, Autun
37. *Forum Segusiavorum*, Feurs
38. *Lugdunum*, Lyon

AQUITANIA
39. *Avaricum*, Bourges
40. *Limonum*, Poitiers (2e s.?)
41. *Mediolanum*, Saintes (1er s.)
42. *Augustoritum*, Limoges
43. *Augustonemetum*, Clermont-Ferrand
44. *Vesunna*, Périgueux
45. *Burdigala*, Bordeaux (3e et 4e s.)
46. *Cossium*, Bazas
47. *Aginnum*, Agen
48. *Divona*, Cahors
49. *Segodunum*, Rodez
50. *Anderitum*, Javols
51. *Aquae Augustae*, Dax
52. *Elusa*, Eauze
53. *Eliberris*, Auch
54. *Lugdunum Convenarum*, Saint-Bertrand-de-Cominges

GALLIA NARBONENSIS
55. *Vienna*, Vienne
56. *Valentia*, Valence
57. *Alba*, Alba
58. *Augusta*, Saint-Paul-les-Trois-Châteaux
59. *Vasio*, Vaison
60. *Arausio*, Orange
61. *Carpentorate*, Carpentras
62. *Avennio*, Avignon
63. *Nemausus*, Nîmes
64. *Cabellio*, Cavaillon
65. *Apta*, Apt
66. *Reii*, Riez
67. *Arelate*, Arles
68. *Aquae Sextiae*, Aix-en-Provence
69. *Massilia*, Marseille
70. *Forum Iulii*, Fréjus
71. *Luteva*, Lodève
72. *Baeterrae*, Béziers
73. *Tolosa*, Toulouse
74. *Carcaso*, Carcassonne
75. *Narbo*, Narbonne
76. *Ruscino*, Perpignan

ALPES MARITIMAE
77. *Cemenelum*, Cimiez

ALPES COTTIAE
78. *Segusio*, Suse

ALPES GRAIAE
79. *Axima*, Aime

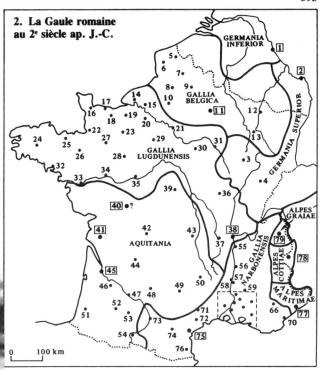

2. La Gaule romaine au 2e siècle ap. J.-C.

GERMANIA INFERIOR [1]

[2]

GERMANIA SUPERIOR

• 5
• 6
7 •
8 • 9 •   GALLIA
10   BELGICA
14   [11]
17
16   15
18   • 19   12
• 22   20
27   • 23   21   • 13
24   31
25   29   • 30
26   28 •   GALLIA
LUGDUNENSIS   • 3
34   • 4
35   39 •
40 • ?   • 36
41   42   43   ALPES
AQUITANIA   [38]   GRAIAE
37   55   [79]
45   55
44   56   GALLIA   [78]
46   47   48   49   50   57   NARBONENSIS
58   59   ALPES COTTIAE
52   ALPES
51   53   73   66   MARITIMAE
54   74   71   72   70   [77]
76 •   [75]

— Provinces antiques

[75] Capitale de province

..... Limites de la France actuelle

0   100 km

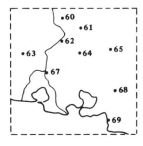

• 60
• 61
• 62
• 63   • 64   • 65
67
• 68
• 69

3. La Gaule à la fin du 4e siècle ap. J.-C.

GERMANIA SECUNDA
Cologne

BELGICA SECUNDA

Trèves

Mayence

Rouen

Reims

BELGICA PRIMA

GERMANIA PRIMA

LUGDUNENSIS SECUNDA

LUGDUNENSIS TERTIA

SENONIA (LUGDUNENSIS QUARTA)
Sens

Tours

LUGDUNENSIS PRIMA

MAXIMA SEQUANA

Besançon

Bourges

AQUITANIA SECUNDA

AQUITANIA PRIMA

Lyon

ALPES GRAIAE POENINAE

Moutiers

Vienne

Suse
ALPES COTTIAE

Bordeaux

VIENNENSIS

Embrun

Eauze

NOVEMPOPULANA

NARBONENSIS PRIMA

Narbonne

ALPES MARITIMAE

NARBONENSIS SECUNDA

Aix

0   100 km

Diocèse des Gaules

Diocèse de Viennoise (ou d'Aquitaine)

--- Limites des provinces

<u>Vienne</u> Siège du vicariat de diocèse

Trèves Siège de la préfecture du prétoire des Gaules

.... Limites de la France actuelle

**4. Le royaume des Francs et les royaumes voisins
à la mort de Clovis (511)**

...... Limites de la France actuelle

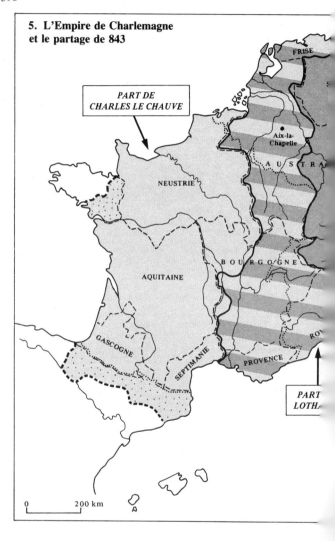

5. L'Empire de Charlemagne et le partage de 843

PART DE CHARLES LE CHAUVE

FRISE

Aix-la-Chapelle

AUSTRA

NEUSTRIE

BOURGOGNE

AQUITAINE

GASCOGNE

SEPTIMANIE

PROVENCE

RO

PART LOTH

0   200 km

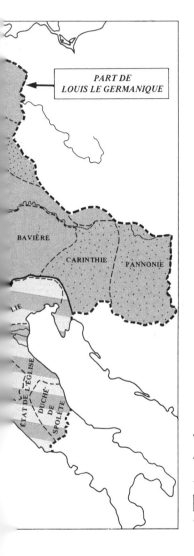

PART DE
LOUIS LE GERMANIQUE

BAVIÈRE

CARINTHIE   PANNONIE

...LIE

ÉTAT DE L'ÉGLISE

DUCHÉ
DE
SPOLÈTE

- - - - - Limites de l'Empire
en 814

————— Limites du partage
de Verdun en 843

- - - - Limites des principales
régions de l'Empire

[·.·.·.·] Marches

.... Limites de la France
actuelle

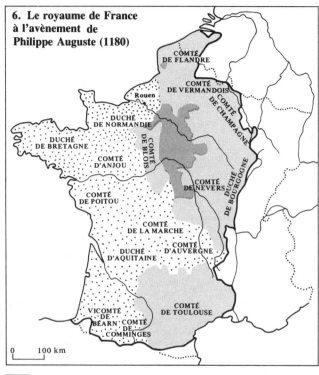

**6. Le royaume de France
à l'avènement de
Philippe Auguste (1180)**

COMTÉ
DE FLANDRE

COMTÉ
DE VERMANDOIS

COMTÉ
DE CHAMPAGNE

Rouen

DUCHÉ
DE NORMANDIE

COMTÉ
DE BLOIS

DUCHÉ
DE BRETAGNE

COMTÉ
D'ANJOU

COMTÉ
DE NEVERS

DUCHÉ
DE BOURGOGNE

COMTÉ
DE POITOU

COMTÉ
DE LA MARCHE

COMTÉ
D'AUVERGNE

DUCHÉ
D'AQUITAINE

COMTÉ
DE TOULOUSE

VICOMTÉ
DE
BÉARN   COMTÉ
DE
COMMINGES

0   100 km

◼ Domaine royal

▦ Fiefs des Plantagenêts ou dépendants des Plantagenêts

▨ Autres grands fiefs

········ Limites de la France actuelle

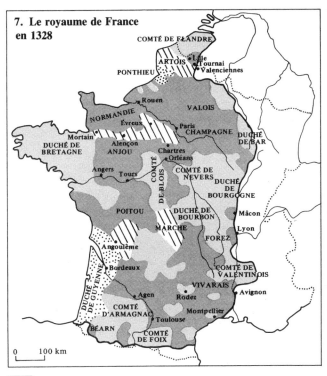

7. Le royaume de France en 1328

COMTÉ DE FLANDRE
ARTOIS
Lille
Tournai
Valenciennes
PONTHIEU

Rouen
NORMANDIE
VALOIS
Évreux
Paris
CHAMPAGNE
DUCHÉ DE BAR
Mortain
DUCHÉ DE BRETAGNE
Alençon
ANJOU
Chartres
Orléans
Angers
Tours
COMTÉ DE BLOIS
COMTÉ DE NEVERS
DUCHÉ DE BOURGOGNE
POITOU
DUCHÉ DE BOURBON
Mâcon
MARCHE
Lyon
FOREZ
Angoulême
DUCHÉ DE GUYENNE
Bordeaux
COMTÉ DE VALENTINOIS
Agen
Rodez
VIVARAIS
Avignon
COMTÉ D'ARMAGNAC
Montpellier
Toulouse
BÉARN
COMTÉ DE FOIX

0   100 km

▨ Domaine royal

▦ Fiefs des Plantagenêts

▢ Autres fiefs

◪ Apanages

········· Limites de la France actuelle

400

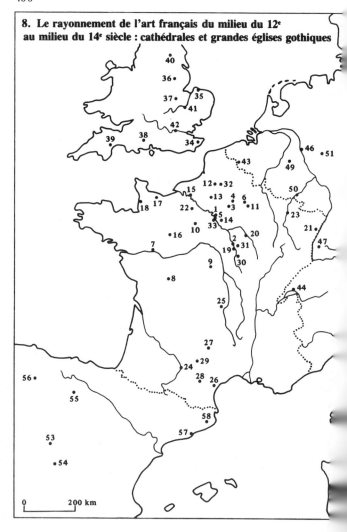

8. Le rayonnement de l'art français du milieu du 12ᵉ au milieu du 14ᵉ siècle : cathédrales et grandes églises gothiques

0   200 km

401

1. *Saint-Denis*
2. Sens
3. Senlis
4. Noyon
5(a). Paris
   (b). *Sainte-Chapelle*
6. Laon
7(a). Angers
   (b). *Saint-Serge*
8. Poitiers
9. Bourges
10(a). Chartres
    (b). *Saint-Père*
11(a). Reims
    (b). *Saint-Rémi*
12. Amiens
13. Beauvais
14. Meaux
15(a). Rouen
    (b). *Saint-Ouen*
16. Le Mans
17. Bayeux
18. Coutances
19. Auxerre
20(a). Troyes
    (b). *Saint-Urbain*
21. Strasbourg
22. Évreux
23. Metz
24(a). Toulouse
    (b). *Jacobins*
25. Clermont-Ferrand
26. Narbonne
27. Rodez
28. Carcassonne
29. Albi
30. *Vézelay*
31. *Pontigny*
32. *Saint-Quentin*
33. *Longpont*

34. Canterbury
35. Wells
36. Lincoln
37. Peterborough
38. Salisbury
39. Exeter
40. York
41. Ely
42. *Westminster*

43. Tournai

44. Lausanne

45. Magdebourg
46. Cologne
47. Fribourg-en-Brisgau
48. Ratisbonne
49. Aix-la-Chapelle
50. *Trèves*
51. *Marbourg*

52. Vienne

53. Avila
54. Tolède
55. Burgos
56. Léon
57(a). Barcelone
    (b). *Sainte-Marie-*
      de-la-Mer
58. Gérone

59(a). Florence
    (b). *Sainte-Marie-*
      Nouvelle
    (c). *Santa Croce*
60. Sienne
61. *Assise*

Sens   cathédrales

Saint-Denis   autres grandes églises

Le classement est établi par ordre
chronologique pour les cathédrales,
et par pays (dans leurs frontières actuelles)

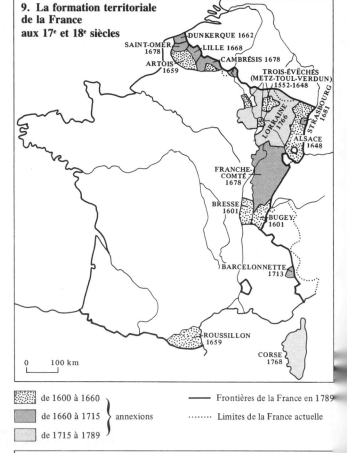

9. La formation territoriale de la France aux 17e et 18e siècles

DUNKERQUE 1662
SAINT-OMER 1678
LILLE 1668
CAMBRÉSIS 1678
ARTOIS 1659
TROIS-ÉVÊCHÉS (METZ-TOUL-VERDUN) 1552-1648
LORRAINE 1766
STRASBOURG 1681
ALSACE 1648
FRANCHE-COMTÉ 1678
BRESSE 1601
BUGEY 1601
BARCELONNETTE 1713
ROUSSILLON 1659
CORSE 1768

0   100 km

▓ de 1600 à 1660 ⎫
▓ de 1660 à 1715 ⎬ annexions
▓ de 1715 à 1789 ⎭

──── Frontières de la France en 1789

········ Limites de la France actuelle

Pays d'élections : province soumise à la juridiction des élections, tribunaux compétents pour juger de la perception des impôts des aides et de la taille.
Pays d'états : province où des états provinciaux (assemblée des trois ordres de la province) lèvent eux-mêmes les subsides destinés au roi et en gèrent la perception.
Pays d'imposition : pays nouvellement conquis qui garde son ancien système fiscal.

10-11. La France d'Ancien Régime

LES GOUVERNEMENTS (OU PROVINCES)

1. Flandre
2. Artois
3. Picardie
4. Normandie
5. Ile-de-France
6. Champagne
7. Lorraine
8. Alsace
9. Bretagne
10. Maine
11. Orléanais
12. Bourgogne
13. Franche-Comté
14. Anjou
15. Touraine
16. Berry
17. Nivernais
18. Poitou
19. Marche
20. Bourbonnais
21. Aunis
22. Saintonge
23. Limousin
24. Auvergne
25. Lyonnais
26. Dauphiné
27. Guyenne et Gascogne
28. Languedoc
29. Provence
30. Béarn
31. Foix
32. Roussillon
33. Corse

• Chef-lieu de gouvernement

LES INTENDANCES

Intendance des Trois Évêchés

Pays d'imposition
Pays d'élections
Pays d'états
Comtat Venaissin (au pape)
• Chef-lieu de généralité ou d'intendance
.... Limites de la France actuelle

0   100 km

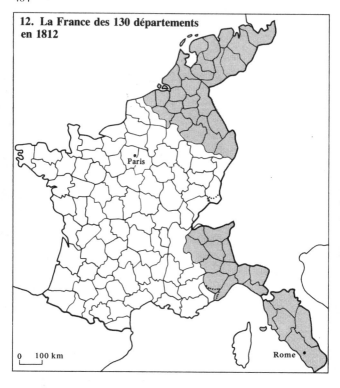

12. La France des 130 départements en 1812

Paris

0   100 km

Rome

1. Bouches-de-l'Elbe, *Hambourg*
2. Ems-Oriental, *Aurich*
3. Bouches-de-la-Weser, *Brême*
4. Frise, *Leeuwarden*
5. Ems-Occidental, *Groningue*
6. Ems-Supérieur, *Osnabrück*
7. Bouches-de-l'Yssel, *Zwolle*
8. Zuiderzee, *Amsterdam*
9. Yssel-Supérieur, *Arnheim*
10. Lippe, *Münster*

11. Bouches-de-la-Meuse, *Middlebourg*
12. Bouches-du-Rhin, *Bois-le-Duc*
13. Deux-Nèthes, *Anvers*
14. Lys, *Bruges*
15. Escaut, *Gand*
16. Dyle, *Bruxelles*
17. Meuse-Inférieure, *Maëstricht*
18. Roer, *Aix-la-Chapelle*
19. Ourthe, *Liège*
20. Jemmapes, *Mons*

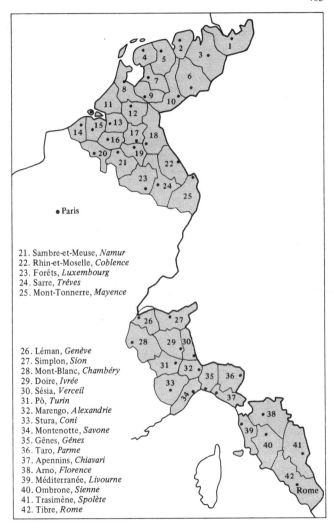

21. Sambre-et-Meuse, *Namur*
22. Rhin-et-Moselle, *Coblence*
23. Forêts, *Luxembourg*
24. Sarre, *Trêves*
25. Mont-Tonnerre, *Mayence*

26. Léman, *Genève*
27. Simplon, *Sion*
28. Mont-Blanc, *Chambéry*
29. Doire, *Ivrée*
30. Sésia, *Verceil*
31. Pô, *Turin*
32. Marengo, *Alexandrie*
33. Stura, *Coni*
34. Montenotte, *Savone*
35. Gênes, *Gênes*
36. Taro, *Parme*
37. Apennins, *Chiavari*
38. Arno, *Florence*
39. Méditerranée, *Livourne*
40. Ombrone, *Sienne*
41. Trasimène, *Spolète*
42. Tibre, *Rome*

13. Les frontières de la France au 19e siècle

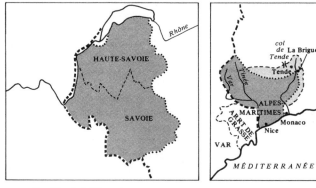

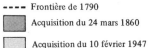

- - - - Frontière de 1790

▨ Acquisition du 24 mars 1860

▨ Acquisition du 10 février 1947

0   50 km

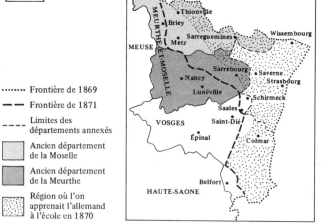

········· Frontière de 1869

━ ━ Frontière de 1871

_ _ _ Limites des départements annexés

▨ Ancien département de la Moselle

▨ Ancien département de la Meurthe

▨ Région où l'on apprenait l'allemand à l'école en 1870

D'après G. Dupeux.

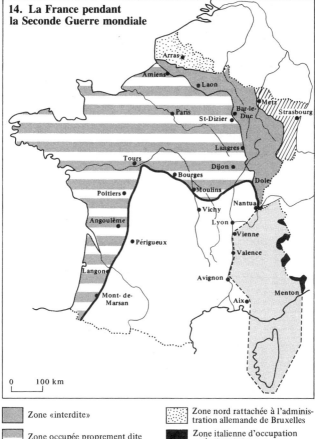

14. La France pendant la Seconde Guerre mondiale

0   100 km

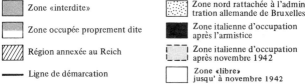

Zone «interdite»

Zone occupée proprement dite

Région annexée au Reich

Ligne de démarcation

Zone nord rattachée à l'administration allemande de Bruxelles

Zone italienne d'occupation
après l'armistice

Zone italienne d'occupation
après novembre 1942

Zone «libre»
jusqu'à novembre 1942

15. La francophonie à la fin du 20ᵉ siècle

Vancouver

QUÉBEC

ST-PIERRE-
ET-MIQUELON

Louisiane

GUADELOUPE
Dominique
HAÏTI   MARTINIQUE
Ste-Lucie

GUYANE

POLYNÉSIE
FRANÇAISE

Pays où le français est langue maternelle ou officielle

Pays où le français est langue d'enseignement privilégiée

Minorités francophones

Créole à base française

Région couverte par les émissions de Radio-France-Internationale

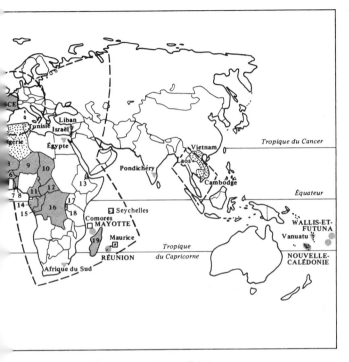

Pays d'Afrique où le français est langue officielle :

1. Mauritanie
2. Sénégal
3. Mali
4. Guinée
5. Côte-d'Ivoire
6. Burkina Faso
7. Togo
8. Bénin
9. Niger
10. Tchad

11. Cameroun
12. République Centrafricaine
13. Djibouti
14. Gabon
15. Congo
16. Zaïre
17. Ruanda
18. Burundi
19. Madagascar

D'après Atlas 2000, *Nathan.*

Généalogies
Les Mérovingiens

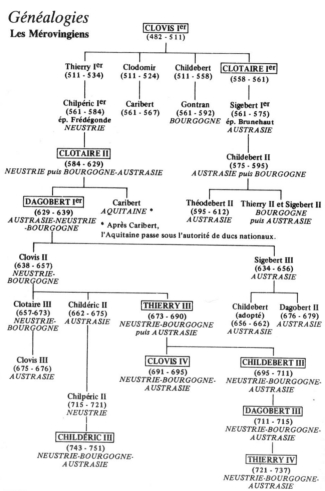

CLOVIS Ier
(482 - 511)

Thierry Ier
(511 - 534)

Clodomir
(511 - 524)

Childebert
(511 - 558)

CLOTAIRE Ier
(558 - 561)

Chilpéric Ier
(561 - 584)
ép. Frédégonde
NEUSTRIE

Caribert
(561 - 567)

Gontran
(561 - 592)
BOURGOGNE

Sigebert Ier
(561 - 575)
ép. Brunehaut
AUSTRASIE

CLOTAIRE II
(584 - 629)
NEUSTRIE puis BOURGOGNE-AUSTRASIE

Childebert II
(575 - 595)
AUSTRASIE puis BOURGOGNE

DAGOBERT Ier
(629 - 639)
AUSTRASIE-NEUSTRIE
-BOURGOGNE

Caribert
AQUITAINE *

Théodebert II
(595 - 612)
AUSTRASIE

Thierry II et Sigebert II
BOURGOGNE
puis AUSTRASIE

* Après Caribert,
l'Aquitaine passe sous l'autorité de ducs nationaux.

Clovis II
(638 - 657)
NEUSTRIE-
BOURGOGNE

Sigebert III
(634 - 656)
AUSTRASIE

Clotaire III
(657-673)
NEUSTRIE-
BOURGOGNE

Childéric II
(662 - 675)
AUSTRASIE

THIERRY III
(673 - 690)
NEUSTRIE-BOURGOGNE
puis AUSTRASIE

Childebert
(adopté)
(656 - 662)
AUSTRASIE

Dagobert II
(676 - 679)
AUSTRASIE

Clovis III
(675 - 676)
AUSTRASIE

Chilpéric II
(715 - 721)
NEUSTRIE

CLOVIS IV
(691 - 695)
NEUSTRIE-BOURGOGNE-
AUSTRASIE

CHILDEBERT III
(695 - 711)
NEUSTRIE-BOURGOGNE-
AUSTRASIE

CHILDÉRIC III
(743 - 751)
NEUSTRIE-BOURGOGNE-
AUSTRASIE

DAGOBERT III
(711 - 715)
NEUSTRIE-BOURGOGNE-
AUSTRASIE

THIERRY IV
(721 - 737)
NEUSTRIE-BOURGOGNE-
AUSTRASIE

CLOVIS IV   Roi ayant régné sur l'ensemble des royaumes
francs pendant tout ou partie de son règne.
(511 - 524)   Dates de règne.

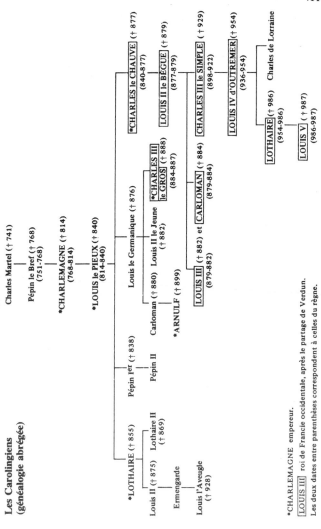

Les Carolingiens
(généalogie abrégée)

Charles Martel († 741)

Pépin le Bref († 768)
(751-768)

*CHARLEMAGNE († 814)
(768-814)

*LOUIS le PIEUX († 840)
(814-840)

Pépin Ier († 838)

Pépin II

*LOTHAIRE († 855)

Louis II († 875)   Lothaire II
                   († 869)

Ermengarde

Louis l'Aveugle
(† 928)

Louis le Germanique († 876)

Carloman († 880)   Louis II le Jeune
                   († 882)

*ARNULF († 899)

*CHARLES III
le GROS († 888)
(884-887)

LOUIS III († 882) et CARLOMAN († 884)
(879-882)   (879-884)

*CHARLES le CHAUVE († 877)
(840-877)

LOUIS II le BÈGUE († 879)
(877-879)

CHARLES III le SIMPLE († 929)
(898-922)

LOUIS IV d'OUTREMER († 954)
(936-954)

Charles de Lorraine

LOTHAIRE († 986)
(954-986)

LOUIS V († 987)
(986-987)

*CHARLEMAGNE empereur.

LOUIS III roi de Francie occidentale, après le partage de Verdun.

Les deux dates entre parenthèses correspondent à celles du règne.

411

412

Les Capétiens

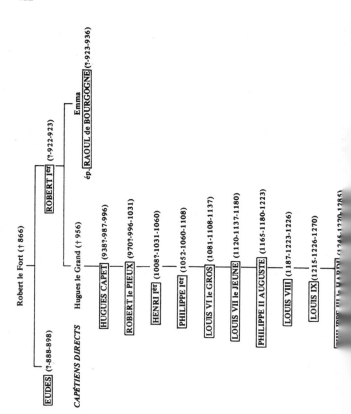

Robert le Fort († 866)

EUDES (?-888-898)

ROBERT Ier (?-922-923)

Emma
ép. RAOUL de BOURGOGNE (?-923-936)

CAPÉTIENS DIRECTS

Hugues le Grand († 956)

HUGUES CAPET (938?-987-996)

ROBERT le PIEUX (970?-996-1031)

HENRI Ier (1008?-1031-1060)

PHILIPPE Ier (1052-1060-1108)

LOUIS VI le GROS (1081-1108-1137)

LOUIS VII le JEUNE (1120-1137-1180)

PHILIPPE II AUGUSTE (1165-1180-1223)

LOUIS VIII (1187-1223-1226)

LOUIS IX (1215-1226-1270)

PHILIPPE III le HARDI (1245-1270-1285)

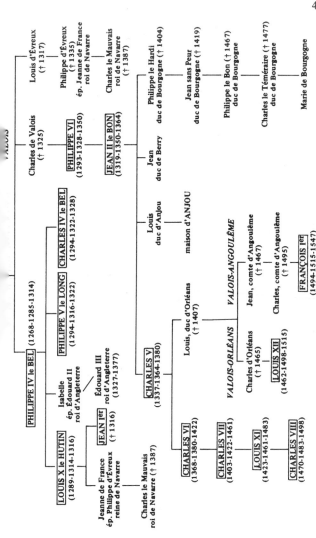

Quand il y a trois dates, la seconde est celle d'accession au trône.

Les Valois-Angoulême

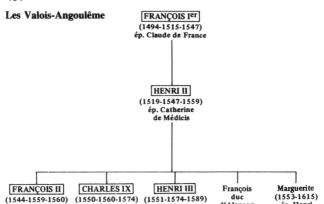

FRANÇOIS Ier
(1494-1515-1547)
ép. Claude de France

HENRI II
(1519-1547-1559)
ép. Catherine
de Médicis

FRANÇOIS II
(1544-1559-1560)
ép. Marie Stuart
(sans postérité)

CHARLES IX
(1550-1560-1574)
ép. Élisabeth
d'Autriche
(sans postérité
légitime)

HENRI III
(1551-1574-1589)
ép. Louise
de Lorraine
(sans postérité)

François
duc
d'Alençon
et d'Anjou
(1554-1584)
(sans alliance)

Marguerite
(1553-1615)
ép. Henri
de Navarre
en 1572
(mariage annulé
en 1599)

Les Bourbons

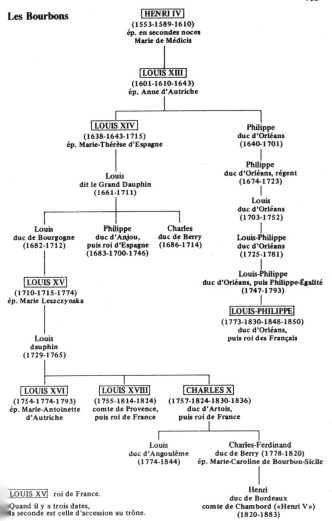

| HENRI IV |
| (1553-1589-1610) |
| ép. en secondes noces |
| Marie de Médicis |

| LOUIS XIII |
| (1601-1610-1643) |
| ép. Anne d'Autriche |

| LOUIS XIV |
| (1638-1643-1715) |
| ép. Marie-Thérèse d'Espagne |

Philippe
duc d'Orléans
(1640-1701)

Louis
dit le Grand Dauphin
(1661-1711)

Philippe
duc d'Orléans, régent
(1674-1723)

Louis
duc de Bourgogne
(1682-1712)

Philippe
duc d'Anjou,
puis roi d'Espagne
(1683-1700-1746)

Charles
duc de Berry
(1686-1714)

Louis
duc d'Orléans
(1703-1752)

| LOUIS XV |
| (1710-1715-1774) |
| ép. Marie Leszczynska |

Louis-Philippe
duc d'Orléans
(1725-1781)

Louis-Philippe
duc d'Oriéans, puis Philippe-Égalité
(1747-1793)

| LOUIS-PHILIPPE |
| (1773-1830-1848-1850) |
| duc d'Orléans, |
| puis roi des Français |

Louis
dauphin
(1729-1765)

| LOUIS XVI |
| (1754-1774-1793) |
| ép. Marie-Antoinette |
| d'Autriche |

| LOUIS XVIII |
| (1755-1814-1824) |
| comte de Provence, |
| puis roi de France |

| CHARLES X |
| (1757-1824-1830-1836) |
| duc d'Artois, |
| puis roi de France |

Louis
duc d'Angoulême
(1774-1844)

Charles-Ferdinand
duc de Berry (1778-1820)
ép. Marie-Caroline de Bourbon-Sicile

Henri
duc de Bordeaux
comte de Chambord («Henri V»)
(1820-1883)

LOUIS XV   roi de France.

Quand il y a trois dates,
la seconde est celle d'accession au trône.

Les Bonaparte

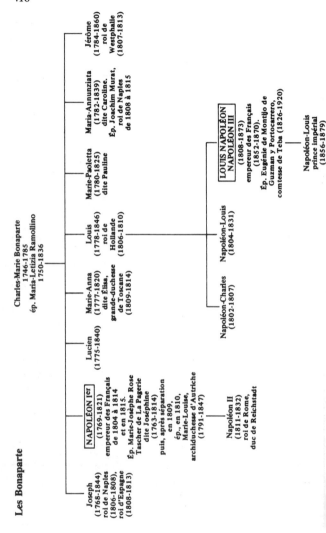

Charles-Marie Bonaparte
1746-1785
ép. Maria-Letizia Ramollino
1750-1836

Joseph
(1768-1844)
roi de Naples
(1806-1808),
roi d'Espagne
(1808-1813)

NAPOLÉON Ier
(1769-1821)
empereur des Français
de 1804 à 1814
et en 1815.
Ép. Marie-Joséphe Rose
Tascher de La Pagerie
dite Joséphine
(1763-1814)
puis, après séparation
en 1809,
ép., en 1810,
Marie-Louise,
archiduchesse d'Autriche
(1791-1847)

Napoléon II
(1811-1832)
roi de Rome,
duc de Reichstadt

Lucien
(1775-1840)

Marie-Anna
(1777-1820)
dite Élisa,
grande-duchesse
de Toscane
(1809-1814)

Louis
(1778-1846)
roi de
Hollande
(1806-1810)

Napoléon-Charles
(1802-1807)

Napoléon-Louis
(1804-1831)

Marie-Paoletta
(1780-1825)
dite Pauline

Maria-Annunziata
(1782-1839)
dite Caroline.
Ép. Joachim Murat,
roi de Naples
de 1808 à 1815

Jérôme
(1784-1860)
roi de
Westphalie
(1807-1813)

**LOUIS NAPOLÉON
NAPOLÉON III**
(1808-1873)
empereur des Français
(1852-1870).
Ép. Eugénie de Montijo de
Guzman y Portocarrero,
comtesse de Teba (1826-1920)

Napoléon-Louis
prince impérial
(1856-1879)

Présidents de la République française

	Date de naissance	Date d'élection (R = réélu)	Fin du mandat
IIe République			
Louis Napoléon Bonaparte	20-4-1808	10-12-1848	2-12-1852 (coup d'État)
IIIe République			
Adolphe Thiers	18-4-1797	17-2-1871	24-5-1873 (démission)
Maurice de Mac-Mahon	13-7-1808	24-5-1873	30-1-1879 (démission)
Jules Grévy	15-8-1807	30-1-1879 R 28-12-1885	3-12-1887 (démission)
Sadi Carnot	11-8-1837	3-12-1887	24-6-1894 (assassiné)
Jean Casimir-Perier	8-11-1847	27-6-1894	15-1-1895 (démission)
Félix Faure	30-1-1841	17-1-1895	16-2-1899 (décès)
Émile Loubet	31-12-1838	18-2-1899	18-1-1906
Armand Fallières	6-11-1841	18-1-1906	18-1-1913
Raymond Poincaré	20-8-1860	18-1-1913	17-1-1920
Paul Deschanel	13-2-1855	17-1-1920	21-9-1920 (démission)
Alexandre Millerand	10-2-1859	23-9-1920	13-6-1924 (démission)
Gaston Doumergue	1-4-1863	13-6-1924	13-6-1931
Paul Doumer	22-3-1857	13-6-1931	6-5-1932 (assassiné)
Albert Lebrun	29-8-1871	10-5-1932 R 5-4-1939	10-7-1940 (déposé par Pétain)
IVe République			
Vincent Auriol	27-8-1884	16-1-1947	23-12-1953
René Coty	20-3-1882	23-12-1953	8-1-1959 (démission)
Ve République			
Charles de Gaulle	22-11-1890	8-1-1959 R 15-12-1965	28-4-1969 (démission)
Georges Pompidou	5-7-1911	15-6-1969	2-4-1974 (décès)
Valéry Giscard d'Estaing	2-2-1926	19-5-1974	24-5-1981
François Mitterrand	26-10-1916	10-5-1981 R 8-5-1988	

Tableaux et statistiques

QUELQUES DONNÉES ANCIENNES

Population de quelques villes au 2ᵉ siècle ap. J.-C. (évaluation)

Paris	8 000 habitants	Toulouse	20 à 25 000 habitants
Bordeaux	20 000 habitants	Narbonne	35 000 habitants
La plupart des centres urbains : autour de 5 000 à 6 000 habitants.			

**Croissance de la fécondité du 10ᵉ au 13ᵉ siècle
(nombre d'enfants par ménage fécond)**

Au 10ᵉ siècle	4	De 1150 à 1200	5 à 6,5
De 1000 à 1050	4 à 5,3	De 1200 à 1250	situation étale
De 1050 à 1100	5 à 5,7	De 1250 à 1300	début du recul
De 1100 à 1150	6 à 7,3		

d'après les travaux de Robert Fossier
Paysans d'Occident, 11ᵉ-14ᵉ siècle, Paris, PUF
coll. « L'historien », 1984, p. 19

Les testaments lyonnais témoins des crises et épidémies (14ᵉ-15ᵉ siècle)

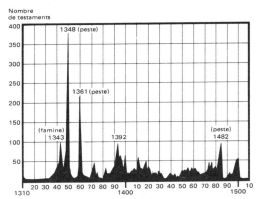

d'après Georges Duby et Armand Wallon,
Histoire de la France rurale, Paris, Seuil, 1975, t. 2, p. 45.

Le mouvement de la production céréalière dans le Cambrésis (1320-1830)

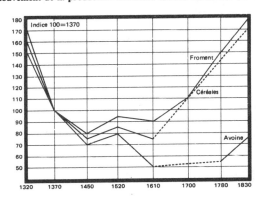

d'après Hugues Neveux, dans Georges Duby et Armand Wallon,
Histoire de la France rurale, Paris, Seuil, 1975, t. 2, p. 16.

Les finances de l'État monarchique (17e-18e siècle)

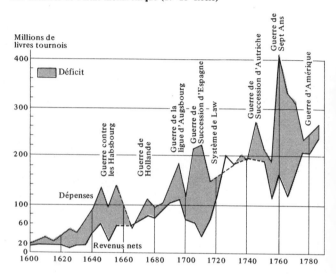

d'après A. Guéry, « Les finances de la monarchie française
sous l'Ancien Régime », *Annales ESC,* n° 2, mars-avril 1978.

DÉMOGRAPHIE

Population de la France, dans les frontières actuelles
(en millions d'habitants)

1328	15 à 20	1815	30,3	1876	38,5	1931	41,5
1400	10 (?)	1831	33,2	1881	39,2	1936	41,5
1600	18 à 20	1836	34,2	1886	39,2	1946	40,5
1660	20	1841	34,9	1891	39,9	1954	42,8
1700	21,5	1846	36,1	1896	40,2	1962	46,5
1720	22,6	1851	36,5	1901	40,7	1968	49,8
1740	24,6	1856	36,7	1906	41,1	1975	52,7
1770	26,6	1861	37,4	1911	41,4	1982	54,4
1790	28,1	1866	38,1	1921	39,1	1986	55,5
1800	29,1	1872	37,6	1926	40,6	1990	56,5

De 1328 à 1700, estimations. De 1720 à 1815, estimations d'après l'enquête rétrospective de l'Institut national d'études démographiques (cf. L. Henry et Y. Blayo, « La population de la France de 1740 à 1829 », *Population*, 1975, numéro spécial, p. 97). De 1831 à 1986, chiffres des recensements.

Évolution de la structure par âges de la population (1775-1982)

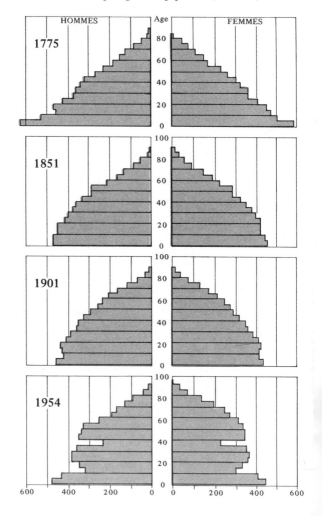

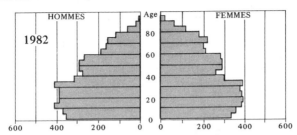

Effectifs des groupes quinquennaux d'âges pour une population totale ramenée à 10 000 habitants

d'après l'INED, dans *les Cahiers français*, n° 219, 1985,
« La population française de A à Z », La Documentation française.

La pyramide des âges au 1er janvier 1991

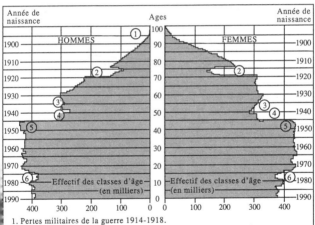

1. Pertes militaires de la guerre 1914-1918.
2. Déficit des naissances dû à la guerre 1914-1918 (classes creuses).
3. Passage des classes creuses à l'âge de fécondité.
4. Déficit des naissances dû à la guerre 1939-1945.
5. «Baby-boom».
6. Non-remplacement des générations.

d'après INSEE,
Bulletin mensuel statistique, 1991.

Évolution de la natalité, de la nuptialité et de la mortalité (1750-1984)
(valeurs de cinq ans en cinq ans, taux en pour mille)

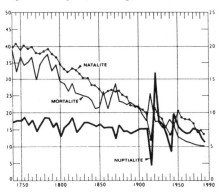

INED, dans *les Cahiers français*, n° 219, 1985,
« La population française de A à Z », La Documentation française.

Évolution de la mortalité infantile depuis 1800 (taux en pour mille)

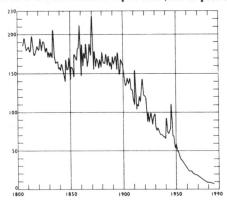

INED, dans *les Cahiers français*, n° 219, 1985,
« La population française de A à Z », La Documentation française.

Population de la France et de quelques pays européens (1740-1976)

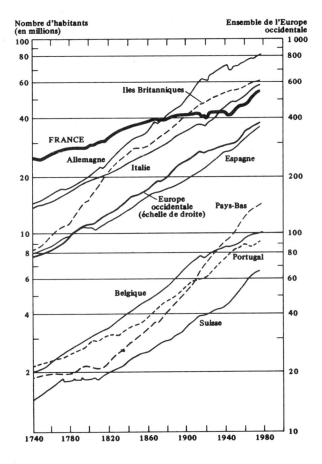

d'après *Population*, n° 2, 1977, p. 257.

Évolution des populations urbaine et rurale (1806-1975)

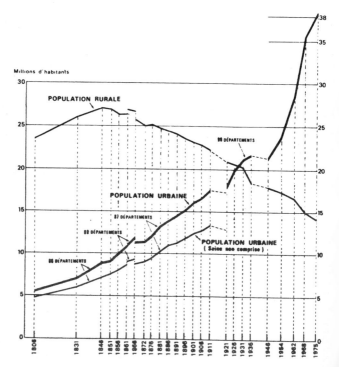

Philippe Pinchemel, *La France. Milieux naturels, populations, politiques*, Paris, Armand Colin, coll. « U », 1980, t. 1, p. 145.

ÉCONOMIE

Production de charbon en France de 1813 à 1984 : progression et régression
(en millions de tonnes)

1813	0,8	1870	13,3	1913	40,8	1950	50,8
1830	1,9	1880	19,5	1929	54,0	1974	24,0
1840	3,0	1890	26,0	1938	46,5	1984	16,6
1850	4,5	1900	33,4	1945	33,3		
1860	8,3	1910	38,3	1946	47,2		

d'après Georges Tiffon, *Le Charbon*,
Paris, PUF, coll. « Que sais-je ? », n° 193,
et *Images économiques du monde*, SEDES.

Un reflet de l'histoire économique du 20ᵉ siècle :
la production de véhicules automobiles en France de 1900 à 1985
(en milliers de véhicules)

1900	2	1931	201	1951	314	1966	1 883
1905	14	1932	164	1952	500	1967	1 837
1910	38	1933	189	1953	498	1968	1 874
1913	45	1934	181	1954	600	1969	2 240
1920	40	1935	165	1955	725	1970	2 504
1921	55	1936	204	1956	827	1971	2 747
1922	75	1937	202	1957	928	1972	3 017
1923	110	1938	188	1958	1 128	1973	3 218
1924	145	1939	196	1959	1 283	1974	3 075
1925	177	1945	1,6	1960	1 349	1980	3 378
1926	192	1946	30,4	1961	1 204	1981	3 019
1927	191	1947	66,3	1962	1 507	1982	3 148
1928	223	1948	100,1	1963	1 707	1983	3 335
1929	254	1949	187,7	1964	1 588	1984	3 062
1930	231	1950	257,3	1965	1 524	1985	3 016

d'après les *Annuaires statistiques* de l'INSEE.

Machines à vapeur utilisées en France dans les industries

	Nombre de machines à vapeur utilisées	Chevaux-vapeur produits (en milliers)
1850	5 322	67
1860	14 513	178
1870	22 581	336
1880	41 772	544
1890	58 751	863
1900	74 636	1 791
1910	62 238	2 913
1913	61 740	3 539

d'après J.-A. Lesourd et C. Gérard, *Nouvelle Histoire économique,*
Paris, Armand Colin, coll. « U », 1976, t. 1, p. 146.

**La consommation d'énergie primaire en France de 1949 à 1979 :
croissance continue et diversification d'approvisionnement**

Année	Indice	Consomm. totale [1]	Charbon	Pétrole	Gaz	Électr. [2]
1949	73	87,8	79,0	15,2	0,4	5,4
1954	84	101,8	65,8	24,4	0,4	9,4
1959	*100*	120,5	58,1	29,2	1,9	10,8
1964	137	164,9	46,0	41,6	4,8	7,6
1969	175	208	29,8	55,2	5,9	9,1
1974	222	265	17,9	64,2	9,1	8,8
1979	241	288	18,3	56,8	12,2	12,7

1. En millions de tonnes équivalent charbon (TEC).
2. Électricité hydraulique et nucléaire.

d'après les *Annuaires statistiques* de l'INSEE.

**Le cas de l'électricité : depuis trente ans, hausse de la consommation
et changement des sources de production**
Milliards
de KWh

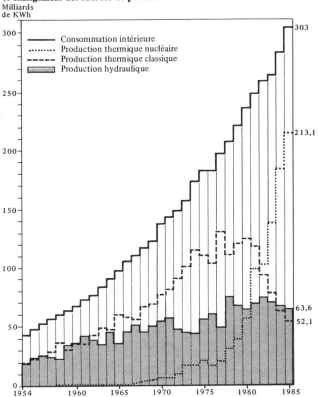

La consommation d'énergie dans les années 80...
(en millions de tonnes équivalent pétrole, ou TEP)

	1981	1982	1983	1984	1985	1986[1]
Charbon	28,5	29,2	26,3	25,2	24,1	20,1
Produits pétroliers	100,6	94,2	90,5	87,5	84,3	85,5
Gaz	22,0	21,5	22,5	23,5	23,3	23,4
Électricité primaire	38,8	39,7	45,1	52,2	58,0	64,6
Énergies nouvelles	3,4	3,6	3,7	3,8	3,9	4,0
	193,3	188,2	188,1	192,2	193,6	197,6

1. Provisoire.

d'après les *Bilans de l'énergie 1970 à 1985* et les *Statistiques énergétiques* du ministère de l'Industrie, des P et T et du Tourisme, janvier 1987.

... et les prévisions pour demain (du groupe « Long terme énergie », 1983)
(en millions de tonnes équivalent pétrole, ou TEP)

	1986[1]	1990		2000
		Scénario C[2]	Scénario A[3]	Scénario C[2]
Charbon	20,1	18 à 21	16 à 18	23 à 35
Pétrole	85,5	68 à 80	68 à 74	60 à 73
Gaz naturel	23,4	25 à 27	25 à 27	18 à 27
Électr. hydraul.	14,4	15	15	16
Électr. nucléaire	56,4	60 à 68,5	57 à 65,5	74 à 90
Énergies renouv.	4,0	8 à 9	6 à 8	10 à 16
Échanges d'électr.	-5,6			
Corrections climatiques	-0,6	-(4 à 6)	-6	-(4 à 5)
	197,6	200 à 210	186 à 195	225 à 240

1. Provisoire.
2. Scénario C = croissance forte.   3. Scénario A = croissance lente.

d'après les *Statistiques énergétiques* du ministère de l'Industrie, des P et T et du Tourisme, janvier 1987.

Chronologie

	96-192 Règne des Antonins
121-122 Hadrien en Gaule	
165 Début d'épidémie	
177 Martyrs chrétiens de Lyon	
	193-235 Dynastie des Sévères
197 Sac de Lyon	
Début 3ᵉ s. Irénée, évêque de Lyon	
	212 Édit de Caracalla
253 Invasion des Gaules	
260 Postume fonde l'empire des Gaules	**260-268** Gallien, empereur
	284-305 Dioclétien, empereur
285-286 Révolte des Bagaudes	
310 Vision de Constantin le Grand	
314 Concile d'Arles	
	324-337 Constantin, empereur
	334-363 Dynastie constantinienne
360 Julien proclamé empereur à Paris Fondation de Ligugé par saint Martin	
	379-395 Théodose, empereur
406 *31 décembre* Invasion générale des Gaules	
	410 Sac de Rome par les Gots
418 Installation des Visigots en Aquitaine	
451 Invasion des Huns d'Attila Bataille des champs Catalauniques	
	476 Fin de l'Empire romain en Occident
Vers 496 Victoire de Clovis sur les Alamans à Tolbiac Baptême de Clovis	
506 Victoire de Clovis sur les Visigots à Vouillé	
	533-563 Reconquête de Justinien en Occident
	Vers 537 Règle de saint Benoît
590 Saint Colomban en Gaule	**590-604** Pontificat de Grégoire le Grand
594 Mort de Grégoire de Tours	
	610 Début de la prédication de Mahomet
	622 L'hégire
	632 Mort de Mahomet
	634 Début de la conquête arabe
	653 Fixation du texte du Coran
	711 Conquête de l'Espagne par les Arabes
714 Charles Martel, maire du Palais	
732 Victoire de Charles Martel sur les Arabes à Poitiers	

771 Charlemagne, seul roi des Francs

774 Charlemagne, roi des Lombards

778 Roncevaux

790-799 Construction du palais d'Aix-la-Chapelle

Fin 8ᵉ siècle Début des invasions normandes
800 Charlemagne, empereur

817-821 Réforme monastique de Benoît d'Aniane

Vers 840 Aggravation des invasions normandes

842 Serments de Strasbourg
843 Traité de Verdun
885-886 Siège de Paris par les Normands

892 Début des invasions hongroises

910 Fondation de Cluny
911 Traité de Saint-Clair-sur-Epte

936 Otton I, roi de Germanie
955 Victoire d'Otton I sur les Hongrois au Lechfeld
962 Otton I, empereur

989 Premier concile de paix à Charroux
1027 La trêve de Dieu

1054 Rupture entre Rome et Constantinople

1066 Conquête de l'Angleterre par le duc de Normandie Guillaume le Conquérant

1070 Mouvement communal au Mans

1073-1085 Pontificat de Grégoire VII

1095 Concile de Clermont : prédication de la première croisade par le pape Urbain II
1098 Fondation de Cîteaux

1099-1100 Première croisade. Prise de Jérusalem

Vers 1100 *La Chanson de Roland* Début de la littérature courtoise

1100 Fondation du royaume latin de Jérusalem

11ᵉ siècle Moulins à foulon, à fer, à chanvre

1112 Révolte communale à Laon
1115 Fondation de Clairvaux par saint Bernard
1144 Consécration de l'abbatiale de Saint-Denis
1145-1155 Portail royal de Chartres

1147-1148 Deuxième croisade

1152 Aliénor d'Aquitaine se sépare de Louis VII et épouse Henri Plantagenêt

1154-1189 Henri Plantagenêt, roi d'Angleterre
1155-1190 Frédéric Barberousse, empereur

1163 Début de la construction de Notre-Dame de Paris
1174 Privilèges aux foires de Champagne

1180 Moulin à vent

1182 Chrétien de Troyes : *Perceval*

1187 Prise de Jérusalem par Saladin
1189-1192 Troisième croisade
1189-1199 Richard Cœur de Lion, roi d'Angleterre
1198-1216 Pontificat d'Innocent III
Fin du 12ᵉ siècle La boussole en Europe
1204 Quatrième croisade. Prise de Constantinople

1204 Conquête de la Normandie par Philippe Auguste
1209-1213 Croisade contre les Albigeois

1204 Fondation de l'Empire latin de Constantinople

1212-1250 Frédéric II, empereur

1214 Bataille de Bouvines

1215 Angleterre : la Grande Charte
1221 Mort de saint Dominique
1226 Mort de saint François d'Assise

1229 Traité de Paris entre le roi de France et le comte de Toulouse
1230-1240 Le *Roman de la Rose* de Guillaume de Lorris
1243-1244 Siège et prise de Montségur

1244 Prise de Jérusalem par les Turcs Mamelouks

1246-1248 Construction de la Sainte-Chapelle

1248-1254 Septième croisade
1249 Prise de Damiette par Saint Louis
1250 Défaite de Saint Louis à Mansourah

1254 Grande ordonnance sur la réforme du royaume
1259 Traité de Paris entre Saint Louis et Henri III d'Angleterre
Milieu du 13ᵉ siècle Moulin à papier, brouette, diffusion du rouet à filer

1261 Fin de l'Empire latin de Constantinople
1265 Thomas d'Aquin : *Somme théologique*
1265 Charles d'Anjou, frère de Saint Louis, roi de Sicile
1270 Huitième croisade. Mort de Saint Louis à Tunis
1275-1280 Le *Roman de la Rose* de Jean de Meung

1291 Prise de Saint-Jean-d'Acre par les Mamelouks
Fin des États latins d'Orient

	1294-1303 Pontificat de Boniface VIII
1297 Canonisation de Saint Louis	
1302 Première assemblée d'états	
Défaite de Courtrai devant les Flamands	
	1303 Attentat d'Anagni
1307 Arrestation des templiers	
	1309-1377 La papauté à Avignon
1309 *Vie de Saint Louis* par Joinville	
	1312-1314 Dante : *Divine Comédie*
1314 Horloge publique à Caen	**1314** Premiers raids des Turcs Ottomans en Europe
	1327-1377 Règne d'Édouard III d'Angleterre
1328 Victoire de Cassel sur les Flamands	
État des paroisses et des feux	
1337 Début de la guerre de Cent Ans	**1337** Mort de Giotto
1340 Défaite navale de L'Écluse	
	1341 Boulets de canon en fer
1341-1365 Guerre de Succession de Bretagne	
1346 Défaite de Crécy	
1347 Siège et reddition de Calais	
	1348-1350 Peste noire
1356 Défaite de Poitiers	
1357-1358 Étienne Marcel. La Jacquerie	
1360 Traité de Brétigny-Calais	
1369-1375 Reconquête de l'Aquitaine par les armées de Charles V	
1370-1400 Froissart : *Chroniques*	
	1374 Mort de Pétrarque
	1378-1417 Le Grand Schisme d'Occident
	1378-1382 Troubles sociaux en Occident (Italie, France, Angleterre)
	Vers 1387 Chaucer : *Contes de Canterbury*
1392 Début de la longue maladie de Charles VI	
	1396 Avant-train mobile
	1399 Angleterre : les Lancastres remplacent les Plantagenêts
1407 Assassinat de Louis d'Orléans	
Début de la guerre civile entre Armagnacs et Bourguignons	
	Début du 15e siècle Arme à feu portative
1413 Révolte cabochienne à Paris	
	1414-1417 Concile de Constance
1415 Défaite d'Azincourt	
1420 Traité de Troyes	

1429 Jeanne d'Arc. Libération d'Orléans. Sacre de Charles VII
1431 Procès et supplice de Jeanne
d'Arc   **1431-1439** Concile de Bâle

                                                           1432 Van Eyck : *l'Agneau mystique*
1435 Traité d'Arras entre Charles V et
Philippe le Bon
1438 Pragmatique Sanction de Bourges
1440 La Praguerie
1450 Victoire de Formigny. Reconquête de la Normandie
1452 Arnoul Gréban : *le Mystère de la
Passion*
1453 Victoire de Castillon. Reconquête   **1453** Prise de Constantinople par les
de la Guyenne   Turcs

                                                           Vers 1455 Bible de Gutenberg
1461 François Villon : le *Testament*
1465 Ligue du Bien public
1467-1477 Charles le Téméraire, duc de
Bourgogne
                           1475 Traité franco-anglais de Picquigny
                  1476 Défaites de Charles le Téméraire à Grandson et Morat
1477 Mort de Charles le Téméraire
                  1477 Mariage de Marie de Bourgogne et Maximilien d'Autriche
                                                           Vers 1478 Botticelli : *le Printemps*
                  1482 Le traité d'Arras règle la succession de Bourgogne
1483 Mort de Louis XI. Charles VIII

                                                           1492 Premier voyage de Christophe
                                                           Colomb
                           1494 Début des guerres d'Italie
1498 Mort de Charles VIII. Louis XII | **1498** Vasco de Gama à Calicut
                           1515 Bataille de Marignan
1515 Mort de Louis XII. François Ier

                                                           1517 Les 95 thèses de Luther
                                                           1519 Charles Quint, empereur
                           1525 Bataille de Pavie
1532 Union de la Bretagne à la
France
Rabelais : *Pantagruel*
1534 Affaire des Placards
1536 Calvin : *Institutio religionis christianae*
1539 Ordonnance de Villers-Cotterêts
                                                           1540 Approbation par le pape de la
                                                           Compagnie de Jésus
                                                           1545 Ouverture du concile de Trente
1547 Mort de François Ier. Henri II
                                                           1555 Abdication de Charles Quint
                           1559 Traité du Cateau-Cambrésis
1559 Mort d'Henri II. François II

1560 Mort de François II. Charles IX

1563 Clôture du concile de Trente
1571 Bataille de Lépante

1572 Massacre de la Saint-Barthélemy
1574 Mort de Charles IX. Henri III
1584 Mort du duc d'Anjou. Henri de Navarre, héritier présomptif

1588 L'Invincible Armada

1589 Assassinat d'Henri III. Henri IV

1598 Traité de Vervins

1598 Édit de Nantes

1608 Champlain fonde Québec

1609 Galilée met au point la lunette astronomique

1610 Assassinat d'Henri IV. Louis XIII

1618 Début de la guerre de Trente Ans

1624 Richelieu entre au Conseil
1627-1628 Siège de La Rochelle

1635 La France entre en guerre contre les Habsbourg

1636 Corneille : *le Cid*
1637 Descartes : *Discours de la méthode*
1642 Mort de Richelieu

1642-1649 Guerre civile en Angleterre
1643 Bataille de Rocroi

1643 Mort de Louis XIII. Louis XIV
1648-1653 La Fronde.

1659 Traité des Pyrénées

1661 Mort de Mazarin. Début du règne personnel de Louis XIV
1667 Racine : *Andromaque*

1672-1678 Guerre de Hollande

1682 La cour s'installe à Versailles
1683 Mort de Colbert

1683 Siège de Vienne par les Turcs

1685 Révocation de l'édit de Nantes

1687 Newton : *Principia mathematica*
1688-1689 Révolution anglaise

1702-1714 Guerre de Succession d'Espagne

1709 Le « grand hiver »
1715 Mort de Louis XIV. Louis XV
1715-1723 Régence du duc d'Orléans Système de Law
1726-1743 Le cardinal Fleury, Premier ministre

1729 Jean-Sébastien Bach : *Passion selon saint Matthieu*
1738 Invention de la navette volante par l'Anglais John Kay

1740 Début de la guerre de Succession d'Autriche
1742 Dupleix en Inde
1745 Bataille de Fontenoy

1748 Traité d'Aix-la-Chapelle
1748 Montesquieu : *l'Esprit des lois*
1751 Premier tome de l'*Encyclopédie*
1756 Début de la guerre de Sept Ans
1759 Capitulation de Québec
1762 Rousseau : *Du contrat social*
1763 Traité de Paris
1766 La Lorraine devient française
1767 Expulsion des jésuites
1768 La Corse devient française
1771 Réforme judiciaire de Maupeou
1774 Mort de Louis XV. Louis XVI   **1774** Goethe : *Werther*
1776 Disgrâce de Turgot   **1776** Déclaration d'indépendance américaine

1778 Morts de Voltaire et de Rousseau
1781 Disgrâce de Necker
1783 Traité de Versailles
                                            1785 Mise au point de la machine à vapeur par James Watt
                                            1787 Constitution des États-Unis
                                            Mozart : *Don Giovanni*

1788 Convocation des états généraux
1789
5 mai Réunion des états généraux
17 juin L'Assemblée devient nationale
20 juin L'Assemblée devient constituante
14 juill. Prise de la Bastille
Juill. La « Grande Peur » dans les campagnes
4 août Abolition du régime féodal et des privilèges
26 août Déclaration des droits de l'homme et du citoyen
5-6 oct. « Journées d'Octobre » : le roi revient à Paris
2 nov. Mise des biens du clergé à la disposition de la nation
1790
                    20 mars Déclaration de paix au monde
12 juill. Constitution civile du clergé
14 juill. Fête de la Fédération
1791
Procédé Leblanc (préparation de la   Révolte des esclaves noirs en Haïti
soude)
14 juin Loi Le Chapelier
20 juin Fuite du roi et arrestation à Varennes
3 sept. Vote de la Constitution de 1791

1792
    20 avril Déclaration de guerre au roi de Bohême et de Hongrie
10 août Destitution de Louis XVI
    20 septembre Victoire de Valmy
22 sept. Proclamation de la République
1793
21 janv. Exécution de Louis XVI
24 févr. Levée de 300 000 hommes
Mars Début de l'insurrection vendéenne
24 juin Vote de la Constitution de l'an I
17 juill. Abolition totale des droits féodaux
23 août Levée en masse
5 sept. La Terreur mise à l'ordre du jour
17 sept. Loi des suspects
25 sept. Loi du maximum
1794
    Insurrection polonaise
    26 mai Victoire de Fleurus
27 juill. (9 thermidor an II) Chute de Robespierre
1795
20-22 mai (1-3 prairial an III) Insurrection populaire
22 août (5 fructidor) Vote de la Constitution de l'an III
1796
    Mort de Catherine II de Russie
1796-1797
    Campagne d'Italie de Bonaparte
1797
26 mai (7 prairial an V) Condamnation à mort de Gracchus Babeuf
    8 octobre (27 vendémiaire an VI) Traité de Campoformio
1798
    19 mai (30 floréal an VI) Départ de l'expédition d'Égypte
    1ᵉʳ août (14 thermidor an VI) Destruction de la flotte française à Aboukir
    Début de l'insurrection irlandaise
1799
9 nov. (18 brumaire an VIII) Coup d'État de Bonaparte
13 déc. (22 frimaire an VIII) Constitution de l'an VIII
1800
13 févr. (24 pluviôse an VIII) Création de la Banque de France

17 févr. (28 pluviôse an VIII) Institution des préfets

       14 juin (25 prairial an VIII) Victoire de Marengo

1801

       Avènement d'Alexandre Ier de Russie

   9 février (20 pluviôse an IX) Paix de Lunéville
   15 juillet (26 messidor an IX) Signature du Concordat

1802

Chateaubriand : le *Génie du Christia-* | Beethoven : la *3e Symphonie « héroï-*
nisme | *que »*

       25 mars (4 germinal an X) Paix d'Amiens

10 mai (20 floréal an XI) Consulat à
vie

1803

28 mars (7 germinal an XI) Fixation de
la valeur du franc

1804

       Soulèvement serbe contre les Turcs

21 mars (30 ventôse an XII) Promulgation du Code civil
2 déc. (11 frimaire an XIII) Sacre de
Napoléon Ier

1805

       2 décembre Victoire d'Austerlitz

1806

       Mort de W. Pitt, Premier ministre d'An-
gleterre

4 avril Publication du *Catéchisme impérial*

       14 octobre Victoire d'Iéna
   21 novembre Décret de Berlin sur le blocus continental

1807

   17 décembre Décret de Milan sur le blocus continental

1808

       Fichte : *Discours à la nation allemande*
       Goethe : *Faust* (1re partie)

1er mars Sénatus-consulte organisant la
noblesse d'Empire
17 mars Décret d'organisation de l'Université impériale

1809

       Début des guerres d'indépendance en
Amérique latine

       17 mai Réunion des États pontificaux à l'Empire

1810

David : *la Distribution des aigles*
2 avril Mariage de Napoléon Ier avec
Marie-Louise d'Autriche

1811

20 mars Naissance du roi de Rome, fils
de Napoléon

1812

Juin-décembre Campagne de Russie

23 oct. Conspiration du général Malet

1814

Goya : *le Dos de Mayo (1808), le Tres de Mayo (1808)*

6 avril Première abdication de Napoléon

4 juin Charte constitutionnelle

1815

Fin du congrès de Vienne. Second traité de Paris

1ᵉʳ mars Retour de Napoléon en France

18 juin Défaite de Waterloo

Juill. Retour de Louis XVIII

1815-1816

La « Chambre introuvable »

1817

Lamennais : *Essai sur l'indifférence en matière de religion*

1820

Févr. Assassinat du duc de Berry

1821

5 mai Mort de Napoléon à Sainte-Hélène

1824

Delacroix : *Scènes des massacres de Scio*

1827

Marc Seguin : la chaudière tubulaire

1830

Bataille d'*Hernani*

5 juillet Prise d'Alger

28-29-30 juill. Les « Trois Glorieuses »

1831

Révolte des canuts lyonnais

1832

Tentative de soulèvement de la duchesse de Berry

1834

Émeutes républicaines à Paris et à Lyon

1836

Ligne de chemin de fer Paris-Saint-Germain-en-Laye

1840

Crise internationale. Méhémet-Ali évacue la Syrie

Guizot, principal ministre

1848

Michelet : *Histoire de la Révolution française*

Karl Marx : *Manifeste du Parti communiste*

22-24 févr. Journées révolutionnaires
25 févr. Proclamation de la République
Juin « Journées de Juin »
Nov. Constitution de la II⁰ République
Déc. Louis Napoléon Bonaparte, président de la République
1848-1849

Révolutions en Allemagne, empire d'Autriche, Italie. Échec de ces mouvements

1849
Mai Élections à l'Assemblée législative
1850
Loi Falloux
Mort de Balzac
1851
2 déc. Coup d'État de Louis Napoléon Bonaparte
21 déc. Plébiscite
1852
Auguste Comte : le *Catéchisme positiviste*
7 nov. Rétablissement de l'Empire
1854

Guerre de Crimée

1856

Congrès de Paris

1857
Baudelaire : *les Fleurs du mal*
1858
14 janv. Attentat d'Orsini
1859

Guerre du Piémont, allié à la France, contre l'Autriche
Premier forage pétrolier aux États-Unis

1860

Traité de commerce franco-anglais
Réunion de la Savoie et de Nice à la France
Expéditon de Syrie

Étienne Lenoir met au point le premier moteur à explosion
1861

Création du royaume d'Italie
Début de la guerre de Sécession aux États-Unis

1862

La France présente en Cochinchine

1863
Manet : *le Déjeuner sur l'herbe*
1864
Loi reconnaissant le droit de grève
1866

La Prusse bat l'Autriche à Sadowa

1867

Fin et échec de l'expédition du Mexique

1869

Ouverture du canal de Suez

Succès de l'opposition aux élections
1870

Guerre franco-prussienne

Ministère Émile Ollivier. Plébiscite   Rome, capitale de l'Italie
4 sept. Proclamation de la République
1871

Proclamation de l'Empire allemand

28 janv. Chute de Paris
8 févr. Élections à l'Assemblée nationale
18 mars-28 mai La Commune
          10 mai Traité de Francfort. Annexion de l'Alsace-Lorraine

1873
Démission de Thiers
1875
Lois constitutionnelles
1877
16 mai Renvoi de Jules Simon par Mac-
Mahon
Oct. Victoire républicaine aux élections
1881

Protectorat en Tunisie

1881-1882
Lois sur la presse, sur la liberté de
réunion, sur l'enseignement
1882

Triple Alliance : Allemagne, Autriche,
Italie

1883
Deprez : premiers essais de transport de
l'électricité
1884
Loi sur les syndicats
1885

Congrès de Berlin

Zola : *Germinal*
1886
Loi Goblet laïcisant l'enseignement primaire

1886-1889
Crise boulangiste
1887
Premières automobiles Peugeot
1890
Premier vol en avion de Clément Ader
1892

Encyclique de Léon XIII sur le Ralliement
Convention militaire franco-russe
1895

Constitution de l'Afrique-Occidentale française
Auguste et Louis Lumière inventent le
cinéma
1898
Pierre et Marie Curie : travaux sur la
radioactivité
14 janv. « J'accuse » d'Émile Zola : l'affaire Dreyfus
1901
Loi sur les associations
1904

Entente cordiale franco-britannique
7 juill. Interdiction de l'enseignement
aux congréganistes
1905

Première crise marocaine
Première révolution russe
9 déc. Loi de séparation de l'Église et
de l'État
1906
Charte d'Amiens
1907
Picasso : *les Demoiselles d'Avignon*
1909
Blériot traverse la Manche en avion
1910

Organisation de l'Afrique-Équatoriale française
1911

« Coup d'Agadir »
1912

Protectorat français sur le Maroc
1913
Loi de trois ans sur le service militaire
Igor Stravinski : *le Sacre du Printemps*
Marcel Proust : *Du côté de chez Swann*
1914

3 août Entrée de la France dans la guerre
contre l'Allemagne
Septembre Bataille de la Marne
1916

Février-juin Bataille de Verdun

1917
Mutineries, grèves

Avril Entrée des États-Unis dans la guerre
Octobre Révolution en Russie

Nov. Gouvernement Clemenceau
1918

11 novembre Armistice de Rethondes

1919

Traité de Versailles

Juin Journée de huit heures
Nov. Élection du Bloc national
1920
Déc. Congrès de Tours
1922

Mussolini marche sur Rome

1923

Janvier Occupation de la Ruhr

1924

Plan Dawes

André Breton : *Manifeste du surréalisme*
Mai Cartel des gauches
1925

Traité de Locarno

1926

Rome condamne l'Action française

1928
25 juin Stabilisation du franc
1929

Plan Young
24 oct. « Jeudi noir » aux États-Unis. Début de la grande crise économique

1931
Exposition coloniale
1933

Avènement de Hitler

1934
6 févr. Émeutes antiparlementaires à Paris
1936

Remilitarisation de la Rhénanie

Réunification CGT-CGTU
Élection du Front populaire
Gouvernement Léon Blum
Accords Matignon

Guerre d'Espagne

1937
Picasso : *Guernica*
1938
Gouvernement Daladier

Anschluss de l'Autriche à l'Allemagne

Fission du noyau d'uranium 235 par des Allemands

29-30 septembre Accords de Munich

1939
29 juill. Code de la famille
                    3 septembre Déclaration de guerre
                                        Écrasement de la Pologne

1940
                    Avril-juin Guerre en Norvège
                    10 mai Offensive allemande en France
17 juin Pétain, président du Conseil
                    17 juin Pétain demande l'Armistice
18 juin Appel du général de Gaulle
                    22 juin Signature de l'armistice
10 juill. Pleins pouvoirs au maréchal
Pétain
13 déc. Élimination de Laval
1941
                                L'Allemagne attaque l'URSS
                                7 déc. Pearl Harbor. Les États-Unis
                                entrent dans la guerre

1942
Camus : *l'Étranger*
18 avril Retour de Pierre Laval au gouvernement
                    8 novembre Débarquement allié en Afrique du Nord
11 nov. Occupation de la « zone
libre »
24 déc. Assassinat de Darlan
1943
Formation du CNR
Jean-Paul Sartre : *l'Être et le Néant*
3 juin Comité français de la libération
nationale à Alger
1944
3 juin Le CNL devient gouvernement
provisoire de la République française
                    6 juin Débarquement de Normandie
25 août Libération de Paris
1945
Référendum
Élections à la première Constituante
                                Févr. Conférence de Yalta
                    8 mai Capitulation de l'Allemagne
                                Juill. Conférence de Potsdam
                                Août Bombes atomiques à Hiroshima
                                et Nagasaki. Capitulation du Japon
1946
                                Naissance de l'ONU
Janv. Démission du général de Gaulle
Oct. Constitution de la IVᵉ Républi-
que
                    Décembre Début de la guerre d'Indochine

1947
Ramadier, président du Conseil, révo- | Invention du transistor
que les ministres communistes
          5 juin Présentation du plan Marshall

1949
          4 avril Signature du Pacte atlantique
          Création de la république populaire de
          Chine

1950
          Juin Guerre de Corée

1951
          Création de la CECA

1952
Investiture d'Antoine Pinay

1954
          7 mai Chute de Dien Bien Phu
17 juin Investiture de Pierre Mendès
France
          20 juillet Accords de Genève sur l'Indochine
          31 juillet La Tunisie obtient l'autonomie interne
Nov. Début de l'insurrection en Algé-
rie

1955
3 févr. Chute de Pierre Mendès
France
          Mars Indépendance de la Tunisie et du Maroc
23 juin Loi-cadre sur les territoires
d'outre-mer

1956
          Révolte hongroise

1957
          Spoutnik I : premier satellite (soviéti-
          que) dans l'espace
          25 mars Traité de Rome instituant la CEE
21 mai Chute de Guy Mollet

1958
13 mai Coup de force à Alger
1ᵉʳ juin Investiture du général de
Gaulle
28 sept. Référendum constitutionnel
21 déc. De Gaulle, président de la
République

1959
Bombe A française
Janv. Gouvernement Debré

1960
          Accession des pays d'Afrique francophone à l'indépendance
1ᵉʳ janv. Création du nouveau franc
Janv. « Semaine des barricades » à
Alger

1961

	Premier homme (soviétique) dans l'espace
Janv. Référendum approuvant l'autodétermination de l'Algérie	
Avril Putsch des généraux en Algérie	

1962

Accords d'Évian entre la France et l'Algérie

Crise de Cuba

Oct. Référendum sur l'élection du président de la République au suffrage universel

1964

Invention du microprocesseur

1965

5-19 déc. 1ᵉʳ et 2ᵉ tour des élections présidentielles. De Gaulle, président de la République.

1966

La France sort de l'OTAN

1967

Élections législatives	Guerre israélo-arabe des Six Jours

1968

La France fait exploser la bombe H	« Printemps de Prague » et « normalisation » en Tchécoslovaquie

Mai Mouvement étudiant et vague de grèves

Juin Élections législatives. Couve de Murville, Premier ministre

1969

Échec du référendum et départ du général de Gaulle	Premiers hommes (américains) sur la Lune

Georges Pompidou, président de la République, Chaban-Delmas, Premier ministre

1971

15 août Fin de la convertibilité du dollar

1973

L'Europe des Six devient l'Europe des Neuf (Grande-Bretagne, Danemark, Irlande)

Guerre israélo-arabe du Kippour

Doublement du prix du pétrole

1974

2 avril Mort du président Georges Pompidou	
5-19 mai Valéry Giscard d'Estaing, président de la République	
28 mai Jacques Chirac, Premier ministre	
Loi sur l'interruption volontaire de grossesse (IVG)	Chute de Saigon

1976
Démission de Jacques Chirac
Raymond Barre, Premier ministre
1977
Premier satellite français
1978
12-19 mars Élections législatives
1979

Intervention de l'URSS en Afghanistan

1980

Début de la guerre Iran-Irak
La Grèce entre dans la CEE

L'année du syndicat Solidarité en Pologne

10 mai François Mitterrand, président de la République
14-21 juin Élections législatives. Majorité socialiste, 4 ministres communistes
1981-1982

« Normalisation » en Pologne

1982

L'Espagne et le Portugal entrent dans la CEE

Juin Début de la politique de rigueur
1984
Gouvernement Laurent Fabius (sans les communistes)
1986
Mars Élections législatives. Majorité RPR-UDF. Jacques Chirac, Premier ministre
1988
Mai-juin Réélection de François Mitterrand à la présidence de la République. Élections législatives : majorité relative socialiste. Michel Rocard, Premier ministre.
1989

9 novembre Ouverture du mur de Berlin

1990

2 août Occupation du Koweit par l'Irak
3 octobre Réunification de l'Allemagne

1991
15 mai Édith Cresson, Premier ministre

Janv.-févr. « Guerre du Golfe » contre l'Irak
Juin Début de la guerre civile en Yougoslavie
Décembre La CEI (Communauté des États Indépendants) succède à l'URSS

Glossaire

Adoubement. Cérémonie au cours de laquelle est armé un chevalier. Purement laïque à l'origine, l'adoubement prend un caractère religieux de plus en plus marqué.

Adresse. Texte par lequel les députés, au début de la session parlementaire, expriment leur approbation ou leur critique vis-à-vis du pouvoir exécutif.

Affermage. Action de donner à ferme. La ferme est un procédé d'administration par lequel l'autorité se repose sur une personne de l'exercice d'un droit ou de la perception d'un revenu, moyennant le paiement d'une somme forfaitaire. Au Moyen Age, les prévôtés royales étaient affermées.

Affranchi. A l'époque romaine, esclave libéré par son maître. L'affranchi reste sous la dépendance de celui-ci et n'a pas de droits politiques. En revanche, ses enfants deviennent citoyens de plein droit.

Ambact. Guerrier attaché à la personne d'un chef gaulois.

Ambre. Substance résineuse d'origine fossile, provenant d'anciennes forêts. L'ambre est recherché comme bijou, mais aussi pour ses vertus curatives.

Amphithéâtre. Dans la Gaule romaine, monument de spectacle avec une arène elliptique, réservé aux combats de gladiateurs et d'animaux.

Apanage. Terre donnée par le roi à ses fils cadets ou à ses frères pour assurer leur subsistance, en compensation de la couronne réservée au fils aîné.

Arianisme. Hérésie fondée sur l'affirmation de l'inégalité des personnes divines dans la conception trinitaire : Dieu le Père est supérieur au Fils, le Christ qu'il a engendré. Condamnée au concile de Nicée en 325, cette hérésie alimenta les querelles religieuses du 4e siècle. L'intervention des empereurs dans ces conflits posa en outre le problème des relations entre l'Église et l'État.

Articles organiques. Dispositions ajoutées au Concordat de 1801 et votées sans l'accord du pape le 8 avril 1802 (18 germinal an X). Bonaparte modifiait l'esprit du Concordat dans un sens gallican. C'est ainsi, par exemple, que le pape ne pouvait diffuser aucune bulle ni envoyer aucun légat en France sans l'accord du gouvernement.

Arts libéraux. Ensemble des matières qui constituent l'enseignement classique au Moyen Age, soit sept « arts » répartis en deux groupes : le *trivium*, constitué par la grammaire, la rhétorique et la dialectique ; le *quadrivium*, constitué par l'arithmétique, la géométrie, l'astronomie et la musique.

Assemblée nationale. Désigne, sous le régime des lois constitutionnelles de 1875, la réunion de la Chambre des députés et du Sénat en vue de l'élection du président de la République ou de la révision constitutionnelle.

Assignats. Bons du Trésor créés par les décrets des 19 et 21 décembre 1789 et gagés sur les biens d'Église devenus biens nationaux. Rapportant d'abord des intérêts (5 % puis 3 %), ils devinrent vite un papier-monnaie dont, malgré quelques reprises, la dépréciation fut incessante jusqu'à leur suppression en février 1796.

Atrium. Partie centrale de la maison romaine traditionnelle, autour de laquelle étaient réparties les pièces d'habitation. L'atrium était surmonté d'un toit percé au centre d'une ouverture carrée ; l'eau de pluie était recueillie dans un bassin, *impluvium*.

Augustinisme. Doctrine conforme à la pensée de saint Augustin (354-430), selon lequel l'homme corrompu par le péché originel est sauvé par la grâce de Dieu. Saint Augustin ne nie pas pour autant la liberté de l'homme, qui peut refuser la grâce.

Baillis, bailliages. Les baillis sont, à la fin du 12e siècle, des officiers royaux détachés de la Cour du roi pour contrôler la gestion des prévôts. A partir du milieu du 13e siècle, ils exercent leurs fonctions, qui sont à la fois financières, judiciaires et militaires, dans une circonscription fixe, le bailliage, qui regroupe plusieurs prévôtés. A la différence des prévôts, qui tiennent leur charge à ferme, les baillis reçoivent des gages du roi.

Ban, banal. Pouvoir d'ordonner, de contraindre et de punir, le ban a été confisqué et exploité à partir du 10e siècle par les seigneurs, qui se sont substitués au roi pour exercer la justice et la police, percevoir les impôts, surveiller les routes et les marchés, et réquisitionner les hommes pour des travaux divers.

Basilique. Salle de réunion rectangulaire couverte, partagée en plusieurs nefs par des colonnades. Une abside peut prolonger la nef centrale.

Bénéfice, bienfait. Concession de terre accordée à titre temporaire, viager ou définitif par un roi ou un prince à un homme qu'il veut récompenser. Sous les Carolingiens, le bénéfice est accordé aux vassaux pour la durée de leur engagement militaire.

Cadastre. La création de colonies romaines en Gaule entraînait un remodelage du paysage agraire. Arpenté et borné, le sol était découpé selon un quadrillage avec des unités ou centuries de 704 à 710 mètres de côté. Ces unités servaient de base pour la distribution de lots de terre aux colons.

Cahiers de doléances. Cahiers traditionnellement rédigés avant la réunion des états généraux et exposant les doléances et les vœux des sujets du roi. Partant des plus petites unités (paroisse, corporation de métier...), ils se constituaient, pour chacun des ordres, en cahiers de bailliage qui étaient apportés par les députés des états.

Cairn. Voir *tumulus*.

Canonisé, canonisation. La canonisation est l'acte solennel par lequel le pape, à l'issue d'une procédure souvent longue, proclame sainte une personne. Cette procédure ne s'est fixée qu'à la fin du 12ᵉ siècle.

Capitatio-jugatio. Impôt créé par Dioclétien, qui prenait en compte à la fois les personnes (*capitatio*) et les biens (*jugatio*). Ce système très complexe nécessitait des opérations régulières de recensement et de cadastre : à partir de 312, l'État décida de faire ces opérations tous les quinze ans, période désignée sous le nom d'« indiction ».

Capitulaire. Texte législatif émanant du souverain et divisé en articles ou *capitula*. Ce terme est surtout employé à l'époque carolingienne.

Cathare, catharisme. Plus qu'une hérésie ou déviation de la religion chrétienne, le catharisme est une autre religion, dérivée du manichéisme oriental, suivant lequel le monde est régi par deux principes égaux, le Bien et le Mal. Le catharisme s'est répandu au 12ᵉ siècle en Italie du Nord et dans la France du Midi, spécialement en Languedoc, où il a été combattu d'abord par la prédication (saint Dominique), puis par la croisade dite « des Albigeois ».

Cathédrale. C'est l'église principale ou église mère du diocèse, où se trouve la chaire ou trône (en latin, *cathedra*) de l'évêque. La cathédrale est le monument majeur de l'art du Moyen Age et en est devenu le symbole : on parle du « temps des cathédrales » (Georges Duby).

Cens. Au Moyen Age, redevance annuelle, fixe et perpétuelle, en argent ou en nature, due pour une tenure au propriétaire foncier. Le paiement du cens est la reconnaissance du droit éminent du seigneur sur la terre.

A l'époque contemporaine, le cens est le montant minimum des impôts directs permettant le droit de vote.

Chambre des comptes. Organe financier issu de la Cour du roi vers 1300 et organisé par l'ordonnance de Vivier-en-Brie en 1320. Il s'occupe du contrôle de la gestion financière du domaine royal et des comptes de l'Hôtel du roi.

Champs Décumates. Territoire entre le Rhin et le Danube, comprenant la vallée du Neckar et le Jura souabe. Rome en fit une région ouverte à la colonisation de manière à établir un glacis de protection pour la Gaule, face aux Germains. Ces territoires étaient soumis à l'impôt (*decima*), d'où leur nom.

Chancelier, chancellerie. Chargé sous les Carolingiens de contrôler la rédaction et l'expédition des actes royaux et d'y apposer le sceau du roi, le chancelier dirige une équipe de plus en plus importante de notaires et de scribes (la chancellerie). Devenu, sous les Capétiens, un des cinq grands officiers de la couronne, il est alors le principal personnage du Conseil du roi, qu'il préside en l'absence du roi, et le chef de l'administration royale. A la fin du Moyen Age, il devient aussi le premier personnage du Parlement.

Changeurs, change, lettre de change. Le change est d'abord au Moyen Age l'opération qui consiste à échanger des espèces monétaires : pratique rendue très courante et nécessaire à cause de la grande variété des monnaies. Le métier de changeur était souvent exercé par des juifs. Puis, en raison de l'interdiction du prêt à intérêt par l'Église, le change est devenu l'occasion d'opérations de crédit dissimulé. A partir de 1300, à l'initiative des Italiens, se développe la lettre de change : ordre écrit qui prévoit, à partir d'une somme exprimée dans une monnaie donnée, son remboursement dans un autre lieu et une autre monnaie. L'intérêt du prêt est dissimulé dans le taux du change.

Chanoines. Clercs vivant en communauté suivant une règle (*canon*, en grec) autour de l'évêque. L'ensemble de ces clercs forme le chapitre cathédral. Il peut exister des communautés de chanoines auprès d'églises non cathédrales : il s'agit alors d'un collège de chanoines desservant une église collégiale.

Chape. Grand et long manteau qui s'agrafe par-devant et qui est porté par l'officiant dans les cérémonies religieuses. Les Capétiens possédaient comme relique la chape de saint Martin et l'emportaient dans leurs expéditions militaires.

Chapitre. Ensemble de chanoines.

Chasé, casé. Se dit, au Moyen Age, d'un esclave installé hors de la demeure du maître, dans une maison (*casa → casatus*, casé ou chasé) ou sur une terre dont il a la jouissance.

Chevage. Redevance perçue par un seigneur sur la personne (et non sur les biens) de ses dépendants. Le chevage est une des taxes caractéristiques du servage.

Chevalier, chevalerie. A l'origine, le chevalier est un combattant à cheval muni d'un armement particulier. Les chevaliers combattent le plus souvent au service d'un seigneur, dont ils sont les vassaux. A partir du 12e siècle, ils tendent à former une caste qui se confond avec la noblesse et qui se reconnaît dans un idéal moral et social influencé par l'Église et par la littérature courtoise : la chevalerie. On devient chevalier lors de la cérémonie de l'adoubement.

Chevaliers. 1. Chez les Gaulois, nom donné par César à l'aristocratie gauloise au moment de la conquête. Grands propriétaires, les chevaliers détiennent le pouvoir après la disparition des rois à la tête des peuples.
2. Dans l'Empire romain, membres de l'ordre équestre possédant une fortune d'au moins 400 000 sesterces et inscrits par l'empereur sur l'album équestre, liste des chevaliers romains. Ils sont essentiellement au service de l'administration impériale.

Circonvallation. Ensemble défensif (fossés et tours) pour protéger un camp des assauts extérieurs.

Cirque. En Gaule, vaste rectangle aux petits côtés en arc de cercle, avec une longue piste divisée en son milieu par la *spina*, ou arête, autour de laquelle tournent les chevaux et les chars.

Clerc, clergé. Le clerc est un homme d'Église, par opposition au laïque. Le clerc est celui qui a une fonction (du grec *cleros*, fonction) dans l'Église. L'ensemble des clercs forme le clergé, qui est le premier ordre de la société du Moyen Age et de l'Ancien Régime.

Clientèle. En Gaule, la majeure partie de la population était sous la dépendance d'un noble qui assurait sa protection en échange d'une totale fidélité. Un système identique existait aussi à Rome. Après la conquête, la clientèle resta une composante de la société gallo-romaine.

Cohorte. Voir *légion*.

Colonie romaine. Territoire provincial dont le sol a été cadastré et attribué à des colons, dont le statut juridique est celui de citoyens romains. Ce statut peut aussi être attribué à une cité à titre honorifique.

Commune. Association jurée entre les habitants d'une ville pour la défense de leurs intérêts collectifs. Si elle est reconnue par le seigneur, la commune devient une institution permanente chargée de l'administration de la ville, considérée alors comme ville de commune ou simplement commune.

Compagnonnage. Association de compagnons, c'est-à-dire d'hommes ayant fait l'apprentissage d'un métier mais travaillant toujours chez un maître. L'association pouvait prendre la défense des compagnons, elle pouvait aussi contrôler le marché de l'emploi.

Comte, comté. Le mot « comte », qui vient du latin *comes*, compagnon, désigne d'abord un compagnon du souverain. Sous les Mérovingiens et les Carolingiens, le comte devient le représentant du souverain dans une circonscription territoriale qu'on appellera plus tard le comté. A partir du 9e siècle, les comtes cherchent à rendre leur charge héréditaire et deviennent des princes territoriaux.

Concile. Assemblée des évêques d'une région. Il est œcuménique quand il réunit tous les évêques de la Chrétienté.

Concordat. Traité signé entre le pape et le chef d'un État pour fixer les relations de l'Église catholique et de l'État.

Congrès. Désigne sous la Ve République la réunion du Parlement (Assemblée nationale et Sénat) en vue de la révision de la Constitution.

Connétable. Chargé, avec l'aide des maréchaux, de surveiller les écuries royales (*comes stabuli*, comte de l'étable), il devient sous les Capétiens un des cinq grands officiers de la couronne. C'est le conseiller militaire du roi et le chef de l'armée en son absence.

Conseil du roi. Organe politique issu de la *Curia regis* au Moyen Age et formé des personnes qui aident le roi à gouverner. Le roi y appelle qui il veut.

Contrevallation. Ensemble de fossés et de tours avec un rempart entourant un site pour l'assiéger (*voir document p. 48*).

Corvée. La corvée est un travail exigé des paysans par le maître en sa qualité de propriétaire du sol ou de seigneur.

Cryptoportique. Galerie souterraine voûtée qui sert d'assise à un édifice supérieur (temple, portique de *forum*).

Curia regis, Cour du roi. Au Moyen Age, ensemble formé par l'entourage immédiat du roi – sa famille, ses familiers, ses clercs – et par ses vassaux, qui l'aident à administrer son domaine et à gouverner son royaume. La complexité croissante des affaires à traiter entraîne une différenciation progressive des organismes issus de la Cour du roi :

Cour du roi   Conseil du roi / Parlement / Chambre des comptes

Curie. Salle de réunion pour les membres de l'*ordo* ou sénat de la cité, qui sont aussi appelés curiales ou décurions. Par extension, le terme « curie » a pu désigner aussi bien la salle que les membres y siégeant.

Décurion. Membre du sénat municipal siégeant à la curie.

Dîme. Dixième partie des récoltes et des revenus versée pour l'entretien du clergé. C'est une coutume d'origine juive reprise par l'Église primitive et remise en vigueur par les Carolingiens au 8ᵉ siècle. Sous l'Ancien Régime, la dîme était le plus souvent inférieure au dixième.

Diocèse. Dans l'Antiquité tardive, il s'agit d'un groupe de provinces placées sous l'autorité d'un vicaire. Au Moyen Age et jusqu'à nos jours, il s'agit de la circonscription ecclésiastique dirigée par un évêque.

Dogme. Ensemble des croyances qui constituent le fondement d'une religion.

Dolmen. Chambre funéraire destinée à plusieurs inhumations et construite avec de gros blocs de pierre ou mégalithes. Cette chambre est enfouie sous un tertre de terre, un tumulus, ou dans un cairn, sorte de tumulus constitué de pierres et de pierraille.

Don gratuit. Contribution financière accordée au roi de France par les assemblées du clergé et par les états provinciaux ; elle est, en fait, fixée par le pouvoir royal et n'est donc gratuite que de nom.

Drachme. Monnaie d'argent antique dont le poids à Marseille se fixa à environ 2,75 grammes.

Droit italique (statut de). Le sol des provinces gauloises était soumis à l'impôt, le *tributum*, marque de la conquête romaine. Le droit italique permet d'assimiler un sol provincial à l'Italie et de le dispenser de cet impôt.

Droit latin (statut de). Le citoyen de droit latin a les mêmes droits civils que le citoyen romain, mais a des droits politiques restreints : il peut voter, mais ne peut pas être candidat aux magistratures romaines. Ce statut est une étape vers le droit romain complet.

Droit médiéval. Le Moyen Age a connu et pratiqué trois sortes de droit : le droit canon, qui régissait l'Église ; le droit romain, hérité de l'Antiquité et remis à l'honneur à partir du 12ᵉ siècle ; le droit oral ou droit coutumier, qui provient des pratiques locales et est mis par écrit à partir du 13ᵉ siècle. Revivifiés par une grande renaissance juridique qui commence au 12ᵉ siècle, ces trois droits ont été utilisés par les rois de France pour définir et asseoir leur pouvoir.

Droit romain (statut de). Le citoyen de droit romain a les mêmes droits civils et politiques que le citoyen vivant à Rome. Il peut voter et être candidat dans sa cité et à Rome.

Écoles centrales. Créées par le décret de la Convention du 25 février 1795 (7 ventôse an III) et remplacées par les lycées en 1802, ces écoles ont expérimenté un enseignement secondaire renouvelé, en rupture avec les humanités classiques et caractérisé par l'absence de toute formation religieuse, une grande liberté des élèves qui organisaient eux-mêmes leur programme et la prééminence donnée à l'enseignement scientifique.

Élections, élus. Voir *généralités*.

Enluminure. L'enluminure, ou décoration de manuscrits, est un art typiquement médiéval. Elle peut porter sur des lettres ornées – le premier sens du mot « miniature » est celui de lettre peinte en rouge (*minium*) –, des décorations autour de la page ou des peintures en pleine page. L'art de l'enluminure s'est développé pendant tout le Moyen Age pour s'épanouir à l'époque gothique et atteindre son apogée au 15ᵉ siècle (*Très Riches Heures du duc de Berry*). Il disparaît alors devant l'invention de l'imprimerie et l'essor de la peinture de tableaux.

Épipaléolithique. Voir *préhistoire*.

Espérance de vie à la naissance. C'est le nombre moyen d'années vécues par l'ensemble des nouveau-nés à une époque déterminée ; elle était de l'ordre de 25 ans au 17ᵉ siècle ; elle est aujourd'hui de l'ordre de 70 ans pour les hommes, 78 ans pour les femmes.

Esse. Motif décoratif ayant la forme d'un S.

États généraux, états provinciaux. Dans la France de la fin du Moyen Age et de l'Ancien Régime, les états sont des assemblées qui regroupent les représentants des trois ordres, ou états : le clergé, la noblesse et le troisième ordre, ou tiers état. Aux 17ᵉ et 18ᵉ siècles, certaines provinces, notamment la Bretagne, le Languedoc, la Provence, la Bourgogne, conservent leurs états, dits « provinciaux ». Les états généraux, c'est-à-dire à l'échelle du royaume, n'ont pas de périodicité fixe. Les rois ne sont pas tenus de les réunir et, s'ils le font pour leur demander conseil, ils ne sont pas tenus de suivre leurs avis. Les états généraux ne se sont pas réunis entre 1614 et 1789.

Évêque. A l'origine, président (*episcopos*) du collège des anciens (presbytres) d'une communauté chrétienne. Il était responsable de la célébration eucharistique. A partir du 3e siècle, l'évêque est choisi par le peuple chrétien d'une cité et ordonné par d'autres évêques présents. Au 4e siècle, les évêques d'une même province ou d'une région tendent à être sous l'autorité d'un évêque métropolitain d'une grande cité (Rome, Carthage...).

Évergétisme. Ensemble de dons et de gratifications envers une cité, faits par un notable fortuné pour tenir son rang et assurer sa carrière politique parmi ses concitoyens.

Excommunication. Sentence rendue par l'Église qui exclut un chrétien de la communauté des fidèles. L'excommunication mineure le prive du droit de recevoir les sacrements. L'excommunication majeure lui interdit d'être enterré en terre bénite et interdit aux autres fidèles d'entretenir des rapports avec lui.

Faide. Vengeance familiale dans les coutumes germaniques.

Familles élargies. Familles conjugales augmentées d'un ou plusieurs membres apparentés autres que les enfants.

Fédéré, fédération, fédéralisme. A partir de 382, et dans le haut Moyen Age, le statut de fédéré est celui d'un peuple barbare installé à l'intérieur de l'Empire en vertu d'un traité appelé *foedus*.
Pendant la Révolution, le fédéralisme est un mouvement né en 1790 de l'effondrement des structures de l'Ancien Régime et de la volonté d'union des municipalités et des gardes nationales. Il fut le moyen d'expression de l'unité de la nation le 14 juillet 1790 lors de la fête de la Fédération. Les volontaires partant lutter contre l'ennemi en 1792 s'appelèrent les « fédérés ». Mais en 1793-1794, les révoltés « fédéralistes » revendiqueront l'autonomie des provinces face au pouvoir parisien.
En 1871, le nom de « fédérés » est donné aux combattants parisiens de la Commune constitués en une fédération des gardes nationaux de la Seine en février 1871.

Féodal, féodalité. Au sens strict, la féodalité désigne l'ensemble des institutions dites féodo-vassaliques qui régissent les rapports entre un seigneur et son vassal, rapports qui comportent la remise d'un fief (en latin, *feodum*) par le seigneur au vassal. Au sens large, la féodalité désigne la société qui reposait sur ces liens féodo-vassaliques et qui se caractérisait par une hiérarchie des hommes et des terres, par la prépondérance d'une aristocratie de guerriers, par le morcellement de l'autorité publique et des droits de propriété.

Ferme. Voir *affermage*.

Ferme générale. En 1680, Colbert, étendant une pratique courante, afferme à un groupe de financiers dits « fermiers généraux » la levée de l'ensemble des impôts indirects, aides et gabelles. Ce système, très lourd pour les imposables, permet au roi de toucher en bloc le revenu de ces impôts, sans avoir la charge de leur perception.

Feu. Groupe de personnes vivant dans un même foyer et servant, au Moyen Age, d'unité de base pour la fiscalité directe. Les listes de feux sont les principaux documents de la démographie médiévale, le problème étant de savoir à combien d'habitants pouvait correspondre, en moyenne, un feu. Les estimations les plus courantes oscillent entre 3,5 et 5 habitants par feu.

Fief. Le fief est le bien remis par un seigneur à son vassal pour que le vassal puisse remplir les services auxquels il s'est engagé envers le seigneur. Le fief est le plus souvent une terre ou un château. Mais il peut aussi consister en droits, revenus ou rentes.

Fisc. Dans l'Empire romain, ce terme désigne le trésor impérial. Dans les royaumes barbares, il désigne tout ce qui appartient au roi et finit, à l'époque carolingienne, par prendre le sens de grand domaine.

Foi. Dans le vocabulaire féodal, fidélité jurée par le vassal à son seigneur.

Foire. Le mot vient du latin *feria*, fête, parce que à l'origine les marchands se regroupaient à l'occasion des fêtes religieuses. Les foires sont des rassemblements périodiques, réguliers et protégés par l'autorité publique, de marchands venus de régions éloignées. Il existe des foires régionales et d'autres plus importantes qui sont un élément fondamental du grand commerce international : foires de Champagne au 13e siècle, foires de Lyon ou de Genève à la fin du Moyen Age.

Formariage. Mariage en dehors de la seigneurie ou avec une personne de condition différente. Taxe payée pour obtenir le droit de contracter un tel mariage. Le formariage est une des taxes caractéristiques du servage.

Forum. Centre de la vie politique et religieuse d'une ville, le *forum* était en général une place de forme rectangulaire, au croisement ou à proximité du carrefour des deux principaux axes de la ville, le *cardo* et le *decumanus*.

Franchises. Privilèges accordés par un seigneur à une communauté rurale ou urbaine, qui suppriment ou limitent les droits que le seigneur exerçait auparavant de façon arbitraire. Au Moyen Age, « franchises » (toujours employé au pluriel) est synonyme de « libertés ». La charte de franchises est l'acte écrit dans lequel le seigneur énumère les franchises accordées à une communauté d'habitants.

Fresques. On entend généralement par « fresques », au Moyen Age, le décor peint qui couvrait les murs intérieurs des églises, spécialement dans les églises romanes, où les ouvertures étaient rares et les parois étendues. Fresques et sculptures formaient un « livre d'images » destiné à l'éducation religieuse des fidèles. Au sens technique, la fresque est une manière de peindre qui consiste à appliquer des couleurs détrempées dans de l'eau de chaux sur une surface fraîchement (en italien, *a fresco*) enduite.

Gallicanisme. Doctrine défendant les libertés de l'Église catholique en France contre les prétentions de la papauté, qualifiées, par opposition, d'ultramontanisme.

Gaule chevelue. Nom donné par les auteurs anciens à la Gaule celtique indépendante par opposition à la Gaule du Sud conquise par Rome, où l'on portait la toge, *Gallia togata*. L'adjectif « chevelu » fait référence aux cheveux longs des Gaulois.

Généralités. En France, circonscriptions financières dites « recettes générales », puis « généralités », pour la perception des impôts royaux ; chaque généralité est divisée en élections, avec à leur tête des officiers du roi, dits « élus », chargés notamment de répartir la taille. Au 17ᵉ siècle, la généralité devient la circonscription administrative où réside l'intendant de justice, police et finance.

Germaniques (peuples). Population d'origine indo-européenne installée dans les régions de la Baltique et qui émigra vers l'Europe centrale pour échapper aux modifications climatiques des pays nordiques. Cette émigration fut une des causes des mouvements celtiques qui peuplèrent la France.

Gothique. Terme péjoratif, équivalent de « barbare », appliqué par les hommes de la Renaissance à l'art du Moyen Age et spécialement à l'art qui, né en Ile-de-France, succède à l'art roman dans le courant du 12ᵉ siècle.

Haches. Les formes des haches de bronze constituent un critère important pour l'évolution des techniques et la chronologie de la préhistoire. Prises à l'intérieur d'un manche de bois, les premières haches imitent les haches de pierre polie et sont plates. Puis, pour améliorer la fixation, se développent des rebords latéraux, des butées ou talons, des ailerons et des anneaux.

L'évolution aboutit à une sorte de tube, ou douille, à l'intérieur duquel on peut enfoncer le manche, ce qui renforce la solidité de la hache.

Halle. La ou les halles sont les monuments typiques de la fonction économique de la ville médiévale : halle aux draps, halle aux blés... C'est là que la ville imposait ses marques, garantissant ainsi que les produits vendus étaient conformes à ses lois.

Hanse. Terme d'origine germanique qui désigne, au Moyen Age, une association de marchands.

Héracléenne (route). Ancienne route protohistorique reliant la péninsule Ibérique à la Gaule du Sud. Son existence est attribuée au héros grec Héraclès (Hercule pour les Romains), qui aurait ouvert cette voie en rapportant d'Espagne le troupeau de bœufs pris à Géryon, l'un des « douze travaux d'Hercule ».

Hommage. Acte par lequel un vassal se reconnaît comme étant l'homme d'un seigneur.

Hospitalité. Installation de Barbares sur les terres d'un grand propriétaire romain.

Immunité. Le privilège d'immunité concédé par le souverain à certains grands domaines, le plus souvent ecclésiastiques, les soustrait à son contrôle et à celui de ses représentants, et y confie l'exercice des droits publics – impôts, justice, levée des troupes – au bénéficiaire de l'immunité appelé « immuniste ».

Inflation. L'inflation se traduit par le gonflement des valeurs nominales (prix des biens et services, revenus des facteurs de production) et par la dépréciation de la monnaie.

Interpellation (droit d'). Droit qu'a un parlementaire de demander au gouvernement des explications, suivies d'un vote sur sa politique.

Investiture. Dans le vocabulaire féodal, acte par lequel un seigneur remet à son vassal un objet symbolisant le fief qu'il lui octroie.

Investiture canonique. Acte par lequel le pape concède à l'évêque sa charge. Sans cette investiture, l'évêque ne peut être consacré et donc avoir le droit d'exercer ses fonctions ecclésiastiques (en particulier, conférer les sacrements).

Jurande. Le terme, synonyme de « communauté de métier » ou de « métier juré », désigne, sous l'Ancien Régime, l'ensemble de personnes élues pour diriger un groupement corporatif ou corporation (ce dernier terme n'apparaît qu'au 18ᵉ siècle).

Justification par la foi. Pour Luther, les œuvres humaines ne jouent aucun rôle dans le salut individuel : seule la foi en Dieu peut rendre l'homme juste et le sauver. Calvin en conclut que chaque homme est prédestiné par Dieu soit à la vie éternelle, soit à la mort éternelle.

Légat. Représentant du pape envoyé (du latin, *legatus*) pour une mission générale ou particulière, à titre provisoire ou permanent.

Légat d'Auguste propréteur. Membre de l'ordre sénatorial choisi par l'empereur pour gouverner une province où stationne au moins une légion.

Légion. Élément fondamental de l'armée romaine, composé d'environ 5 000 hommes répartis en 10 cohortes. Chaque cohorte comprend 3 manipules subdivisés chacun en 2 centuries de 80 hommes environ.

Légion d'honneur. Ordre créé le 29 floréal an X (19 mai 1802) pour récompenser les services civils, militaires ou ecclésiastiques des citoyens envers l'État. Il a d'abord comporté l'attribution d'un traitement sous forme de biens nationaux. Mais le décret du 28 février 1809 le supprima. La Légion d'honneur ne risquait plus de recréer une aristocratie foncière ; elle devenait une récompense individuelle.

Légitimé. Le terme désigne les enfants naturels de Louis XIV, notamment les deux fils qu'il a eus de Mᵐᵉ de Montespan, le duc du Maine et le comte de Toulouse.

Leveur de sorts. Le leveur de sorts, ou conjureur, est celui qui lève le sort jeté par un sorcier sur un homme, une bête ou une récolte ; en fait, les pouvoirs que conjureurs et sorciers tiennent de Satan sont bivalents : ils peuvent jeter un sort ou le lever.

Limes. Pour protéger l'Empire romain, les frontières furent partiellement renforcées par des fortifications. La conception varie, selon les régions à défendre : routes et forts espacés en Syrie, fossés et forts espacés reliés par des routes en Afrique du Nord, palissades, fossés et forts sur le Danube et dans les régions rhénanes, véritables murs dans les îles Britanniques (murs d'Hadrien et d'Antonin).

Livret ouvrier. Institué par la loi du 22 germinal an XI (12 avril 1803) mais déjà employé sous l'Ancien Régime, ce livret était un fascicule que l'ouvrier avait l'obligation de remettre à l'embauche à son patron, qui le lui rendait à la débauche. Grâce à lui, la police pouvait suivre les migrations ouvrières, freiner les débauchages entre entreprises, suivre les individus qu'elle considérait comme dangereux.

Lunule. Plaque en or en forme de croissant, fréquente sur les sites des côtes atlantiques, de l'Irlande au Portugal.

Mainmorte. Impossibilité pour un individu dépendant de transmettre librement son héritage et droit pour le seigneur de se l'approprier. Taxe payée au seigneur par les héritiers du défunt pour garder l'héritage. La mainmorte est une des taxes caractéristiques du servage.

Maire du palais. A l'origine, chef des services domestiques de la Maison du roi mérovingien (le palais), il en vient à organiser la vie économique de la cour, à commander la garde du roi, à présider son tribunal, à contrôler tous les recommandés. A la fin du 7ᵉ siècle, la famille des Pippinides réussit à rendre cette charge héréditaire, ce qui lui permettra d'accéder à la royauté.

Mandats territoriaux. Papier-monnaie créé en mars 1796 en remplacement des assignats et, comme eux, gagé sur les biens nationaux. Très vite dépréciés, ils ont été supprimés en février 1797.

Manse. Terme utilisé au haut Moyen Age pour désigner, dans les grands domaines, l'unité d'exploitation sur laquelle demeurait (du latin *manere*, demeurer) et pouvait vivre une famille paysanne. Le manse est en même temps une unité fiscale qui sert de base aux prestations exigées par le maître du sol.

Marche, marquis. La marche est une région frontière à caractère militaire. Le système existait déjà du temps des Romains, mais il a été généralisé par Charlemagne, qui a créé une série de marches aux frontières de l'Empire : marche d'Espagne, marche de Bretagne, marche du Frioul, etc. La personne qui dirige une marche prend le nom de « marquis ».

Ménages multiples. Ménages formés de deux familles conjugales ou nucléaires, l'une étant le noyau principal, l'autre le noyau secondaire (par exemple, les propres parents du chef de famille du noyau principal ou le fils marié vivant chez son père resté chef de ménage).

Mendiants (ordres). Ordres religieux apparus, à l'initiative de saint Dominique et de saint François, au début du 13ᵉ siècle. Ils mettent en avant la pratique de la pauvreté (qui implique la mendicité) et la prédication. Par opposition aux moines des ordres traditionnels, on appelle les religieux mendiants les « frères ». Ils ont joué un rôle de premier plan dans les villes et les universités au 13ᵉ siècle. Les principaux ordres mendiants sont les frères prêcheurs ou dominicains, les frères mineurs ou franciscains, les carmes et les augustins.

Mercantilisme. Ensemble de pratiques économiques en Europe aux 16e et 17e siècles plus que véritable doctrine, le mercantilisme vise à développer la puissance du roi en enrichissant le royaume. Or la richesse de l'État se mesurant à l'abondance d'or et d'argent, il convient de vendre le plus possible à l'étranger et de lui acheter le moins possible. L'État doit donc intervenir par une réglementation de la production en vue de l'exportation, par l'établissement de tarifs douaniers protecteurs, par le développement du commerce extérieur.

Mésolithique. Voir *préhistoire*.

Métropole ecclésiastique. Groupe de diocèses dirigé par un archevêque. Les évêques des différents diocèses qui constituent la métropole sont les évêques suffragants de l'archevêque.

Miniature. Voir *enluminure*.

Missi dominici. « Envoyés du maître » que les Carolingiens chargeaient d'inspecter les autorités locales. Ils agissaient le plus souvent à deux, un laïque et un ecclésiastique.

Murus gallicus. Mur d'enceinte de l'*oppidum* gaulois, composé de poutres transversales et longitudinales, fixées entre elles par des clous de fer. Les intervalles sont remplis de pierres et de cailloux, et le parement extérieur est fait de gros blocs de pierre plus ou moins réguliers.

Odéon. De même conception que le théâtre, mais de dimensions plus restreintes et avec une grande partie couverte, les odéons étaient, dans l'Antiquité, réservés aux concerts, aux lectures publiques et aux déclamations.

Office. Se dit, au Moyen Age et sous l'Ancien Régime, de toute fonction (*officium*) au service du roi ou d'un seigneur.

Ordalie. Épreuve judiciaire (par l'eau, le feu...) qui doit manifester la culpabilité ou l'innocence d'un accusé. L'ordalie repose sur le principe d'une intervention divine. Très pratiquée au haut Moyen Age, elle a été interdite par l'Église au 4e concile de Latran en 1215.

Ordo. Nom donné à la classe des notables d'une ville romaine.

Oriflamme. Le mot vient du latin *aureus*, doré, et de « flamme ». Il désigne une bannière de couleur rouge ou vermeille qui, d'abord bannière de l'abbaye de Saint-Denis, devint, du 12ᵉ au 15ᵉ siècle, l'étendard des rois de France. L'oriflamme était gardée à Saint-Denis, où les rois allaient la chercher avant de partir en campagne.

Ost. Le terme, qui vient du latin *hostis*, ennemi, peut désigner soit une expédition militaire, soit le service militaire dû par un vassal à son seigneur.

Paix (*institutions de*). Ensemble d'institutions établies par l'Église à partir de la fin du 10ᵉ siècle pour limiter les vengeances et les guerres privées. La paix de Dieu proclame l'inviolabilité de certains lieux (droit d'asile) et le statut protégé des églises et de certaines catégories de personnes (femmes, enfants, pèlerins, clercs, marchands...). La trêve de Dieu interdit la guerre pendant certains jours de la semaine et certaines périodes de l'année. Les participants s'engageaient par serment à respecter la paix et pouvaient donc, s'ils ne respectaient pas leur serment, être frappés d'excommunication (*voir document p. 130*).

Paix de Dieu. Voir *paix (institutions de)*.

Paléolithique. Voir *préhistoire*.

Parlement. Cour de justice issue de la *Curia regis* dans le courant du 13ᵉ siècle et définitivement organisée par l'ordonnance du 11 mars 1345.

Parlements. Cours souveraines, ou supérieures, de justice, jugeant en appel ; en outre, les parlements ont un droit d'enregistrement des actes royaux et, à cette occasion, un droit de remontrances. A côté du parlement de Paris, le plus important par l'étendue de son ressort, il y a des parlements dans quelques provinces, six au début du 16ᵉ siècle, douze à la fin de l'Ancien Régime.

Patente. Impôt que doit payer tout individu exerçant une profession du commerce ou de l'industrie. D'autres professions paient aussi la patente ; elles sont déterminées par les exceptions qui en fixent les limites.

Paulette. Droit créé en 1604, levé sur les titulaires d'offices et appelé ainsi du nom du financier Paulet, qui en afferma le premier la perception. Les officiers qui s'acquittaient de ce droit annuel, égal au soixantième du prix de leur office, pouvaient transmettre celui-ci à leur héritier. Ainsi se trouvait consacrée, après la vénalité, l'hérédité des offices.

Pavois. Bouclier sur lequel était élevé le roi germanique lors de la cérémonie d'accession au pouvoir.

Pérégrin (*statut*). Statut de l'habitant de condition libre, vivant dans l'Empire romain, mais sans aucun droit politique et civil en dehors de sa cité.

Physiocratie. Doctrine économique qui s'oppose au mercantilisme et à son interventionnisme, en mettant l'accent sur l'agriculture et sur la nécessité de la liberté économique.

Pictographique (écriture). La plupart des représentations gravées sur des céramiques ont une valeur décorative. Mais, dans certains cas, leur disposition se fait selon des séries ordonnées en panneaux avec des dessins juxtaposés et parfois abstraits. L'ensemble de ces signes a donc une signification qui dépasse la seule notion ornementale : on peut les considérer comme un moyen d'expression et une première forme d'écriture, ce qu'André Leroi-Gourhan avait appelé une picto-idéographie.

Plan-terrier. Voir *terrier*.

Polyptyque. Document qui donne la description d'un grand domaine à l'époque carolingienne.

Pragmatique sanction. Édit réglant un ensemble d'affaires (le mot « pragmatique » vient du grec *pragma*, action, affaire) concernant un pays ou une question particulière. Ce nom a été donné au règlement édicté par Charles VII à l'issue de l'Assemblée du clergé tenue à Bourges en 1438. Cet acte vise à introduire en France les décrets du concile de Bâle et à limiter les interventions de la papauté dans les affaires de l'Église de France. Par son existence même, la pragmatique sanction de Bourges admet le droit du roi à légiférer sur l'Église de France.

Préfecture du prétoire. A l'origine, fonction militaire liée au commandement de la garde impériale. Au 4e siècle, important poste administratif à la tête d'un vaste territoire : le préfet des Gaules contrôlait aussi la péninsule Ibérique, la Bretagne et la Maurétanie tingitane (actuel Maroc) ; il résidait à Trèves.

Préhistoire. La préhistoire, étude des sociétés humaines avant l'invention de l'écriture, est divisée en trois grandes périodes chronologiques étalées sur plus de quatre millions d'années selon les régions considérées. Pour la France, les époques les plus anciennes correspondent au paléolithique, subdivisé en paléolithique inférieur (– 1800000 à – 150000 environ), paléolithique moyen avec l'homme de Neanderthal (– 150000 à – 35000 environ) et enfin paléolithique supérieur avec l'homme de Cro-Magnon (– 35000 à – 10000 environ). La deuxième époque est appelée mésolithique ou épipaléolithique, avec d'importantes mutations (– 10000 à – 5000 environ) qui permettent l'évolution vers la dernière phase, le néolithique, de – 5000 à – 1800 environ. Les temps préhistoriques s'achèvent avec le chalcolithique ou énéolithique, période de transition, entre – 2200 et – 1800, et la phase finale du néolithique, où les objets métalliques en cuivre, en or ou en argent côtoient les instruments en pierre taillée.

Présidiaux. Tribunaux de bailliage transformés en 1552 en tribunaux d'appel, pour soulager les parlements ; il y en a soixante au 16ᵉ siècle, une centaine à la fin de l'Ancien Régime.

Préteur. Magistrat romain à compétence judiciaire. Cette charge est importante, car elle ouvre l'accès aux gouvernements de province.

Prévôt. Au Moyen Age, agent ou régisseur chargé de l'administration des domaines d'un seigneur. Les prévôts royaux, qui administrent les domaines du roi, exercent en même temps des fonctions fiscales, judiciaires et militaires.

Proconsul. Nom donné au gouverneur choisi par le Sénat de Rome pour administrer une province sénatoriale sans légion. En Gaule, c'est le cas de la province de Narbonnaise.

Procurateur. Fonctionnaire pris dans l'ordre des chevaliers et chargé d'un secteur administratif et financier. Dans certains cas, le procurateur peut être amené à diriger une province secondaire, comme les provinces alpestres.

Propriété éminente. Voir *seigneur.*

Puniques (guerres). Nom donné aux trois guerres entre Rome et Carthage : 264-241, 219-201, 149-146 avant notre ère. En 146 av. J.-C., Rome prend Carthage et rase la ville. Elle ne fut reconstruite qu'à partir de César.

Recommandation. Au Moyen Age, acte de se mettre sous la protection d'un puissant.

Réforme grégorienne. Grand mouvement de rénovation de l'Église entrepris et réalisé aux 11ᵉ et 12ᵉ siècles, auquel le pape Grégoire VII (1073-1085) a donné son nom. Ce mouvement vise à émanciper l'Église de la tutelle des laïques.

Registres paroissiaux. Registres de baptêmes, mariages et sépultures, tenus par les curés de paroisse à partir du début du 16ᵉ siècle et tenant lieu d'état civil sous l'Ancien Régime.

Représentation proportionnelle. Mode de scrutin par lequel la liste des candidats (d'ordinaire dans le cadre départemental) obtient un nombre de sièges proportionnel au nombre de suffrages réunis.

Réserve. Au Moyen Age, partie d'un grand domaine réservée à l'exploitation directe par le maître et ses agents.

Roi Très Chrétien. Titre, abrégé en RTC, porté par Philippe le Bel au 14ᵉ siècle et attribué exclusivement au roi de France à partir du 15ᵉ siècle.

Sacerdoce universel. Luther et Calvin estiment que les chrétiens, égaux par le baptême, sont tous prêtres. Ils récusent ainsi le caractère sacré et la supériorité spirituelle du pape, des évêques et des prêtres en général. Les pasteurs ou ministres protestants, non astreints au célibat, sont de simples fidèles à qui sont dévolus divers ministères, ou fonctions, au sein des Églises locales.

Sacrements. Pour les catholiques, les sacrements sont des signes sensibles institués par Jésus-Christ pour produire la grâce divine et sanctifier les âmes ; ils sont au nombre de sept : baptême, confirmation, pénitence (ou confession), eucharistie (ou communion), extrême-onction, ordre, mariage.

Salique (loi). Loi des Francs Saliens rédigée à l'époque de Clovis, vers 486-496, et plusieurs fois révisée jusqu'à celle de Charlemagne. Cette loi contient une clause qui exclut les femmes de la succession de la terre. C'est cette clause qui a été invoquée au 14ᵉ siècle par les légistes du roi de France pour justifier *a posteriori* l'éviction des femmes de la succession royale.

Scolastique. Le mot vient du latin *schola*, école. Il désigne la méthode d'enseignement et de raisonnement qui a été mise au point et pratiquée dans les universités médiévales.

Scripturaire. Tiré des Saintes Écritures (la Bible), Ancien et Nouveau Testament.

Seigneurie, seigneur. Dans la société médiévale et jusqu'à la fin de l'Ancien Régime, la seigneurie est une forme de propriété d'un ensemble foncier et d'une partie de la puissance publique sur cet ensemble foncier. Celui-ci se divise en domaine propre, ou réserve seigneuriale, que le seigneur exploite, directement ou non, et en tenures ou censives concédées à des paysans qui en sont propriétaires sous réserve du droit de propriété éminente du seigneur reconnu par le paiement de diverses redevances. Le seigneur, qui peut être un noble, une communauté religieuse, voire un roturier, possède en outre le droit de justice et de police sur les paysans de sa seigneurie.

Sénat. Dans l'Antiquité : 1. Chez les Gaulois, nom donné au conseil des chefs des familles nobles au sein d'une cité. Ce conseil contrôlait la vie politique de la cité et désignait les magistrats ou vergobrets. 2. A Rome, conseil de 600 membres, pris parmi les anciens magistrats de Rome. L'ordre sénatorial regroupe les familles des sénateurs et représente la classe la plus élevée de la société romaine. 3. En province, conseil d'une cité.
Sous la Révolution et l'Empire : une des quatre (puis trois) assemblées qui entourent le pouvoir consulaire puis impérial. Chargés d'honneurs, les sénateurs furent les gardiens soumis de la Constitution.
Sous le Second Empire, le Sénat est formé de membres de droit et de

membres nommés, inamovibles. Il a un pouvoir constituant, qu'il perd le 20 avril 1870. La loi constitutionnelle du 24 février 1875 fait du Sénat une chambre haute qui comprend 75 inamovibles cooptés et 225 élus de collèges formés des députés, conseillers généraux, conseillers d'arrondissement et délégués, à raison d'un par conseil municipal. La révision de 1884 met fin aux inamovibles et accroît le nombre des délégués en fonction du nombre des conseillers municipaux.

Sous la IVᵉ République, à partir de la loi du 23 septembre 1948, le Conseil de la République (dont les membres décident de s'appeler sénateurs) est élu selon des dispositions comparables, tout comme le Sénat de la Vᵉ République.

Servage. Statut héréditaire qui implique une étroite dépendance juridique, sociale et économique du serf à l'égard de son seigneur.

Sesterce. D'abord en argent, cette monnaie fut frappée en bronze à partir de la fin de la République. Dans le système monétaire de l'Empire romain, le sesterce valait 4 as de bronze et un quart de denier d'argent.

Sévirs augustaux. Dans la Gaule romaine, collège de six personnes choisies par l'*ordo* municipal pour le culte impérial. Cette fonction que l'on achetait était ouverte aux citoyens et aux affranchis. Après leur charge annuelle, les sévirs entraient dans le collège des *augustales*, au deuxième rang dans la hiérarchie sociale de la cité.

Sigillée (céramique). Désigne une fabrication de vaisselle de table et d'objets en terre cuite, par moulage, réalisée dans des ateliers de potiers qui imprimaient le nom de leur officine au fond du plat ou du vase à l'aide d'un sceau, *sigillum*.

Statère. Monnaie d'or provenant des régions de la Méditerranée orientale. Frappée à l'effigie du roi de Macédoine, Philippe (356-336 av. J.-C.), cette monnaie dut parvenir en Gaule, rapportée par des mercenaires gaulois à la solde des armées grecques ou par des commerçants.

Superstitions. Le mot désigne dans la bouche des autorités ecclésiastiques, du 17ᵉ au 19ᵉ siècle, toute croyance ou pratique qui s'éloigne tant soit peu du christianisme officiellement défini et enseigné, c'est-à-dire aussi bien le recours aux sorciers que des divertissements comme les danses, les charivaris ou les feux de la Saint-Jean.

Système métrique. Système décimal de poids et mesures fondé sur le mètre (dix millionième partie de l'arc de méridien terrestre entre le pôle Nord et l'équateur) et le gramme (poids d'un volume d'eau, à la température de la glace fondante, égal au cube de la centième partie du mètre). Il fut imposé par la Convention à toute la France le 7 avril 1795 (18 germinal an III).

Taille. Le mot vient du latin *tollere*, enlever, prendre. Il désigne d'abord une exaction seigneuriale levée par les seigneurs à partir de la fin du 11e siècle, de façon à la fois exceptionnelle et arbitraire, en vertu de leur droit de ban. Dans un deuxième temps, grâce au mouvement d'affranchissement, la taille devient fixe et annuelle : c'est la taille abonnée. A partir de la fin du Moyen Age, la taille devient l'impôt royal par excellence : impôt direct levé sur les roturiers.

Terrier, plan-terrier. A l'époque moderne, le terrier est le registre des propriétés du seigneur, où sont inscrits tous les droits pesant sur chaque parcelle. Un plan en dessine les limites territoriales.

Théâtre. De conception différente du théâtre grec, le théâtre romain n'est plus tributaire du support d'une colline et peut être construit dans sa totalité. C'est un espace clos où la scène occupe une place très importante avec un décor représentant une façade de palais. En contrebas, l'orchestre est réduit à un demi-cercle. Le spectateur prend place sur les gradins (*maeniana*), qui forment la *cavea* en hémicycle. La Gaule se caractérise par des théâtres aménagés en amphithéâtres avec l'orchestre transformé en arène elliptique ou circulaire.

Théologie. Étude des questions religieuses (au sens littéral, c'est la « science de Dieu ») à partir des textes sacrés et de la tradition. La théologie est la science majeure des universités médiévales.

Thermes. Établissement de bains dont les salles se répartissaient entre l'*apodyterium* (vestiaire), le *frigidarium* (salle froide), le *tepidarium* (salle tiède) et le *caldarium* (salle chaude). Les thermes comportent aussi des salles de sudation, des palestres, des portiques, des bibliothèques...

Torque. Collier gaulois fermé ou ouvert ; dans ce dernier cas, les extrémités sont munies de tampons. Parure féminine, le torque fut aussi porté par les hommes et figure comme attribut des dieux gaulois.

Trêve de Dieu. Voir *paix (institutions de)*.

Triscèle. Nom d'un motif décoratif fréquent dans l'art celtique. Il est formé de trois branches incurvées, partant d'un centre formé par un triangle, un cercle ou un point.

Trophée. A l'origine, support sur lequel on suspendait les armes des ennemis vaincus. L'évolution aboutit à la construction d'importants monuments avec colonnes et statues commémorant la victoire de Rome.

Troubadours. Ce sont « ceux qui trouvent », c'est-à-dire des auteurs-compositeurs en langue d'oc. Leurs poésies sont inspirées des règles de l'amour courtois. La grande époque des troubadours commence vers 1100 avec Guillaume IX d'Aquitaine et couvre tout le 12ᵉ siècle, jusqu'au milieu du 13ᵉ siècle.

Trouvères. Ce sont les auteurs-compositeurs de poésies lyriques en langue d'oïl. Ils sont, pour la France du Nord, l'équivalent des troubadours pour la France du Midi.

Tumulus. Tertre artificiel en terre ou en pierre (cairn), protégeant une tombe collective ou individuelle.

Ultramontanisme. Voir *gallicanisme*.

Usure. Au Moyen Age, toute forme de prêt à intérêt, quel que soit son taux, est considérée par l'Église comme de l'usure, parce que l'argent ne peut pas produire de l'argent. L'usurier était frappé d'excommunication. C'est pour tourner cette interdiction qui entravait le développement du commerce que les changeurs et les banquiers ont inventé la lettre de change.

Vassalité, vassal. A l'époque carolingienne, le terme de « vassalité » désigne le lien qui unit un homme libre à un puissant à qui il s'est recommandé et dont il a reçu un bénéfice. Dans la société féodale, il désigne le lien qui unit un vassal à son seigneur et qui se concrétise par le fief.

Vergobret. Magistrat gaulois qui détenait le pouvoir exécutif et judiciaire à la tête d'un peuple. Attesté chez les Éduens, ce titre se maintient encore au début de l'Empire chez les Santons.

Wergeld. Mot germanique qui signifie littéralement l'« argent de l'homme ». C'est le « prix du sang », c'est-à-dire la somme à payer pour apaiser une vengeance familiale.

Index géographique

Orientation bibliographique

GÉNÉRALITÉS

Encadrement du sujet

Michel Mourre, *Dictionnaire encyclopédique d'histoire*, Paris, Bordas, 1981, 8 vol.

Jean Delorme, *Chronologie des civilisations*, Paris, PUF, 1970.

Georges Duby, *Atlas historique Larousse*, Paris, Larousse, 1978.

André Burguière, *Dictionnaire des sciences historiques,* Paris, PUF, 1986.

Histoires générales de la France

Ernest Lavisse, *Histoire de France depuis les origines jusqu'à la Révolution*, Paris, Hachette, 1900-1911, 18 vol.

Ernest Lavisse, *Histoire de France contemporaine depuis la Révolution jusqu'à la paix de 1919*, Paris, Hachette, 1920-1922, 10 vol.

Georges Duby, *Histoire de la France*, Paris, Larousse, 1982, 3 vol. ; rééd. en 3 volumes de poche, 1987.

Nouvelle Histoire de la France contemporaine, Paris, Seuil, coll. « Points Histoire », depuis 1972 :

- Michel Vovelle, *La Chute de la monarchie (1787-1792)*, nº 101.

- Marc Bouloiseau, *La République jacobine (10 août 1792 - 9 thermidor an II)*, nº 102.

- Denis Woronoff, *La République bourgeoise de Thermidor à Brumaire (1794-1799)*, nº 103.

- *L'Épisode napoléonien (1799-1815)* ; t. 1 : Louis Bergeron, *Aspects intérieurs*, nº 104 ; t. 2 : Jacques Lovie et André Palluel-Guillard, *Aspects extérieurs*, nº 105.

- A. Jardin et A.-J. Tudesq, *La France des notables (1815-1848)* ; t. 1 : *L'Évolution générale*, nº 106 ; t. 2 : *La Vie de la nation*, nº 107.

- Maurice Agulhon, *1848 ou l'Apprentissage de la République (1848-1852)*, nº 108.

- Alain Plessis, *De la fête impériale au mur des Fédérés (1852-1871)*, nº 109.

- Jean-Marie Mayeur, *Les Débuts de la Troisième République (1871-1898)*, nº 110.

- Madeleine Rebérioux, *La République radicale ? (1899-1914)*, nº 111.
- Philippe Bernard, *La Fin d'un monde (1914-1929)*, nº 112.
- Henri Dubief, *Le Déclin de la Troisième République (1929-1938)*, nº 113.
- Jean-Pierre Azéma, *De Munich à la Libération (1938-1944)*, nº 114.
- Jean-Pierre Rioux, *La France de la IVᵉ République (1944-1958)* ; t. 1 : *L'Ardeur et la Nécessité (1944-1952)*, nº 115 ; t. 2 : *L'Expansion et l'Impuissance (1952-1958)*, nº 116.
- Serge Berstein, *La France de l'expansion (1958-1974)* ; t. 1 : *La République gaullienne (1958-1969)*, nº 117.

Jean Favier (sous la dir. de), *Histoire de France,* Paris, Fayard, 1984, 6 vol. :
- Karl Ferdinand Werner, *Les Origines,* 1984.
- Jean Favier, *Le Temps des principautés,* 1984.
- Jean Meyer, *La France moderne,* 1985.
- Jean Tulard, *Les Révolutions,* 1985.
- François Caron, *La France des patriotes,* 1985.
- René Rémond, *Notre siècle,* 1988.

Pierre Goubert, *Initiation à l'Histoire de France,* Paris, Tallandier, 1984.
Daniel Rivière, *Histoire de France,* Paris, Hachette, 1986.

Regards particuliers sur l'histoire de la France

1. La bibliographie

Frédéric Barbier, *Bibliographie de l'Histoire de France*, Paris, Masson, 1987.
Bibliographie annuelle de l'Histoire de France (BAHF), Paris, CNRS, à partir de 1956, 1 vol. par an.

2. La France, les Français, le peuple français

Louis-Henri Parias (sous la dir. de), *Histoire du peuple français*, Paris, Nouvelle Librairie de France, 1951-1986, 6 vol., notamment le tome 5 : Jean-Marie Mayeur, François Bédarida, Antoine Prost et Jean-Louis Monneron, *Cent Ans d'esprit républicain (1875-1963)* ; et le tome 6 : Jean-Louis Monneron et Anthony Rowley, *Les vingt-cinq ans qui ont transformé la France (1960-1985)*.
Michel François, *La France et les Français*, Paris, Gallimard, « Encyclopédie de la Pléiade », 1972.
Georges Duby et Robert Mandrou, *Histoire de la civilisation française*, Paris, Armand Colin, 1981-1982, 2 vol.
Fernand Braudel, *Identité de la France*, Paris, Arthaud-Flammarion, 1986, 3 vol.
Pierre Nora (sous la dir. de), *Les Lieux de mémoire*, Paris, Gallimard, coll. « Bibliothèque des histoires », à partir de 1984.
Collection « Trente journées qui ont fait la France », Paris, Gallimard.

3. *L'économie, la ville, la campagne*

Fernand Braudel et Ernest Labrousse (sous la dir. de), *Histoire économique et sociale de la France*, Paris, PUF, 1970, 8 vol.

Jean-Charles Asselain, *Histoire économique de la France du XVIIIe siècle à nos jours*, Paris, Seuil, coll. « Points Histoire », n°s 71 et 72, 1984, 2 vol.

Georges Duby, Armand Wallon (sous la dir. de), *Histoire de la France rurale*, Paris, Seuil, 1975-1977, 4 vol.

Georges Duby (sous la dir. de), *Histoire de la France urbaine*, Paris, Seuil, 1980-1985, 5 vol.

4. *Les régions de la France*

Léon Mirot, *Géographie historique de la France : des origines à 1950*, Paris, Picard, 1979.

Stéphane Sinclair, *Atlas de géographie historique de la France et de la Gaule*, Paris, Sedes, 1985.

Philippe Joutard (sous la dir. de), *Sur les chemins de l'histoire de France*, Paris, Sélection du Reader's Digest, 1984.

Collection « Univers de la France et des pays francophones », sous la direction de Philippe Wolff, Toulouse, Privat, à partir de 1967 (histoire des provinces et histoire des villes).

Collection « Hexagone. L'Histoire de France par les documents. Étude des départements français de la préhistoire à nos jours », Saint-Jean-d'Angély, Bordessoules, à partir de 1981.

5. *La culture, la religion, l'art, l'enseignement*

Publications de l'Inventaire général des monuments et richesses artistiques de la France, Imprimerie nationale, à partir de 1975.

Henri-Jean Martin et Roger Chartier (sous la dir. de), *Histoire de l'édition française*, Paris, Promodis, 1983-1987, 4 vol.

Fernand Brunot, *Histoire de la langue française des origines à nos jours*, Paris, Armand Colin, 1966, 22 vol.

Louis-Henri Parias (sous la dir. de), *Histoire générale de l'enseignement et de l'éducation en France*, Paris, Nouvelle Librairie de France, 1981-1982, 4 vol.

André Latreille, Jean-Rémy Palanque, Étienne Delaruelle et René Rémond, *Histoire du catholicisme en France*, Spes, 1959-1964, 3 vol.

François Lebrun (sous la dir. de), *Histoire des catholiques en France du XVe siècle à nos jours*, Paris, Hachette, coll. « Pluriel », 1985.

Jacques Le Goff, René Rémond (sous la dir. de), *Histoire de la France religieuse,* Paris, Seuil, à partir de 1988.

ANTIQUITÉ

Les sources

Paul-Marie Duval, *La Gaule jusqu'au milieu du vᵉ siècle*, Paris, Picard, coll. « Les sources de l'Histoire de France », 1971, t. 1, 2 vol.
Lucien Lerat, *La Gaule romaine*, Paris, Errance, 1986.
La revue *Gallia* (bilan des fouilles archéologiques).

Les ouvrages généraux

1. Sur l'ensemble de la période

Camille Jullian, *Histoire de la Gaule*, Paris, Hachette, 1907-1926, 8 vol.

2. Pour l'époque pré-romaine

Jean Guilaine, *La France d'avant la France. Du néolithique à l'âge de fer*, Paris, Hachette, 1980.

3. Pour le monde celtique

Paul-Marie Duval, *Les Celtes*, Paris, Gallimard, coll. « Univers des formes », 1977.
Venceslas Kruta, *Les Celtes*, Paris, PUF, coll. « Que sais-je ? », nᵒ 1649, 1976.

4. Pour l'époque gallo-romaine

Marcel Bordet, *La Gaule romaine*, Paris, Bordas, coll. « Bordas-Connaissance », nᵒ 28, 1971.
Paul-Marie Duval, *La Vie quotidienne en Gaule pendant la paix romaine*, Paris, Hachette, 1952.
Jean-Jacques Hatt, *Histoire de la Gaule romaine*, Paris, Payot, 1970.

Quelques ouvrages spécialisés

1. Sur la religion

Paul-Marie Duval, *Les Dieux de la Gaule*, Paris, Payot, 1976.
Émile Thévenot, *Divinités et Sanctuaires de la Gaule*, Paris, Fayard, coll. « Résurrection du passé », 1968.

2. Sur des villes antiques, quelques exemples

Paul-Marie Duval, *Paris antique*, Paris, Hermann, 1961.
Robert Étienne, *Bordeaux antique*, Bordeaux, Fédération historique du Sud-Ouest, 1962.
Michel Gayraud, *Narbonne antique*, Paris, Boccard, 1981.
Louis Maurin, *Saintes antique*, Saintes, Musée archéologique, 1978.

MOYEN AGE

Ouvrages généraux

André Chédeville, *La France au Moyen Age*, Paris, PUF, coll. « Que sais-je ? », n° 69, 1982, 5ᵉ éd.
Jean-François Lemarignier, *La France médiévale. Institutions et société*, Paris, Armand Colin, 1970 ; rééd. coll. « U », 1981.

Pour une approche globale de la civilisation et des mentalités médiévales

Jacques Le Goff, *La civilisation de l'Occident médiéval*, Paris, Arthaud, coll. « Les grandes civilisations », 1964 ; rééd. coll. « Les grandes civilisations Poche », 1984.
Robert Delort, *La Vie au Moyen Age*, Paris, Seuil, coll. « Points Histoire », n° 62, 1982.
Georges Duby, *L'An mil*, Paris, Julliard, coll. « Archives », 1967 ; rééd. Gallimard-Julliard, 1974.
Georges Duby, *Le Dimanche de Bouvines*, Paris, Gallimard, coll. « Trente journées qui ont fait la France », 1973.
Michel Mollat, *Genèse médiévale de la France moderne*, Paris, Seuil, coll. « Points Histoire », n° 28, 1977.

Ouvrages axés sur différentes périodes du Moyen Age

Pierre Riché, *Les Carolingiens. Une famille qui fit l'Europe*, Paris, Hachette, 1983.
Laurent Theis, *L'Avènement de Hugues Capet*, Paris, Gallimard, coll. « Trente journées qui ont fait la France », 1984.
La France de Philippe Auguste. Le temps des mutations, Paris, CNRS, coll. « Colloques internationaux », 1982.
Marie-Thérèse Lorcin, *La France au XIIIᵉ siècle. Économie et société*, Paris, Nathan, coll. « Nathan-Université », 1975.

Jean Richard, *Saint Louis, roi d'une France féodale, soutien de la Terre sainte*, Paris, Fayard, 1983.
Jean Favier, *La Guerre de Cent Ans*, Paris, Fayard, 1980 ; rééd. coll. « Marabout-Histoire », 1986.

Les aspects linguistiques, littéraires et artistiques

Philippe Wolff, *Les Origines linguistiques de l'Europe occidentale*, Publication de l'université de Toulouse, 1982, 2ᵉ éd.
Daniel Poirion, *Précis de littérature française du Moyen Age*, Paris, PUF, 1983.
René Crozet, *L'Art roman*, Paris, PUF, coll. « Les neuf muses », 1962.
Francis Salet, *L'Art gothique*, Paris, PUF, coll. « Les neuf muses », 1963.
Marcel Durliat, *L'Art roman*, Paris, Mazenod, coll. « L'art des grandes civilisations », 1982.
Alain Erlande-Brandenburg, *L'Art gothique*, Paris, Mazenod, coll. « L'art des grandes civilisations », 1983.

16ᵉ, 17ᵉ ET 18ᵉ SIÈCLE

Hubert Méthivier, *L'Ancien Régime en France, XVIᵉ, XVIIᵉ, XVIIIᵉ siècle*, Paris, PUF, 1981.
Robert Mandrou, *La France aux XVIIᵉ et XVIIIᵉ siècles*, Paris, PUF, 1974, 3ᵉ éd.
Pierre Goubert et Daniel Roche, *Les Français et l'Ancien Régime*, Paris, Armand Colin, 1984.
Guy Cabourdin et Georges Viard, *Lexique historique de la France d'Ancien Régime*, Paris, Armand Colin, 1978.
Denis Richet, *La France moderne. L'esprit des institutions*, Paris, Flammarion, 1973.
Jacques Dupâquier, *La Population française aux XVIIᵉ et XVIIIᵉ siècles*, Paris, PUF, 1979.
Jean Jacquart, *François Iᵉʳ*, Paris, Fayard, 1981.
Victor-L. Tapie, *La France de Louis XIII et de Richelieu*, Paris, Flammarion, 1952.
Pierre Goubert, *Louis XIV et Vingt Millions de Français*, Paris, Fayard, 1966.
Janine Garrisson, *L'Édit de Nantes et sa révocation*, Paris, Seuil, coll. « Points Histoire », nº 94, 1987.
Pierre Goubert et Michel Denis, *1789. Les Français ont la parole*, Paris, Julliard, 1964.

LA RÉVOLUTION ET L'EMPIRE

Lucien Genet, *Révolution-Empire, 1789-1815*, Paris, Masson, 1975.

Albert Soboul, *Précis d'histoire de la Révolution française*, Paris, Éditions sociales, 1983.

François Furet et Denis Richet, *La Révolution française*, Paris, Hachette, 1973.

Jacques Godechot, *Les Révolutions*, Paris, PUF, coll. « Nouvelle Clio », 1986.

Jean Tulard, *Napoléon*, Paris, Fayard, 1977.

Jacques Godechot, *L'Europe et l'Amérique à l'époque napoléonienne*, Paris, PUF, coll. « Nouvelle Clio », 1967.

Jacques Godechot, *Les Institutions de la France sous la Révolution et l'Empire*, Paris, PUF, coll. « Dito », 1985.

19ᵉ ET 20ᵉ SIÈCLE

Généralités

Yves Lequin, *Histoire des Français, XIXᵉ-XXᵉ siècle*, Paris, Armand Colin, 1983, 3 vol.

François Caron, *Histoire économique de la France, XIXᵉ-XXᵉ siècle*, Paris, Armand Colin, 1984.

Georges Dupeux, *La France de 1945 à 1969*, Paris, Armand Colin, 1972.

Georges Dupeux, *La Société française, 1789-1970*, Paris, Armand Colin, rééd. 1986.

Gérard Cholvy et Yves-Marie Hilaire, *Histoire religieuse de la France contemporaine*, Toulouse, Privat, t. 1, 1985, t. 2, 1986.

Antoine Prost, *Petite Histoire de la France au XXᵉ siècle*, Paris, Armand Colin, 1980, 2ᵉ éd.

René Rémond, *Les Droites en France*, Paris, Aubier, 1982, édition refondue.

Xavier Yacono, *Histoire de la colonisation française*, Paris, PUF, coll. « Que sais-je ? », n° 452, 1969.

Études particulières

Guillaume Bertier de Sauvigny, *La Restauration*, Paris, Flammarion, rééd. 1983.

Louis Girard, *Naissance et Mort de la IIe République*, Paris, Calmann-Lévy, 1968.

Louis Girard, *Napoléon III*, Paris, Fayard, 1986.

Jacques Rougerie, *Paris libre 1871*, Paris, Seuil, 1971.

Jean-Marie Mayeur, *La Vie politique sous la Troisième République*, Paris, Seuil, coll. « Points Histoire », n° 73, 1984.

Jean-Pierre Azéma et Michel Winock, *La Troisième République*, Paris, Hachette, coll. « Pluriel », rééd. 1986.

Jacques Chapsal, *La Vie politique en France de 1940 à 1958*, Paris, PUF, coll. « Thémis », 1984, 2e éd.

Jacques Julliard, *La Quatrième République*, Paris, Hachette, coll. « Pluriel », 1976, 2e éd.

Bernard Droz et Évelyne Lever, *Histoire de la guerre d'Algérie (1954-1962)*, Paris, Seuil, coll. « Points Histoire », n° 60, 1982.

Jean Lacouture, *De Gaulle*, Paris, Seuil, 1984-1986, 3 vol.

Henri Mendras (sous la dir. de), *La Sagesse et le Désordre. France 1980*, Paris, Gallimard, 1980.

Michel Winock, *La Fièvre hexagonale. Les grandes crises politiques (1871-1968)*, Paris, Calmann-Lévy, 1986.

Jean-Daniel Reynaud et Yves Grafmeyer, *Français, qui êtes-vous ?*, Paris, La Documentation française, 1981.

André Nouschi et Maurice Agulhon, *La France de 1940 à nos jours*, Paris, Nathan, 1986, 2e éd.

Maurice Parodi, *L'Économie et la Société françaises depuis 1945*, Paris, Armand Colin, 1981, 3e éd.

Table

Les débuts, 340. - Le tournant de 1942, 341. - Le gouvernement provisoire de la République française, 341.

Document : Extraits du discours prononcé par le général
de Gaulle à Alger (place du Forum) le 14 juillet 1943, 342.

IMPRIMERIE BRODARD ET TAUPIN À LA FLÈCHE (2-92)
DÉPÔT LÉGAL SEPTEMBRE 1989. N° 10879-3 (1492F-5)

Collection Points

SÉRIE HISTOIRE

DERNIERS TITRES PARUS